职业技能培训鉴定教材

汽车驾驶员

（高级）

主　编　　张　树

副主编　　章国勇

审　稿　　李玉茂

中国劳动社会保障出版社

图书在版编目(CIP)数据

汽车驾驶员：高级/人力资源和社会保障部教材办公室组织编写. —北京：中国劳动社会保障出版社，2012

职业技能培训鉴定教材

ISBN 978-7-5045-9944-5

Ⅰ.①汽… Ⅱ.①人… Ⅲ.①汽车驾驶员-职业技能-鉴定-教材 Ⅳ.①U471.3

中国版本图书馆 CIP 数据核字(2012)第 223543 号

中国劳动社会保障出版社出版发行

(北京市惠新东街1号 邮政编码：100029)

出 版 人：张梦欣

*

三河市潮河印业有限公司印刷装订　　新华书店经销

787 毫米×1092 毫米　16 开本　16.5 印张　358 千字

2012 年 10 月第 1 版　2025 年 8 月第 18 次印刷

定价：32.00 元

营销中心电话：400-606-6496

出版社网址：http://www.class.com.cn

版权专有　　侵权必究

如有印装差错，请与本社联系调换：(010) 81211666

我社将与版权执法机关配合，大力打击盗印、销售和使用盗版图书活动，敬请广大读者协助举报，经查实将给予举报者奖励。

举报电话：(010) 64954652

内容简介

本教材由人力资源和社会保障部教材办公室组织编写。教材以《国家职业标准·汽车驾驶员》为依据，紧紧围绕"以企业需求为导向，以职业能力为核心"的编写理念，力求突出职业技能培训特色，满足职业技能培训与鉴定考核的需要。

本教材详细介绍了高级汽车驾驶员要求掌握的最新实用知识和技术。全书分为7个单元，主要内容包括：特殊条件下汽车驾驶操作、发动机基础、汽车性能、点燃式发动机电控系统、电控自动变速器、制动防抱死系统与驱动防滑系统，以及汽车检测。每一单元后安排了单元测试题及答案，全书最后设置了理论知识考核试卷和操作技能考核试卷，供读者巩固、检验学习效果时参考使用。

本教材是高级汽车驾驶员职业技能培训与鉴定考核用书，也可供相关人员参加在职培训、岗位培训使用。

前 言

  1994年以来，原劳动和社会保障部职业技能鉴定中心、教材办公室和中国劳动社会保障出版社组织有关方面专家，依据《中华人民共和国职业技能鉴定规范》，编写出版了职业技能鉴定教材及其配套的职业技能鉴定指导200余种，作为考前培训的权威性教材，受到全国各级培训、鉴定机构的欢迎，有力地推动了职业技能鉴定工作的开展。

  原劳动保障部从2000年开始陆续制定并颁布了国家职业标准。同时，社会经济、技术不断发展，企业对劳动力素质提出了更高的要求。为了适应新形势，为各级培训、鉴定部门和广大受培训者提供优质服务，人力资源和社会保障部教材办公室组织有关专家、技术人员和职业培训教学管理人员、教师，依据国家职业标准和企业对各类技能人才的需求，研发了职业技能培训鉴定教材。

  新编写的教材具有以下主要特点：

  在编写原则上，突出以职业能力为核心。教材编写贯穿"以职业标准为依据，以企业需求为导向，以职业能力为核心"的理念，依据国家职业标准，结合企业实际，反映岗位需求，突出新知识、新技术、新工艺、新方法，注重职业能力培养。凡是职业岗位工作中要求掌握的知识和技能，均作详细介绍。

  在使用功能上，注重服务于培训和鉴定。根据职业发展的实际情况和培训需求，教材力求体现职业培训的规律，反映职业技能鉴定考核的基本要求，满足培训对象参加各级各类鉴定考试的需要。

  在编写模式上，采用分级模块化编写。纵向上，教材按照国家职业资格等级单独成册，各等级合理衔接、步步提升，为技能人才培养搭建科学的阶梯型培训架构。横向上，教材按照职业功能分模块展开，安排足量、适用的内容，贴近生产实际，贴近培训对象需要，贴近市场需求。

  在内容安排上，增强教材的可读性。为便于培训、鉴定部门在有限的时间内把最重要的知识和技能传授给培训对象，同时也便于培训对象迅速抓住重点，提高学习效率。另外，每个学习单元后安排了单元测试题，全书最后提供了理论知识和操作技能考核试卷，方便培训对象及时巩固、检验学习效果，并对本职业鉴定考核形式有初步的了解。

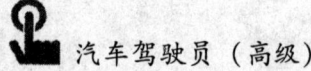

本书在编写过程中得到北京市人力资源和社会保障局职业技能开发研究室的大力支持和热情帮助,在此一并致以诚挚的谢意。

编写教材有相当的难度,是一项探索性工作。由于时间仓促,不足之处在所难免,恳切希望各使用单位和个人对教材提出宝贵意见,以便修订时加以完善。

人力资源和社会保障部教材办公室

目 录

第1单元 特殊条件下汽车驾驶操作/1—16
第一节 通过桥梁、隧道、涵洞的驾驶操作/2
第二节 通过泥泞、翻浆道路的驾驶操作/3
第三节 涉水、过摆渡的驾驶操作/5
第四节 牵引其他车辆和拖带挂车时的驾驶操作/6
第五节 恶劣气候驾驶操作/10
第六节 场地驾驶/12
单元测试题/16
单元测试题答案/16

第2单元 发动机基础/17—68
第一节 工程热力学基础知识/18
第二节 热力过程简介/21
第三节 发动机的理论循环/23
第四节 发动机的性能指标/26
第五节 发动机的换气过程/29
第六节 发动机的压缩过程/32
第七节 燃料与燃烧/33
第八节 点燃式发动机的燃烧过程/47
第九节 柴油发动机的燃烧过程/54
第十节 发动机的膨胀过程/58
第十一节 发动机的特性/58
单元测试题/64
单元测试题答案/67

第3单元 汽车性能/69—110
第一节 汽车动力性/70
第二节 汽车制动性/80

第三节　汽车操纵稳定性/89
第四节　汽车通过性/101
第五节　汽车燃料经济性/102
第六节　汽车行驶的平顺性/104
单元测试题/107
单元测试题答案/109

第4单元　点燃式发动机电控系统/111—157

第一节　点燃式发动机电控技术/112
第二节　点燃式发动机电控系统的基本结构/116
第三节　点燃式发动机电控供给系统的分类与控制/125
第四节　尾气排放的控制/130
第五节　可变进气系统与增压进气系统控制/135
第六节　电控点燃式发动机的自诊断功能/139
第七节　辅助控制系统/150
单元测试题/153
单元测试题答案/157

第5单元　电控自动变速器/159—179

第一节　概述/160
第二节　其他形式的自动变速器/169
第三节　自动变速器的正确使用与维护/173
第四节　自动变速器的简易故障判断/175
单元测试题/176
单元测试题答案/179

第6单元　制动防抱死系统与驱动防滑系统/181—195

第一节　汽车制动防抱死系统和驱动防滑系统的理论基础/182
第二节　汽车制动防抱死系统和驱动防滑系统的分类与基本组成/187
单元测试题/194
单元测试题答案/195

第7单元　汽车检测/197—245

第一节　发动机检测/198
第二节　汽车转向轮定位检测/209

第三节　车辆制动力检测/221
第四节　汽车灯光检测/226
第五节　汽车车身外观检测/232
第六节　汽车轮胎检测/234
第七节　汽车安全检测线/237
第八节　汽车常见故障判断与排除/242
单元测试题/243
单元测试题答案/245

理论知识考核试卷/246
操作技能考核试卷/253
理论知识考核试卷答案/253

第 1 单元

特殊条件下汽车驾驶操作

- 第一节　通过桥梁、隧道、涵洞的驾驶操作 /2
- 第二节　通过泥泞、翻浆道路的驾驶操作 /3
- 第三节　涉水、过摆渡的驾驶操作 /5
- 第四节　牵引其他车辆和拖带挂车时的驾驶操作 /6
- 第五节　恶劣气候驾驶操作 /10
- 第六节　场地驾驶 /12

随着我国汽车工业和公路道路的发展，对驾驶员的驾驶技能提出了更高的要求。为满足广大驾驶员学习和提高驾驶技能的要求，依据《国家职业标准》的规定，汽车驾驶员要掌握各种气候、道路条件下的驾驶操作。本节重点介绍特殊道路条件下和特殊气候条件下的驾驶操作。

第一节 通过桥梁、隧道、涵洞的驾驶操作

一、通过桥梁的驾驶操作

随着我国公路建设事业的发展，公路桥梁、涵洞的等级越来越高，一级公路、二级公路占的比例越来越大，汽车行驶条件也越来越好。但是在边远地区及经济不发达地区还存在石拱桥、木桥、吊桥、漫水桥及便桥等。由于这些桥梁的建筑材料、建筑结构、建筑年代不同，其载荷能力也不同。在通过不同桥梁时，必须严格遵守交通标志规定的"车速、轴重、高度"等规定，采取不同的操作方式通过，才能保证安全。具体操作如下。

1. 窄桥、桥面不平

在通过窄并且桥面不平的桥时，应提前减速降挡，以低速平稳通过。尽量避免在桥上换挡、制动、会车、停车等。跟车通过时，应适当加大跟车间距，减轻桥梁的负荷、避免冲击负荷；有条件时，最好逐车通过。

2. 拱桥

通过拱桥时，因前方视线受到影响，不便观察，应适当减速、鸣笛、靠右行驶，避免中途停车、变速换挡、随时准备对方来车。

3. 漫水桥

通过漫水桥时，必须提前减速、按设定路线匀速行驶，避免中途停车、变速、转向。遇汛期时要随时注意水情报告，情况不明，不宜冒险通过。桥面积水时，探明水深后再通过，防止汽车被水浮起，冲入深水区，发生危险。

4. 吊桥、浮桥、木桥、便桥

通过吊桥、浮桥、木桥、便桥时，必须提前减速，以低速匀速通过。过桥时尽量避免制动、换挡变速、停车等，减少对桥梁的冲击负荷。

5. 交通标志不明、年久失修桥梁

遇有交通标志不清、年久失修的桥梁，必须对桥梁进行勘察，确认可以通过时，方可过桥。通过勘察，仍不能确保安全通过，可绕道行驶，绝不能冒险通过。

二、通过隧道的驾驶操作

随着我国隧道建设水平的提高，通过条件较好。在通过隧道时，要注意交通标志和文字说明、规定，按规定要求行驶。

1. 单行隧道

通过单行隧道，必须注意停车信号、标志和对方来车情况，具备通过条件时，开启灯光，按规定速度匀速通过。不具备通过条件时，必须在隧道口靠右停车等候，具备条件时再通过，避免堵塞隧道。

2. 双车道以上隧道

通过双车道以上隧道时，首先开启灯光，必须按交通标志规定的速度、车道行驶。随时注意对方来车，保证安全。在隧道内不宜鸣笛，以防噪声。

通过隧道时不能倒车、停车和掉头，防止隧道堵塞和引发交通事故。如需掉头，出隧道后，找适当地点实施掉头。

3. 特殊情况

在通过隧道时，遇到特殊情况，须服从交警指挥，按手势行驶，保证隧道畅通。

三、通过涵洞的驾驶操作

通过涵洞前，要注意交通标志，特别要注意交通标志的限高，确能通过时，方可通过。

一般涵洞的路幅较窄，路面和照明条件差，通过涵洞时更要谨慎驾驶，防止发生事故。

第二节 通过泥泞、翻浆道路的驾驶操作

用泥土、沙石筑成的简易公路，由于地势低，泥土松软，在春季形成翻浆；雨后会布满泥泞。在这样的道路上行驶，由于路面附着情况变差，容易产生驱动轮打滑；制动时由于同轴上两轮胎的附着系数不同，极易造成侧滑。同时，由于通过条件差，方向不易控制，给驾驶操作带来较多麻烦，稍有不慎，就会造成驱动轮陷入泥坑，车辆无法前进；严重时会造成车辆倾覆。因此，要根据泥泞、翻浆路面的特点正确操作，保证车辆安全。

一、进入泥泞、翻浆道路前的准备

1. 调查路面情况

进入泥泞、翻浆路段前，要事先调查路面情况，弄清泥泞、翻浆路面泥泞的深度、翻浆的程度和路段的长度。

2. 准备好防滑物品、清理路面的工具

（1）装用越野轮胎。经常在泥泞、翻浆道路上行驶的车辆应装用越野轮胎，提高汽车的通过能力。

（2）装防滑链。进入泥泞、翻浆路面前，在车辆驱动轮上预先装上防滑链，改善车路与路面的附着状态，加强汽车的通过能力。

（3）充分发挥车辆具备的结构。在通过泥泞、翻浆道路时要充分发挥车辆具备结构的能力。四轮驱动车辆要使用全驱动增加车辆的通过能力。具有差速锁装置的车辆，用差速锁锁住差速器，减少滑转和陷车的可能。

（4）准备适量的锹、镐等清理路面的工具和草垫、沙、石等加大路面附着力的物品备用。

3. 做好陷车时的救援方案

凡事预则立，不预则废。车队预计要通过泥泞、翻浆道路时，要提前做好陷车时的救援方案。组织好救援小组、救援车辆、救援物品、临时指挥人员，保证车队的正常行进。

二、在泥泞、翻浆道路上行驶时的操作要点

1. 选好行进路线

经过泥泞、翻浆路面时，要低速匀速通过。除为避开障碍物，不要曲线行驶，减少打滑的可能。行驶中要选择较平直、泥泞少的路面通过。车辙是前车压实的路面。如果路面上车辙清晰，可沿车辙行驶；沿车辙行驶时要注意自己驾驶车辆的最小离地间隙，防止车辆托底。车队通过泥泞、翻浆路面时，要适当加大车距，后车沿前车车辙前进，减少同时多车陷住的可能。路面有积水时，如看不清水深和路面情况，尽可能避让通过。必须从积水路面通过时，要摸清情况，事先采取措施，再行通过。

2. 匀速行驶

低速、匀速行驶是通过泥泞、翻浆道路的要点。在进入泥泞、翻浆道路前，预先选择适当挡位，用油门控制好车速，匀速通过避免中途换挡。中途换挡会造成动力中断，动力一旦中断，车辆就有可能停住，车辆停住后，再行起动时，静摩擦力远远大于动摩擦力。重新起步时，驱动力小，车辆不能起步；驱动力大，极易超过附着力，驱动轮打滑，不能起步。行驶中遇情况，必须换挡时，要提前换挡，充分利用车辆惯性，动作迅速，油门、离合器配合准确连贯、一气呵成，减少换挡冲击，保证车辆匀速行驶。被迫停车重新起步时，选择合适挡位，注意油门、离合器的配合，缓加油，轻抬离合器，充分利用半联动，缓加油，慢起步，控制好驱动力，避免驱动力大于附着力，防止驱动轮打滑。

3. 避免紧急制动

车队在泥泞、翻浆路面上行驶，速度相对较慢，只要保持好行车车距，用油门控制好车速，就能防止紧急制动。在车速相对较慢的情况下紧急制动，极易造成停车起步，引发驱动轮滑转而陷车。

三、车辆陷入泥浆的措施

车辆陷入泥浆打滑时，要保持镇静，切忌轰车。轰车使发动机输出更大动力，加剧驱动轮滑转，导致车辆越陷越深。此时可采取以下措施：

1. 挖出驱动轮下的泥浆，铺入碎石、沙子、草垫、柴草、树枝、木板等增加附着力，将车开出。如有条件，尽可能支起驱动轮，将上述材料直接放到驱动轮下，效果明显。

2. 卸下部分或全部货物，防止车辆进一步下陷，减少静摩擦力。

（1）后轮驱动的车辆卸下部分货物时，应尽可能卸下前部货物，以免因卸下货物而减少驱动轮的附着力。

（2）个别车轮深陷或单侧车轮深陷，车身严重倾斜时，要立即采取措施，防止车辆倾覆。

第三节 涉水、过摆渡的驾驶操作

一、涉水的驾驶操作

车辆需要涉水行驶时，由于水对车的浮力和侧向冲击力，导致车辆行驶稳定性变差、纵向和横向附着力严重下降，容易产生驱动车轮滑转和车辆侧滑，使操作困难。车辆涉水时可按以下三个步骤进行。

1. 涉水前的准备

（1）查清水情。首先查清水情，如河水深度、流速和水底情况等。了解情况后，选水浅、河床硬、水面较窄、障碍少、流速低、河岸坡度小的河段做好通过路线标志。

（2）通过较深的河段时，车辆做好防水措施，如密封好油箱口，加机油口，包扎好高、低压电器设备，加高排气管口等。

2. 涉水时的驾驶操作

（1）俗话说："快过沙子慢过水。"涉水时，应提前选好挡位，避免因中途换挡、动力中断引起停车；低速、平稳，按标好的通过标志通过。驾驶员尽可能减少直视水面，以免引起视差，导致方向偏离。

（2）行驶中发生车轮滑转，应立即停车、保持发动机运转，即刻组织救援、将陷住的车辆拖出。

（3）车队通过河面时，应先由少部分车辆依次沿标志试行通过，确无问题后，其余车辆再行通过，避免多辆车同时陷入水中的被动局面。

3. 涉水后的检查

（1）涉水后，选择安全地带停车。卸下防水设施，擦干受潮零件，清除传动轴、散热器、轮胎等上面附着的杂物、石子等。

（2）由于制动器被水浸泡后制动效能降低，在采取上述措施后，寻找路面良好的路段，进行试制动，使制动器迅速干燥，恢复制动效能。

二、过摆渡时的驾驶操作

随着我国公路建设事业的发展，大部分河面上架设有供车辆高速通过的桥梁。但个别地区仍采用渡船载车辆渡过水面。因此，驾驶员仍需掌握通过摆渡时的驾驶操作要领。上、下摆渡船时，驾驶员应按照下列操作完成。

1. 上、下摆渡船操作

汽车等待上、下和上、下摆渡船时，必须遵守有关规定，服从管理人员指挥，不抢行。

(1) 上、下渡船时，提前选好挡位，避免在跳板上换挡、减速、停车。

(2) 上、下渡船时要对准跳板，低速、匀速行驶，避免猛冲。

(3) 车辆驶离跳板时要平稳，以便保持船体平衡。

(4) 车辆驶上渡船后，要按指定位置停放，发动机熄火，驻车制动，固定好车辆，防止车辆因颠簸移动。

2. 未上过摆渡驾驶员的操作

新驾驶员或第一次驾车上摆渡的驾驶员，必须有专人指挥，确保行车安全。

第四节 牵引其他车辆和拖带挂车时的驾驶操作

牵引其他车辆和拖带挂车（以下简称牵引驾驶）是驾驶员经常遇到的情况，是驾驶员必须掌握的技术。由于拖挂其他车辆或拖挂挂车后，整体长度加长，质量加大，驾驶过程变化较大，在此做介绍，以便驾驶员借鉴。

一、牵引驾驶方式的分类

一般牵引驾驶按牵引其他车辆和拖挂挂车的拖挂形式可分为硬牵引和软牵引两种方式。

1. 硬连接牵引方式

硬连接牵引方式是指机车和被拖挂车辆或挂车之间一旦连接后，连接物是不可伸缩的装置。硬连接牵引的方式主要有三角架式、铰接盘式、可伸缩式、单杠式和托起式5种方式。

(1) 三角架式连接牵引。广泛应用于机车拖带挂车。

(2) 铰接盘式连接牵引。多用于铰接式大客车和半挂车。

(3) 伸缩式连接牵引。主要用于长料挂车。

(4) 单杠式连接牵引。由于简单方便，主要用于拖挂故障车辆。它是用一根 3 m 左右的金属连接杆将牵引车和故障车连接成一体，由牵引车拖带故障车行驶。

(5) 托起式连接牵引。一是用于牵引违章停车，违章车辆使用驻车制动时，将制动车轮托起，将车辆拖离违章现场；二是用于故障车，事故车有一车桥被撞毁或由于某种原因一车桥上的车轮不能转动时，托起该桥，牵引车辆。托起式连接牵引装置如图 1—1 所示。

2. 软连接牵引方式

软连接牵引方式是一种应急的牵引方法，不能用于正常运营和长距离行驶。它是用钢丝绳、铁链、特制尼龙牵引带或足够强度的绳索将牵引车和被牵引车连接在一起、由牵引车拖挂行驶。

a)　　　　　　　　　　　　　　b)

图 1—1　托起式连接牵引装置
a）托起式牵引车　b）托起式牵引装置牵引车牵引中

二、牵引时的驾驶操作

1. 牵引驾驶与单车驾驶的不同

（1）由于牵引后"车辆总体"长度加长，使转弯半径加大、车辆通过性变差。

（2）因为牵引驾驶后，总体质量增加，使方向变重；制动距离加大，操作稳定性变差。

（3）同样由于牵引驾驶，总体"车辆长度"加长，视线受到影响，驾驶员观察、处理交通情况不便，给安全行驶带来一定困难。

牵引驾驶时，由于"车辆总体"长度加长，使驾驶员的劳动强度加大。驾驶员要掌握牵引驾驶要领，严格遵守交通法规对牵引驾驶的相关规定，确保行车安全。

2. 驾驶硬连接牵引车辆的操作要领

牵引驾驶在道路上行驶时，处理交通情况时要有预见性，留出较大的余量。发现情况时，要提前减速慢行，充分利用发动机的牵阻作用，尽量避免紧急制动。因为紧急制动容易引起被牵引车辆甩头，造成整个牵引系统弯曲，引发交通事故。

（1）起步。起步要缓，根据牵引的车型、装载和牵引形式，采用一挡或二挡起步。适当提高发动机转速，充分利用离合器半联动，使牵引装置平顺柔缓地接触拉紧，避免发生撞击。

（2）换挡。换挡要稳、准、快、前。升挡时不可猛踩油门，急加速；加速过猛，车辆冲击，易造成连接装置损坏。降挡时要提前，要有预见性，避免因换挡时机晚，动力不足引起勉强行驶或换挡后动力不足进一步降挡，造成停车，重新起步。整个换挡过程要迅速，快捷，油门离合器配合平稳。

（3）正常行驶。正常牵引行驶是指整个车辆牵引系统在平直的道路上行驶。这时要保证牵引系统匀速、中速、直线前进。直线行驶不要随意变更车道，左右摆动方向，避免引起被牵引车辆甩动。避让行人或障碍时，首先要减速，必须改变方向时，改变方向要缓慢，通过障碍物后，车辆牵引系统驶回原路线时同样要缓慢。

（4）转弯。转弯时必须提前减速，减速后整个牵引系统才能转弯。由于整个牵引系统相对较长，转弯时必须加大转弯半径才能顺利通过。

(5) 会车。会车时应提前减速，靠右行驶；保持主、挂车成一直线；尽量将会车地点控制在路面相对较宽的路段，使会车过程有较好的条件。

(6) 超车。由于牵引方式有固定牵引和临时牵引两种方式，必须注意到两种牵引方式的区别，分别叙述如下：

1) 固定式牵引车辆（半挂车、铰接式客车）。固定式牵引车辆，由于驾驶员长期使用该车辆，对车辆的性能了解，经验丰富。在驾驶这种车辆需要超越其他车辆时，驾驶员充分计算自己车辆的长度、车速、超车距离，被超车的车长、车速，路面宽度，交通流量等条件，在保证安全的条件下才可超车。

2) 临时牵引其他车辆。由于牵引其他车辆时行驶速度相对缓慢、同时受牵引连接方式的限制，处理情况相对复杂，尽可能不超车。

(7) 上坡、下坡。上坡时要充分估计到坡道的长度、坡度、自己驾驶的车辆的动力性、制动性能，降挡时要提前，升挡时要迅速；选挡适当，避免上坡时停车起步。同时，要注意发动机温度，防止发动机过热。

下坡时必须提前换入低速挡，利用发动机的牵阻作用，控制车速，防止车速过高，被动使用制动，给安全带来隐患。

(8) 倒车。倒车，无论是牵引其他车辆还是单车行驶均应尽可能避免倒车。由于不可避免的原因只能倒车时一定要保证安全，必要时请别人指挥倒车，以保证车辆和其他人员的安全。牵引车辆由于多了铰接装置，倒车与单车行驶有较大区别，分述如下：

1) 固定式牵引车辆（半挂车、铰接式客车）。固定式牵引车辆倒车校正车辆方向时，由于多了铰接装置，打方向与单车驾驶方向相反。向左校正方向时，要向右打方向。在校正方向时要小打方向，早校正方向，才能保证正确的倒车方向。如果倒不正，可向前行进，将车顺正后，再重新倒车。

2) 临时牵引其他车辆时，即使是硬牵引，也不能倒车。

(9) 掉头。硬牵引车辆掉头只要有足够的场地，转弯半径够，就可方便掉头行驶，固定牵引车辆与临时牵引车辆略有不同，分述如下：

1) 固定牵引车辆。固定牵引车辆掉头相对方便，需要掉头行驶时，如场地转弯半径不够，可结合倒车，实施掉头。

2) 临时牵引车辆。临时牵引车辆不便倒车，需掉头行驶时，如转弯半径不够，要采用其他方式掉头。

(10) 停车。硬连接车辆停车时，由于制动力可通过硬连接传给被牵引车辆，只要保持均匀减速，就可方便地将车停好。临时牵引的车辆要事先选好停车的地点，避免反复移动车辆。

3. 驾驶软连接牵引车辆的操作要领

(1) 正常驾驶。驾驶软连接牵引的车辆，操作要领与硬连接牵引车辆基本相同，但是要充分考虑到软连接的特点。由于是软连接，在车辆起步、加速、减速、转弯、停车均略有区别，要留有更大的余量，以便被牵引车辆处理交通情况。如果加速过猛，连接装置受到冲击载荷，会被拉断，严重时会造成人员伤亡或车辆损坏。减速、停车也如此，牵引车急减速或停车，被牵引车如反应稍慢，就会造成冲撞牵引车的情况（硬连接牵引系统稍好，基本上可将整个牵引系统看成一个刚性系统，软连接则不同，仍是两个互相作用的物体，在减速、停车、转弯时更是如此）。驾驶软连接牵引系统时，要尽可能保持匀速直线行驶；如必须变线行驶，方向改变要小，速度保持均匀，给被牵引车辆充分的处理情况的余地。

（2）掉头。驾驶软连接系统，不能牵引掉头，除非有足够大的转弯半径。如需掉头，须采取其他方法。

三、驾驶牵引车辆应注意的其他事项

1. 驾驶牵引车辆的驾驶员

牵引驾驶与单车驾驶的区别较大，对驾驶员有一定的要求，叙述如下：

（1）机车驾驶员（牵引车驾驶员）。机车驾驶员要具有 3 年以上驾龄，安全行驶 5 万千米以上。

（2）被牵引车驾驶员。被牵引车驾驶员必须有正式驾驶执照，准驾车型符合要求，有一定的实际驾驶经历。

2. 对车辆的要求

牵引车要性能良好，车型与被牵引车型相适应。

3. 对牵引连接装置的要求

（1）牵引连接装置要牢固可靠，具有与被牵引车辆相适应的强度。

（2）牵引连接装置与牵引车和被牵引车的连接结构合理，连接装置的保险装置可靠。在牵引车辆时，牵引装置要安装牢固、可靠。

（3）牵引连接装置的长度要大于 3 m，小于 5 m。

（4）牵引连接装置首选硬牵引装置。硬牵引装置与软牵引装置相比较，安全性、操纵性、可靠性均高得多，在牵引其他车辆时应首先选择硬牵引装置。

4. 牵引行驶时应注意的事项

（1）牵引系统是一个整体，在行驶过程中要互相配合，加强沟通，才能保证行驶的安全。机车驾驶员在行驶时要随时考虑被牵引车处理情况的方便，给被牵引车留有足够的余地，才能较好地完成牵引任务。

（2）牵引车车辆行驶时必须严格遵守交通法规的要求，严禁违章驾驶。

5. 牵引装用自动变速器的车辆时必须注意的几点

随着我国汽车工业制造水平的提高，装备自动变速器的车辆越来越多，由于自动变速器的行星齿轮减速器是常啮合结构，决定在其被牵引时要遵守以下规定：

（1）当装备自动变速器的车辆被其他车辆牵引时，必须断开驱动桥与自动变速器的连接，使驱动桥不能带动自动变速器的行星齿轮机构旋转或使用托起式连接拖车装置将驱动桥托起，使其不能旋转。

（2）在牵引装备自动变速器的车辆时，不能断开自动变速器和驱动桥之间的连接时，必须遵循拖车行驶车速小于 50 km/h、拖车行驶距离小于 50 km 的规定，保证车辆的完好。

（3）解除驻车制动。

（4）牵引储能式制动气室（制动分泵）的车辆，储能制动气室处于制动状态时，必须解除制动状态，才能牵引。

第五节 恶劣气候驾驶操作

汽车在路上行驶，会遇到各种不同的路况和天气。由于天气和路况的不同，能见度、驾驶员的视野、路面附着系数都在不断地变化。也是由于这些可变因素，确定驾驶员必须采取不同的驾驶操作，才能保证行车安全，也就增加了驾驶员的操作难度。驾驶员必须针对不同的路面条件、气候条件，采取相应的操作，才能应对复杂的局面。

一、严寒气候下的驾驶操作

我国长江以北地区和青藏高原、新疆地区，一年当中有很长时间气候严寒。在严寒气候条件下，气温极低。低气温使燃油雾化不良，不能形成足够浓度的可燃混合气，启动困难；低气温使润滑油黏度增大，既增加了启动的困难，同时使润滑条件变差；也还是由于低气温，风窗玻璃容易积霜，造成视线不良；更是由于低气温，路面积雪、结冰，使路面附着系数下降，汽车容易侧滑，制动距离加长，给安全行车带来隐患。在这种路面上行车，必须注意以下问题。

1. 启动发动机

冬天启动发动机要注意以下问题：

（1）正确使用起动机。冬天启动发动机时要注意起动机的使用，一次启动不成功，最少间隔 30 s，再开始下一次启动，以免损坏起动机和蓄电池。

（2）发动机启动后适当预热，温度超过 40℃ 后，才能起步行驶（最好预热 3 min 以上再起步行驶）。

（3）装用废气涡轮增压器的发动机，必须预热 3 min 后才能起步，防止损坏废气涡轮增压器。

2. 起步

在冰雪路面上起步，由于路面附着系数极低，驱动力大于地面附着力时将造成驱动轮滑转，不能顺利起步；但是，驱动力小于阻力，车辆同样不能顺利起步。因此，必须适当控制油门，防止驱动轮滑转。四驱车可全驱动启动。单轴驱动车辆可用较平常高一级挡位起步，减少驱动力，防止驱动轮打滑。也可在驱动轮下铺上沙子、草、植物秸秆等，增加附着系数，使车辆顺利起步。

3. 车辆正常行驶

车辆在冰雪路面上行驶，由于路面附着系数降低，使车辆的制动距离加长，能达到正常路面的数倍，在影响制动距离的众多因素中驾驶员能控制的因素是汽车速度。因此，驾驶员在冰雪路面上行驶，首要的任务是控制车速，适当加大前后车的距离，保证行车安全。尽可能用发动机的牵阻作用控制车速，少用制动，特别是未装用制动防滑（ABS）和驱动防滑（ASR）的车辆。

4. 转弯

在冰雪路面上转弯，由于路面宽度是一个常量，面对路面附着系数极大减小的情况下，在车速和转弯半径两个因素中，驾驶员能有效控制的只有车速。减速是冰雪路面驾驶时防止侧滑，保证正常安全行驶唯一有效的措施。

二、炎热气候条件下的驾驶操作

炎热的气候条件下，驾驶汽车要充分估计到由于气候炎热给车辆带来的问题和驾驶员容易出现的问题，注意克服出现的问题，保证行车安全。

1. 车辆

（1）由于天气炎热，散热条件变差，发动机容易过热，特别是在气候潮湿炎热的热带和亚热带，更要注意这一点。

（2）同样由于气候炎热，使用铅酸蓄电池的车辆要检查蓄电池的通气孔，保持通气孔畅通，防止通气孔堵塞，损坏蓄电池；与此同时要注意检查电解液的量和电解液的比重，注意补充去离子水，防止电解液浓度过高，影响蓄电池的使用寿命。

（3）注意检查轮胎气压，防止轮胎气压过高、过低而引起轮胎异常磨损或导致爆胎。

2. 驾驶员

由于气候炎热，容易引起疲劳；人休息不好，精力不足，驾驶员容易犯困。因此，在炎热季节，更要休息好，保证充足的体力，保证行车安全。

三、雨天的驾驶操作

雨天的最大特点就是路面附着系数降低。下雨后，路面湿滑，驾驶员要充分注意到雨天路面、行人的特点，才能保证行车安全。

1. 小雨

小雨才打湿路面时，路面上的泥土、灰尘形成很薄一层泥泞。这时路面的附着系数最低，驾驶员唯一能做的就是控制车速，把车速降低，加大安全系数。

2. 大雨

大雨将路面冲洗的较干净，路面的附着系数将比初下雨时大一些，但是由于水层加厚，速度高时，轮胎排水花纹将不能排干路面上的水，在轮胎与路面之间形成水膜，车速高时会出现滑水现象。一旦出现滑水现象，车辆将无法控制，引发交通事故。因此，在雨天驾驶员必须降低车速才能保证安全。

在雨天，行人使用雨具，急于赶路，对路面的交通情况注意力大大降低。汽车驾驶员必须注意到行人的这一特点，采取制动措施，避让行人，保证行车安全。雨天，路面上不可避免地会有积水，通过积水路段时，驾驶员必须将车速降到最低，以免激起的水幕将路边的行人泼得满身泥水，这也是一个驾驶员必须具有的道德。

注意自行车，雨天骑车人为减少淋雨，穿着雨衣，妨碍其观察路面情况，为躲避水洼，会突然拐入机动车道。这些都带来极大的不安全因素，驾驶员必须充分注意到自行车的行动特点，特别是单手扶把、骑车打雨伞的骑车人，才能保证行车安全。

3. 维修刮水器

雨中行车要合理使用刮水器，防止使用时间过长，刮水器损坏。刮水器一旦损坏，要及时维修，不要勉强行驶，防止因视线不好，引发事故。如刮水器损坏或雨量过大，刮水器不起作用，必须靠边停车，等待雨停或雨小后再走。

4. 除雾

雨天行车，如车内乘员较多，车内外温差相对较大，风窗玻璃上会形成"雾"。这时要及时打开空调，除去风窗玻璃上的"雾"，保证视线良好。

5. 路面积水

通过路面积水路段，要了解积水深度，积水过深，不可通过，避免车辆在水内熄火，无法行驶或损坏车辆。

四、雾天的驾驶操作

雾天最大的问题是视线不良，为保证行车安全应做到以下几点：

1. 要打开雾灯或警示灯（双闪灯），使对方车辆和同方向行驶的车辆容易发现本车。
2. 控制车速，要减速慢行，雾天视线不良，不容易及时发现危险情况，因此要加大前、后、左、右的车距，保证行车安全。
3. 若雾过大，在风窗玻璃上形成水膜，影响视线，要及时使用刮水器，刮去水膜，保证良好视线。
4. 若风窗玻璃车内面起雾，夏天打开空调除雾；冬天用热风除雾，保证视线良好。
5. 如没有非办不可的业务，雾大时最好改变出行计划，等待大雾消散后再出行。
6. 注意行人动向，必要时可轻按喇叭提醒行人注意。
7. 控制车速，调整心态，耐心驾驶，严禁超车、超速行驶。

第六节 场地驾驶

一、半挂车直线倒车

1. 场地设置

场地设置如图1—2所示。图中车道宽度为车宽度加80~100 cm，车道长度为5倍车长。

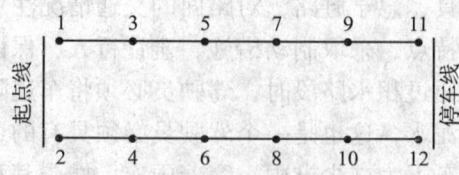

图1—2 半挂车直线倒车场地设置图

2. 操作要点

（1）基本要领。半挂车倒车时，打方向盘的方向与倒车方向相反。当牵引车与挂车处于直线状态时开始倒车。要使车尾向左（右）行驶，需向右（左）打方向。当车尾已向目标方向移动时，及时打回方向。车尾一次移动不够时，可再次校正方向，方向到位后，稳住方向盘，保持直线倒车。此时注意车辆行驶方向，发现驶向有偏差，及时调整方向，防止出现大偏差。倒车时打方向要小，打方向要巧，避免将方向打死，机车与挂车形成小夹角，出现车辆难以行驶的情况。

（2）倒车过程

1）车辆前进。启动车辆，挂入适当挡位，鸣笛起步。驾驶车辆通过停止线，将车停放在1~2号桩杆前的起点线，后保险杠与起点线对齐，做好倒车准备。

2）倒车。挂入倒挡，鸣笛起步。注意油门和离合器配合，在车开始运动同时打开驾驶室门，半开，左手扶门框，上身斜探出驾驶室，面向后，双眼关注挂车左后角与桩的距离；右手握方向盘上部，随时做好调整方向的准备，驾驶车辆匀速向后行驶。倒车过程中，出现方向偏差，及时调整，保证车辆直线行驶。

3. 倒车要求

（1）通过设桩路段时间小于1 min 合格。

（2）通过设桩路段时不准碰杆、压线、熄车；离合器不准半联动；车速均匀，不准忽快忽慢。严禁在车辆处于停止状态下转动方向盘（原地打轮）。

二、大客车场地综合驾驶

1. 场地设置

驾驶场地如图1—3所示。综合驾驶场地桩位的设置尺寸如下：1~5、2~6、3~7号桩桩距为车身长度加2 m；4~5、7~8、4~9、8~10号桩桩距为1.5倍车身长度；4~8、9~10号桩桩距长度相等；1~2、2~3、5~6、6~7号桩桩距为车身宽度加0.7 m。图中实线为车辆前进路线，虚线为倒车路线。

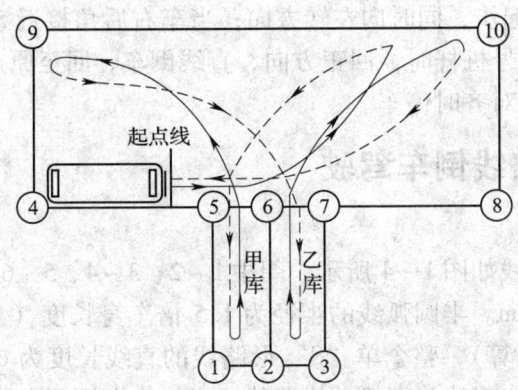

图1—3　大客车综合驾驶场地设置图

2. 驾驶要求

（1）车辆从起点开始首先移入甲库，然后移入乙库，之后再回到起点停好车辆。

（2）车辆行驶过程中除由前进转为倒车，需要由前进挡转换成倒挡时可以停车，其余时间，在车辆行驶过程中车辆不准碰桩杆、压线、中途停车、熄火。严禁在车辆停止状态下转动方向盘（原地打轮）。严禁离合器处于半联动状态。车速要均匀，不准忽快忽慢。

（3）10 min 完成全部驾驶过程。

3. 操作要点

（1）移入甲库

1）启动车辆，车辆从起点线鸣笛起步，开左转向灯。车辆沿 4~8 号桩连线前进，当右侧后视镜与 5 号桩平齐时，立即快速向左打满方向，使车头驶向 9~10 桩连线，在距该连线 1 m 处向右打方向、停车；换入倒挡，做好倒车准备。

2）向右打方向倒车，倒车时回头注视 6 号桩，当车尾进入 5、6 号桩连线后，从车中部注视 2 号桩杆，适当向左转向，防止车身中部碰 6 号桩杆。车身中部进入甲库后，回正方向，倒车到位，停车。

（2）移入乙库

1）车辆鸣笛、起步直行；当后轴通过 5 号桩后，快速向左打满方向，车头尽量接近 4、9 号桩连线。距 4、9 号桩连线 1 m 时，向右打方向停车。

2）挂倒挡，鸣笛起步；迅速向右打满方向，使车尾转向 9~10 号桩连线；车位与 9~10 号桩连线平行后，立即向左打满方向，使车尾迅速对准 5~6 号桩连线。与此同时，回头注意 6 号桩，防止车左后角碰 6 号桩；当车尾进入 6~7 号桩连线后，从车身中部注意 6 号桩，防止车身中部碰 6 号桩；与此同时向右适当回轮，当车身中部通过 6~7 号桩连线后，回正方向，直行车到位，车辆移入乙库，停车。

（3）倒回起点

1）鸣笛起步、直行出库，与此同时关注车身中部，当车身中部与 7 号桩杆平齐时，向右打满方向，驶向 8~10 号桩杆连线，距 8~10 号桩杆连线 1 m 处向左转方向、停车。

2）挂倒挡、鸣笛起步，同时向左转方向；当车右后角接近 5 号桩杆时，适度回方向；当车身中部通过 5 号桩杆时，回正方向、直线倒车、回至原点。车辆完全倒入起点线，前保险杠与起点线对齐时停车。

三、单"S"形路线倒车驾驶

1. 场地设置

单"S"形倒车路线如图 1—4 所示。图中 1~2、3~4、5~6、7~8、9~10 号桩杆宽度为车身宽度加 70 cm。半圆弧线的半径为 1.5 倍车身长度（半圆弧线的半径由 1~2、5~6、9~10 中点计算），整个单"S"形路线的直线长度为 6 倍车身长度加一个车身宽度再加 70 cm。图中实线为车辆前进路线，虚线为车辆倒车路线。

2. 驾驶要求

（1）3 min 完成前进和倒出全部过程。

（2）操作过程中不准碰杆、压线、中途停车或熄火、不准离合器半联动。

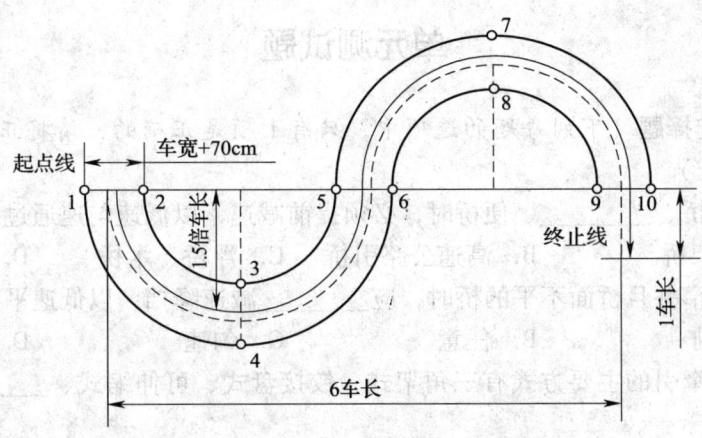

图1—4 大客车单"S"形路驾驶场地设置图

3. 操作要点

由于倒车转弯时前外侧车轮轨迹的弯度大于后轮,因此,在照顾全车转向的前提下,还要关注前外侧车轮,避免前外侧车轮压线、碰撞桩杆。

因为是用单车倒车,方向盘转动的方向,就是车尾转动的方向。整个操作过程如下:

(1) 车辆前进

车辆从起点线开始,挂低速挡,鸣笛起步,通过弯道,到达终点停车。

(2) 倒车

1) 车辆挂倒挡,鸣笛起步,回头注意9号桩杆;当右后轮与9号桩杆平齐时,向右打方向,按弧线倒车行驶。注意左前轮不要压线和车辆左前角(后视镜)不要碰10号桩杆。

2) 整车倒入弧线时,注意8号桩杆,当车辆右后轮与8号桩杆平齐时,适当向右打方向,按弧线倒车行驶。注意车的左前轮不要越出外侧线、压线;车左前角(后视镜)不要碰7号桩杆。

3) 左前轮越过7号桩杆后,注意6号桩杆,继续按弧线倒车。

4) 当车辆右后角与6号桩杆平齐时,迅速向左打方向,待左前轮通过5号桩杆后,再左打方向,按弧线行驶。注意向左打方向时要关注车辆右前角(右后视镜)、右前车轮不要碰撞6号桩杆、压线。

5) 车辆继续沿弧线行驶。当左后车轮越过3号桩杆时,适度向左侧打方向,维持弧线行驶。注意车辆右前角(右侧后视镜),右前轮不要碰撞4号桩杆、压线。

6) 车辆继续沿弧线行驶,注意观察2号桩杆。当车辆左后角与2号桩杆平齐时,迅速向右打方向,直至车辆回正,全车通过1~2号桩杆连线,车辆前保险杠与1~2号桩杆连线对正,倒车完成。

单元测试题

一、单项选择题（下列每题的选项中，只有1项是正确的，请将正确答案的代号填在横线空白处）

1. 通过吊桥、_____、便桥时，必须提前减速，以低速匀速通过。
   A. 高架桥　　　　B. 高速公路引桥　　C. 浮桥、木桥　　D. 铁路桥

2. 在通过窄并且桥面不平的桥时，应_____减速降挡，以低速平稳通过。
   A. 提前　　　　　B. 任意　　　　　　C. 匀速　　　　　D. 均可

3. 硬连接牵引的主要方式有三角架式、铰接盘式、可伸缩式、_____和托起式连接牵引。
   A. 双杠　　　　　B. 绞盘式　　　　　C. 单杠式　　　　D. 拖曳式

二、判断题（下列判断正确的打"√"，错误的打"×"）

1. 牵引自动挡车辆与牵引手动挡车辆一样。（　　）
2. 发动机电控后，不用预热升温就可以起步行车。（　　）
3. 雪后行车必须低速行驶，适当加大前后车跟车之间的距离。（　　）

单元测试题答案

一、单项选择题
1. C　　2. A　　3. C

二、判断题
1. ×　　2. ×　　3. √

第2单元

发动机基础

- 第一节　工程热力学基础知识 /18
- 第二节　热力过程简介 /21
- 第三节　发动机的理论循环 /23
- 第四节　发动机的性能指标 /26
- 第五节　发动机的换气过程 /29
- 第六节　发动机的压缩过程 /32
- 第七节　燃料与燃烧 /33
- 第八节　点燃式发动机的燃烧过程 /47
- 第九节　柴油发动机的燃烧过程 /54
- 第十节　发动机的膨胀过程 /58
- 第十一节　发动机的特性 /58

人类发展的进程，就是不断认识、掌握、控制、利用各种能量和能量转换的过程。对于不同形式能量的利用能力，控制能量转换过程的精度，开发利用程度是人类进入文明的开始与标志。

随着科学技术的发展，人类不断掌握控制和利用各种新的能源，每一次新能源的发现和利用，都是一场技术革命。人类最先掌握并利用的能量转换过程是化学能转换成热能、热能转换成机械能、机械能转换成热能的过程。

人们把专门研究热能转换成机械能过程的学科，定义为热工理论，将这门学科在工程上具体利用的学问，定义为工程热力学。发动机理论是建立在热工理论基础上的学科，研究过程属于工程热力学范畴。

第一节 工程热力学基础知识

工程热力学研究热的本质、工质的基本热力性质、热力学第一定律、第二定律、第三定律等知识，各种热工机械的工作过程和与热工机械工作过程直接相关的化学和物理化学问题。

一、热工转换的基本概念

1. 热的本质与比热容

（1）热的本质。物质是由大量的、永远处于无规则运动状态的分子组成的。大量分子的无规则运动称为分子的热运动。热的本质就是组成物体的分子平均动能的大小。

（2）比热容。使物体升高或降低 1 K 或 1℃所吸收或放出的热量定义为热容量，简称热容。热容的单位取决于热量和物质的单位。使单位质量物体温度升高或降低 1 K（1℃）所吸收或放出的热量称为比热容。

按不同的热力过程，比热容有质量比热容 c、定压比热容 c_p 和定容比热容 c_V。工质定压比热容 c_p 与定容比热容 c_V 的比值，定义为工质的比热容比 γ，在绝热的条件下，称为等熵指数，用符号 κ 表示。

2. 工质的状态参数

内燃机将工质的热能转换成机械功，是通过工质的热力状态的改变实现的。通常用压力、温度、比容等基本参数来描述工质的热力状态。

（1）压力 p。工质作用在容器壁表面单位面积上的垂直作用力称为绝对压力 p。我国法定计量单位规定以 1 Pa = 1 N/m² 为法定计量单位。工程上常用 kPa、MPa 作计量单位，1 MPa = 10^3 kPa = 10^6 Pa。非法定计量单位必须换算成法定计量单位，1 工程大气压（at）= 1 kg/cm² = 98 kPa；1 标准大气压（atm）= 760 mmHg = 101.37 kPa。

用压力表和真空表测得的气体压力是相对压力。因为气压表和真空表在测量压力时是在大气压力存在的情况下测量的，此值包含 1 大气压，这时气体的实际压力（绝对压力）要比实测值大一个大气压力。绝对压力减大气压力 p_a，剩余的值通常称为表压力 p_b，所以得出：

$$p = p_a + p_b$$

真空度是使用真空表测量低于大气压力的相对压力 p_c，由前分析可得出：

$$p = p_a - p_c$$

（2）比容。比容 v 为单位工质所占有的容积，单位为米³/千克（m³/kg）。

3. 温度

为进行温度计量，需要有温度的数字表示方法，即建立计量温度的标尺就是温标。建立任何一种温标都需要确定测定物质及其能表现"温度"特征的某一物理性质、规定这种温标的基准点和分度方法。摄氏温标规定在标准大气压力下以纯水的冰点和沸点为温度的基点。规定沸点的温度为 100℃；冰点的温度为 0℃。按照温度与测温物质的某种物理性质的线性函数确定，如测温物质液柱体积或金属的电阻等。

采用不同的测温物质或采用同种测温物质的不同测温性质所建立的温标，除了基准点的温度值按规定相同，其他的温度值均有一定的差异。为此，必须确定一种与测温物质的性质无关的温标，这就是建立在热力学第二定律基础上的热力学温标。用这种温标确定的温度是热力学温度，用符号 T 表示，计量单位为开尔文，用 K 表示。

国际计量大会决定，热力学温标规定用水的汽态、液态、固态三相平衡共存的状态点，即三相点为基准点，它的温度为 273.16 K。因此，热力学温度的每一单位温度 K，等于水的三相点热力学温度的 1/273.16。

与热力学温标共存并用的有热力学摄氏温标，简称摄氏温度，用符号 t 表示，单位为摄氏度，用符号℃表示。1960 年国际计量大会规定新的摄氏温度按以下定义确定：

$$t = T - 273.15$$

例如，测得某汽油发动机的排气温度为 900 K，换算成摄氏温度为：

$$t = 900 - 273.15 = 626.85℃$$

按这一定义，摄氏温度的零点（$t = 0℃$）相当于热力学温度的 273.15 K，即水的三相点摄氏温度为 0.01℃。

4. 内能

内能 U 表示工质内部具有的总能量，包括动能和位能的总和。因为工质分子是处于无休止的紊乱运动状态，所以动能包括分子直线运动和分子旋转运动的动能，以及组成分子的原子的振动能。位能是只有分子间吸引力产生的位能。物体的内能与它的质量、温度和物态相关。质量越大，分子越多，内能也越大。物体的温度越高，分子的三种动能越大，平均动能也越大，内能越大。物态不同，物质具有的内能也不同。以同样质量的 100℃的水蒸气和 100℃水为例，虽然分子数和分子的平均动能都相等，但水蒸气中的水分子的距离比水大得多，因此，水蒸气的分子位能比水大得多，所以水蒸气的内能比水大。

为了简化研究过程，对于理想气体，假设其分子间无吸引力、内能中不计位能只有动能。分子本身也不占有体积。理想气体的内能仅与温度相关，而与气体压力、比容及所进行的是怎样的热力过程均无关系，只要它的温度是从初始温度 T_1 变化到终了温度 T_2，其内能的变化值就相同。

工程热力学中为了计算方便，将标准状态（$p = 101.37$ kPa；$T = 273.16$ K 状态）下工质的内能定为零，而对某一状态下的工质内能值均相对这一基准计量。

引入热力学温度以后，做功和热传递在改变物体的内能上是相等的，这样就把做功和热传递两个完全不同的物理概念联系起来了。例如，燧人氏钻木取火，人做机械功使木头的内能增加，最后热量积聚，木头与氧气发生化学反应氧化燃烧。人在接触炽热的铁块会被烫伤，是热量传递的结果。铁块具有的内能传递到人的皮肤上，形成烫伤。由此，热能做功的多少，可以用机械功来衡量，机械功也可用热能来衡量，这就是焦耳楞次定律。做功和热传递在改变物体的内能上是等效的，但是它们之间又存在着本质的差别：做功是机械能转换成内能，是一种形式的能量转换成另一种形式的能量的过程；热传递则是内能由一个物体传递到另一物体，没有能量形式的变化。

5. 理想气体状态方程式

经过长期研究人们发现，对于理想气体，气体参数压力 p、比容 v、工程热力学温度 T 之间存在下述关系：

$$p_1v_1/T_1 = p_2v_2/T_2 = p_3v_3/T_3 = \cdots = p_nv_n/T_n = \cdots = R$$

也可以写成 $pv = RT$。

式中的 R 称为气体常数，它与所处的状态无关，但随气体的种类而异。

气体状态方程有三种形式：

$$pv = RT \quad （对 1 \text{ kg} 气体）$$
$$pv_m = R_mT \quad （对 1 \text{ kmol} 气体）$$
$$pv = nR_mT \quad （对 n \text{ kmol} 气体）$$

式中 R_m——摩尔气体常数；与气体所处状态和气体种类无关，也称为通用气体常数。

6. 热力过程中气体的功量和示功图

依据气态方程，对于一定质量的气体，如果已知两个状态参数，则第三个状态参数就可以通过计算得出。用压力 p 为纵坐标，容积 V 或比容 v 为横坐标的 $p-v$ 图上的一个坐标点表示，如图 2—1 中的（v_i，p_i）点。

热力过程是指工质从某一状态变化到另一状态，所经历的过程，如图 2—1 中曲线段 1—2 所描述的过程，而曲线段 1—2 下覆盖的面积就是气体工质在经历这一过程对外所做的功或外界对工质所做的功。按常规，气体对外做功为正值；外界对工质做功为负值。状态参数 p、v 之间存在函数 $p = f(v)$ 的关系。由图 2—1 可知，在 $p-v$ 图上，可以形象地描述工质的热力过程：

（1）曲线段上的一点（p_i，v_i）表示工质的一个热力状态。

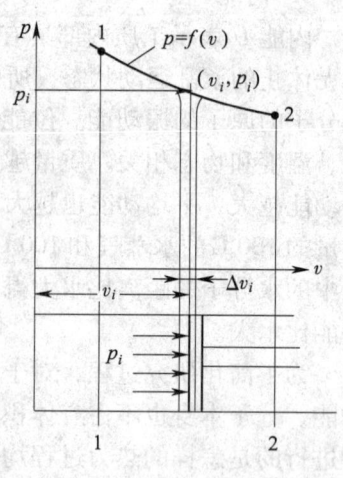

图 2—1 热力系统的热力过程

（2）一段曲线段表示工质所经历的一个热力过程，这段曲线段表示了状态参数 p 和 v 之间的某种函数关系。

（3）曲线段下方与横坐标之间所包围的面积，即是工质在这个过程中所做的功或外界对工质所做的功。因此，$p-v$ 图也称为示功图。

二、热力学第一定律

能量守恒定律是热工理论的最基本定律。自然界随时都在进行着能量转换过程，一种能量形式可以转换成另外一种能量形式，但是转换终了的能量总和与转换前的能量总和相等，即任何人不可能创造能量，也不可能使能量消失。人类是自然界中的一员，必须尊重大自然，顺应大自然，按自然规律办事，才能不断发展；任何企图创造能量和消灭能量的想法都不可能实现。

热可以转变为功，功可以转换为热，但转变前后的能量总和保持不变。也就是说，内燃机中燃料燃烧时放出的热能，一部分使系统的内能增加，其余部分消耗在系统对外做功或消耗在其他能量转化方式上。

三、热律学第二定律

热力学第二定律是指任何能量都可以互相转换，但是任何转换过程的效率都不可能是 100%。在能量转换的过程中，通过人的努力，可以减少不必要的能量损失，但是只要有能量转换过程，就必然要有能量损失，人们在设计任何机械设备、电子设备时要充分考虑，减少能量的转换过程，每减少一次能量转换过程，就能极大地减少能量损失。

热机的热效率充分反映了热力学第二定律的主要内容。循环热效率 μ 是指工质在整个热力循环中，对外界所做的净功 W 与循环中外界所加给工质的热量 Q_1 的比值，即：

$$\mu = W/Q_1 = (Q_1 - Q_2)/Q_1$$

式中，Q_2 是工质做功时释放给其他冷源损失的能量。释放给其他冷源的热量 Q_2 不可能为零，因此，热效率 μ 值不可能达到 100%。众所周知，发动机工作时总是要向外放出热量，不可能存在不向外界散发热量的发动机。

四、热律学第三定律

热力学第三定律简单地说，绝对零度是达不到的。世界由物质组成，物质是在不断运动的，运动和能量是物质的存在形式。物质处于永恒的运动过程中，热运动是物质运动的最基本形式，运动不能停止，绝对零度也不可能实现。

第二节 热力过程简介

气体由一个状态 p_1、v_1、T_1 经过变化，达到另一个状态 p_2、v_2、T_2。这一变化的过程就是气体热力状态变化的热力过程，气体的热交换过程就是在热力过程中实现的。气体状态变化的基本热力过程有等压过程、等容过程、等温过程、绝热过程、多变过程。

一、等容过程

等容过程是指系统气体容积始终保持不变的热力过程。如图2—2中直线段 cz' 所示的等容加热过程和直线段 ba 所示的等容放热过程,两条垂直于 v 轴的直线段表示了不同的等容热力过程。

二、等压过程

等压过程是指系统气体的压力保持不变的热力过程。在 $p-v$ 图上是一条平行于 v 轴的水平直线线段。如图2—3中的 $z'z$ 线段。

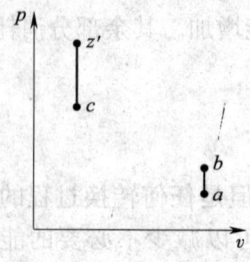

图2—2　等容过程

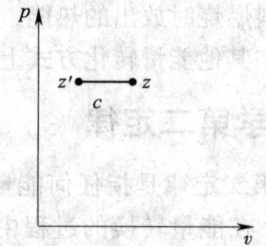

图2—3　等压过程

三、等温过程

等温过程是指气体在经历一个热力过程中温度始终不变;言外之意即在等温过程中,气体的体积、压力随气体的热力状态变化而变化。等温过程在 $p-v$ 图上表示为一条等轴双曲线段,如图2—4中的线段212′。

四、绝热过程

绝热过程是指在气体进行热力过程中与系统外没有热交换的热力过程,在 $p-v$ 图上表现为不等轴的双曲线段。如图2—5中的 ac 和 $z'b$ 两条曲线线段。

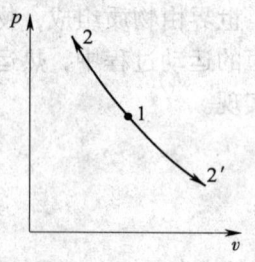

图2—4　等温过程

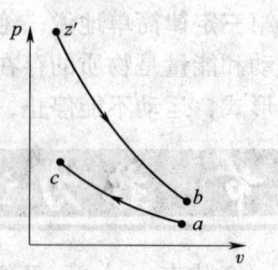

图2—5　绝热过程

在宏观自然界中，绝对不导热的隔热材料是没有的，所以绝热过程是不存在的。但是，如果过程进行得极快，时间极为短暂，以至于传给气体的热量极少或来不及传给气体或来不及向外界释放，这样的过程就接近于绝热过程；也可以将这样的热力过程看做绝热过程。例如，点燃式发动机的燃烧过程，就可以近似地看成绝热过程。

五、多变过程

多变过程是一个可以表示各种不同基本过程的普遍过程。在实际的工程中，所经过的过程极其复杂，气体的状态参数 p、T、v 均可能发生变化，需要用一个普遍性过程来描述。普遍的多变过程的方程如下：

$$pv^n = 常数$$

n 是多变指数，在每一个特定过程中，n 是一个常量。当 $n=0$ 时，$pv^n=$ 常数，压力 $p=$ 常数，表现为等压过程；当 $n=1$ 时，$pv=$ 常数，表现为等温过程；当 $n=\kappa$ 时，$pv^\kappa=$ 常数，表现为绝热过程；当 $n=\infty$ 时，$pv^n=$ 常数，通过变形（公式两侧同开 $1/n$ 次方）可以改写成 $p^{1/n}v=$ 常数。当 $n=\infty$ 时，$1/n$ 趋近于 0，所以 $v=$ 常数，表现为等容过程，如图 2—6 所示。

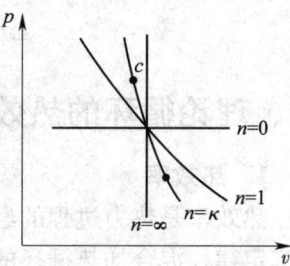

图 2—6 多变过程

第三节 发动机的理论循环

一、理论循环

发动机的理论循环是在发动机实际工作循环的基础上，为设计和研究方便，进行了合理的假设简化的循环。这些假设包括以下几点：

1. 循环是在一定数量的同种工质中进行的。通过这样的假设，就可以不计进、排气过程和泵气损失。
2. 工质的压缩和膨胀过程是在绝热状态下进行的，与外界无热量交换。
3. 工质在整个循环中化学成分不变，燃烧加热和排气放热假设成理想的加热和放热过程。
4. 工质在整个循环中的性质不变，比热容为常量，不随温度变化。

通过以上假设简化，复杂的实际循环简化成便于研究的理论循环。理论循环中，依据热力学第二定律只考虑热源传给冷源的热量损失。在这样的条件下，点燃式发动机的循环过程简化成定容加热循环，柴油机的循环过程简化成混合加热循环。

图 2—7 所示为循环的三个特征参数 p、v、T 的函数关系。

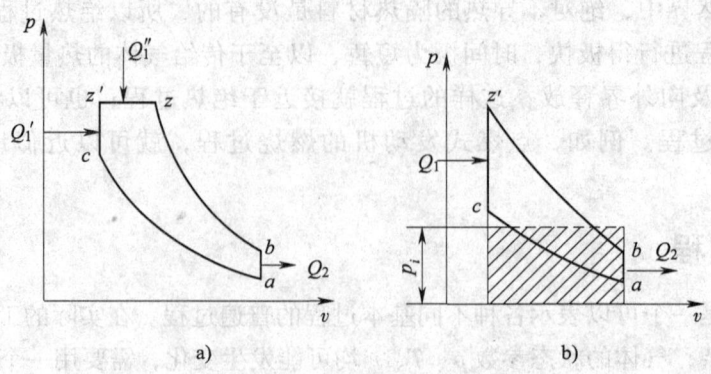

图 2—7 活塞内燃机的理论循环
a) 混合加热循环 $Q_1 = Q'_1 + Q_2$ b) 定容加热循环

二、理论循环的热效率及平均指示压力

1. 热效率

热效率是热力过程的经济性指标，是表示一个热力循环关键性的指标。根据热力学第二定律，混合加热循环的热效率为：

$$\eta_t = 1 - (1/\varepsilon^{\kappa-1})(\lambda\rho^{\kappa}-1) / [\lambda - 1 + \kappa\lambda(\rho-1)]$$

对于定容加热循环，没有定压加热过程，其预膨胀比 $\rho = 1$，则公式经整理后得出定容加热循环的热效率为：

$$\eta_t = 1 - 1/\varepsilon^{\kappa-1}$$

2. 循环平均指示压力

循环平均指示压力 p_i 是循环指示功 W_i 与气缸工作容积 V_h 的比，即

$$p_i = W_i/V_h$$

用循环平均指示压力 p_i 表示热力循环的动力性，能直接显示热力循环工作质量的好坏，而不必考虑气缸工作容积对气缸做功大小的影响。

三、理论循环的实际意义

任何假设都是为了更好地解决实际问题，热力循环的理论的建立，更好地解释了热力过程的各种状态，对现代发动机理论的建立和发展有决定性的意义。

1. 理论循环的实际意义

通过前面的理论推导，可以了解循环热效率 η_t 和循环平均指示压力 p_i 与热力循环各状态参数之间的关系，分析各状态参数对循环的动力性、经济性的影响。

（1）压缩比 ε。从定容加热循环和混合加热循环的公式中可以得出，当压缩比提高时，两种循环的效率 η_t 和循环平均指示压力均提高。

（2）等熵指数 κ。对定容加热循环和混合加热循环，在等熵指数增大时，循环的热效率会增加。

（3）加热量 Q_1。循环加热量相当于发动机的负荷对经济性的影响。对定容加热循

环,负荷加大,进入气缸的可燃混合气增加,加热量增加。从热效率的角度看,循环的热效率并没有改变。但是加热量增加使压力升高比增加,最高压力增大,使平均指示压力升高,发动机功率加大。

对混合加热循环,当加热量一定时,定容加热量占的比例较大时,热效率就高一些;相反,定压加热量占的比例较大时,热效率相对低一些。当混合循环的预膨胀比 $\rho=1$,定容加热循环时热效率最高。由此可得出,当压缩比 ε 和总加热量 Q_1 相同时,混合加热循环的热效率一定低于定容加热循环的热效率。

2. 定容循环(点燃式发动机)与混合循环(柴油发动机)的比较

在总加热量 Q_1 相同的条件下,柴油发动机的热效率总是高于点燃式发动机。柴油发动机的压缩比 ε 比点燃式发动机高,使柴油发动机的最高压力 p_z' 是点燃式发动机最高压力 p_z 的近两倍。由循环热效率公式可以看出,压缩比 ε 高的发动机的热效率 η_t 要高于压缩比低的发动机。

由于提高压缩比可以有效地提高热效率,从内燃机发明以来,人们一直在技术能达到和环保法规准许的条件下尽可能使用高压缩比。以点燃式发动机为例,由奥拓的第一台发动机 $\varepsilon=2.3$ 发展到现在的发动机 $\varepsilon=10.5$(捷达轿车发动机),有效地提高了发动机的经济性和动力性。压缩比提高对热效率的影响见表 2—1。

表 2—1　　　　　　发动机热效率 η_t 随压缩比 ε 变化表

压缩比 ε	2.3*	6**	7	8	9	10	11	12
热效率 η_t	0.283	0.520	0.540	0.574	0.594	0.611	0.625	0.639

注:*世界第一台"奥拓发动机"的压缩比 $\varepsilon=2.3$,排量为 6.1 L。

**解放 CA10B 侧置气门发动机压缩比。

3. 实际循环与理论循环的比较

根据理论计算画出的理论循环示功图和由实验实测发动机得到的示功图是不同的,如图 2—8 所示。

(1)首先,发动机实际换气过程中存在泵气损失,如图 2—8 中的斜面积 1 所示。其次,实际发动机工作时要将点火提前,使示功图面积减少,如图 2—8 斜面积 2 所示。

(2)可燃混合气燃烧速度有限,实际燃烧曲线略偏离理论燃烧曲线;同时燃烧过程是在上止点前 20°～30°开始,在上止点后 15°～25°时基本完成,循环压力降低 15%左右,使示功图面积进一步减少,如图 2—8 中的斜面积 3 所示。

(3)由于发动机在做功行程气缸壁散热、工质的比热容变化和燃烧不完全,使示功图面积再一次减少,如图 2—8 中的斜面积 4 所示。又由于排气

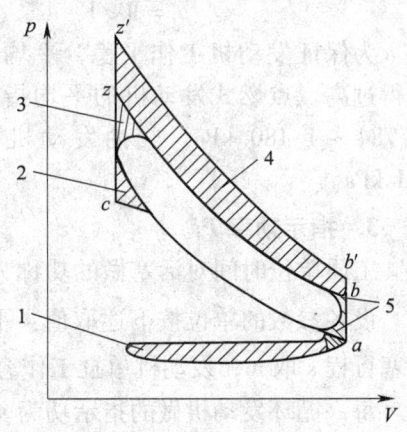

图 2—8　定容加热循环的实际循环与理论循环示功图

门在下止点前40°~60°打开，膨胀曲线平顺的转到排气曲线，使示功图面积再减少，如图2—8中的斜面积5。所以，实际循环的指示功要小于理论循环的指示功。上述平顺过渡2、3、5斜面积的和与理论示功面积 $aczb$ 的比称为示功图充满系数 μ，约占理论示功图面积的95%。

第四节 发动机的性能指标

发动机的性能指标有两个系统，一个系统以工质对活塞做功为计算基础的指示指标；另一系统是以发动机曲轴输出扭矩为基础的有效指标。

一、发动机的指示指标

从动力性评价发动机实际工作循环质量的指示指标有平均指示压力 p_i 和指示功率 P_i。从经济性评价发动机实际工作循环的质量的指示指标有指示耗油率 g_i 和指示热效率 η_i。

1. 循环指示功 W_i

发动机每一工作循环所做的功称为循环指示功，用 W_i 表示。从图2—9上侧的封闭曲线 $zb'bb''c'c$ 所包围的面积 A（mm^2）。发动机实际循环指示功（不去除泵气损失）W_i 可以用示功图上纵坐标 p 和横坐标 V 的比例尺 a（kPa/mm）和 b（m^3/mm），将面积换算为功值，即 $W_i = A_{ab}$。

2. 平均指示压力 p_i

平均指示压力 p_i 是一个假设指标。假设在做功循环过程中有一个不变的压力 p_i 始终作用在活塞顶上，推动活塞移动一个行程做等于循环指示功 W_i 大小的功，如图2—9所示。由假设可以得出：

$$p_i = W_i / V_h$$

为保证发动机工作平稳，平均指示压力不宜选得过高。点燃式发动机的平均指示压力 p_i 一般取 784~1 180 kPa，柴油发动机一般在 689~981 kPa。

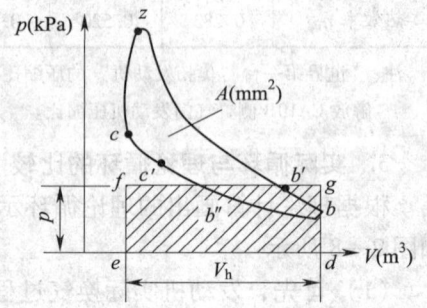

图2—9 示功图上标示的循环指示功 W_i 与平均指示压力 p_i

3. 指示功率 P_i

工质单位时间对活塞做的功称为指示功率 P_i。

设备参数的单位按下述取值：平均指示压力 p_i 单位取 kPa；活塞顶的面积 F 取 m^2；活塞行程 s 取 m；发动机单缸工作容积 $V_h = Fs$ 取 m^3；发动机转速 n 取 r/min。

每一循环发动机做的指示功为 $p_i Fs$；每缸活塞顶表面上受的正压力为 $p_i F$。

对四冲程发动机，每分钟每个气缸做 $n/2$ 次功，则每分钟每个气缸所做的功为 $p_i Fsn/2$（kJ/min），每秒钟所做的功为 $p_i Fsn/120$。对四冲程有多个气缸的发动机的指示功率为：

$$P_\text{i} = p_\text{i}Fsn_\text{i}/120 = W_\text{i}n_\text{i}/120$$

对二冲程发动机，它的做功次数比四冲程发动机多一倍，所以指示功率 P_i 为：

$$P_\text{i} = p_\text{i}Fsn_\text{i}/60 \text{（kW）} = W_\text{i}n_\text{i}/60$$

4. 指示耗油率 g_i

指示耗油率 g_i 是指发动机每做 1 kW·h 的指示功所消耗的燃料量。

$$g_\text{i} = 1\,000G_\text{T}/P_\text{i}$$

式中　G_T——发动机每小时的耗油量 kg/h。

5. 指示热效率 η_i

指示热效率 η_i 是指发动机工质完成的指示功 W_i（kJ）与发出该指示功所消耗燃料的全部热量 Q_1 的比值，即：

$$\eta_\text{i} = W_\text{i}/Q_1$$

发出 1 kW·h 指示功发动机要消耗 g_i 的燃料，而每克燃料放出的热量为 $H_\text{u} \times 10^{-3}$ kJ/g（H_u 为每千克燃料的低发热量，汽油的 H_u = 44 000 kJ/kg；柴油的 H_u = 42 500 kJ/kg），g_i（g）燃料的发热量 $Q_1 = g_\text{i}H_\text{u}/1\,000$ kJ。所以，

$$\eta_\text{i} = 3\,600/(g_\text{i}H_\text{u}/1\,000) = 3.6 \times 10^6/g_\text{i}H_\text{u}$$

H_u 是燃料的低热值，没将燃料燃烧后生成的水蒸气经过冷凝可以放出的汽化潜热计算在内。这是因为发动机在实际工作时，燃烧生成的水蒸气与高温废气一同排入大气，燃料燃烧生成的水蒸气的汽化潜热不可能被利用。

指示热效率 η_i 用来衡量发动机工作时，燃料的热能转变为对活塞做功的完善程度。点燃式发动机的指示热效率 η_i = 0.25 ~ 0.43，柴油发动机的 η_i = 0.43 ~ 0.50。

二、发动机的有效指标

发动机的有效指标是以发动机曲轴输出扭矩为计算基础的发动机动力性与经济性指标。评价动力性的指标有有效功率 P_e、机械效率 η_m、有效扭矩 M_e、平均有效压力 p_e、升功率 P_L 和比重量 G_e、升扭矩 M_eL。评价发动机经济性的指标有有效油耗率 g_e 和有效热效率 η_e。

1. 有效扭矩 M_e

有效扭矩是发动机曲轴输出的扭矩。有效扭矩 M_e 可由发动机测功机测得，是发动机有效指标的计算基础。发动机有效扭矩 M_e、有效功率 P_e 和曲轴转速有如下关系：

$$P_\text{e} = M_\text{e}\omega\text{W}$$

即

$$P_\text{e} = 10^{-3}M_\text{e}2\pi n/60 = M_\text{e}n/9\,549$$

式中　M_e——发动机有效扭矩，N·m；

　　　ω——发动机曲轴转动角速度，rad/s；

　　　n——发动机曲轴转速，r/min。

2. 有效功率 P_e 和机械效率 η_m

有效功率 P_e 是指由发动机曲轴输出的功率（即按发动机曲轴输出的扭矩和发动机

转速乘积计算）。

$$P_e = P_i - P_m$$

式中　P_i——发动机指示功率；

P_m——机械损失，是指活塞到曲轴输出端，功率传递过程中所损失的功率，kW。

P_m 包括以下几点：

（1）发动机内部运动机件的摩擦损失，占全部机械损失的 55% 左右。

（2）驱动附属机构的损失，占全部机械损失的 15% 左右。如带动空调、暖风等能量付出还要加大。

（3）发动机进、排气过程中的泵气损失，占全部机械损失的 30% 左右。

发动机指示功率除去机械损失后剩余的就是有效功率。有效功率与指示功率的比值称为机械效率 η_m。

$$\eta_m = P_e/P_i = 1 - P_m/P_i$$

3. 平均有效压力 p_e

平均有效压力 p_e 是一个假设的、在做功行程作用在活塞顶上从上止点到下止点都不变的压力，使活塞移动一个行程做的功等于每循环的有效功，用公式表示为：

$$P_e = p_e V_h n_i / 30\varGamma$$

式中　$\varGamma$：二冲程发动机 $\varGamma = 1$；四冲程发动机 $\varGamma = 2$。

4. 升功率 P_L 和比重量 G_e

（1）升功率 P_L。发动机每一升工作容积产生的最大有效功率，单位 kW/L。升功率 P_L 是发动机紧凑性和工作过程完善性的评价指标。

$$P_L = P_e/iV_h = ip_e V_h n/30\varGamma iV_h = p_e n/30\varGamma$$

体积换算成以升为单位的形式：

$$P_L = p_e n 10^{-3}/30\varGamma$$

式中　$\varGamma$：二冲程发动机 $\varGamma = 1$；四冲程发动机 $\varGamma = 2$。

一般点燃式发动机的 $P_L = 22 \sim 55$ kW/L；柴油机的 $P_L = 11 \sim 26$ kW/L。现代发动机经过强化设计，升功率已极大提高。

（2）比重量 G_e。比重量 G_e 是指发动机有效功率 P_e 和发动机净重 G 的比值。比值越小，说明发动机越紧凑，设计越完善。$G_e = G/P_e$ 单位 kg/kW。

一般点燃式发动机的 $G_e = 1.5 \sim 4.0$ kg/kW；柴油机的 $G_e = 4.0 \sim 9.0$ kg/kW。

5. 有效耗油率 g_e

有效油耗率 g_e 是指发动机每输出 1 kW·h 的有效功所消耗的燃料数量，以 g 计；也称比油耗。有效油耗率是发动机经济性评价指标，是发动机设计工作者努力追求的指标。

$$g_e = 1\,000 G_T / P_e$$

式中　G_T——每小时燃料消耗量，kg/h；

P_e——有效功率，kW。

一般点燃式发动机的有效油耗率 $g_e = 285 \sim 380$ g/kW·h；柴油发动机 $g_e = 218 \sim 285$ g/kW·h。现代发动机经过精心设计，精确控制，有效油耗率在持续下降。

6. 有效热效率 η_e

有效热效率 η_e 是指发动机发出 W_e（kW）数量的有效功与所消耗的热量 Q_1（kJ）

的比值。对以 g/kW·h 为单位的 g_e 需按下式计算：
$$\eta_e = 3.6 \times 10^6 / g_e H_u$$

有效热效率用来评价发动机的经济性，一般点燃式发动机的 $\eta_e = 0.2 \sim 0.3$；柴油机的 $\eta_e = 0.3 \sim 0.4$。

有效热效率 η_e、指示热效率 η_i、机械效率 η_m 有如下关系：
$$\eta_e = W_e/Q_1 = W_i \eta_m / Q_1 = \eta_i \eta_m$$

发动机的有效指标是对实际使用的发动机性能的描述，对这些指标的改进提高，自发动机被发明以来，发动机的设计、制造工作者梦寐以求取得该改进和改善的指标。近些年来，通过发动机工作者的努力，经过强化设计、电控技术、增压技术、可控进气系统等的应用，发动机的各项有效性能指标在不断地改进和提高。

第五节　发动机的换气过程

换气过程是指发动机进气过程和排气过程的全过程。其任务是将气缸内燃烧后的废气排净，吸入尽可能多的新鲜工质（空气或空气和燃料的可燃混合气），为下一个工作循环做好准备。本节主要介绍四冲程自然吸气式内燃机的换气过程。

一、四冲程发动机的换气过程

现代发动机工作时的转速极高，留给换气过程的时间很短。在这样短的时间内要排气干净、进气充分是非常困难的。为了增加气门开启的时间和断面，充分利用气流的流动惯性，减少进气过程的损失，改善换气过程，提高发动机的性能，进、排气门都是提前开启、延迟关闭，不以活塞行程为依据。由于上一个循环的排气过程和现在循环的进气过程是顺序相联的，因此，在讨论发动机的换气过程时，实际上涉及两个循环。所以整个换气过程跨越两个行程，占 410°～480°曲轴转角，如图 2—10 所示。

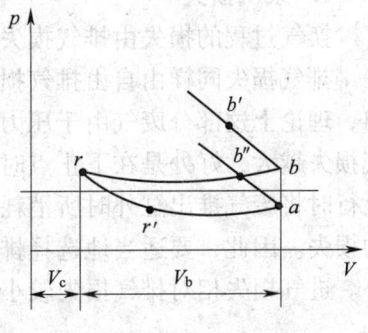

图 2—10　换气过程

发动机的换气过程可分为三个阶段：自由排气阶段、强制排气阶段、进气阶段。

1. 自由排气阶段

从排气门打开至气缸内压力接近排气管压力的这段时间称为自由排气阶段。在此阶段，活塞由上止点向下止点运动，气体压力高于大气压力，气体自行排出气缸。

排气门打开后，气缸内的压力 p_z 和排气管的压力 p_a 决定气体流动的性质。设气缸内气体的等熵指数 $\kappa = 1.4$，有 $p_z/p_a \geq [(\kappa+1)/2]^{\kappa/\kappa-1} = [(1.4+1)/2]^{1.4/1.4-1} \approx (1.2)^{1.4/0.4} \approx 1.893$。

这时排气处于超临界状态，流速与压差无关，只取决于当地的音速。

当 $p_z/p_a < 1.893$ 时，处于临界状态，流量与排气门前后的压差相关。自由排气阶段在下止点后 10°～30°曲轴转角结束，排气量约占总排气量的 60%。排气门提前打开

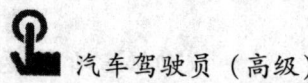

可以减少残留在气缸内的废气，但同时"提早"排出的废气也带走一部分可用能量。

2. 强制排气阶段

强制排气阶段活塞上行，将废气强制推出。此时流速取决于压差，压差越大，流速也越大，但不可避免的能量损失也越大。由于存在截流损失，排气门一般在上止点后 10°~35°曲轴转角关闭。排气门晚关是为了利用气流的惯性，减少排气消耗功和缸内残存的废气量。

3. 进气过程

为使气流加速，进气刚开始时，由于活塞下行，缸内有较大的真空度；进气过程后期，缸内气体被加热，缸内压力有所升高。为使新鲜充量更多地进入气缸，要尽可能增大进气通道截面积，减少进气阻力。进气门在上止点前 0°~40°曲轴转角打开，在下止点后40°~70°曲轴转角关闭，这主要是为了利用高速气流的惯性、增加充气量、减少能耗。

4. 气门叠开角

由于排气门和进气门的早开迟闭，使得在上止点附近一定的曲轴转角范围内出现进、排气门同时开启的现象，称为气门叠开角。自然吸气发动机的气门叠开角一般为 20°~40°曲轴转角。增压发动机的气门叠开角会更大一些。气门叠开角的存在，可以利用进气将缸内废气推入排气管，增加新鲜充量；同时还可以冷却高温机件，降低排气温度。但是，对点燃式发动机，气门叠开角过大，在怠速和部分负荷时，有可能会引起回火现象。

5. 泵气损失

换气过程的损失由排气损失和进气损失组成。

排气损失同样由自由排气损失和强制排气损失构成。排气门提前打开，部分废气排出，理论上这部分废气由于压力较高还有可能转化成有用功。排气提前角越大，自由排气损失越大，好处是在下止点时缸内压力越低。在强制排气阶段，缸内压力越高，活塞上行时将废气推出缸外时所消耗的能量越大，要降低这部分损失必然加大自由排气阶段的损失。因此，要适当地选择排气门早开角度，使自由排气损失和强制排气损失的和最小。进气损失相对排气损失较小。

二、评价进气过程的性能指标

评价进气过程的性能指标有充气系数、残余废气系数和扫气系数。

1. 充气系数 η_v（充气效率、供气效率）

充气系数是指实际进入气缸的新鲜工质与进气门打开时在环境大气的温度和压力下自由充满气缸工作容积新鲜工质的比值。充气系数是评价不同发动机充气完善程度的一项因素。

一般情况下，自然进气式发动机的进气效率 $\eta_v < 1$，顶置气门点燃式发动机的 $\eta_v = 0.75 \sim 0.85$，柴油发动机的 $\eta_v = 0.80 \sim 0.88$。采用可变配气相位和可变进气系统可以提高充气效率 η_v，使其接近 1。以标准大气压为基准，当采用增压技术时可使充气效率 $\eta_v > 1$。

2. 残余废气系数 λ_s

残余废气系数是气缸内残余废气量 m_r 与气缸内新鲜工质 m_L 及残余废气量 m_r 之和的

比值，即：

$$\lambda_s = 残余废气量/（气缸内新鲜工质+残余废气量）= m_r/(m_L + m_r)$$

3. 扫气系数 λ_z

扫气系数为气缸内实际的新鲜工质与供给的新鲜工质总量的比值。

$$\lambda_z = 气缸内实际的新鲜工质/供给的新鲜工质总量 = m_L/m_g$$

三、合理选择配气相位

所谓配气相位即是进、排气门的开闭角与曲轴转角的对应关系。配气相位的合适与否要从以下几个方面衡量：

1. 配气相位要满足发动机动力性的要求

在确定配气相位时要首先保证合适的进气门迟闭角。进气门迟闭角增大，充气系数 η_v 对应的发动机转速增大，最大扭矩相对应的发动机转速增大，发动机加速性可得到改善。

2. 配气相位要尽可能地减少换气损失

排气提前角对换气损失的影响较大。在保证排气损失最小的前提下，尽可能采用小的排气提前角，有利于提高膨胀比，促使热效率提高。

3. 配气相位要保证必要的燃烧室扫气作用

适当的扫气作用主要取决于适当的进气门和排气门同时打开的重叠角。合理安排进气门和排气门同时打开的重叠角，可以保证充足的扫气作用。

4. 配气相位要满足排放的要求

排气门打开过早，会增加排放。应把排气门开启的时间定在接近下止点，使气缸内的压力接近大气压力时才开启，废气尽可能在膨胀终了时再逸出。

配气相位对发动机的工作特性有极大的影响，在选择配气相位时，要充分考虑与发动机匹配的工作机械对发动机特性的要求。

四、提高充气效率的措施

1. 影响充气效率 η_v 的因素

$$\eta_v \propto \frac{\varepsilon}{\varepsilon - 1} \cdot \frac{p_a}{p_0} \cdot \frac{T_0}{T_a} \cdot \frac{1}{\lambda_s + 1}$$

（1）压缩比 ε。提高压缩比可以提高充气系数。压缩比提高后，燃烧室容积减少，缸内残余废气量减少，进气初期膨胀后所占的空间减小。

（2）进气终了温度 T_a、压力 p_a 与进气初始状态温度 T_0、压力 p_0 的比值，比值越大，充气系数也越大。

（3）残余废气系数 λ_s。缸内残余废气越少，充气系数越大。

2. 提高充气系数的措施

（1）提高压缩比 ε。

（2）降低进气系统的阻力，提高进气终了的压力，措施包括：

1）减小空气滤清器的阻力。

2）减小进气歧管的进气阻力。

3) 减小进气门处的流动阻力。

4) 改进凸轮轮廓线形状，加大进气门开启的时间和通过截面积。

(3) 降低排气系统的阻力，减少缸内残余废气。

(4) 减少高温零件在进气过程中对工质的加热。

(5) 合理利用换气过程的动态效应。在压缩波到达进气门时关闭进气门；膨胀波到达排气门时关闭排气门。

(6) 采用可变配气相位和可变进气系统，改善充气效率。

(7) 采用多气门技术，提高充气效率。这已经是一项成熟的技术。

五、充分利用和组织气流运动

为形成均匀的可燃混合气，改善燃烧状况。对柴油机，空气的运动尤其重要。组织空气运动的方式有：

1. 进气涡流

进气涡流主要是指围绕气缸中心线旋转的定向涡流。组织定向涡流可以改善可燃混合气的质量，同时储存进气气流的动能，在燃烧时传播火焰中心，提高火焰传播速度，使可燃混合气燃烧得更充分。为此，可采用特殊形状的进气道，形成绕气缸中心线的旋转进气涡流运动。

(1) 切向进气道。进气道的母线与气缸圆周相切，形成类似于喷管的进气道。结构简单，气流流动阻力小，但对气口的位置很敏感。

(2) 螺旋进气道。螺旋气道可以形成两个涡流，一是绕气门中心线旋转的涡流，其强度与气道本身结构有关；二是绕气缸中心线旋转的涡流，其强度与进气道相对于气缸的位置有关。采用这种方式能产生较强的进气涡流，但进气道的制造工艺要求高，调试工作量较大。

2. 挤气涡流

利用活塞运动和特设的结构产生涡流（挤流）。在活塞接近上止点时，由于挤气区的容积比活塞设计出的凹坑处的容积减少率大，工质就被"挤"向凹坑，越靠近上止点，挤气速度越大。活塞下行时，同样由于两处的容积变化不一样，凹坑内的工质返流回挤气区，这就是挤气涡流。挤气效应在可燃混合气形成、燃烧前使燃烧室内产生较强的气流扰动；在燃烧后期同样产生更强烈的气流扰动。

3. 燃烧涡流

燃烧涡流是指在燃烧过程中产生的涡流。如果在燃烧过程中出现压力不均匀现象，就会发生气体由高压区向低压区的流动。分隔式分层充气汽油机和分隔式柴油机均利用了燃烧涡流效应。

第六节 发动机的压缩过程

进入气缸的可燃混合气或新鲜空气与残余废气混合后，在压缩行程中被压缩，为燃烧过程做好准备。

典型的假设是：压缩过程是等温过程和绝热过程。图 2—11 表示由初态点 a 开始等温和绝热两种热力过程的曲线。

在活塞由下止点向上止点的运动过程中，如果缸壁所受的冷却作用很强，可使被压缩的气体保持一定的温度，就形成等温的压缩过程。若缸壁绝对不传递热量，则是绝热过程。这样可以确定绝热压缩指数 κ_1：

$$\kappa_1 = 1 + 8.31/\mu c_V$$

式中，μc_V 是被压缩气体在压缩初始温度和压缩终了温度的平均摩尔比热容（也可取工质在压缩过程中平均温度的比热容来计算）。汽油发动机的绝热压缩指数 $\kappa_1 \approx 1.38$。

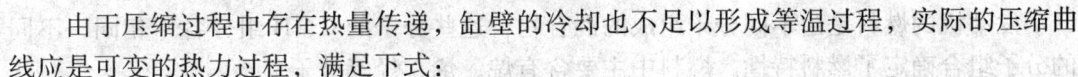

图 2—11　等温和绝热的压缩过程

由于压缩过程中存在热量传递，缸壁的冷却也不足以形成等温过程，实际的压缩曲线应是可变的热力过程，满足下式：

$$pv^{\kappa_1} = 常数$$

实际的可变压缩指数 κ_2 是一个变化值，随气体与缸壁间的传热情况不同而变化。在活塞接近上止点时，因被压缩的气体温度高、传热量增加，可变压缩指数 κ_2 减小。但是其变化量较小，故常取定值。发动机转速对压缩过程进行的情况影响很大。转速增加，被压缩气体和温度较低的气缸壁接触的时间少，每一循环传给冷却液的热量减少，使可变压缩指数增加。可变压缩指数与曲轴转速之间的关系可由以下经验公式求取：

$$\kappa_2 = 1.38 - 0.03 n_{max}/n$$

式中　n_{max}——发动机输出最大功率时的转速；
　　　n——对应于欲求可变压缩指数时的发动机转速。

当节流时，冷却面积虽然不变，但发动机的充气量减少，使压缩气体冷却效果相对增加，压缩指数相对减小。

在压缩过程中，传给缸壁的热量与循环中转换的全部热量相比，占的比例很小，一般不超过 4%。

第七节　燃料与燃烧

一、发动机燃料

1. 发动机燃料概论

发动机燃料几乎全部由石油经提炼加工而成，燃料实际上是由原油中 200 种左右分子的某些分子组合而成。发动机主要使用液态的碳氢化合物 $C_m H_n$ 系列燃料，当燃料中 C 的含量减少，H 的含量增加时，则称为轻质燃料，并呈气态。当 $m = 0$，$n = 2$ 时就是氢气，是最清洁的燃料。当 C 含量增加，H 含量减少时，则称为重质燃料，当 n 趋近于 0 时就成为煤炭。一般情况下，H 质量比大的燃料被认定为低污染燃料，H 质量比小的燃料被视为高污染燃料。

2. 燃料的分类

发动机燃料可分为气态、液态和固态。固态燃料作为内燃机燃料在燃烧方面还有许多技术难题要解决，应用较少。气态燃料作为移动式工作机械（如汽车）的燃料存在燃料储存问题，实际应用较少，近些年来，加压储存气体燃料，加大了能量储存密度，在一定程度上解决了气体燃料的储存问题，推动了气体燃料发动机较大的发展，特别是日益严格的排放法规的要求，更进一步促进了气体燃料发动机的使用。目前，使用最广泛的仍然是液体燃料。

（1）气体燃料。天然气、石油气、煤气、氢气、沼气等。

（2）液体燃料。汽油、柴油、重柴油、醇类、动植物油等。

（3）固体燃料。煤炭。

3. 燃料的化学结构

发动机的燃料是由不同分子组成的混合物，这些分子的 C、H 组成各不相同，不同的分子组合确定了燃料特性。燃料中主要含有烷、烯、烃等分子。

（1）烷烃。烷烃是饱和的链式结构，分子式 C_nH_{2n+2}。正烷烃是指链式结构，甲烷、乙烷、丁烷等都属于此类。同样的分子式，由于分子排列顺序不同，会形成多种同分异构体，分支的结构形式决定分子的性质。由于异烷烃的分子结构紧凑，化学性质稳定，使其着火性能要比正烷烃差。比如，正辛烷的辛烷值为100，而异辛烷的辛烷值为17。在常温常压下，$1 \leq n \leq 5$ 为气态；$6 \leq n \leq 16$ 为液态；$n > 16$ 为固态。

（2）烯烃。烯烃是两个以上碳原子组成的开链碳氢分子形式，分子式 C_nH_{2n}。其间通过一个双键连接，属于不饱和化学结构，化学稳定性差，在常温下集结成长链，形成胶质，沉积后易堵塞油道、喷油器，造成故障；但在高温下形成过氧化物的倾向较小。和烷烃一样，也有正烯烃和异烯烃的同分异构体。正烯烃相对于正烷烃具有更高的抗爆性。

（3）环烷烃。环烷烃是环形单键连接的碳氢化合物，总分子式 C_nH_{2n}。对同样碳原子数，环烷烃的抗爆性介于正烷烃和异烷烃之间，燃烧过程中形成过氧化物的倾向较小。

（4）芳香烃。芳香烃是双键相连的环状结构。环烷烃最基本的结构是苯，分子式 C_6H_6。从苯可以演化出多种其他芳香烃，环上的—H 由一个或两个—CH_3 取代。由于芳香烃的分子结构稳定，抗爆性强，但也不易着火。

碳原子的排列和连接方式、分子中碳原子的数量对分子的化学性能和物理性能影响很大。随分子量加大，碳氢燃料逐渐由气态过渡到液态；再由液态逐渐过渡到固态。

二、燃料的炼制

从地下开采得到的原油是复杂的混合物，一般不能直接使用，要经过炼油厂加工炼制，才能成为各种满足不同要求的产品。采用不同的炼制工艺就得到不同的石油产品。因此，必须了解石油的炼制方法才能全面地了解油品的性能。由于石油产品大多是原油中的某一馏分或是此类馏分进一步加工得到的产品，因此可将炼油过程分成两步：

1. 一次加工

把原油分成几个不同沸点范围的部分。

一次加工装置为常压蒸馏或常减压蒸馏。原油经过蒸馏得到汽油、煤油、柴油、润滑油或其他石油产品的组分或原料成为直馏产品。

2．二次加工（深度加工）

将一次加工得到的石油不同的馏分再加工生产出石油产品。

二次加工装置根据其加工原理可分为两类：

（1）转化装置。将直馏汽油馏分转化为高辛烷值汽油的催化重整装置，将常压重油或减压馏分油转化为汽油；柴油的催化裂化或加氢裂化装置；将减压蒸馏残留的渣油转化为轻质油品或燃料油的焦化基减黏裂化装置等。

（2）精制装置。除去直馏产品或二次加工产品中的各种杂质得到符合使用质量要求的各种石油产品，如汽油脱硫、醇，汽、柴油加氢精制的各种装置。

三、点燃式发动机燃料

使用天然气、液化石油气、汽油等燃料的发动机，尽管石油的燃料的形态不同，但是在压缩终了时，均需要点火才能燃烧。为了与压燃式发动机区别，将这类在压缩终了需要点火才能运转的发动机统称为点燃式发动机。近些年来，由于气体燃料充分燃烧时比液态燃料的排放性能优越，使用气体燃料的发动机日益得到社会的重视，以下对常用的汽油、液化石油气、天然气分别介绍。

1．汽油

（1）汽油的性质。汽油是 5~11 个碳原子烃类混合物的统称。根据适用的需要再加入不同的添加剂。汽油质量的改进一直和发动机性能的提高联系在一起，相互关系密切而又相互制约。汽油质量和发动机性能的主要关系有：

1）燃烧性。辛烷值、烃类组成。

2）运转性。挥发性。

3）燃料经济性。燃料的消耗、辛烷值。

4）排放性。燃烧的完全程度。

5）储存性（氧化安定性）。储存时变质、进气系统污染。

在汽油的这些性能中，提高辛烷值具有重要的经济效益和社会效益。辛烷值直接影响发动机的热效率、油耗和排放物中有害物的含量。国产汽油辛烷值与同期汽油发动机压缩比见表2—2。

表2—2　　　　国产汽油辛烷值与同期汽油发动机压缩比对应表

年代	发动机压缩比	汽油辛烷值
1956—1964	6.0	RON 56
1965—1977	6.0~6.2	RON 66
1978—1985	6.4~7.0	RON 70
1986—1999	6.75~8.5	RON 85
2000—2007	9.0~10.5	RON90 RON93 RON97*

注：* 无铅汽油：我国2000年实现汽油无铅化。

通过工艺装置提高汽油的辛烷值是获得高辛烷值汽油的主要途径。但是,提高汽油的辛烷值炼油厂需要有更高的基础设施投入,将增加汽油的生产成本。除采取工艺手段提高汽油的辛烷值外,在汽油中加入抗爆剂也是提高辛烷值的重要途径。目前,国内普遍采用的添加剂有 MTBE(甲基叔丁基醚)、MMT(甲基环戊二烯三羰基锰)、TKC(卤代烯烃不饱和脂肪烃及羰基取代酯)等。

汽油的抗爆性直接影响汽油发动机的使用经济性。抗爆性好的汽油允许发动机采用较高的压缩比,具有较高压缩比的发动机热效率较高,能量转化比高,有较好的经济性和动力性。

汽油的挥发性决定汽油的汽化难易程度。汽油易挥发,蒸气压力高,容易出现气阻和渗透;但是汽油压力蒸气过低将影响发动机的启动性和暖机性能。要满足这两方面的要求,就必须权衡汽油的挥发性。

汽油的安定性表示汽油在储存、使用过程中氧化产生胶质的倾向。安定性差的汽油会严重破坏发动机的正常工作。随着排放法规的日益严格,各国均采用在汽油中添加燃油清净剂来解决汽油在使用过程中在发动机各配件上的沉积物问题,见表2—3。

表2—3　北京市市售90、93号无铅汽油性能*

	90	90**	93	93**
10%馏出温度(℃)	51.0	49.5	65.5	57.5
50%馏出温度(℃)	91.0	90.0	106.0	111.0
90%馏出温度(℃)	165.0	165.0	167.o	170.0
雷德蒸气压(kPa)	71.01	71.84	57.23	65.16
φ(芳烃)%	8.6	7.7	28.2	23.9
φ(烯烃)%	45.5	44.9	37.7	32.8
φ(饱和烃)%	45.9	47.4	34.1	43.3
W(硫)%	0.011	0.012	0.021	0.032
RON	91.5	90.8	95.1	94.2
MON	80.0	79.8	81.5	82

注:*北京地区市售汽油采样数据。
　　**无铅汽油。

(2)汽油的燃烧。汽油的燃烧是一个复杂的问题,讨论汽油的燃烧是离不开发动机的。此书中所述的汽油燃烧条件是指汽油在发动机燃烧室中的燃烧。汽油在燃烧室中燃烧时的氧化过程极其复杂,尤其是液体燃料,要经历汽化过程、与空气的混合过程和与空气的不同混合比,这些因素均对燃烧过程产生极大的影响。燃料与空气的混合比有三种情况:$\alpha>1$;$\alpha<1$;$\alpha=1$。

当 $\alpha=1$ 时称为理论混合气,是汽油充分燃烧需要的最少空气量;当 $\alpha>1$ 时,特别是 $\alpha=1.05\sim1.15$,称为经济混合气,可使发动机取得较好的经济性;当 $\alpha<1$ 时,特别是 $\alpha=0.85\sim0.95$ 时称为功率混合气,此时可使发动机取得较好的动力性。当 $\alpha>22$ 或 $\alpha<0.4$ 时,称为着火的上限和下限,将不能着火燃烧。

1）汽油的挥发性。汽油的挥发性（也可称为蒸发性）对发动机的影响较大。对汽油挥发性影响最大的是馏程和蒸气压力两项指标。汽油的馏程按 GB 255—1977《石油产品馏程测定法》的要求测定。一般要求测出汽油 10%、50%、90% 馏出体积的温度以及干点，反映在发动机不同工况下汽油的挥发性能，与发动机的使用性能密切相关。蒸气压是保证汽油在使用中不发生气阻的质量指标。按 GB/T 257—1964《发动机燃料饱和蒸气压测定法（雷德法）》的方法测定。

①汽油的挥发性与发动机启动性和油路气阻。发动机启动前，汽油在进气系统中的蒸发程度，应使可燃混合气能由火花点燃。汽油中的低沸点馏分越多，发动机启动性越好。汽油中 10% 馏出温度的高低，表示车用汽油中所含低沸点馏分的多少。它对汽油发动机的启动性有决定性影响，同时也对发动机供给系产生气阻的倾向产生影响。使用低馏分点含量较高的汽油，除易形成气阻外，汽油的储运损失也会增加。近年来，随着汽油喷射技术的广泛使用，汽油供给系的供油压力普遍提高，产生气阻的可能性已大大减少。

②发动机的暖机性能和加速性。汽油的 50% 馏出温度，用以评价汽油的平均蒸发度，它与汽油发动机启动后升温时间的长短以及车辆加速时是否迅速有密切关系。为延长发动机使用寿命和避免熄火，发动机在冷启动后，必须急速运转一段时间使发动机温度上升到 50℃ 以上时，才能带负荷运转。50% 馏出温度低，在常温下也能较多地蒸发，则可燃混合气较浓，燃烧释放的热量较多，将减少发动机冷启动后的暖机时间和相对地节省汽油。

车用汽油 50% 馏出温度还直接影响汽油发动机的加速性和工作稳定性。50% 馏出温度低，发动机加速灵敏，运转柔和稳定。

③发动机的磨损和运转经济性。发动机的运转经济性及其零件的磨损，与汽油的 90% 馏出温度和干点有关，见表 2—4。车用汽油的 90% 馏出温度和干点温度高，表示汽油中含重质馏分多而重，挥发性较差。当发动机使用这种汽油时，由于汽化程度低，燃烧不充分，不仅会增加气缸积炭，功率下降，油耗上升，而且未燃烧的汽油油粒附着在气缸壁上冲刷润滑油膜，使气缸磨损加剧。

表 2—4　　车用汽油干点温度与发动机油耗、活塞磨损率的关系

车用汽油的干点温度（℃）	汽油消耗率（%）	活塞磨损率（%）
175	98	98
200	100	100
225	107	200
250	140	500

2）汽油的燃油经济性。评价汽油的燃油经济性通常用一定体积的燃油行驶的距离（燃油行驶里程）或一定的行驶距离所消耗燃油的体积来表示。

耗油量是指汽车满载时单位行驶里程所需燃油的体积，我国和欧洲使用行驶 100 km 所消耗的燃油体积数［升（L）］来表示。燃油行驶里程是指汽车满载，单位体积燃油所能行驶的里程数。美国使用每加仑燃油能行驶的里程数来表示，即 mile/gal（英里/

加仑)。汽油的燃油经济性由汽车的技术性能、技术状况、燃油质量、汽车的行驶条件、驾驶员个人的技术水平五个因素决定。研究这些因素的相互关系,可以更好地使用汽车,取得更好的燃油经济性。与汽油直接相关的因素是汽油的辛烷值和汽油的挥发性、形成可燃混合的均匀程度等。

①汽油辛烷值的影响。汽油的辛烷值越高,发动机将可以使用较高的压缩比。压缩比高的发动机比压缩比低的发动机具有更好的经济性和动力性,发动机的压缩比、功率、油耗的关系见表2—5。

表2—5　　　　　汽油发动机的压缩比、功率、油耗的关系

压缩比	6.0	7.0	8.0	9.0	10.0
功率	100	108	114	118	120
油耗	100	93	88	85	82

②汽油的挥发性影响。汽油的挥发性直接影响可燃混合气浓度和均匀程度。直接影响发动机的经济性和动力性。精确控制可燃混合气的浓度,是人们一直追求的目标,发动机电控汽油喷射技术的应用,很好地解决了这一问题,使发动机的经济性、排放性有了极大的改进。

3) 汽油的氧化安定性。

①储存安定性。汽油中的不安定组分二烯烃、苯烯烃和非烃类中的苯硫酚、吡咯及其同系物是汽油储存时变质的主要原因。这些对氧活泼的组分存在于加工汽油中,虽然含量较少,但用一般的精制方法难以除净。它们不但在常温下自身氧化,还对油品的氧化起催化作用,危害极大。通常在精炼油品的基础上,采取加入添加剂阻断氧化反应、改善汽油的储存安定性是经济的方法。

一般采用在汽油中加入几种不同的添加剂,彼此之间互相补充,表现出一种总的稳定性,同时减少添加剂的用量。在二次加工中,常加入抗氧剂和金属钝化剂。抗氧化剂的作用是阻断氧化反应,常用的抗氧剂有2、6-二叔丁基对甲酚,N,N-二仲丁基对苯二胺(5号防胶剂)。金属钝化剂的分子能与金属离子相结合,使金属失去催化氧化作用,常用的有N、N-二亚水杨基乙二胺,一般与5号防胶剂共同使用。

②进气系统中的沉积物。汽油在储存中生成的胶状物质沉积形成胶质,成分与原油中的胶质在元素组成和分子结构都不同。按胶质的溶解度胶质可分为三种类型。第一类是在汽油中形成沉淀并且能过滤出来的不可溶胶质,也可称为沉渣。第二类是可溶性胶质,当汽油全部蒸发后,残留物为可溶胶质,通常测定的实际胶质即是这种胶质。第三类是黏附胶质,它黏附在器壁上,不溶于汽油,也过滤不掉。这三种胶质的和称为总胶质。

实际胶质是衡量汽油质量的重要指标。测定方法是把汽油试样放在一定开口面积的容器中,在150℃下用一定流速的热空气吹扫油面,使汽油全部蒸发,剩余的残留物就是实际胶质含量。用 mg/100 g 为单位表示。我国规定汽油的实际胶质小于5 mg/100 g。

在实际使用中,由于喷油器、进气阀、燃烧室等部位的工况及工作环境不同,形成

的沉积物成分不尽相同，但这些沉积物均为蜂窝状坚固物质，一旦形成，不易被轻易清除。有资料介绍，在进气阀上形成的沉积物的厚度可达 2 mm，质量达 3 g，也有比这更高的报道。产生沉积物的原因有：汽油中加入的铁、锰等金属有机化合物在燃烧过程中受热分解，沉积在机件表面；汽油中加入的含氧化合物甲基叔丁基醚析出沉积在进气阀上；汽油中的不饱和烃、芳烃、杂环化合物、胶质、沥青质等稳定性差的成分聚合形成沉积物，沉积在机件表面；燃料燃烧不完全形成的炭粒、润滑油及其添加剂的分解物沉积在机件上等。胶质沉积物一旦形成，使发动机的经济性、动力性下降，排放增加，直接影响发动机的使用性能，严重时导致发动机损坏。为解决这一问题，一般采用在汽油中加入汽油清净剂。

汽油清净剂也称为汽油多效节能添加剂，是由多种功能的添加剂组成的复合添加剂。一般含有清净分散剂、抗氧防腐剂、减磨剂、防锈剂、金属减活剂、稀释剂等。

国外汽油清净剂已发展到四代产品：第一代产品是 20 世纪 50 年代初期研发的产品，用来解决可溶性胶质，保持化油器的清洁。第二代产品（燃油喷嘴沉积物控制剂）由美国生产厂商在 80 年代推出，用来克服燃油喷嘴结胶堵塞问题。第三代产品（进气阀沉积物控制剂）是 90 年代开发投放市场，用于控制进气阀沉积物的形成。第四代产品（燃烧室沉积物控制剂）是 2000 年左右研发的产品，用于控制燃烧室沉积物的形成，同时保持对进气阀、电控喷嘴的清洁作用。目前广泛使用的是第三代产品。

我国在汽油清净剂的研制上起步较晚，主要产品有中石化"邦洁"、北京"艾木"和兰炼"飞天"牌汽油清净剂等。兰炼生产的"飞天"牌汽油清净剂通过了 16 000 km 使用试验，取得了不错的效果。据报道称，某些性能优于进口产品。

4）汽油对发动机排放的影响。汽车主要有三种排放污染：第一是发动机排气，有 98%～99% 的一氧化碳（CO）、55%～65% 的碳氢化合物（HC）、98%～99% 的氮氧化物（NO_x）是由发动机排气管排放到大气中的；第二是曲轴箱排气，有 1%～2% 的一氧化碳（CO）和氮氧化物（NO_x）、25% 的碳氢化合物（HC）是由曲轴箱通风阀和润滑油系统的开口排入大气的；第三是燃油系统，有 10%～20% 的碳氢化合物是由燃油供给系泄漏到大气中的。除上述三种主要污染物外，排放的有害物还有微粒物质（P_m），由燃料燃烧不完全产生的炭粒、润滑油和燃料产生的含稠环芳烃的积炭颗粒、燃油中的硫氧化生成的 SO_2、SO_3 和添加剂中的钙（Ca）生成的硫酸钙（$CaSO_4$）组成。

汽油机排气中的一氧化碳（CO）、碳氢化合物（HC）、VOC 较多。

2. 液化石油气

（1）车用发动机用液化石油气（LPG）。液化石油气（LPG）是指天然气处理厂和炼油厂生产的以丁烷、丙烷为主的低分子碳氢化合物的气体混合物加压液化后的混合物液体。天然气处理厂生产的液化石油气丁烷、丙烷的含量较高。炼油厂生产的液化石油气除丙烷、丁烷外，还含有丙烯、丁烯、丁二烯等。为保证发动机的动力性、经济性、运转可靠性，对用于车用燃料的液化石油气的成分有较严格的要求。使用液化石油气的国家，都规定了不同的标准。对液化石油气的主要成分丙烷、丁烷在液化石油气占的比例给出了明确数值。使用液化石油气相对较多的日本标准也较完全，见表 2—6 和表 2—7。从表中可以看出，对丙烷、丁烷的百分含量提出了相对严格的要求。

表2—6　　　　　　　　炼油厂生产液化石油气主要成分重要特性

名称	RON	MON	相对密度（g/cm³）
丙烷	111.5	100	0.582 4
正丁烷	950	92	0.578 8
异丁烷	100.4	99	0.557 2
丙烯	100.2	85	0.513 9
正1-丁烯	100.0	80	0.595 1
正2-丁烯	101.0	83	0.621 3

表2—7　　　　　　　　日本车用液化石油气标准（JISK 2240—1990）

项目	1号	2号	3号	4号
丙烷（%）	90	50~90	50	10
丁烷（%）	10	50	50~90	90
相对密度（g/cm³）	0.5~0.62	0.5~0.62	0.5~0.62	0.5~0.62
37.8℃饱和蒸气压（MPa）	1.55	1.55	1.25	0.52
总硫（%）	0.02	0.02	0.02	0.02
铜片腐蚀/级	1	1	1	1

液化石油气的辛烷值相对较高，准许发动机使用较高的压缩比。压缩比提高，可以提高发动机的热效率，提高发动机的输出功率、降低燃料消耗，燃烧充分时减少对大气的污染。

（2）液化石油气发动机的动力性。发动机采用液化石油气作燃料，由于液化石油气辛烷值高，发动机可以采用较高的压缩比。目前我国多为在用发动机改用液化石油气为燃料，没有专为液化石油气燃料设计的发动机，因此很难评价使用液化气发动机的动力性。简单地与使用汽油时发动机的动力性比较也是不客观的。北京市公共交通控股（集团）有限公司在使用液化石油气燃料后，提高了发动机的压缩比，进行实验室试验和实际应用，取得了一些数据，说明发动机提高压缩比后动力性、经济性、排放性均有较大改善。提高压缩比到$\varepsilon=8.8$后，50%节气门开度比$\varepsilon=7$时的功率平均提高7.3%，在1 800 r/min时功率提高9%，扭矩提高9.8%，是公共汽车常用转速，对降低燃料消耗有极大作用。CA6102发动机提高压缩比后在370路投入实际运营；驾驶员反映动力性增加，燃料消耗下降，每车平均每月比原来多节约燃料200 L。

（3）液化石油气发动机的排放性。汽车使用液化石油气（LPG）燃料和汽油燃料一样，只有燃烧充分，采取相应的处理措施，才能达到日益严格的环境保护法规的规定。有资料表明在行驶状态下（90~120 km/h）使用液化石油气（LPG）燃料的汽车比使用汽油燃料的汽车一氧化碳（CO）排放量减少80%、碳氢（HC）化合物减少30%。

（4）液化石油气发动机的经济性。液化石油气（LPG）作为车用燃料的经济性，因国家的经济政策而不同。液化石油气（LPG）价格低，使用液化石油气（LPG）的汽车的经济性就高，这与国家或地区的经济政策有关。单从技术层面上看，如果汽车的配置基本相同，汽车使用液化石油气（LPG）燃料比使用汽油的燃料消耗量在90～120 km/h时高20%左右。

（5）使用液化石油气车辆的安全管理。液化石油气加压后才呈液态，它的储存、运输都有特殊规定。特别是车用液化石油气罐，是压力容器，国家有相应的管理规定。必须严格遵守这些规定，才能保证车辆的使用安全。

燃料的改变是一项系统工程，不是一个企业力所能及的。要使用一种燃料，首先要建设燃料供应网络，保证该种燃料的充分供应。车辆的维修要方便、经济。在我们这样的国家更离不开政府的经济政策的倾斜与调控。

3. 天然气

（1）天然气的性质。天然气的性质由天然气的主要成分甲烷（CH_4）决定，见表2—8。

表2—8　　　　　　　　　　甲烷（CH_4）的主要性质

项目	数值	项目	数值
沸点（℃）	-164	0℃时的密度（kg/m³）	0.718
-164℃时的汽化热（kJ/kg）	-577.4	ϕ（在空气中的爆炸极限）（%）	4.9～15.1
临界温度（℃）	-82.5	燃点（℃）	645
临界压力（MPa）	4.63	燃烧值（kJ/kg）	55 660
沸点时的密度（kg/m³）	424	热值（kJ/kg）	50 049

天然气（主要成分是甲烷CH_4）在常压下深冷到-162℃，即液化，称为液化天然气（LNG），体积是常温（20℃）气态时的1/600，是跨地区运输的最有效方式。液化天然气（LNG）作为汽车燃料，世界上处于少量使用阶段，北京市公共交通控股（集团）有限公司，也小批量引进使用，有效地减少了储气瓶的数量。经干燥、净化、压缩等过程处理的压缩天然气（CNG）应用较多，发展较快，北京市公共交通控股（集团）有限公司自1999年开始使用美国康明斯生产的天然气发动机以来，到目前为止，已拥有29座加气站，3000部以压缩天然气（CNG）为燃料的汽车，成为世界上使用天然气发动机汽车最多的城市。压缩天然气（CNG）的甲烷含量在83%～99%，基本参数见表2—9。

表2—9　　　　　　　　　　天然气和汽油的基本性能参数

燃料类别	形态	主要成分	密度（kg/m³）	辛烷值	燃点（℃）
CNG	气态	CH_4	0.726～0.833	130	650
汽油	液态	C_8H_{18}	700～750	70～96	427

（2）车用发动机用天然气。发动机用天然气的成分有严格的要求，其中甲烷的含量要达到92%以上，才能作为车用燃料。美国消防协会（NFPA）关于压缩天然气

（CNG）汽车燃料系统（1992年版）规定CNG质量的要求为：H_2S和可溶性硫化物分压最大为0.00035 MPa；水蒸气最多16 mg/m^3；CO_2最大分压0.048 MPa；O_2最大0.5%。当进入储气瓶的气体的水露点低于最高储存压力下的储存温度时，不适用上述条件，康明斯公司推荐的标准见表2—10。

表2—10　　　　　　　康明斯汽车用天然气技术标准

成分	含量	成分	含量
甲烷（CH_4）	≥90%	氢气（H_2）	≤0.1%
乙烷（C_2H_6）	≤4%	一氧化碳（CO）	≤0.1
丙烷（C_3H_8）	≤1.7%	氧气（O_2）	≤0.5
丁烷和丁烷以上成分（C_4H_{10}）	≤0.7%	硫（S）	≤10 ppm
二氧化碳和氮气（CO_2和N_2）	≤3%	鄂伯指数	1 300~1 377（基于较高热值）

原石油部商品部天然气质量标准（SY 7514—1988）规定的H_2S含量小于等于20 mg/m^3（m^3指20℃，101.325 kPa状态下的体积），CO_2≤3%，在CNG的水露点低于25 MPa的压力下的最低储存温度时，完全适用于天然气标准。

CNG使用的过程为：天然气经过预处理，水分脱出到加压时不结冰，CO_2不需脱除，天然气输送到加气站压缩即将压力升到20 MPa，充入汽车上的车用天然气储气瓶，经两级减压后供发动机使用。

（3）天然气发动机的动力性。使用天然气燃料的发动机有良好的经济性、动力性。如美国康明斯公司生产的B5.9G发动机最大功率可达195 Ps（147 kW），2 800 r/min，满足公共汽车的使用要求。B5.9G发动机为专一天然气燃料电控发动机，具有良好的排放性和使用可靠性。

（4）天然气发动机的排放性。使用天然气的汽车发动机采用电控后有良好的排放性。汽车发动机在配制基本相同的情况下，使用天然气燃料比使用汽油燃料对环境的污染低得多。如w（HC）减少62%，w（CO）减少97%，w（NO_x）减少39%，w（SO_2）减少90%等。

天然气辛烷值高，抗爆性好，发动机可使用较高的压缩比，燃烧充分、热效率较高，有较好的经济性。如美国康明斯公司生产的天然气发动机。

（5）天然气的储存与安全性。使用天然气作为汽车燃料是非常安全的。一般认为，将充气压力为20 MPa的压力容器装在车上，并且在里面充满天然气，一旦发生泄漏，会引起爆炸，非常危险。实际上这是对车用天然气储气瓶的生产过程不了解造成的误解。车用天然气瓶生产有严格的工艺和质量、安全标准。公称工作压力为20 MPa的储气瓶，水压试验压力为30 MPa，爆破压力要求大于70 MPa，是公称工作压力的3.5倍，在承压这一问题上极其安全。车用气瓶经过枪击、火烧、跌落等项试验，比生产汽油箱、柴油箱的工艺过程严格得多。在使用过程中，还要对车用压缩天然气瓶进行严格的定期检验，因此天然气在储存、使用时只要认真执行国家标准，就能保证安全。

四、压燃式发动机燃料

压燃式发动机燃料主要介绍柴油。

1. 柴油的性质及组成

轻柴油是指原油蒸馏时,即汽油、煤油后蒸馏出的沸点为 200～350℃ 的碳氢化合物,主要用做转速大于 1 000 r/min 的高速柴油机的燃料。

柴油发动机具有热效率高、耗油量低、燃料来源丰富、可靠耐用等优点,在汽车、铁路内燃机车、舰艇、拖拉机、工程机械、坦克和军用车辆等多领域广泛应用。

由于世界范围对环境保护的重视,柴油发动机以其比汽油发动机更高的热效率、更好的燃料经济性、更低的二氧化碳(CO_2)排放受到世界各国重视,出现一种汽车柴油化的趋势。我国柴油机产量由 1990 年的年产 7.8 万辆上升到 1998 年的年产 42.8 万辆,占当年汽车总产量的 26.16%,并向轻型化发展。

为保证柴油发动机发挥出良好的性能,必须保证轻柴油的质量,如黏度、十六烷值、低温流动性、含硫量、芳烃含量、残炭等符合柴油的质量要求。轻柴油性质对发动机性能的影响见表 2—11。轻柴油的性质对发动机性能的影响较复杂,有些是互相矛盾的要求,要均衡利弊,才能满足发动机的要求。

表 2—11　　　　　　　　轻柴油性质对发动机性能的影响

轻柴油性质	发动机性质
十六烷值高低	影响发动机着火性能
50%馏出点温度(低)、十六烷值高	发动机低温启动性好
低温流动性好	发动机运转性好
残炭低、含硫量低、黏度适当	发动机可靠性好
含硫量低、芳烃含量低	发动机排放好,有害物排量低

我国轻柴油规格执行 GB 252—2011《普通柴油》标准,按凝点分为 10 号、5 号、0 号、-10 号、-20 号、-35 号、-50 号。按含硫量划分质量等级,见表 2—12。

表 2—12　　　　　　　　中国轻柴油规格

柴油性质	优等品	一等品	合格品
十六烷值	≥45	≥45	≥45
w 硫 (%)	≤0.2	≤0.5	≤1.0
95%馏出温度 (℃)	≤365	≤365	≤365

比较上述各表可看出,我国的轻柴油规格较落后,需要制定新的规格标准。

2. 柴油的着火性能

(1) 柴油发动机的正常燃烧与爆震燃烧。柴油发动机的燃烧过程分为四个阶段:着火落后期(着火延迟期)、急燃期、缓燃期、补燃期。为了保证柴油机的正常燃烧,要求柴油具有良好的燃烧性能。使用着火质量差的柴油,着火落后期过长,大量的柴油喷入气缸后不能立即燃烧而积聚，自燃一旦开始，这些积聚下来的燃料同时燃烧造成压力增加过快，在气缸内产生强烈的"金属敲击声"，使发动机功率下降、严重时造成零件损坏，一般将这种现象称为柴油机爆震燃烧。爆震不仅是柴油机产生噪声的原因，也是低温不易着火、起动性差、运转不平稳的原因。

柴油机的爆震燃烧从表面上看与汽油机的爆震燃烧很相似，但其发生的原因根本不同。汽油机的爆震燃烧是由于气缸内未燃烧的可燃混合气中的烃类易于氧化，过氧化物积聚过多，以致在火焰前锋到达之前发生自燃而引起，一般发生在燃烧末期；而柴油机的爆震燃烧则是由于最初喷入气缸的燃料太不易氧化，过氧化物生成量不足，迟迟不能自燃，以致燃料积聚过多，自燃一旦开始，这些积聚的燃料同时燃烧造成压力升高过快、压力过大，引起爆震燃烧，一般发生在燃烧初期。

(2) 十六烷值和十六烷指数。柴油的抗爆性一般用十六烷值来表示。十六烷值是按相关标准的规定测定。首先以易氧化的正十六烷和难以氧化的 α-甲基萘配成标准燃料，规定正十六烷的十六烷值为 100，α-甲基萘的十六烷值为 0。将欲测定十六烷值的柴油试样与一定配比的标准燃料在同一发动机（十六烷值测定机）、同一运转条件下进行比较试验。若某一标准燃料和柴油试样油的爆震情况相同（同期闪火），则标准燃料中正十六烷值的体积百分含量即为所测柴油试样的十六烷值。例如，标准燃料的正十六烷值体积含量为 45%，某一测定十六烷值的柴油试样与其进行比较试验时二者的爆震程度相同，则此柴油试样的十六烷值即为 45。

柴油的抗爆指数还可以用十六烷指数表示，它是根据燃料 20℃ 时的密度和 50% 馏出温度（恩氏蒸馏）由图表或经验公式计算求得。十六烷指数适用于直馏或催化裂化柴油和二者的混合物，不适用于加有十六烷改进剂的柴油。

柴油的十六烷值与烃类组成有密切关系，由经验可总结出下述规律：

正构烷烃 > 异构烷烃 > 环烷烃 > 烯烃 > 芳香烃

此外，随烃类碳原子数的增多，十六烷值增加。

综上所述，从考虑增加十六烷值出发，希望柴油有较多的正构烷烃，但含正构烷烃多的柴油分子量较大，低温流动性差。柴油十六烷值过高会产生一些不利影响，首先是减少了燃料来源，其次当十六烷值大于 65 时将使柴油机排气冒黑烟，油耗增加。这是由于燃料的着火落后期太短，在燃料还未与空气形成均匀的可燃混合气时就开始燃烧，导致可燃混合气过浓的区域部分烃类分解而形成炭烟。由此，十六烷值适当的柴油，才是柴油机需要的燃料。

3. 运转性和可靠性

(1) 低温起动性。低温起动性是影响柴油机运转可靠性的重要因素。影响低温起动性的燃料因素有十六烷值和挥发性。馏分组成越轻，挥发性越好。

十六烷值高的柴油自燃点低，在低温下容易发火燃烧，因此，一方面，要求柴油有较高的十六烷值；另一方面，为使可燃混合气在低温条件下迅速形成，要求柴油的挥发性越高越好。但是一般燃料的十六烷值与挥发性成反比关系，即十六烷值越高，挥发性越小。因此，评定柴油对发动机起动性能的影响，要以十六烷值结合馏分组成来考虑。研究实践证明，十六烷值的大小对低温起动性的影响较大。

在馏分组成相同时，十六烷值越高，低温起动性越好。根据试验，当十六烷值为53时，柴油机在3 s内就能起动，而当十六烷值为38时，则需要45 s才能起动。柴油机使用市售柴油，在10~15℃下顺利起动。为解决更低温度下发动机的起动问题，可向柴油中加入一定量的乙醚，如在向柴油中加入10%~50%的乙醚时，可使柴油机起动温度降低5~15℃。

（2）低温流动性。低温流动性是直接关系到柴油机正常运转的性能。在高寒地带，如果柴油低温流动性差，柴油机将无法正常运转，甚至造成发动机停转。评价柴油低温流动性各国标准不同，主要有浊点、凝固点和冷滤点。

浊点和凝固点的高低主要取决于柴油的化学组成。其中正构烷烃最高，异构烷烃较相同碳原子数的正构烷烃低。环烷烃也比相同碳原子数的正构烷烃低。芳香烃较相同碳原子数的环烷烃高，但仍比相同碳原子数的正构烷烃低。在柴油中当高凝固点烃类含量增加时，则柴油的凝固点和浊点要增高，使石蜡基柴油的直馏柴油要比环烷基原油的直馏柴油高。为保证柴油机正常工作，柴油机的浊点应比柴油机使用的环境温度低3~5℃。

经过大量的行车试验证明，介于柴油浊点和凝固点之间的冷滤点更能真实地反映柴油的低温流动情况，欧洲和我国采用这一指标评价柴油的低温流动性。冷滤点是指在规定条件下，柴油试样不能通过363目过滤器20 mL油量的最高温度。用冷滤点评价柴油的低温流动性，无论柴油中是否加有流动改进剂都能使用。

柴油的低温流动性与其烃类组成相关。重质柴油含蜡较多，十六烷值越高，低温流动性越差。仅从柴油低温流动性考虑，生产含轻质柴油成分多的柴油较好。但是在原油重质化和要求增加中间馏分的形势下，提高柴油中轻质成分是很困难的。这也就是说，为改善柴油低温流动性必须采用其他方法，如脱蜡、在柴油中加煤油和添加低温流动改进剂。脱蜡工艺复杂，同时还会使柴油其他性能变差，极少采用。在柴油中加煤油是简单易行的方法。我国高含蜡原油在裂化过程中得到的煤油有较高的十六烷值（50左右），在0#柴油中掺加40%的裂化煤油，可获得凝固点-10℃的柴油。常用的低温流动改进剂有烷基萘和乙烯乙酸酯的共聚物等，用于改善蜡晶体并阻止它们凝聚成大晶体堵塞过滤器。在0#柴油中加入0.5%烷基萘，可降低凝固点6~10℃；加入乙烯乙酸酯的共聚物0.1%~0.3%，可降低凝固点20~40℃。

切记：在柴油中加低温流动改进剂或裂化煤油必须在柴油达到浊点温度之前加入，才能起作用。

（3）黏度。柴油黏度是柴油的一个重要指标，对喷射泵、燃料的输送与柴油雾化都有很大影响。柴油机的喷射泵机喷嘴的摩擦副等部件都是由柴油润滑的。柴油黏度过小会出现润滑不良，使运动部件异常磨损；与此同时，黏度过小还会使喷射压力降低，雾化不良，使发动机功率下降；黏度过高则会增加泵送阻力，减少供油量，使发动机输出功率不足。

柴油黏度对柴油雾化质量的影响更大。柴油喷入燃烧室时，被粉碎成不同直径的微小油滴，油滴平均直径越小，分布越均匀，说明雾化效果越好。现代高度柴油机雾化的油滴平均直径为0.005~0.006 mm。当其他条件相同时，雾化微粒的直径及其总表面积

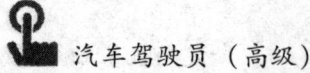

与柴油的黏度成正比。柴油黏度增高，会降低雾化效果。随着柴油黏度增大，雾化程度变差。而雾化程度对柴油的蒸发速率有决定性的影响，因为雾化程度差时，蒸发表面积急剧减少。另外，柴油黏度大，喷射的射程长，喷射圆锥角小。射程太长时，雾化微粒降落在燃烧室壁和活塞顶上使柴油氧气缺乏，燃烧缓慢，发动机功率下降，油耗增加；燃烧不充分的柴油热分解成游离碳，积聚在活塞顶上，形成积炭层；但黏度过小，射程太短，喷入的柴油在喷油嘴附近燃烧，不能充分利用燃烧室中的氧气，燃烧完全；游离碳积聚在喷嘴上堵塞喷嘴，使发动机功率下降。

(4) 柴油安定性。轻柴油的安定性一般指储存安定性和热安定性。

储存安定性是指柴油在储存、运输和使用过程中保持其外观、组成和使用性能不变的能力。安定性好的柴油在储存过程中颜色和实际胶质变化不大，基本上不生成不可溶胶质和沉渣。我国采用实际胶质作为柴油储存安定性的指标，商品柴油规格中规定，实际胶质不大于 70 mg/100 mL。柴油的热安定性也称为热氧化安定性，是指在高温条件溶解氧的作用下，柴油发生变质的倾向。对于含有不稳定烃类或非烃类的柴油，当发动机运转时会在燃料系统的关键部位和喷嘴处生成不溶性凝聚物、漆膜状沉积物及积炭等，破坏燃料的正常供应，加剧发动机的腐蚀。氧化沉渣是用来衡量柴油氧化安定性的指标。沉渣是油品氧化变质的最终产物，是供油系统发生故障的原因之一，必须严格控制。

要提高柴油的安定性，关键措施是将柴油精炼；其次是在柴油中加入清净分散剂、抗氧剂、金属钝化剂等添加剂。柴油清净分散剂的主要作用是抑制发动机内沉积物的生成，清洁燃烧室及喷嘴，保证发动机内部清洁，减少尾气排放；改善发动机起动性，提高发动机的动力性及热效率，提高发动机的经济性。

(5) 柴油机的排放。柴油发动机的排放性能比汽油机优越，但是由于汽车尾气排放问题已经成为世人瞩目的问题，对此，各国相应制定日益严格的排放法规，控制发动机尾气对环境的污染。欧洲标准是世界上最严格的排放法规。柴油机产生很少的一氧化碳（CO）、二氧化碳（CO_2），但是产生的氮氧化物（NO_x），特别是柴油机燃烧不完全时排出的黑烟（PM）和难闻的气味。柴油机排出的黑色烟炱颗粒由燃料不完全燃烧产生的炭烟颗粒和燃料中硫生成的二氧化硫（SO_2）、三氧化硫（SO_3）、碳氢（HC）等颗粒组成。黑色烟炱颗粒（PM）以炭粒为核心，其上吸附、聚集了多种化合物，可长期悬浮在空气中，其中含有多种致癌物，危害人体健康。

(6) 柴油机的经济性。与汽油机相比较，柴油机由于压缩比高、采用稀混合气燃烧、进气阻力损失小等原因，具有好的经济性、动力性、排放性，见表2—13。有统计数据表明，相同排量的柴油机比汽油机油耗低20%~30%。以质量为0.8~1.5 t的轿车为例，其百公里油耗分别为：汽油车为5~8.2 L；非直喷柴油车为4.6~8 L；直喷柴油车为4~6 L。大众公司生产的电控柴油发动机捷达（Jetta）时速96 km/h 油耗为4.5 L/100 km，而电控汽油机捷达为6.1 L/100 km；大众公司最新推出的1.3 L排气量的路波柴油车，油耗为1.3 L/100 km。使用柴油机可以明显地节省燃料。正是由于柴油机的低油耗及低二氧化碳（CO_2）排放，发展、研制柴油机汽车受到各国的重视。

表 2—13　　　　柴油机与汽油机热效率对比

发动机类别	发动机形式	功率范围（kW）	热效率
柴油机	直接喷射、高速	10~1 000	34%~41%
	间接喷射、高速	3~100	27%~33%
汽油机	点燃式、高速	1~100	15%~28%

第八节　点燃式发动机的燃烧过程

一、点燃式发动机的燃烧简介

1. 燃烧化学反应

汽油、液化石油气、天然气等按一定比例与空气混合，在一定的温度、压力作用下，碳和氢原子与空气中的氧原子发生剧烈的氧化反应，同时伴有发光、放热的现象即称为燃烧。燃烧过程是将燃料的化学能转变成热能的过程。燃烧发出的热量使工质的温度、压力升高，压力推动曲柄连杆机构，将其中的一部分转变为机械能。

点燃式发动机中，燃烧时间是极短的。一般燃烧是在压缩行程活塞到达上止点前30°开始，到活塞越过上止点后15°之间进行，经过曲轴约45°转角。现代发动机的最高转速已达到 7 000~8 000 r/min，完成燃烧过程的时间极短。在如此短的时间内完成燃烧过程，燃料能否充分燃烧，燃烧放热的时间是否恰当？将决定发动机的动力性、经济性、排放性能。

2. 燃烧过程的三个阶段

在压缩过程开始后，可燃混合气被压缩，温度和压力升高，燃料开始出现热分解和氧化现象。因此，在点火之前气缸燃烧室内的可燃混合气就已经形成含有多种化合物的可燃混合气，只不过此时参加氧化反应的物质很少，放出的热量也很少，氧化反应进行得相对缓慢而已。

高电压击穿火花塞间隙，火花塞间隙处的燃料由于能量的注入，氧化反应加快，参加氧化反应的物质增加，放热量增加。这些热量的一部分使这一区域的温度升高，同时向四周传递扩散，使参加氧化反应的物质进一步增多，反应范围和反应程度加深，形成"火焰中心"。由于气缸内的气体是在扰动状态下，因此形成的火焰中心不一定就在火花塞间隙处。从火花塞放电点火的瞬间到火焰中心形成的这段时间称为着火落后期，如图 2—12 所示，即从火花放电的时刻 1 到压力曲线开始明显偏离压缩曲线的时刻 2 的这段时期。

火焰中心形成后，气缸内的压力、温度急剧升高，到全部可燃混合气迅速燃烧完为止所经过的时间称为速燃期，即图 2—12 曲线上时刻 2 到最高压力时刻点 3（最高温度点）的这段时期。

在火焰传到最后燃烧的那部分可燃混合气后，燃料基本上全部燃烧，但是，由于发动机结构的原因和其他因素的影响总是有少量的可燃混合气不能充分燃烧,使燃料的化学能不能全部转换成热能。此时活塞进一步下行,未能充分燃烧的极少部分燃料还在进行氧化反应,继续放热。这段时期称为补燃期,即汽油机燃烧过程图 2—12 上时刻 3 以后的时期。各个时期可用秒数和曲轴转角来描述。

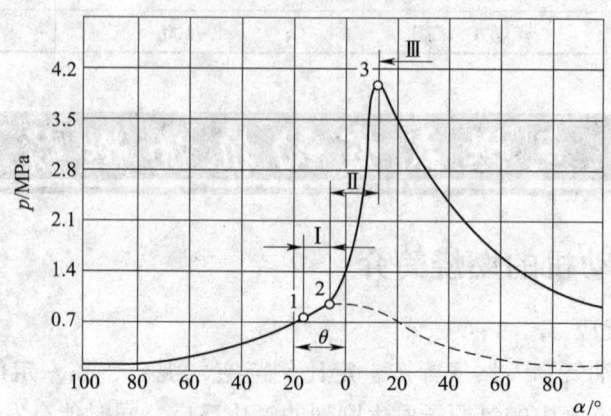

图 2—12　汽油发动机燃烧的三个阶段
Ⅰ—着火落后期　Ⅱ—速燃期　Ⅲ—补燃期
1—火花塞开始点火　2—火焰中心形成　3—最大压力点

3. 火焰传播速率

在发动机中,燃料燃烧的时间尽管非常短,在火花塞放电点火后,仍然要经过三个燃烧阶段。这三个阶段中的每一个阶段,都伴有化学反应和放热现象。在诱导期内化学反应进行得较慢,参与燃烧的燃料较少,放热量少。补燃期的化学反应和放热量比诱导期多,但是与明显燃烧期比,占的比重很小。燃料燃烧放出的热量主要是在明显燃烧期,这一时期的长短与相对于活塞的位置,对发动机循环的热效率起决定性的影响。

(1) 明显燃烧期长短对发动机性能的影响。明显燃烧期如果在一瞬间完成,气缸中的压力曲线变化情况如图 2—13 中 $acZe$ 曲线变化。但实际燃烧不可能在一瞬间完成,假设在 S_1 点处提前点火,经过一段诱导期 S_1 到 1 点压力才开始上升,到 Z_1 点燃烧完毕,由 1 点到 Z_1 表示的明显燃烧阶段。就同样的放热量来讲,Z_1e_1 曲线必然高于 Ze 曲线,也就是说需要燃烧一段时间的比瞬间燃烧做的功要少。

如果诱导期和放热量都不变,燃烧在进行得慢一点;仍在 S_1 点处点火,1 点处形成火焰中心,明显燃烧期的时间延长,到 Z_1' 才燃烧完毕。显然,Z_1' 必低于 Z_1;$Z_1'e'$ 曲线的放热量更高于 Z_1e_1 曲线,这样做的功就更少。

如果此时将点火提前角加大,在 S_2 点处点火;这时缸内的压力变化曲线如图 2—13 中的 $aS_2z_2e_2$,即 Z_2 向上止点靠近些,循环所做的有用功会有所增加,

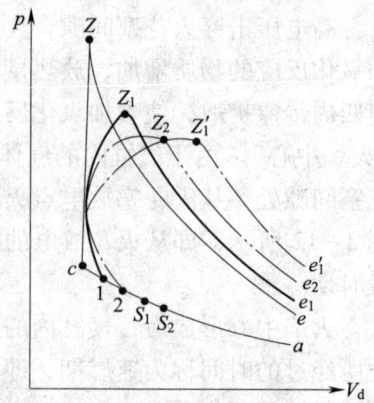

图 2—13　燃烧时期长短不同时气缸内的压力变化

但是仍比曲线 $acZea$ 即明显燃烧期最短的循环示功图所做的功少。由此可知，即使将发动机点火提前角调到最佳位置，同样不能实现"等容燃烧"。

（2）影响火焰传播速度的因素。火焰前锋扫过全部可燃混合气的时间，也就是明显燃烧期的长短取决于火焰中心形成后，从火焰中心到最后燃烧的那部分可燃混合气的传播距离和火焰传播的速率，以及在反应层内完成氧化反应所需要的时间。

火焰中心产生的热量向外传递，使下一层可燃混合气温度急剧升高，当温度达到可燃混合气的发火界限时，可燃混合气着火燃烧，于是火焰前锋逐层推进，这种现象即是火焰传播现象。次一层可燃混合气温度升高到发火温度以上的时间均由燃烧区的温度决定。燃烧区的温度则与其自身的反应程度及发热量相关。燃烧的可燃混合气在放出热量的同时向四周传递热量。燃烧区自身的反应速率高，可燃混合气接近理论可燃混合气成分，可燃混合气的传热系数大、比热容较小、工作过程初始温度高、紊流作用强等都会增大火焰传播速度。

二、发动机不同工作因素对燃烧过程的影响

1. 发动机运行因素

（1）点火提前角。点火提前角对火焰中心的位置、形式，燃烧时气缸内最高压力，燃烧室温度，发动机的热效率，发动机排气中有害物质的成分具有很大影响。从发动机的示功图中可以明显得出，点火提前角过大，活塞在到达上止点以前气缸内压力已经开始升高，必然消耗正在做功气缸所发出的能量；点火提前角过小，使明显燃烧期延长，此时气缸容积加大，补燃期增加，导致发动机热效率下降。为保证发动机良好的动力性、经济性、排放性能，必须保证发动机的点火提前角有最佳角度。电控点火系统，较好地解决了点火提前角的相对精确控制，保证了发动机在不同转速、负荷下都有一个最佳点火提前角。

（2）空燃比 λ。当 $\lambda=0.85$ 时，发动机可发出最大功率；$\lambda=1.1$ 左右时，发动机可以取得较好的经济性。空燃比对发动机性能的影响见表2—14。

表2—14　　　　　　　　空燃比对发动机性能的影响

项目	空燃比 λ	动力性	经济性	排放状态	工作状况
着火上限	<0.4				不能工作
过浓可燃混合气	0.43~0.87	较差	差	HC、CO严重超标	燃烧室积炭，排气冒黑烟
浓可燃混合气*	≈0.88	最大功率	较差	HC、CO超标	
化学当量**	1.0	下降2%	较好	NO_x 排量增加	
稀可燃混合气***	≈1.11	下降8%	好	NO_x 排量最高	加速性稍差
过稀可燃混合气	1.13~1.33	明显减小	变差	HC排量上升	发动机过热、进气系统回火、加速性差
着火下限	>1.4				

注：*浓可燃混合气可使发动机发出最大功率。

**化学当量，是指氧气和燃料能完全燃烧的空燃比。

***稀可燃混合气，是指氧气量略大于化学当量的可燃混合气，经济性极好。

(3) 发动机转速 n。随发动机的转速增加，发动机的点火提前角必须随发动机转速增加而增大。在负荷和空燃比不变的情况下，可燃混合气的燃烧时间相对是固定的。在部分负荷时，由于充气效率下降，缸内压力低，燃烧缓慢，也要求加大点火提前角。在燃烧稀可燃混合气或由废气再循环的情况下，同样要求加大点火提前角。

发动机转速增高，涡流增加，火焰传播速度增大，以时间计的着火延迟期缩短，但以曲轴转角计的着火延迟期延长，因此必须按发动机的转速来调整点火提前角。传统点火系统用离心调节装置调整点火提前角，控制精度低，不能提供给发动机最佳的点火提前角；电控点火系统提高了控制精度，能随时提供给发动机适当的点火提前角，保证发动机良好的经济性、动力性和排放性能。

(4) 发动机负荷。发动机负荷增加时，气缸内燃烧压力增高，残余废气的稀释作用减弱，与此同时冷却效果也在减弱，对可燃混合气的充分燃烧相对有利。鉴于负荷对火焰传播速度的影响，点燃式发动机均对点火提前角进行调节。调节装置依据进气歧管内的真空度，给出合适的点火提前角度。在全负荷时，可燃混合气较浓，火焰传播速度相对较大，要适当减小点火提前角；在部分负荷时，可燃混合气浓度较稀，火焰传播速度较小，要适当加大点火提前角。传统点火系统采取膜片机械式真空点火调节装置，控制精度低，反应不灵敏。发动机采用电控点火装置后，控制精度、反应灵敏度都大幅度提高。

(5) 进气温度、冷却介质、环境温度。进气温度将影响发动机的进气量，进气温度高，发动机充气量减少；进气温度低，发动机充气量增加，但是温度低引起燃料混合不均匀，导致各缸可燃混合气量分配不匀，影响发动机工作状况。

冷却介质直接影响发动机冷却强度。以水为主的冷却液，冷却能力最好，可以较好地控制发动机的温度。以空气为冷却介质的风冷系统，冷却能力相对较差，但是在干旱、缺水地区优势明显。

环境温度直接影响发动机的工作状况。高寒地区和湿热地区均会给发动机带来不同影响，一个型号的发动机要适应全部工作环境非常不容易。

(6) 大气压力。大气压力将直接影响发动机的充气效率。随海拔增加，大气压力、温度均大幅度下降，使发动机充气量下降，导致发动机功率下降。传统化油器式汽油机很难解决这一问题。电控汽油喷射发动机，采用增压进气系统，较好地解决了这一问题。增压发动机之所以在高寒、高海拔地区能有较大的功率，并不是没有出现大气压力下降、充气量下降的问题，只是发动机（汽车）后备功率大，虽然功率下降，但剩余的功率还能保证汽车有足够的动力性。

2. 发动机结构因素

(1) 发动机的压缩比。在条件准许的条件下提高发动机的压缩比，可以提高发动机的热效率。但是在提高压缩比的同时，发动机在大功率、高负荷工况时容易引起爆震燃烧。设计、制造压缩比随发动机负荷改变的发动机是最理想的方案。依据高负荷产生爆震的条件确定压缩比，当发动机负荷下降时再提高压缩比，提高发动机的热效率，这一方案理论上是可行的，技术上实现有一定的难度。在固定压缩比的情况下，适当改变点火提前角，可以较好地改善燃烧状况，控制发动机不发生爆震燃烧。一般结构是在点火系统中设置爆震传感器,监测发动机的燃烧状况,出现爆震燃烧时,适当调整点火提前角,消除爆震燃烧现象。

(2) 冷却方式。水的导热性比空气好,水冷点燃式发动机燃烧时工作表面温度比风冷发动机的低,可以适当提高压缩比。

(3) 燃烧室形状。燃烧室形状对点燃式发动机的工作过程影响极大、也很复杂,各影响因素的效果也各不相同。发动机燃烧室的形状一直是各国发动机工作者努力研究改进的课题。燃烧室形状对发动机工作有巨大的影响,为满足不同需要,有许多矛盾的设计要求。从发动机工作过程考虑,燃烧室的形状紧凑,火花塞位置尽可能设置在燃烧室中心、尽量靠近排气门;有利于组织好的进气涡流和挤流运动、提高工质流动和火焰传播速度,同时要充分扫除火花塞间隙附近的残余气体;火花塞点火后,火焰的传播应不受阻碍;进气阻力小、具有尽可能大的气门面积,并使燃烧室内气体流动轨迹圆滑;在终燃(最后燃烧的)可燃混合气区内应设有适当的冷却区、减少爆震倾向,减少容易受热的凸起部分和无用空间、避免出现热源;燃烧室内表面应使沉积物不易沉积;合理的燃烧室形状,使燃烧过程满足动力性、经济性和排放法规的要求。

由于燃烧室的形状极其重要,在设计过程中也有不能同时满足的互相制约的条件,因此设计出多种不同形式的燃烧室,以满足不同的设计思想。

根据配气机构的布置,燃烧室可以分为侧置气门式和顶置气门式两种。侧置气门式燃烧室由于结构不紧凑、面容比大、散热损失大、燃烧速度、许用压缩比和热效率低等缺点,尽管有结构简单、制造成本低等优点,在历史上起过非常重要的作用,最终被淘汰出局。

顶置气门虽然制造工艺要求高,成本相对较高,由于其多方面的优势,在现代发动机中已占有不可动摇的主导地位。顶置气门式发动机燃烧室的形式主要有碗形燃烧室、楔形燃烧室、浴盆形燃烧室、半球形燃烧室等几种。

(4) 气缸盖、活塞、缸体材料。气缸盖采用铝合金材料,提高散热性能,影响燃烧速度。

(5) 火花塞个数、位置。火花塞的个数和位置对燃烧过程的影响很大。火花塞的个数越多,燃烧速度越快,燃烧持续时间越短。火花塞位置越靠近燃烧室中心,燃烧速度越快。火花塞位置靠近排气门,也能增加燃烧速度。

(6) 点火系统的控制方式。不同的点火系统对点火提前角的控制精度不同、点火能量不同、点火持续期也不同,对发动机工作过程的影响也不同。点火提前角控制精度越高,发动机的燃烧过程越接近定容燃烧,发动机的功率提高、油耗下降、排放得到改善。点火能量越大,点火持续期越长,发动机的燃烧过程越短,各种损失均减少,发动机的各项指标均得到改善。传统机械触点式点火系统被现在的电控点火系统代替的过程充分说明了点火系统的重要作用。

(7) 进气系统。进气系统对点燃式发动机工作的影响是非常明显的,各国发动机工作者在这方面做了大量研究、改进;提出了各种方案。目前成熟的技术有:

1) 废气涡轮增压系统。点燃式发动机采用电控燃料供给系统后,改变了供给燃料的方式,给点燃式发动机采用废气涡轮增压进气系统带来了方便。采用废气涡轮增压系统,可以有效地提高发动机的充气量和充气效率,从而有效地提高发动机的经济性、动力性、排放性能。现在发动机装有增压系统已经非常普遍。

2)可变配气相位进气系统。可变配气相位进气系统也已经得到广泛应用,是一项成熟的、提高发动机充气效率的技术。

3)多气门系统。多气门技术更是屡见不鲜的成熟技术,在提高发动机功率、经济性、排放性方面得到了广泛的应用。

改变进气系统的性能,可以得到好的充气效率,从根本上改善发动机的经济性、动力性、排放性。各国发动机工作者都在辛勤工作,力争有更好的技术出现。

3. 不正常燃烧

在点燃式发动机中,由火花塞放电形成火焰中心后,火焰逐渐传播。在火焰传播过程中,可燃混合气燃烧放热,直到全部可燃混合气燃烧完毕为止,这样的燃烧过程称为"正常燃烧"。因非点火原因引起的可燃混合气的燃烧现象称为"不正常燃烧",包括爆震、早燃等。

(1)爆震燃烧。正常燃烧中,气缸内的压力波动较小,基本上均匀上升。但发生爆震燃烧时,气缸内的压力有高频率、大振幅的波动。正常燃烧的火焰传播速度为 10~30 m/s,发生爆震燃烧时,火焰传播速度可高达 10~4 000 m/s。

经研究得出,当发动机发生爆震燃烧时,在火花塞放电点火后,火焰首先以 10~30 m/s 的速度传播。在火焰传播的过程中,火焰前锋尚未到达最后应燃烧的那部分可燃混合气之前,可燃混合气因已经达到自燃温度,自行燃烧形成多个火焰中心,并且各个循环自行燃烧形成的多个火焰中心的位置也是随机的。这些新的火焰中心一旦形成,火焰以每秒数百米或更高的速度传播,可燃混合气以极高的速度燃烧完毕,这种现象称为爆震。

爆震燃烧以极大的燃烧速度,使燃烧过程接近于等容燃烧,气缸内压力和温度迅速、猛烈上升,在火焰前方引起高强度的冲击波。此波以超声速传播,往复冲击气缸壁、燃烧室壁引起强迫振动产生振动声音。随活塞向下移动,气缸内的压力、温度下降,使冲击波降低,振动声音也逐渐消失。

爆震冲击时,缸壁表面上的气体附着层被破坏,传热系数加大,冷却损失增加,引起发动机过热,形成恶性循环,加剧爆燃的剧烈程度。爆震燃烧时,缸壁表面上的润滑油膜被破坏,活塞温度增加,机件磨损加剧。在高负荷、高温以及氧化中间生成物或分解生成物的作用下,常常导致机件损坏。因发动机过热,爆震燃烧时,严重拉伤和烧损的活塞如图 2—14 所示。高温使金属铝蒸发,在燃烧室表面形成金属铝的薄膜。

在存在轻微爆燃燃烧时,自燃的可燃混合气数量极少,燃烧时间缩短,有助于热效率的提高。但是在强烈爆震燃烧时,冷却损失极大,燃烧生成物中有炭渣出现,热效率下降,必须防止爆震燃烧的发生。

强烈爆震燃烧对发动机造成严重损坏,主要有:

图 2—14 因爆震燃烧损坏的活塞

1）强烈的冲击波使机件过载，造成缸体、曲轴、连杆等损坏。

2）强烈的爆震会破坏缸壁、燃烧室上的气体附着层，使机件的温度过高，烧坏活塞顶、气门等。

3）强烈的爆震燃烧时，燃烧室内局部的温度可高达4 000℃以上，燃烧生成物更易分解成CO、H_2、O_2、NO_x及游离碳等。游离碳一旦生成，将不再燃烧，并且吸附燃烧的其他衍生物，形成以微小炭颗粒为主的颗粒物。颗粒达到一定尺寸时排出，形成可以看得见的炭烟——发动机排气冒烟。CO、H_2、O_2在膨胀过程中补燃，再加之缸壁上的附着层破坏、缸壁散热增多，使发动机过热，热效率明显降低、功率下降；油耗上升，排放性能变坏。严重爆震导致缸壁磨损后拉缸。

4）减少发动机爆燃倾向的措施主要包括：

①精确控制点火提前角，在有爆震倾向出现时，及时调整点火提前角，消除爆震。

②适当降低发动机的压缩比或采用可变压缩比发动机，随发动机工况调整压缩比，消除爆震。

③提高燃料的辛烷值，减少爆震倾向。

④设计更加紧凑的燃烧室，减少爆震燃烧产生的因素。

⑤严格控制气缸直径，缩短火焰传播的距离。

⑥提高点火能量，延长点火持续时间，缩短燃烧时间，减少爆震因素。

⑦附着于燃烧室表面的沉积物相当于热源，对未燃烧的可燃混合气加热，使爆震倾向增加。采用好的燃料添加剂，控制燃烧室沉积物的形成，可以有效减少炽热点火倾向，较少诱发爆震的因素。

⑧正确使用发动机，控制发动机工况，防止燃烧室沉积物形成，减少炽热点火倾向，防止引发爆震。

（2）炽热点火。炽热点火有两种形式：一种指燃烧室内，火花塞点火之后，正常火焰前锋到达未燃烧的可燃混合气之前，由燃烧室内炽热物为点火源形成的火焰中心，俗称"后火"；另一种发生在火花塞点火之前，俗称"早火"。炽热点火不同于爆震燃烧，炽热点火是燃烧室内炽热物质形成新的点火源点燃可燃混合气；而爆震燃烧是终燃可燃混合气自燃产生的。炽热点火的结果是使气缸内的压力、温度急剧升高，噪声加大。由于炽热点火的无规律性，使燃烧过程不能控制，发动机工作不稳定，工作粗暴，动力性、经济性、排放性变坏。炽热点火是诱发爆震燃烧的因素之一，必须避免。

三、多缸发动机的可燃混合气分配

传统多缸化油器式发动机，由于控制精度低，各缸可燃混合气的浓度和数量由于受沉积在进气歧管壁上油膜和油滴的影响，是非常不等的，使多缸发动机的功率下降、油耗增加、排放变坏。点火顺序同样影响可燃混合气分配给各缸的均匀性，给发动机工作带来不利的影响。电控技术的发展，特别是多点电控汽油喷射技术的应用，控制精度大幅度地提高，很好地解决了可燃混合气的分配问题。

第九节 柴油发动机的燃烧过程

一、柴油发动机燃烧过程的四个阶段

柴油发动机的工作过程不同于点燃式发动机，其工作过程的特点为：新鲜空气被压缩；柴油黏度大，蒸发温度高，通过施加高压将柴油喷入燃烧室，在燃烧室内形成可燃混合气；柴油和空气混合的时间短；燃烧室内的可燃混合气成分分布极不均匀，并且不断变化；靠压缩行程后期气缸内压力、温度达到柴油的自燃点，在适合着火的位置产生（温度、压力、可燃混合气浓度等）多个火焰中心燃烧；可燃混合气的形成和燃烧同时进行；通过进入气缸的燃料数量调节可燃混合气的浓度，是质调节；由于没有节气门，进气的节流损失较小。这些特点，决定柴油机的燃烧过程不同于点燃式发动机，其燃烧过程分为四个阶段：着火落后期（诱导期）、速燃期（明显燃烧期）、缓燃期、补燃期，如图2—15所示。

1. 着火落后期（诱导期）

柴油机在活塞运行到上止点前15°～30°开始喷油，由喷油式电曲轴转角位置1开始（见图2—15），到压力脱离压缩曲线开始急剧上升的2点之间的时期，称为"着火落后期"。

在点1开始喷油，虽然这时气缸内的温度已达400～800℃，高于柴油的自燃温度（柴油自燃温度300℃），柴油进入气缸后并不立即着火燃烧。柴油还要经过喷射分布、受热蒸发、扩散与空气混合等物理过程之后，经过氧化反应过程才在适合着火的位置着火。这样在喷油之后，滞后一段时间才在适合的位置着火燃烧，形成数个位置不定的火焰中心。

着火落后期的长短与喷油时气缸内压缩接近终了时的温度高低相关。发动机温度高，涡流增强，可加速柴油的蒸发、扩散速率，使柴油蒸气扩散速率与化学反应速率配合得更好，着火落后期将缩短。一般在着火落后期内喷入燃烧室的油量占循环总油量的30%～40%。

2. 速燃期（明显燃烧期）

从压力急剧增高的2点开始（见图2—15），到压力最高点3止这一阶段称为"速燃期"。缸内的可燃混合气一旦着火后，喷入气缸的燃油几乎一起燃烧，压力升高率很大，接近等容燃烧。这时的放热量约为循环放热量的1/3，在活塞越过上止点后5°～8°曲轴转角出现最高压力，压力可达6～8.5 MPa。

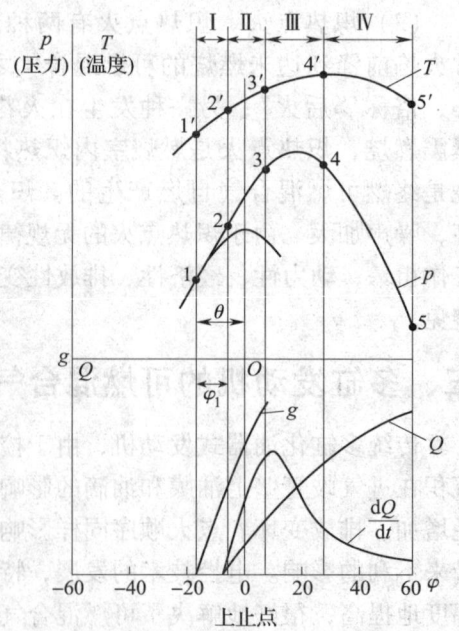

图2—15 柴油机的燃烧过程

3. 缓燃期

从最高压力点 3 开始到气缸内温度出现最高点 4 为止的期间，称为"缓燃期"。在这一阶段内，气缸内有较多的燃油参加燃烧，并且是在气缸容积明显增大的情况下进行的。由于气缸容积明显增加，虽然有较多燃油参加燃烧，放出的能量增加，这一阶段气缸内的压力却不明显增高，接近等压燃烧过程。这一阶段结束时的放热量约占循环放热量的 70%。在活塞越过上止点后的 20°~30°出现最高温度，最高可达 1 700~2 000℃。

4. 补燃期

从最高温度点 4 开始至气缸内的燃油基本烧完的 5 点位置，称为"补燃期"。当放热量达到循环总热量的 95%~97%，即可认为补燃期基本结束。

在柴油机中，负荷调节是在循环充气量一定的条件下，靠调节喷入燃烧室的循环供油量来实现的"质调节"。与点燃式发动机相比，柴油与空气混合的时间极短，不易蒸发得很充分、混合得很均匀，总有一部分燃料是在活塞已经远离上止点的时候燃烧，这部分能量做功效果差、排气温度高，发动机功率下降，油耗增加。因此，应当尽可能减少补燃期。

二、柴油机燃烧过程的特点

1. 排气冒烟

柴油的蒸发性差，用高压将其喷成雾状的细小油滴，油滴的直径在 0.002~0.05 mm。这些细小的油滴在缸内高温和涡流作用下，迅速蒸发并与空气混合，由于时间短暂，只有 0.001~0.004 s，气缸内各区域的可燃混合气成分极不均匀。一些区域的可燃混合气过浓，一些区域可燃混合气过稀，并且在燃烧初期，部分燃油还在喷入。特别是在大负荷时，循环供油量较大，燃烧更加不充分。在缓燃期的高温缺氧条件下，部分柴油（特别是十六烷，更易分解）受热分解成游离的碳。这些游离的碳，聚合成直径 0.000 1 mm 左右的炭粒。这些炭粒一旦出现，就很难再氧化燃烧，同时未燃烧的燃料颗粒被游离炭粒吸附，形成较大的颗粒物，当这些颗粒物的直径大到肉眼能看得见时，随排气排出，就形成黑烟——柴油机排气冒烟。这些颗粒物还附着在活塞、活塞环、气门、燃烧室壁和气缸壁上。严重时使活塞环卡死，进、排气门卡死，造成发动机损坏。

在循环充气量一定的情况下，必须控制循环供油量。一般柴油机在标定转速、全负荷工况时，过量空气系数 $\alpha < 1.3$ 时，柴油机将严重冒烟。

柴油机在怠速和起动时还可能冒白烟和蓝烟。这是由于气缸内温度低，柴油不能完全蒸发、燃烧，未燃烧的燃油与水蒸气构成的微粒，随排气排出的结果。当微粒直径小于 0.006 mm 时，看起来是蓝烟；当微粒直径大于 0.006 mm 时，看起来是白烟。一般柴油机在起动时冒白烟，在暖机过程中冒蓝烟，温度正常后排气即恢复成无色。如果柴油机温度正常后，仍然冒烟，需要查出冒烟原因，彻底排除故障。

2. 柴油机工作噪声

着火落后期喷入燃烧室的柴油，在形成多个火焰中心后迅速燃烧，压力升高率过大，使燃烧室壁、活塞、连杆、曲轴承受冲击载荷，产生强的震音，称做"燃烧噪声"，也称"工作粗暴"。柴油机着火落后期越长，在形成火焰中心以前气缸内积累的

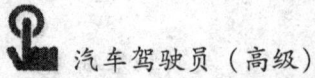

柴油越多,柴油机工作越粗暴。

柴油机起动时噪声会大一些,随发动机温度增高,运转平稳后噪声会自然消失。长时间在怠速工况下运转,发动机转速低,会导致发动机工作粗暴,因此,柴油机怠速应适当提高。

三、影响柴油机燃烧过程的因素

1. 柴油质量

柴油的十六烷值直接影响柴油的着火性能,十六烷值越高,着火性能越好,自燃温度低,着火落后期短。着火落后期短,着火落后期内燃烧室内积存的柴油少些,可降低工作粗暴性。但是柴油十六烷值越高,馏分越重,蒸发性差,黏度增大,与空气混合不良,燃烧不充分,排气冒烟,柴油机的功率下降,经济性变坏,发动机磨损增加。因此,高速柴油机的十六烷值应控制在40~60,不能过高。

2. 喷油提前角

喷油提前角过大,柴油喷入压力和温度都不够高的气缸内,着火落后期延长,工作更加粗暴。同时还会使起动困难,压缩过程和耗功过大,使发动机功率下降,油耗增加。喷油提前角过小,燃烧过程会在较大的容积下进行,补燃严重,使功率下降,油耗增加,发动机过热,排气温度增高。因此,要有适当的喷油提前角,最佳喷油提前角是由试验确定的。喷油提前角因发动机燃烧室形状不同而略有区别,一般在15°~35°,使用时应保证喷油提前角正确。

3. 喷油规律

喷油量随曲轴转角变化的关系称做"喷油规律"。在同样的循环供油量和喷油转角的条件下,使初期喷油量少些,后期喷油量多些,会使发动机工作柔和,最高压力较高。电控柴油技术提高喷油量的控制精度,使喷油过程更符合柴油机的燃烧过程。

4. 喷油质量

喷油质量是指柴油在高压下通过喷油器喷油孔,在高压介质的反抗作用下分散成极小雾状油滴的程度:柴油油滴的直径、均匀度、喷注的射程、喷射锥角等。如果喷油物化质量差,形成可燃混合气就困难,燃油将不能充分和及时的燃烧,着火落后期延长,补燃增加,使油耗上升、功率下降、工作粗暴、排气冒烟。

喷油质量与喷油器的设计和加工精度有关,如果喷孔表面粗糙度不够小、喷孔尺寸精度不够,都将使喷雾质量变坏。喷油压力同样影响喷油质量,压力小喷雾质量下降,在技术能达到的情况下,应尽可能地采用高的喷油压力,提高喷油质量。柴油的黏度对喷雾质量也有较大的影响,必须保证需要的柴油黏度。现代电控技术和高压共轨供油系统的应用,极大地提高了喷油质量。

5. 可燃混合气浓度

可燃混合气浓度对发动机的燃烧过程起决定作用。柴油机是质调节,控制可燃混合气浓度,就必须控制每一循环的喷油量。电控技术在柴油机上的应用较好地解决了喷油量控制精度,使柴油机可燃混合气浓度始终保持在最适宜的范围。

6. 发动机转速

发动机转速高，压缩行程缸壁散热的损失减少；压缩过程中气缸中的气流运动度增加，使着火落后期缩短，同时由于每一循环占有的时间缩短，使以曲轴转角计算的着火落后期延长。因此，必须随发动机转速的变化及时调整喷油提前角。传统的柴油机供给系统，用供油提前角代替喷油提前角；柴油机电控技术和柴油机高压共轨供油系统的应用，使直接控制喷油提前角得以实现，进一步提高了控制精度，有效地提高了发动性能。

7. 发动机负荷

在发动机转速一定的情况下，发动机负荷增加，就必须增加循环供油量。柴油机每循环的充气量基本不变，喷油量增加，使过量空气系数 α 降低，单位工作容积放出的热量增多，燃烧室内工作机件的工作温度高，有利于着火落后期缩短，发动机工作将趋于柔和。与此同时，随负荷增加，喷油时间延长，过量空气系数 α 减小，不完全燃烧倾向增加；当过量空气系数 α 降到 1.3 以下时发动机会冒黑烟，油耗增加、功率下降。

8. 燃烧室形式

燃烧室的形状和喷油器的位置确定了可燃混合气形成的方式和均匀程度。依据这两个条件，柴油机燃烧室可分为分割式燃烧室和直喷式（统一式）燃烧室；这两类燃烧室依据燃烧室形状不同特征又可进一步分成多种形式，如直喷式燃烧室可分为 ω 形燃烧室、M 形燃烧室、U 形燃烧室等。

合理的燃烧室形状准许采用较高的压缩比，从而提高发动机的热效率。

9. 控制精度

控制精度是技术和质量的标志。控制精度提高，可以改善发动机的工作状态。柴油机机械控制系统为电控技术所代替，是一场技术改变和进步。发动机的各个系统控制精度的提高，有效地提高了发动机的动力性、经济性，满足日益严格的排放法规的要求，这是机械控制系统不能达到的要求。

10. 燃烧室内工质运动和换气质量

适当的工质运动可以提高柴油的蒸发速度，促进可燃混合气的形成。空气运动可促使油束分散，增大混合的范围，加快燃烧速度，改善经济性。在组织进气涡流时，不可避免地要消耗能量，会使充气效率降低；同时，涡流过强，散热损失增加，在燃烧室工作温度较低时，会导致着火延迟期增加。

11. 压缩比

发动机采用较高的压缩比，可以提高发动机的热效率。在技术、工艺能达到的情况下，尽可能采用高的压缩比。

12. 进气温度、压力

进气温度和进气压力影响发动机的充气效率，充气效率高，可以提高发动机的动力性。进气温度低、压力高有利于提高充气效率；但是，进气温度过低，会导致着火落后期加长，发动机工作不稳定，必须适当控制进气温度。

提高进气压力，可以大幅度地提高发动机的充气量。废气涡轮增压进气系统的广泛应用证明了这一技术的正确。

第十节 发动机的膨胀过程

膨胀过程与压缩过程情形相似,工质的比热容有变化;工质的量,由于漏气的影响,也会有一定变化;工质与缸壁之间必然有热交换。并且在膨胀过程中还存在补燃现象,补燃时不仅热量有变化,工质的质也有变化。在点燃式发动机中,补燃现象不明显;在柴油机中,有时补燃一直延续到排气门打开时还未停止。由于这些因素存在,在膨胀过程中可变指数也在随时改变。在膨胀初期,补燃的放热量超过传给缸壁的损失热量,可变指数小于等熵指数,接近于等温膨胀;在膨胀后期,传给缸壁的热量超过补燃热量,损失的热量增多,可变指数大于等熵指数,接近绝热膨胀。燃烧生成物的等熵指数约等于1.25,可用下式计算:

$$\kappa_2 = 1 + 1.985/\mu c_V$$

式中,μc_V 是温度由 $0 \sim t_z$ ℃(最高燃烧温度)的燃烧生成物(或残余气体)的平均摩尔比热容。

当油门全开,发动机转速增加时,膨胀过程的可变指数减小,可用经验公式计算,公式如下:

$$n_2 = 1.2 + 0.03\ (n_{max}/n_x)$$

式中,n_x 为求 n_2 时发动机的转速,单位 r/min。

当转速一定并且节流时,因为压力降低而温度变化小,使气体热分解数量增加,与此同时冷却时带走的热量也增加,使膨胀指数减小。

一般点燃式发动机 $n_2 = 1.25 \sim 1.35$;柴油机 $n_2 = 1.1 \sim 1.3$。当发动机转速高、气缸容积大、可燃混合气混合不良时 n_2 的值较小。

第十一节 发动机的特性

发动机的性能指标随发动机的调整状况和工作状况而变化的函数关系称为发动机特性。以曲线形式表示发动机各性能参数间函数关系,则该曲线称为发动机特性曲线或特性曲线。

一、点燃式发动机的特性

描述发动机特性的内容很多,本书主要介绍点燃式发动机的调整特性和使用特性。调整特性介绍点火调整特性和燃料调整特性,使用特性介绍速度特性和负荷特性。

1. 点火调整特性

点火调整特性是在发动机台架试验台(发动机测功机)上测得的发动机不同点火提前角与发动机动力性、经济性的关系。借此可以确定该发动机的最佳点火提前角或是检查、校正点火装置的工作情况。

图2—16是发动机供油系统工作良好,节流阀全开,发动机转速不变,测得的发动机有效功率、耗油量和比油耗随点火提前角的变化而变化的关系曲线。当点火提前角为

θ_o 时，燃烧最及时，热量利用好，发动机的有效功率 P_e 最大，比油耗 g_e 最低。此角 θ_o 称为"最佳点火提前角"。对应每一个发动机转速，存在一个最佳点火提前角，所有的最佳点火提前角将形成一条最佳点火提前角曲线，发动机按这条曲线给出的角度点火，发动机将取得好的经济性和动力性。传统的机械触点式点火系统，不能按最佳点火提前角曲线给定的角度给发动机点火；其后的晶体管点火系，虽有长足的改进，也难满足要求。只有计算机技术在发动机控制中应用后，提高了控制精度，才较准确地实现了按最佳点火提前角曲线点火。

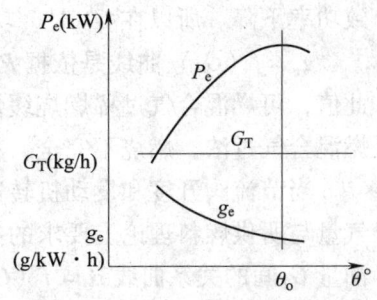

图 2—16 发动机点火特性

发动机转速变化，点火提前角也必须随发动机转速的改变及时调整，按发动机的转速提供最适宜的点火提前角，发动机才能获得最大功率和最低比油耗。发动机转速增加，最佳点火提前角也必须随发动机转速的增加而增大。图 2—17 是发动机在不同转速下测得的点火调整特性。计算机电控点火系统较好地实现了随发动机转速改变，提供最佳点火提前角的功能。

当发动机负荷改变时，节气门位置改变，引起进气歧管真空度的改变，可燃混合气浓度改变，最佳点火提前角也随之改变。图 2—18 是不同节气门开度下测得的点火调整特性。

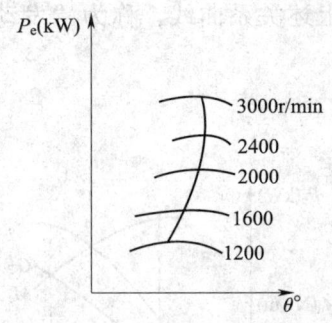

图 2—17 发动机各种转速下的点火调整特性

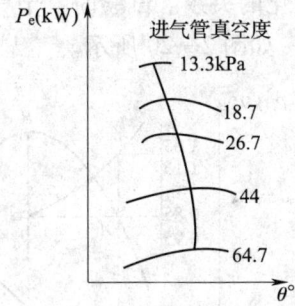

图 2—18 不同节气门开度的点火调整特性

2. 发动机燃料调整特性

发动机燃料调整特性是在节气门开度一定、转速不变的情况下，测得的发动机功率 P_e、扭矩 M_e 随燃料消耗量 G_T（或过量空气系数）变化的关系。图 2—19 是按实测数据绘制的。通过对曲线的分析，可以了解可燃混合气成分对发动机经济性、动力性的影响，按实际工况确定最佳可燃混合气成分。电控发动机用于确定供给燃料的时间，保证发动机正常工作。

$P_e = f(G_T)$ 曲线随每小时燃料消耗量增加而增大，这时可燃混合气由稀逐渐变浓，过量空气系数由大于 1 变为小于 1，燃烧速度加快，功率迅速增加，在 B 点达到最大值。此后随 G_T 再增加，可燃混合气浓度增加，空燃比 α 过浓，火焰传播速度下降，导致功率下降。所以在 G_{TB} 时，功率 P_{eB} 最大。

$g_e = f(G_T)$ 曲线是依据 P_e 和 G_T 值计算得到的。当 P_{eA} 对应 G_{TA} 时，g_e 最低。G_T 低于此值，可燃混合气过稀燃烧缓慢，补燃增加，经济性、动力性变坏。G_T 高于 G_{TA} 时，可燃混合气过浓，燃烧不完全，耗油量增加。

当节流阀开度和发动机转速一定时，进入的空气量是一定的，可以根据实际进入空气量与所供燃料理论上要求的空气量（1∶14.7）之比得出过量空气系数 α 与每小时供油量 G_T 间的关系曲线 $\alpha = f(G_T)$。从图 2—19 可知，最大功率 P_{emax} 对应的过量空气系数 $\alpha = 0.85 \sim 0.95$，称为"功率混合气"。这时火焰传播速度最快、压力最大和温度较高，充气系数也高，所以 P_e 最大。但由于可燃混合气过浓，燃烧不充分，所以发动机经济性不理想。对于化油器式发动机，其对应的功率量孔开度位置为 K_2；对于电控发动机，对应的是最大喷油脉宽。

最低比油耗 g_e 对应的混合气 $\alpha = 1.05 \sim 1.15$，延期充分，燃烧完全，称为"经济混合气"。化油器式发动机对应的功率量孔开度位置为 K_1；电控发动机对应的是经济混合气喷油脉宽。电控发动机的喷油脉宽应在功率可燃混合气和经济可燃混合气之间，兼顾经济性和动力性，使发动机工作过渡圆滑。

3. 发动机速度特性

发动机速度特性是指发动机燃料供给系统已经调整适当，点火提前角为最佳值，节气门开度一定的情况下，发动机的有效功率 P_e、有效扭矩 M_e 和有效比油耗 g_e 随发动机转速 n 变化的关系。试验时，节气门全开时取得的上述关系曲线，称为"发动机外特性曲线"，如图 2—20 所示。

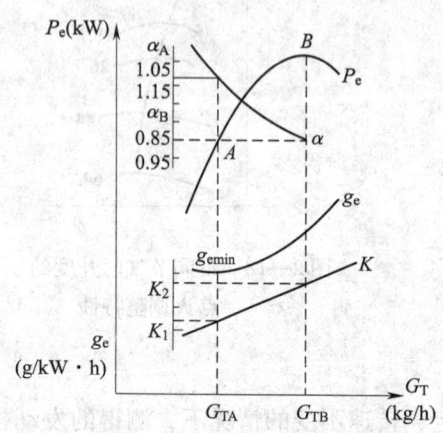
图 2—19 发动机的燃料调整特性

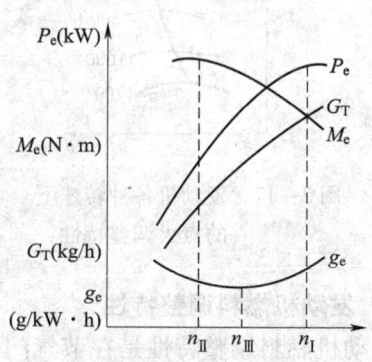
图 2—20 汽油发动机的外特性

从图 2—20 可以得出，当转速 $n > n_I$ 时，发动机的动力性和经济性均较差，不能采用。当转速 $n < n_{II}$ 时，发动机工作不稳定，也不能采用。从发动机综合性能考虑，发动机转速应在 $n_I \sim n_{II}$。这可以作为选择发动机标定转速范围的参考依据。

在外特性图上，对应 n_{II} 的最大扭矩 M_{emax} 和对应最大功率转速 n_I 的扭矩 M_e 之差，对最大功率转速 n_I 的 M_e 之比，称为扭矩储备系数，用百分数 μ 表示。

$$\mu = [(M_{emax} - M_e)/M_e] \times 100\%$$

式中两个扭矩的差值越大，发动机克服阻力的潜力越大，在外界阻力短时间增大使发动机转速下降时扭矩增加，此时汽车可以不用降挡增大扭矩而自行克服短时增加的外界阻力，保持发动机正常运转。外界短时间增加的阻力消失时，自行恢复原来转速。点燃式发动机的扭矩储备系数在10%~30%。

发动机节气门的每一个开度，就对应一组发动机速度特性曲线。节气门部分开启时得到的速度曲线称为部分节气门开启时的速度特性曲线，有无限多个。但是这些曲线均在节气门全开时速度曲线的里面，所以将节气门全开时的速度特性曲线称为外特性曲线，用来表示发动机的性能。不同的发动机，速度特性不同，但曲线变化的趋势基本相似。

4. 发动机的负荷特性

发动机负荷特性是指发动机燃料供给系统已调整适当，点火提前角保持最佳位置，转速一定的情况下，改变节气门开度（负荷）测得的每小时耗油量G_T和有效比油耗g_e随节气门开度变化关系$G_T = f(P_e)$或$g_e = f(P_e)$。

研究特性负荷的目的是了解点燃式发动机在各种负荷下工作的经济性、动力性、排放性。汽车行驶时，驾驶员常用改变节气门开度大小的方式，改变发动机的输出功率，适应外界道路、环境阻力的变化，维持汽车正常行驶，保持车速不变。这时，发动机的工作状况与发动机的负荷特性相似。由于发动机可以以不同的转速工作，发动机的负荷特性也不止一个（每一个发动机转速对应一组负荷特性曲线），图示发动机负荷特性曲线只是其中的一组。

图2—21中的$G_T = f(P_e)$曲线，是当转速一定时，每小时耗油量G_T仅随节流阀开度与可燃混合气浓度改变。虽节流阀开度加大，可燃混合气浓度会少许变稀，G_T会迅速增加。在节流阀开度达到70%~80%，为使发动机输出更大功率，供油系统供给更多燃油，G_T增加得更快。

$g_e = f(P_e)$的变化主要取决于机械效率和指示热效率随负荷变化的情况。当负荷较小时，功率P_e与负荷呈函数关系减小。由于发动机转速一定，机械损失的功率变化不大；机械效率随负荷的降低越来越低；到怠速工况，指示功率将完全用于克服机械损失（发动机无功率输出），$P_i = P_m$，而$P_e = 0$，所以$\mu_m = 0$，$g_e = \infty$。到负荷增大到80%后再继续增高，供油系统将供给更多的燃油，使可燃混合气加浓，燃烧不完全，指示热效率μ_i减小，有效比油耗g_e又增大。

对于点燃式发动机，有效比油耗g_e的最低值越小越好；同时负荷g_e改变时，有效比油耗g_e曲线将上升，而上升得越缓慢越好。

二、柴油机的特性

1. 喷油提前角调整特性

柴油发动机的喷油提前角调整特性是指将供油量固定在额定功率循环供油量（或稍少的位置）位置上，维持发动机转速不变（一般保持额定转速），测得改变喷油提前角时的$P_e = f(\theta)$、$G_T = f(\theta)$、$g_e = f(\theta)$，即有效功率P_e、每小时耗油率G_T和有效比油耗g_e随喷油提前角的变化曲线，如图2—22所示。

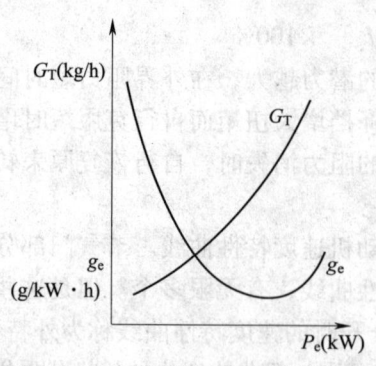
图 2—21 汽油发动机的负荷特性图

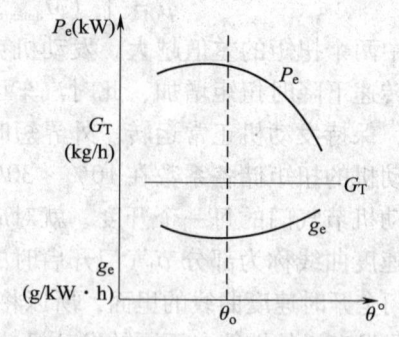
图 2—22 柴油机喷油提前调整特性

由于供油量和发动机转速不变,所以每小时的耗油量不变,即喷油提前角对 G_T 不产生影响。当喷油提前角加大,缸内空气的温度、压力都不太高,燃烧条件准备得较差,着火落后期延长,工作粗暴,造成功率下降、油耗增加、排放变坏。

喷油提前角过小,燃烧推迟到膨胀期进行,这时压力升高率降低,最高压力下降,排气温度上升,传给冷却液的热损失增加,热效率显著下降,功率降低、油耗增加、排放变坏。

因此,对于每一种发动机,每一转速都存在一个最佳提前角。对应发动机的不同转速,均有一个最佳喷油提前角,对于同一循环供油量,将有一系列不同发动机转速下得到的喷油提前角调整特性。保持喷油提前角在最佳角度,发动机就可以具有好的经济性、动力性和排放性能。

2. 燃料调整特性

柴油机的可燃混合气成分是通过改变循环供油量来实现的。根据柴油机燃料的调整特性,可以确定最大循环供油量(燃料供给拉杆位置)。

根据柴油机燃烧过程的特点,在柴油机燃料调整特性中引入可燃混合气成分 $\alpha = f(G_T)$ 和冒烟度 D 两条曲线。曲线 D 是用"烟度计"测定排气中所含可见炭粒的含量得到的,D 值一般用百分数(%)表示。

当柴油机转速一定,改变供油,可以获得如图 2—23 所示的有效功率 P_e、有效比油耗 g_e 与每小时耗油量 G_T 间的关系曲线。开始时,随喷油量增加,由于空气利用的较好,功率上升。此后,由于柴油机燃烧室内可燃混合气分布不均匀,存在一些空气量不足的区域,引起燃烧不充分,发动机功率虽然上升,排气冒烟($\alpha = 1.2$ 左右,称为冒烟界线)。喷油量再增加,空气虽利用更加充分,但功率上升缓慢,不完全燃烧现象更加明显,烟度明显增加。再进一步增加供油量,由于可燃混合气过浓,没有过量的空气保证燃料充分燃烧,发动机功率下降、排气明显冒烟。

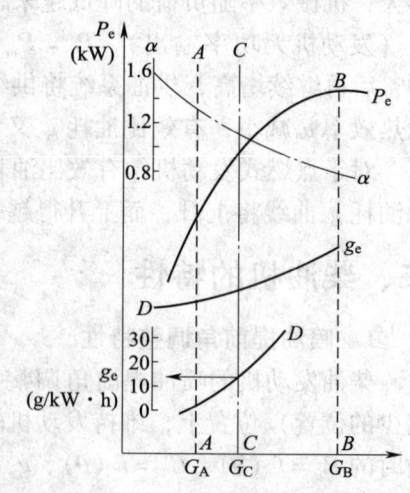
图 2—23 柴油机的燃料调整特性

A 点相当于 g_{emin}，$\alpha=1.4\sim1.5$ 所对应的每小时耗油量 G_{TA}。

B 点相当于 P_{emax}，$\alpha\leqslant1.0$ 所对应的每小时耗油量 G_{TB}。

从 C 点开始，柴油机排气开始明显冒烟；$D=17.5\%$，$\alpha=1.2\sim1.3$ 所对应的每小时耗油量 G_{TC}。

在供油量达到 G_{TC} 时，燃烧不完全现象已经相当严重。这时燃烧室与活塞顶积炭增多，活塞环结胶。燃烧不充分产生的炭颗粒物随排气排出，柴油机明显冒出黑烟，发动机的功率下降、油耗升高、可靠性变坏。此时再增加供油量是不明智、不恰当的，必须把柴油的循环供油量控制在 $G_{TA}\sim G_{TC}$，也就是柴油机的循环供油量必须小于 G_{TC}。将烟度 $D=17.5\%$ 规定为柴油机排气可以排放的最大烟度，对应的曲线上 C 点，称为"冒烟界线"。超过冒烟界线，尽管柴油机的功率还可以增加，但是已经为环境法规所不准许。

一般车用柴油机的循环供油量规定在 $G_{TA}\sim G_{TC}$，由调节拉杆的行程确定，在发动机超载时，再调整到 G_{TB}。

3. 速度特性

柴油机速度特性的定义与点燃式发动机的一样，是指柴油机循环供油量不变，测得的 P_e、M_e、G_T、g_e 随转速 n 变化的关系。

当将循环供油量限定在额定功率，可以获得柴油机"全负荷速度特性"。当循环供油量限定在小于额定功率供油量时，获得的是"部分负荷速度特性"。

柴油机由于进气阻力较小，在转速提高时充气系数 μ_v 降低较少，而循环供油量 Δg 并不变化，所以当转速提高时，扭矩下降较小，扭矩曲线曲率较平坦。因此，柴油机的扭矩储备系数较小。

4. 负荷特性

柴油机转速一定时，通过改变每循环的供油量，发动机负荷将改变。这时测得的 $G_T=f(P_e)$，$g_e=f(P_e)$ 关系曲线称为"柴油机的负荷特性"，如图2—24所示。

由于在一定转速下，柴油机充入气缸的空气量是一定的，改变循环供油量就改变了可燃混合气成分，同时改变了过量空气系数 α。因此，柴油机调节负荷的方法称为"质调节"。

柴油发动机转速一定时，每小时的耗油量 G_T 主要取决于每循环供油量 Δg。增加负荷时 Δg 增加，每小时耗油量 G_T 成正比增加。其有效比油耗 g_e，同样决定于指示热效率 μ_t 和机械效率 μ_m 的乘积。

发动机怠速运转时，发动机输出功率 $P_e=0$，指示热效率 $P_i=$ 机械功率 P_m。此时 $\mu_m=0$，$g_e=\infty$。

负荷低时，机械效率 μ_m 很低，有效比油耗 g_e 较高；同时过量空气系数 α 较大，排气温度 T_r 也较低。逐渐增大负荷，μ_m 提高时 g_e 迅速降低；但是，随循环供油量 Δg 进一步增加，过量空气系数 α 下降，使 μ_t 略有下降。不过机械效率的增加比指示热效率的降低要明显一些，所以有效比油耗 g_e 总趋势还是降低。

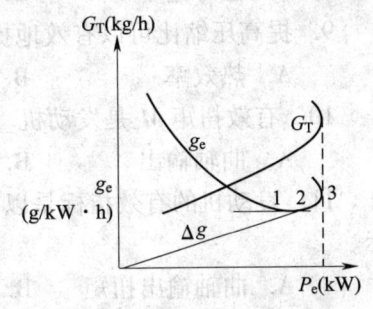

图2—24 柴油机的负荷特性

当循环供油量增加到点 1 位置时，对应的和为最大值。再增加循环供油量，空气利用程度进一步提高。虽循环供油量提高 Δg，功率 P_e 继续提高，但燃烧不完全，补燃增加，指示效率 μ_i 降低更多，使有效比油耗 g_e 上升。

当喷油量超过点 2 时，排气冒黑烟。对应该点的喷油量被称为"冒烟界线"。循环供油量增加到点 3 时，功率达最大值。继续增加循环供油量，有效比油耗显著增加、功率反而下降。

柴油机的燃料调整特性与负荷特性是一致的，因此，在调整柴油机燃料系时，往往直接测定负荷特性，一般测定额定转速时的负荷特性。

单元测试题

一、单项选择题（下列每题的选项中，只有 1 项是正确的，请将正确答案的代号填在横线空白处）

1. 热反映了物体内部分子平均_____的大小。
   A. 动能　　　　B. 位能　　　　C. 势能　　　　D. 核能
2. 热可以转变为功，功可以转换为热，但转变前后的总量_____。
   A. 保持不变　　B. 增加　　　　C. 减少　　　　D. 可增可减
3. 热力学第二定律是任何能量都可以互相转换，但是任何转换过程的效率都不会达到_____。
   A. 100%　　　　B. 105%　　　　C. 20%　　　　D. 5%
4. 内能 U 表示工质内部具有的总能量，包括_____和位能的总和。
   A. 动能　　　　B. 位能　　　　C. 势能　　　　D. 核能
5. 等容过程是系统气体容积始终_____的热力过程。
   A. 改变　　　　B. 不变　　　　C. 增加　　　　D. 减少
6. 等压过程是系统气体的压力_____的热力过程。
   A. 改变　　　　B. 不变　　　　C. 减少　　　　D. 增加
7. 热效率是热力过程的经济性指标，是表示一个_____关键性的指标。
   A. 热力过程　　B. 转换过程　　C. 发动机　　　D. 变速器
8. 循环平均指示压力 p_i 是_____与气缸工作容积 V_h 的比。
   A. 循环指示功　B. 循环功率　　C. 最高压力　　D. 燃烧压力
9. 提高压缩比可以有效地提高发动机的_____。
   A. 热效率　　　B. 燃油油耗　　C. 排放　　　　D. 质量
10. 有效扭矩 M_e 是发动机_____的扭矩。
    A. 曲轴输出　　B. 水泵消耗　　C. 曲轴消耗　　D. 带轮输出
11. 发动机的有效指标是以发动机_____为计算基础的发动机动力性与经济性指标。
    A. 曲轴输出扭矩　B. 带轮输出　　C. 压缩机输出　D. 冷却系输出
12. 工质单位时间对活塞做的功，称为_____。

A. 指示功率 B. 有效功率 C. 输出输率 D. 瞬时功率
13. 点燃式发动机的有效热效率为_____。
   A. 0.2～0.3 B. 0.5～0.7 C. 0.1～0.15 D. 0.3～0.4
14. 发动机的换气过程可分为三个阶段：_____、强制排气阶段、进气阶段。
   A. 混合排气阶段 B. 自由排气阶段
   C. 增压进气阶段 D. 临界排气阶段
15. 评价进气过程的性能指标有_____、残余废气系数和扫气系数。
   A. 进气压力 B. 进气效率 C. 进气成分 D. 进气质量
16. 从排气门打开至气缸内压力接近排气管压力的这段时间为_____阶段。
   A. 强制排气 B. 自由排气 C. 临界排气 D. 提前排气
17. 燃烧涡流指在_____中的涡流。
   A. 排气过程 B. 燃烧过程 C. 进气过程 D. 压缩过程
18. 换气过程的损失由_____组成。
   A. 进气损失   B. 进气损失和排气损失
   C. 排气损失   D. 扫气损失
19. 发动机燃料可分为气态、_____和固态。
   A. 液态 B. 凝固态 C. 混合态 D. 蒸发态
20. 汽油的_____越高，发动机将可以使用较高的压缩比。
   A. 辛烷值 B. 燃点 C. 挥发点 D. 馏点
21. 汽油的_____直接影响汽油发动机的使用经济性。
   A. 辛烷值 B. 十烷值 C. 庚烷值 D. 十六烷值
22. 浊点是柴油开始析出蜡晶体而使柴油呈雾状或混浊状态时的_____。
   A. 温度 B. 比重 C. 黏度 D. 浊度
23. 柴油的抗爆性一般用_____来表示。
   A. 十六烷值 B. 辛烷值 C. 十八烷值 D. 八烷值
24. 汽油的挥发性直接影响可燃混合气浓度和_____。
   A. 均匀程度 B. 挥发程度 C. 点火可靠性 D. 纯度
25. 烷烃是饱和的链式结构，分子是_____。
   A. C_nH_{2n+2} B. C_nH_{2n} C. C_nH_{2n+3} D. C_nH_{2n-2}
26. 点燃式发动机中，燃料燃烧的时间尽管非常短，在火花塞放电点火后，仍然要经过_____燃烧阶段。
   A. 四个 B. 二个 C. 五个 D. 三个
27. 炽热点火的结果是使气缸内的_____急剧升高，噪声加大。
   A. 温度 B. 压力 C. 火焰传播速度 D. 压力、温度
28. 火花塞的_____对燃烧过程的影响很大。
   A. 位置 B. 形状 C. 数量 D. 个数和位置
29. 当 $\lambda=0.85$ 时，发动机可发出_____功率；$\lambda=1.1$ 左右时，发动机可以取得较好的经济性。

A. 所需　　　B. 中等　　　C. 最小　　　D. 最大

30. 当 λ=0.85 时，发动机可发出最大功率；_____，发动机可以取得较好的经济性。

　　A. λ=0.1 左右时　　　B. λ=1.8 左右时
　　C. λ=0.8 左右时　　　D. λ=1.1 左右时

31. 压燃式发动机燃烧过程分为四个阶段：_____、速燃期（明显燃烧期）、缓燃期、补燃期。

　　A. 滞后期　　B. 提前期　　C. 着火落后期　　D. 火焰形成期

32. 控制精度是技术和质量的标志。控制精度提高，可以_____发动机的工作状态。

　　A. 增加　　　B. 提高　　　C. 改善　　　D. 改变

33. 高速柴油机的十六烷值应控制在_____，不能过高。

　　A. 50~60　　B. 60　　C. 20~40　　D. 50

34. 进气温度和进气压力影响发动机的_____，充气效率高，可以提高发动机的动力性。

　　A. 进气速度　　B. 进气压力　　C. 充气效率　　D. 充气时间

35. 点燃式发动机的扭矩储备系数在_____的范围内。

　　A. 35%~40%　　B. 5%~10%　　C. 40%　　D. 10%~30%

36. 点火调整特性是在发动机台架试验台（发动机测功机）上测得的发动机_____点火提前角与发动机动力性、经济性的关系。

　　A. 转速　　　B. 任意　　　C. 相同　　　D. 不同

二、判断题（下列判断正确的打"√"，错误的打"×"）

1. 只要工艺做得足够精细，就可以造出永动机。　　（　　）
2. 只要科技进步，就可以实现绝对零度。　　（　　）
3. 热力学第二定律是任何能量都可以互相转换，但是任何转换过程的效率都不可能是100%。　　（　　）
4. 热力学第三定律简单的说是绝对零度是达不到的。　　（　　）
5. 绝热过程是指在气体进行热力过程中与系统外有热交换的热力过程。　　（　　）
6. 等温过程是指气体在经历一个热力过程中温度始终不变的热力过程。　　（　　）
7. 绝热过程是指在气体进行热力过程中与系统外没有热交换的热力过程，在 $p-v$ 图上表现为等轴的双曲线段。　　（　　）
8. 等温过程在 $p-v$ 图上表示为一条不等轴双曲线段。　　（　　）
9. 提高压缩比不能有效地提高热效率。　　（　　）
10. 对定容加热循环，没有定压加热过程，预膨胀比 $\rho=1$。　　（　　）
11. 热效率是热力过程的经济性指标，是表示一个热力循环关键性的指标。　　（　　）
12. 已知某发动机的转速为 2 000 r/min，此时的扭矩为 21.5 N·m，计算此时发动机的功率为 55 kW。　　（　　）

13. 已知某发动机的功率为 99 kW，发动机此时的转速为 2 800 r/min，此时发动机的扭矩是 50 N·m。（   ）

14. 发动机的换气过程可分为四个阶段：自由排气阶段、强制排气阶段、进气阶段、扫气阶段。（   ）

15. 进气涡流是指在燃烧过程中产生的涡流。（   ）

16. 进气涡流主要是指围绕气缸中心线旋转的定向涡流。（   ）

17. 强制排气阶段活塞上行，将废气强制推出。（   ）

18. 汽油的抗爆性不影响汽油发动机的使用经济性。（   ）

19. 压缩比高的发动机比压缩比低的发动机具有更好的经济性和动力性。（   ）

20. 发动机的运转经济性及其零件的磨损，与汽油的 90% 馏出温度和干点有关。（   ）

21. 冷滤点是指在规定条件下，柴油试样不能通过 363 目过滤器 20 mL 油量的最高温度。（   ）

22. 在柴油中加低温流动改进剂或裂化煤油必须在柴油达到浊点温度之前，才能起作用。（   ）

23. 在柴油中加低温流动改进剂或裂化煤油必须在柴油达到浊点温度之后，才能起作用。（   ）

24. 柴油的抗爆性一般用辛烷值来表示。（   ）

25. 只要使用液化石油气的汽车就视其为达标车。（   ）

26. 烷烃是饱和的链式结构，分子式 C_nH_{2n+2}。（   ）

27. 在条件准许的条件下提高发动机的压缩比，可以提高发动机的机械效率。（   ）

28. 当 $\lambda = 0.85$ 时，发动机可以取得较好的经济性。（   ）

29. $\lambda = 1.1$ 左右时，发动机可以取得较好的动力性。（   ）

30. 当 $\lambda = 0.85$ 时，发动机可以取得较好的排放性。（   ）

31. 高速柴油机的十六烷值应控制在 20~40，不能过高。（   ）

32. 燃烧室的形状和喷油器的位置确定了可燃混合气形成的方式和均匀程度。（   ）

33. 柴油机调节负荷的方法称为质调节。（   ）

34. 发动机的性能指标随发动机的调整状况和工作状况而变化的函数关系称为"发动机特性"。（   ）

35. 柴油发动机比汽油机功率大。（   ）

单元测试题答案

一、单项选择题

1. A   2. A   3. A   4. A   5. B   6. B   7. A   8. A   9. A
10. A   11. A   12. A   13. A   14. B   15. B   16. B   17. B

18. B 19. A 20. A 21. A 22. A 23. A 24. A 25. A
26. D 27. D 28. D 29. D 30. D 31. C 32. C 33. C
34. C 35. D 36. D

二、判断题

1. × 2. × 3. √ 4. √ 5. × 6. √ 7. × 8. √
9. × 10. √ 11. √ 12. × 13. × 14. × 15. ×
16. √ 17. √ 18. × 19. × 20. √ 21. √ 22. √
23. √ 24. × 25. × 26. √ 27. √ 28. √ 29. ×
30. × 31. √ 32. √ 33. √ 34. √ 35. ×

汽车性能

- 第一节　汽车动力性 /70
- 第二节　汽车制动性 /80
- 第三节　汽车操纵稳定性 /89
- 第四节　汽车通过性 /101
- 第五节　汽车燃料经济性 /102
- 第六节　汽车行驶的平顺性 /104

第一节 汽车动力性

一、汽车动力性指标

汽车是一种便捷、高效的交通工具，其运输效率的高低，完成运输工作量的大小，在很大程度上取决于它的动力性。汽车的行驶平均技术速度越高，汽车的利用效率越高。

汽车的平均技术速度与三项因素有关：一是与汽车的性能有关，如汽车的动力性、制动性、操纵性、行驶通过性等；二是与汽车运行的条件有关，如车辆的载荷、气候条件、道路设计技术状况、交通流量、驾驶员的驾驶技术等；三是与运输组织因素有关，如物流组织、车辆调度、货场组织等。汽车理论主要讨论前两项因素。

评定汽车动力性常用下述指标：

1. 最高车速 v_{max}

汽车在水平、平坦硬路面上行驶，用最高挡行驶能达到的最高车速 v_{max}。

2. 加速性能

在不同道路条件下和使用不同排挡时，可能达到的最大加速度。常用加速过程中的加速度 J_a、加速时间 t 和加速行程 S 的大小来评价。

3. 最大爬坡度

汽车满载（或达某一载质量）、在良好路面行驶时，汽车能克服的最大坡度。

4. 汽车行驶最低速度 v_{min}

汽车平稳运行的最低速度。

我国评价车辆动力性常用的指标是加速能力和最大爬坡度，它们比最高车速更具实际意义。

二、汽车行驶的驱动力和阻力

确定汽车沿行驶方向的运动情况，就要掌握汽车行驶方向作用于汽车上的外力、驱动力和行驶阻力。根据汽车运动的受力平衡条件，建立汽车运动方程：

$$F_t = \sum F \text{（N）}$$

车轮作用于地面圆周力是由发动机曲轴输出的扭矩经传动系减速增扭，传到车轮上的扭矩 M_t，而地面产生的与 M_t 大小相等、方向相反、作用于同一点的反作用力 F_t，才是驱动车辆运动的驱动力，也称牵引力，如图 3—1 所示。

行驶阻力 $\sum F$ 包括滚动阻力、空气阻力、上坡阻力和加速阻力。

1. 牵引力 F_t

牵引力 F_t 的大小是指传递到车轮上的有效扭矩 M_t 与车轮滚动半径 R 之比，即：

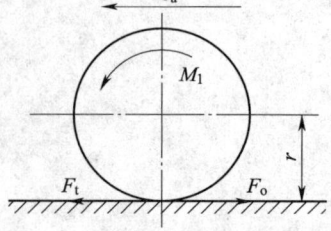

图 3—1 汽车的驱动力图

$$F_t = M_t/R$$

式中 M_e——发动机输出的有效扭矩；
　　i_g——变速器传动比；
　　i_0——主传动比；
　　μ_t——传动系机械效率，则有

$$M_t = M_e i_g i_0 \mu_t$$
$$F_t = (M_e i_g i_0 \mu_t)/R$$

（1）发动的速度特性。将发动机的输出功率 P_e、扭矩 M_e、燃油消耗率 g_e、发动机转速 n 之间的函数关系用曲线表示，这一曲线称为发动机速度曲线。点燃式发动机节气门全开（柴油发动机供油量在最大循环供油量）时，该曲线称为发动机外特性曲线；当节气门部分开启（部分供油量）时得到的曲线称为发动机部分负荷速度特性曲线。发动机输出扭矩的大小取决于发动机的速度特性。图3—2是某一汽油发动机的外特性曲线图。图中 n_{emin} 是发动机最低稳定工作转速，一般为 700~750 r/min。随发动机转速增加 M_e 和 P_e 均增加。n_M 为发动机最大扭矩点 M_{emax} 对应的转速；发动机转速高于 n_M 以后，转速 n_e 再增加，由于发动机充气效率下降，扭矩 M_e 也开始下降，但是发动机输出功率取决于发动机转速 n_e 和扭矩 M_e 的乘积，只要转速 n_e 增大的趋势大于扭矩 M_e 下降的趋势，发动机输出功率 P_e 仍然增加，直到最大输出功率 P_{emax} 所对应的转速 n_p。再增大转速 n_e，由于充气效率极差，机械效率明显增加，发动机输出功率 P_e 下降。

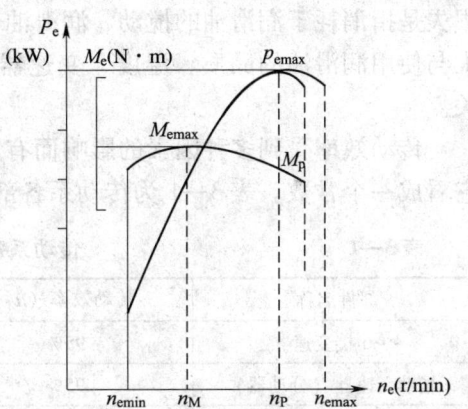

图3—2　发动机的外特性

发动机的扭矩 M_e 可由测功机上直接测得。发动机输出功率 P_e、扭矩 M_e、转速 n_e 三者之间的关系式为：

$$P_e = M_e n_e / 9\,550$$

在发动机转速 n_e 高于发动机最大扭矩点转速 n_M 后，发动机输出扭矩 M_e 随转速下降而增加的程度，对发动机适应外界阻力变化非常重要。通常以发动机的适应系数 α 表示。

发动机的适应系数 α（也称扭矩储备系数）是指发动外特性上最大扭矩 M_{emax} 值与发动机最大功率对应的扭矩 M_p 值的比值。

$$\alpha = M_{emax}/M_p$$

α 值越大，发动机适应外界负荷变化的能力越好，当负荷增大时，发动机熄火的可能性越小。点燃式发动机的适应系数 $\alpha = 1.1 \sim 1.3$；柴油发动机 $\alpha = 1.05 \sim 1.25$。很明显，这种适应性变化的范围在满足以改变扭矩来适应外界行驶阻力变化的汽车运行中是远远不够的。为此，必须采用能进一步降低转速增加扭矩的减速器，才能适应外界从数倍到数十倍的扭矩变化范围。

汽车生产厂商提供的发动机外特性曲线，一般是在发动机实验室测功机上测得的。

在测试时不装发电机、水泵、空气滤清器等附属设备。装备全部附属设备时测得的发动机外特性曲线称为使用外特性和使用外特性的功率与转矩曲线。一般点燃式发动机使用外特性的最大功率比外特性最大功率小15%左右；货车柴油机使用外特性最大功率比外特性小5%左右，轿车与轻型货车柴油机小15%左右。

(2) 传动系的机械效率 μ_T。发动机输出的功率 P_e 经传动系传至驱动轮的过程中，为了克服传动系中各部件的摩擦阻力，必然要消耗一部分功率。如果损失的功率为 P_T，则传动系的效率为：

$$\mu_T = (P_e - P_T)/P_e$$

传动系的损失功率主要由传动系中的变速器、传动轴、主减速器等的功率损失造成。其中变速器与主减速器造成的功率损失所占比重较大，其余部件造成的功率损失所占比例较少。

传动系功率损失可分为机械损失和液力损失两大类。机械损失是指齿轮传动副、轴承、油封等处的摩擦损失。机械损失与啮合齿轮的对数、传递的扭矩等因素有关。液力损失是指消耗于润滑油的搅动、润滑油与旋转零件之间的表面摩擦等功率损失。液力损失与使用润滑油的品质、温度、变速器箱体内的油面高度及齿轮等旋转零件的转速相关。

传动效率受到多种因素的影响而有所不同，但对汽车进行初步的动力分析时，可把它看成一个常数。表3—1为传动系各部件的传动效率。

表3—1　　　　　　　　　传动系各部件的传动效率

部件名称	传动效率（μ_T）	部件名称	传动效率（μ_T）
4~6挡变速器	95%	单级减速主减速器	96%
辅助变速器（分动器）	95%	双级减速主减速器	92%
八挡以上的变速器	90%	传动轴的万向节	98%

采用有级机械变速器传动系的轿车其传动效率为90%~92%；大客车、货车的传动效率为82%~85%。表3—1的数值可用来估算整部汽车的传动效率。

(3) 车轮半径。车轮半径由于所处的状态不同，有三个值：车轮半径、静态负荷半径（静力半径）、动态负荷半径（滚动半径）。

由于三种状态下轮胎的直径不同，对汽车做动力学分析时，应该用静力半径；做运动学分析时，应该用轮胎滚动半径。但一般常不计它们的区别，统称为车轮半径 r，即认为：

$$r_s \approx r_r \approx r$$

式中　r_r——动态负荷半径（滚动半径）；

　　　r_s——静态负荷半径（静力半径）；

　　　r——车轮半径。

(4) 汽车牵引力图。汽车一般是用牵引力与车速之间的关系曲线表示驱动力，该曲线图称为"牵引力图"。

发动机转速 n_e 与汽车车速 v_a 在不同排挡有下述关系：

$$v_a = 0.377 (r_r n_e) / i_g i_0 \text{ (km/h)}$$

式中　r_r——动态负荷半径，近似取值 r，单位 m。

2. 汽车的行驶条件

汽车在正常的附着条件下行驶，会遇到的阻力有：滚动阻力 F_f，空气阻力 F_w、上坡阻力 F_i 和加速阻力 F_j，汽车只有克服这些阻力才能行驶（$F_t \leq$ 地面附着力 F_ϕ）。汽车的行驶阻力总和为：

$$\sum F = F_f + F_w + F_i + F_j$$

（1）滚动阻力。滚动阻力是车轮滚动时，轮胎与地面在接触区域上受到径向力和切向力的作用产生变形造成的，变形的大小取决于轮胎和支撑面的相对刚度。

弹性车轮在硬路面上滚动时，轮胎变形是主要的。由于轮胎内部材料分子的摩擦（帘布层、橡胶层、帘线层等分子间的摩擦转化为热量）产生轮胎弹性迟滞损失；内外胎之间、轮胎与轮辋之间、橡胶层与帘布层之间的机械摩擦损失使轮胎滚动变形的能量不能完全回收。

车轮在松软路面上行驶，如在沙地、泥浆路面、受热软化的沥青路面上行驶时，这时以路面产生的变形为主，所消耗的能量几乎不能回收。

滚动阻力系数是指车轮在一定条件下滚动时，所需的推力 T_1 与载荷 W 之比，即单位车重所需的推力。试验表明滚动阻力系数不随车轮负荷的大小而变化。它是组成轮胎物质分子的摩擦损失、机械摩擦损失和土壤微粒变形时的机械摩擦损失的总效应。因此，获得"滚动阻力"的概念，它等于滚动阻力系数与车轮负荷的乘积，即：

$$F_t = T_1 = Wf$$

或

$$F_t = Mf/r_0$$

这样，在分析汽车行驶阻力时，可以不必计算车轮滚动所受的滚动阻力偶矩，只要计算滚动阻力即可。

1）驱动轮在硬路面上滚动的受力分析。根据图 3—3 车轮力矩平衡的条件：

$$M_T - X_2 r_0 - Za = 0$$

推得

$$X_2 = (M_t - Za)/r_0$$

又由于

$$Z = W$$

$$f = a/r_0$$

所以

$$X_2 = F_t - Wf = (F_t - F_f)$$

由此可以了解，真正推动汽车前进的是作用在驱动轮上地面切向反力 X_2，其值应为牵引力减去驱动轮上的滚动阻力。

2）滚动阻力系数 f 的值。滚动阻力系数的值一般由试验测定。它与路面种类、车速、轮胎的构造、材料和轮

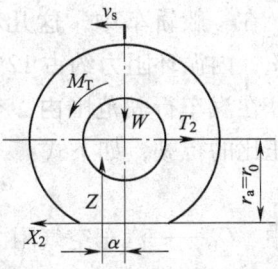

图 3—3　驱动轮在硬路面上的滚动受力图

胎气压有关。对滚动阻力系数影响最大、最复杂的因素是路面的类型、表面状况和机械物理性质。滚动阻力系数在诸因素综合影响下变化范围很大，表3—2给出了汽车在某些路面上以低、中速行驶时，滚动阻力的大致数值。

表3—2　　　　　　　　　　　滚动阻力系数 f 的值

路面类型	滚动阻力系数	路面类型	滚动阻力系数
良好的沥青路面或混凝土路面	0.010~0.018	雨后的压紧土路	0.050~0.150
一般沥青路面或混凝土路面	0.018~0.020	泥泞土路（雨季、解冻期）	0.100~0.250
碎石路面	0.020~0.025	干沙	0.100~0.300
良好卵石路面	0.025~0.030	湿沙	0.060~0.150
坑洼的卵石路面	0.035~0.050	结冰路面	0.015~0.030
干燥的压紧土路	0.025~0.035	压紧的雪路	0.030~0.050

行驶速度对滚动阻力系数有很大影响。斜交轮胎和子午线轮胎两种轮胎在车速100 km/h以下时，滚动阻力逐渐增加但变化不大；在某一车速（140 km/h）以上时增加较快。车速达到某一临界速度（200 km/h左右）时，滚动阻力迅速增加。此时轮胎发生驻波现象，轮胎周缘不再是圆形而呈明显波浪状。驻波现象出现后，不但滚动阻力急剧增加，轮胎的温度也很快上升到100℃以上或更高，胎面与轮胎帘布层脱落，几分钟后就会出现爆胎，这对高速行驶的车辆是极危险的情况。

轮胎的结构、帘线和橡胶的品种对滚动阻力都有影响。轮胎充气压力对滚动阻力系数 f 值的影响很大。充气压力降低时滚动阻力系数 f 的值迅速增加，这是因为充气压力降低时，滚动中的轮胎变形大，迟滞损失增加。

（2）空气阻力。汽车直线行驶时受到的空气作用力在行驶方向上的分力称为空气阻力。空气阻力分为压力阻力和摩擦阻力两部分。作用在汽车外形表面上的法向压力的合力在行驶方向的分力称为压力阻力。由于空气的黏性在车身表面产生的切向力的合力在行驶方向的分力称为摩擦阻力。压力阻力可分为四部分：形状阻力、干扰阻力、内循环阻力和诱导阻力。其中形状阻力占压力阻力的大部分，与车身主体形状有很大关系。干扰阻力是车身表面凸起物（如后视镜、车门把手、引水槽、悬架导向杆、驱动轴等）引起的阻力。内循环阻力是发动机冷却系、车身通风等所需空气流经车体内部时形成的阻力。诱导阻力是空气升力在水平方向的投影。

在一般轿车中，这几种阻力的大致比例为：形状阻力约占58%，干扰阻力约占14%，内循环阻力约占12%，诱导阻力约占7%，摩擦阻力约占9%。

在汽车行驶范围内，空气阻力的数值可以归纳成与气流相对速度 v_r 的动压力 $\rho v_r^2/2$ 成正比的行驶，如下式：

$$F_w = (C_D A \rho v_r^2)/2$$

式中　C_D——汽车空气阻力系数，即流线型系数，见表3—3；

　　　A——汽车迎风面积，单位为 m^2，可按汽车全高 H 和轮距 B 的乘积做近似估算，$A \approx BH$；

表3—3　　　　　　　　　　汽车空气阻力系数与迎风面积

车型	迎风面积 A（m^2）	空气阻力系数 C_D
典型轿车	1.7~2.1	0.2~0.41
货车	3~7	0.8~1.0
客车	4~7	0.5~0.8

　　ρ——空气密度，取 1.225 8 kg/m^3；

　　v_r——空气与汽车的相对速度，单位为 m/s。顺风时，$v_r = v_a - v_w$；逆风时，$v_r = v_a + v_w$；无风时，$v_r = v_a$。

　　上式表明，空气阻力与空气阻力系数 C_D 和汽车迎风面积 A 成正比。汽车迎风面积 A 受乘坐使用空间的限制不易进一步减少，因此，降低空气阻力系数 C_D 是降低空气阻力的主要手段。20世纪50年代至70年代初，轿车的空气阻力系数 C_D 值维持在 0.4~0.6。自20世纪70年代能源危机后，为了减少能源消耗，各国均致力于降低空气阻力系数 C_D 的研究，到20世纪90年代，许多轿车的空气阻力系数 C_D 的值已降到0.3甚至更低。如富康轿车 CTTROEN ZX 的空气阻力系数 C_D 值为0.315；Passat 轿车的空气阻力系数 C_D 值为0.28；克莱斯勒公司 Dodge Intrepid ESX 车身外形空气阻力系数 C_D 的理论设计值为0.2。

　　现在，货车与半挂车的空气阻力也逐渐引起重视，许多半挂车的牵引车驾驶室上已经装用导流板等装置，以降低空气阻力、节省能源、保护环境。

　　（3）上坡阻力。上坡阻力是指汽车上坡行驶时，汽车重力沿坡道方向向下的分力，即上坡阻力。汽车上坡时该力表现为阻力；下坡时表现为加速力，其值为：

$$F_i = G\sin\alpha$$

式中　G——汽车重力，$G = mg$；

　　　m——汽车质量；

　　　g——重力加速度。

　　道路坡度可以用纵向坡度角 α 表示，一般用坡高与底长之比（每100 m 底边升高 h 的%表示，称为坡度）表示即：

$$i = h/s = \tan\alpha$$

　　依据我国公路路线设计标准，高速公路平原微丘区最大坡度为3%，山岭重丘区为5%；一级汽车专用公路平原微丘区最大坡度为4%，山岭重丘区为6%；一般四级公路平原微丘区最大坡度为5%，山岭重丘区为9%。可以看出，一般道路的坡度均较小。此时 $\sin\alpha$ 的值与 $\tan\alpha$ 的值相差极小，可忽略不计，因此：

$$\sin\alpha \approx \tan\alpha = i$$
$$F_i = G\sin\alpha \approx G\tan\alpha = G_i$$

　　因为坡道阻力和滚动阻力均属于与道路有关的阻力，且与汽车质量成正比，可以把这两种阻力合起来称为道路阻力，用 F_ψ 表示，即：

$$F_\psi = F_f + F_i = G_f\cos\alpha + G_i$$

　　又由于在 α 不大时，$\cos\alpha \approx 1$，$\sin\alpha \approx i$，则有：

$$F_\psi = G_f + G_i = G_{(f+i)}$$

设 $f+i=\psi$，为道路阻力系数，则：

$$F_\psi = G_\psi$$

（4）加速阻力。汽车加速行驶时，要克服其质量加速运动时的惯性力，就是加速阻力 F_j。汽车的质量分为平移质量和旋转质量。加速时平移质量产生惯性力，旋转质量产生惯性力偶矩。为便于计算，通常把旋转质量的惯性力偶矩转化成平移质量的惯性力。对于固定传动比的汽车，常以系数 δ 作为计入旋转质量惯性力偶矩后的汽车旋转质量换算系数。由此，汽车的加速阻力可写为：

$$F_j = \delta m\,(\mathrm{d}v/\mathrm{d}t)$$

式中　δ——汽车旋转质量换算系数，$\delta>1$；
　　　m——汽车质量，kg；
　　　$\mathrm{d}v/\mathrm{d}t$——汽车行驶加速度，m/s²。

δ 主要与飞轮的转动惯量、车轮的转动惯量、传动系的转动惯量、发动机曲轴的转动惯量等有关。δ 的实质可按下式估算：

$$\delta = 1 + m^{-1}\sum I_w r^{-2} + m^{-1} I_f i_g^{\,2} i_0^{\,2} \mu_t r^{-2}$$

式中　I_w——车轮的转动惯量，单位 kg·m²；
　　　I_f——飞轮的转动惯量，单位 kg·m²；
　　　r——车轮动态负荷半径，单位 m。

依据上述诸项分析和汽车行驶驱动与附着条件的力学原理，可以建立汽车行驶方程式为：

$$F_t = F_f + F_w + F_i + F_j$$

三、汽车行驶的驱动与附着条件

1. 汽车的驱动与附着

汽车的驱动与附着条件是相互依存、互相制约的。汽车从静止到起步加速，以一定的速度行驶，首先要克服所遇到的各种阻力，也就是驱动力要大于各种阻力的和，然而只有这一个条件汽车是不能正常行驶的；汽车要正常行驶还必须满足汽车的附着条件，也就是汽车由发动机给出的扭矩并不是直接驱动汽车前进的驱动力，而是驱动轮作用在地面上力的反作用力推动汽车前进。因此，驱动力仍必须小于等于地面附着力，即满足公式：

$$F_f + F_w + F \leq F_t \leq Z_2 \phi$$

图 3—4 是驱动轮的受力图。从图中可以看出，汽车的驱动力是地面对轮胎切向反作用力 X_2，它的最大值 $X_{2\max}$ 称为"附着力"，用 F_ϕ 表示。

驱动力 F_t 必须小于等于附着力 F_ϕ。驱动力 F_t 大于附着力 F_ϕ 时，驱动轮将产生滑转现象；在车辆起步时，汽车将不能起步；高速行驶时，会引发事故。

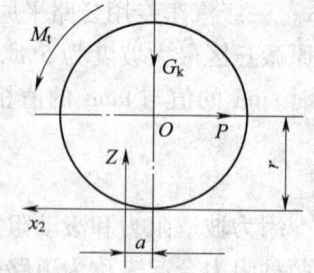

图 3—4　驱动轮受力图

在良好的混凝土或沥青路面上，路面干燥时附着系数 $\phi = 0.7 \sim 0.8$，路面潮湿时附着系数 $\phi = 0.5 \sim 0.6$；干燥碎石路路面附着系数 $\phi = 0.6 \sim 0.7$；干燥土路路面附着系数 $\phi = 0.5 \sim 0.6$；湿土路路面附着系数 $\phi = 0.2 \sim 0.4$。

驱动轮地面法向反作用力与汽车的总体布置、车身形状、行驶状况以及道路的坡度相关。

2. 附着率

附着率是指汽车以最大驱动力直线行驶时所要求的最低附着系数。不同的直线行驶状态，要求的最低附着系数不同。在较低行驶速度时，如用低速挡加速或上坡行驶，驱动轮发出的驱动力大，要求的最低附着系数大。当汽车以极高速度在水平路面行驶时，需要的附着系数也大。

四、汽车行驶的受力与汽车重心的位置

1. 汽车行驶受力状态

后轮驱动汽车在坡道上直线加速行驶的受力状态如图3—5所示。

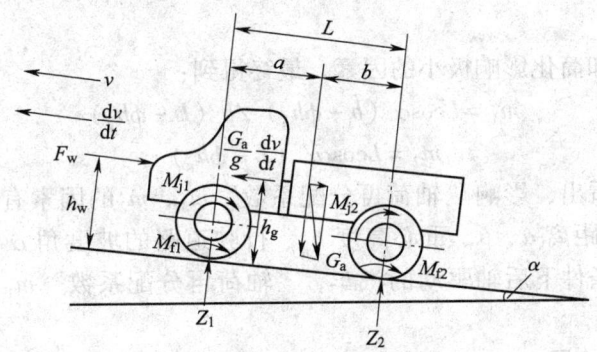

图3—5 后轮驱动汽车在坡道上直线图

图3—5中：

G_a——汽车总重，N；
α——坡度角，(°)；
h_g——汽车重心高度，m；
h_w——风压中心高度，m；
M_{f1}、M_{f2}——作用在前、后车轮的滚动阻力偶矩，N·m；
M_{j1}、M_{j2}——作用在前、后轮上的惯性力偶矩，N·m；
Z_1、Z_2——作用在前、后轮上的地面法向反作用力，N；
X_1、X_2——作用在前、后轮上的地面切向反作用力，N；
L——轴距，m；
a——汽车重心到前轴的距离，m；
b——汽车重心到后轴的距离，m。

$$M_{j1} = I_{\omega 1} (d\omega_{k1}/dt)$$
$$M_{j2} = I_f (d\omega_e/dt) i_g i_0 \eta_T + I_{\omega 2} (d\omega_{k2}/dt)$$

式中 $I_{\omega 1}$、$I_{\omega 2}$——前、后轮的转动惯量，$kg \cdot m^2$；

$d\omega_{k1}/dt$、$d\omega_{k2}/dt$——前后轮的角加速度，rad/s^2；

I_f——飞轮的转动惯量，$kg \cdot m^2$；

$d\omega_e/dt$——飞轮的角加速度，rad/s^2。

汽车直线非等速上坡行驶时，作用在前后轮上的法向反作用力 Z_1、Z_2 不仅与汽车结构参数 G_a、a、b、h_g、h_w 等相关，并且与运动的情况、路面的附着系数等因素相关。当汽车上坡行驶时，Z_1 降低而 Z_2 增加；下坡时则相反。在汽车加速行驶时 Z_1 下降，Z_2 增加；减速行驶时则相反。空气阻力使 Z_1 下降，Z_2 增加，且风压中心越高，这一作用越明显。汽车在做直线非等速上坡行驶时，作用在前、后轮上的法向反作用力 Z_1、Z_2 受多种因素的影响，变化范围较广。为便于研究，引入"法向反作用力变化系数 m_1、m_2"，表示为：

$$m_1 = Z_1/G_1; \quad m_2 = Z_2/G_2$$

式中，$G_1 = G_a b/L$，$G_2 = G_a a/L$ 为汽车静止在水平路面上称得的前后轴的荷重。将 $G_1 = G_a b/L$，$G_2 = G_a a/L$ 代入后得 $m_1 = Z_1 L/G_a b$，$m_2 = Z_2 L/G_a a$；m_1、m_2 也称做轴荷再分配系数。

通过数学推导和简化影响极小的因素，最终得到：

$$m_1 = L\cos\alpha \, (b - \phi h_g) / b \, (L - \phi h_g)$$

$$m_2 = L\cos\alpha / (L - \phi h_g)$$

由上两式可以看出，影响"轴荷再分配系数" m_1、m_2 的因素有汽车结构参数轴距 L，重心到前后轴的距离 a、b，重心高度 h_g，行驶道路的坡度角 α 和路面附着系数 ϕ 等。对在一般道路条件下后轴驱动的汽车，"轴荷再分配系数" $m_1 = 0.8 \sim 1.4$，$m_2 = 1.2 \sim 0.7$。

2. 汽车重心的位置

在分析作用在汽车上的作用力时都牵涉到汽车重心的位置，即重心到前轴的距离 a、到后轴的距离 b 和重心高度 h_g，如图 3—6 所示。

五、汽车牵引平衡

汽车在行驶过程中，每一瞬间的牵引力恒等于阻力之和，称为"牵引平衡"，公式如下：

$$F_t = G_a f\cos\alpha + G_a i\sin\alpha + \frac{C_n A}{21.15} v_a^2 + \delta \frac{G_e}{y} \frac{dv}{dt}$$

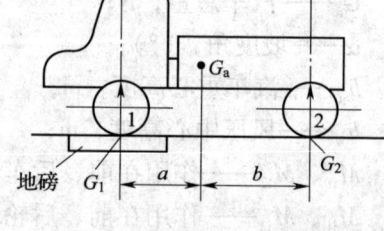

图 3—6　汽车重心位置加速行驶的受力图

利用上述公式，运用图解法，可以进行汽车牵引性的各种情况分析。

图解法作图步骤：

（1）以牵引力及各项运动阻力为纵坐标，车速 v 为横坐标，寻取适当比例尺。

（2）将方程式中的各项 F_t、F_f、F_i、F_w 和 F_j 按其与车速 v_a 的关系标到图上，并使各项阻力依次增加。所得的 $F_t = f(v_a)$ 就是牵引曲线，$\sum P = f(v_a)$ 是运动阻力曲线。

按此方式绘得的图称为"汽车牵引平衡图"或"汽车驱动力—行驶阻力平衡图"。图3—7为某一装有四挡变速器汽车的牵引力平衡图。

由图中可以得出不同车速时，驱动力与运动阻力间的关系。

1) F_{tIV} 与 F_f+F_w 曲线的交点为汽车以最高挡行驶时的最高车速，$v_{amax}=88$ km/h。

2) 当车速 $v_a<v_{amax}$ 时，驱动力大于行驶阻力，有"剩余牵引力"，可以用做汽车加速、上坡或牵引挂车。

3) 以60 km/h等速行驶时，只需使用四挡部分负荷工作即可得到牵引力平衡，如图3—7中的虚线段。

六、汽车动力性

为了评价牵引力相同、总重或车身形式不同车辆的牵引能力，引进"动力因数" D。"动力因数" D 的物理意义是单位车重所占有的剩余牵引力（N/G_a，牛/车重）。车辆只要具有等值的动力因数 D，就能克服同样的道路阻力和得到同样的加速度。公式如下：

$$D=(F_t-f_w)/G_a=f\cos\alpha+i\sin\alpha+\delta/g\,(dv/dt)=\Psi+\delta/g\,(dv/dt)$$

从公式中还可以确定最高车速、爬坡能力和加速能力，如图3—8所示。

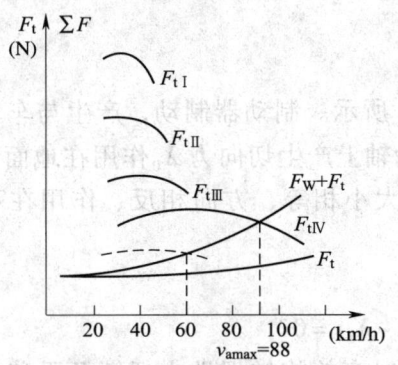
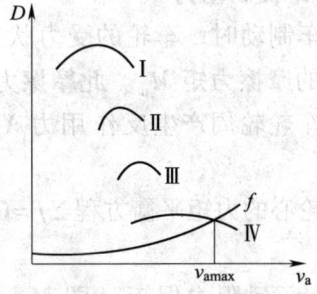

图3—7 某一装四挡变速器的汽车牵引力平衡图

图3—8 动力特性

1. 最高车速

在良好水平路面上，$i=0$，$\Psi=f$，$dv/dt=0$。这时 $D=f$。在图3—8中做出滚动阻力系数曲线，与直接挡的 $D-v_a$ 曲线的相交，交点处的车速就是汽车的最高车速 v_{amax}。

2. 爬坡能力

汽车在上坡时，加速度等于零。由上式可推导出 $D=\Psi=f+i$，也就是 $i=D-f$。在图3—8中，动力因数曲线与滚动阻力系数曲线间的距离，就是各挡的上坡能力。粗略估计时可取 $D_{imax}-f$ 为最大爬坡度。

精确计算时，因为Ⅰ挡的最大动力因数 $D_{imax}=f\cos\alpha+\sin\alpha$

$$D = (1-\sin^2\alpha + \sin\alpha)^{-2}$$

解方程式可得

$$\alpha_{max} = \arcsin\left[(D - f\cos\sqrt{1-D^2+f^2})/(1+f^2)\right]$$

此后将 $\tan\alpha_{max}$ 换算成坡度 i_{max}。

第二节 汽车制动性

汽车行驶时能在最短距离内停车、保持行驶方向稳定、在下长坡时可保持一定车速的能力，称为汽车的制动性。汽车制动性能是汽车重要的性能之一。汽车制动性直接关系到社会的稳定、人们生命财产的安全，是汽车安全行驶的重要保证。改善汽车制动性，始终是汽车设计、制造、使用部门的重要任务。目前广泛应用的汽车防抱死制动系统（ABS），极大地改善了汽车的制动性能，为汽车的安全运行提供了可靠的技术保证。

一、汽车制动力学

汽车在制动时能减速或停车，是因为受到了与行驶方向相反的外力作用的原因。车辆主要是受到地面提供的制动力的作用，称为地面制动力。制动器给出的制动力由制动器的参数确定，但是车辆的最大制动力仅取决于车轮与地面间的附着系数，与车辆制动系统的结构形式无关。

1. 地面制动力

汽车制动时，车轮的受力状态如图3—9所示。制动器制动，产生与车轮旋转方向相反的摩擦力矩 M_μ。此摩擦力矩在车轮轮轴上产生切向力 X_0 作用在地面上，同时地面对车轮轮周产生反作用力 X_b（X_0 与 X_b 大小相等、方向相反、作用在不同物体上）。

对轮心的力矩平衡方程 $\Sigma f = 0$ 则有：

$$M_\mu + M_f - M_j - X_b r = 0$$

不计滚动阻力偶矩（即 $M_f = 0$）和减速时车轮旋转惯性力偶矩及平移的惯性力（即 $M_j = 0$），则上式可表示成：

$$X_b = M_\mu/r$$

地面制动力是使汽车减速、直至停车的外力。它首先取决于制动器内制动蹄片与制动鼓（盘式制动器为制动盘）间的摩擦力的大小；同时也取决于轮胎与地面间的附着力。

2. 制动器的制动力

制动器的制动力是指作用在轮胎周缘切线方向上一个能克服制动器摩擦力矩的作用力 F_μ，F_μ 的方向与制动摩擦力矩 M_μ 的方向相反，大小等于：

$$F_\mu = M_\mu/r$$

制动器制动力仅由制动器的参数结构决定，它的大小与制动踏板力，也就是制动系的液压或气压成正比变化。

3. 地面制动力、制动器制动力与地面附着力（见图 3—10）

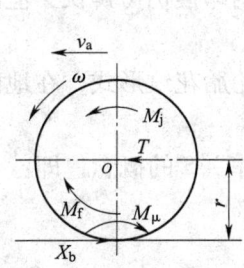

图 3—9　地面制动力

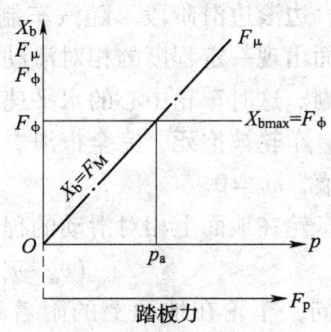

图 3—10　地面制动力 X_b、制动器制动力 F_μ 与地面附着力 F_ϕ 的关系

汽车制动时，当制动器的摩擦力矩小于地面制动力时（地面对轮胎的摩擦力），地面制动力矩足以克服制动器的摩擦力偶矩，汽车减速行驶，此时车轮仍旧在转动。这时，地面制动力等于制动器力矩。即：

$$X_b = F_\mu$$

但是，地面制动力 X_b 是一个滑动摩擦约束反力，X_{bmax} 最大值不能超过附着力极限 F_ϕ。即：

$$X_b \leq F_\phi = Z\phi$$

式中　Z——制动轮的垂直反力；

　　　ϕ——轮胎与地面的附着系数。

因此最大地面制动力 $X_{bmax} = Z\phi$。

设附着系数 ϕ 为一常量，当制动踏板力或制动系油压（气压）升高到某一数值 p_a 时，地面附着力达到附着力的最大值 $X_b = F_\phi$，车轮抱死不再转动，轮胎在地面上拖滑。这时尽管制动系油压（气压）p_a 继续上升，制动器的摩擦力矩仍可继续上升，但因地面制动力已达到附着力极限 F_ϕ，地面制动力不再增加。由此可知汽车的地面制动力 X_b 首先取决于制动器的制动力，同时又受地面附着条件的限定。也就是说，首先汽车制动系技术性能要保持良好状况，同时路面还要具备良好的附着条件，才能获得大的制动力，两个条件，缺一不可。

4. 附着系数

车轮在良好、干燥、水平路面上制动时地面附着系数是一个变量，与车轮在地面上的滑动程度有关。仔细观察汽车的制动过程，可以看到地面上的轮胎印痕从滚动到抱死拖滑，是一个随汽车制动器制动力加大而逐渐加深的渐变过程。在逐渐加大制动器力矩时，轮胎印痕可分为三个阶段：

第一阶段，车轮单纯滚动。此时地面轮胎印痕与轮胎胎面花纹基本一致。车轮中心的水平速度：

$$v_\omega = r_r \omega_0$$

式中　r_r——车轮的滚动半径；

ω_0——车轮的转动角速度。

第二阶段，边滚边滑阶段。随汽车制动器制动力矩加大，此时车轮不再做单纯滚动，轮胎与地面出现一定程度的相对滑动；轮胎在地面上的印痕仍可辨认，但已逐渐变形、拉长、模糊。这时车轮中心的水平速度 $v_\omega > r_r\omega_0$。

第三阶段，车轮被抱死，完全拖滑。此时已不能分辨轮胎花纹形式，在地面上形成一条深黑的印痕，$\omega_0 = 0$。

为了衡量车轮在地面上相对滑动的程度，引入"滑动率"S的概念，即：

$$S = [(v_\omega - r_r\omega_0)/v_\omega] \times 100\%$$

滑动率不同，车轮在地面上的附着系数也不同。图3—11给出了汽车制动时纵向和侧向附着系数 ϕ 随滑动率 S 变化的曲线。

当滑动率较小时，纵向附着系数 ϕ 随滑动率 S 增大迅速增加。OA 线段接近于直线段。过 A 点后上升变缓，到 B 点时纵向附着系数达到最大值，其峰值 ϕ_p 一般出现在 $S = 15\% \sim 25\%$ 处。

滑动率再增加，开始出现不稳定状态，侧向附着系数下降，直到滑动率 $S = 100\%$ 时，侧向附着系数趋近于零，纵向附着系数成为滑动附着系数 ϕ_s。在干燥路面上，ϕ_s 与 ϕ_p 差别较小；在湿路面上，$\phi_s = (1/3 \sim 1)\phi_p$。

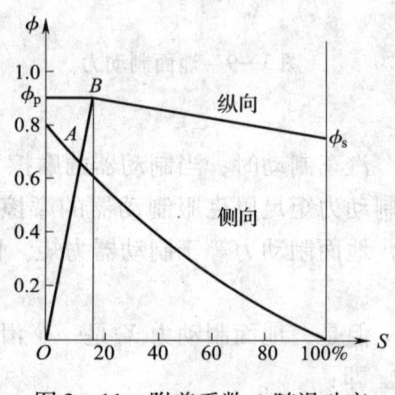

图3—11 附着系数 ϕ 随滑动率 S 变化曲线

滑动率越小，侧向附着系数就越大，制动时保持转向和侧滑的趋势越小；所以希望滑动率 S 保持在20%左右，使纵向附着率和横向附着率均较大。现在汽车广泛应用的制动防滑系统（ABS）成功地解决了这一问题，将滑动率控制在20%左右，保证了汽车制动时的方向性。

车轮在路面上的附着系数取决于道路材料、路面状况、轮胎材料与轮胎花纹、汽车的行驶速度和运动状态等。试验和实际行车的经验都证明，车速越高，附着系数越低；路面湿滑时附着系数降低；有沙石、油污、泥泞的路面附着系数较低；花纹磨损的轮胎较花纹良好的轮胎附着力低等。总之，汽车行驶时的附着系数受多种因素的影响，驾驶员驾车行驶时必须随时观察路面情况，注意路面条件的变化，按路面状况控制车速才能保证行车安全。

二、汽车制动性能

评价汽车的制动性能的指标有制动效能、制动效能的恒定性、制动时的方向稳定性。

1. 制动性能的评价指标

（1）制动效能。是指在良好路面上汽车从一定初速制动直至停车所需的制动距离、制动时的减速度值、制动力、制动时间等。常用的是制动距离和制动力。

（2）制动效能的恒定性。是指在汽车高速行驶或下长坡时连续制动，制动器温度升高时保持制动效能的能力。这一性能也称为制动器的抗热衰退性能。汽车的制动过程实际上是将汽车行驶的动能通过制动器吸收转化成热能和其他形式的能量,因此必须考虑制动器在温度升高后,能否保持初始制动时(冷态下)的制动性能。

(3) 制动时的方向稳定性。是指汽车制动时汽车按指定轨迹行驶的能力。汽车制动时发生跑偏、侧滑或失去转向能力,都是方向稳定性不足的表现。

2. 汽车制动效能

常用的汽车制动效能评价指标是制动距离、制动力和制动减速度。

(1) 制动距离。汽车速度为 v_{a0}、空挡位置、驾驶员紧急制动直到汽车停止为止汽车所驶过的距离。制动距离直接关系到行车安全。它与车速、制动踏板力和制动系管路的压力、制动器的温度,以及路面状况等因素有关,GB 7258—2004《机动车运行安全技术条件》对机动车制动距离和制动稳定性的规定见表3—4。

表3—4　　　　　　　　制动距离和制动稳定性要求

机动车类型	制动初速度 (km/h)	满载检验制动 距离要求(m)	空载检验制动 距离要求(m)	制动性能的 稳定性*(m)
三轮汽车	20	≤5	≤5	2.5
乘用车	50	≤20	≤19	2.5
总质量≤3.5 t 的低速货车	30	≤9	≤8	2.5
其他总质量≤3.5 t 的汽车	50	≤22	≤21	2.5
其他汽车、汽车列车	30	≤10	≤9	3
两轮摩托车	30	≤7	≤7	—
边三轮摩托车	30	≤8	≤8	2.5
正三轮摩托车	30	≤7.5	≤7.5	2.3
轻便摩托车	20	≤4	≤4	—
轮式拖拉机运输机组	20	≤6.5	≤6	3
手扶变形运输机	20	≤6.5	≤6.5	2.3

注:＊汽车制动时机动车任何部位不得超出的试车车道宽度(不计入车宽的部位除外)。

(2) 制动减速度。制动减速度反映地面制动力的大小,因此,它与制动器制动力和地面附着力有关。

在不同的路面上最大地面制动力 X_{bmax} 等于地面附着力,即 $X_{bmax} = G\phi$,G 为汽车总质量。当制动器制动力未达到附着力极限时,汽车的减速度由制动器制动力确定。

GB 7258—2004 采用充分发出的平均减速度检验汽车制动性能,即:

$$MFDD = (v_b^2 - v_e^2)/25.92(s_e - s_b)$$

式中　v_b——$0.8v_0$ 车速,v_0 为开始制动时的车速;

v_e——$0.1v_0$ 车速;

s_b——车速由 v_0 到 v_b 车辆所行驶的距离;

s_e——车速由 v_0 到 v_e 车辆所行驶的距离。

GB 7258—2004 规定车辆制动减速度的要求见表3—5。

表 3—5　　　　　　　　制动减速度和制动稳定性要求

机动车类型	制动时初速度（m/h）	满载检验充分发出的平均减速度（m/s²）	空载检验充分发出的平均减速度（m/s²）	制动稳定性要求（m）
三轮汽车	20	≥3.8	≥3.8	2.5
乘用车	50	≥5.9	≥6.2	2.5
总质量≤3.5 t的低速货车	30	≥5.2	≥5.6	2.5
其他总质量≤3.5 t的汽车	50	≥5.4	≥5.8	2.5
其他汽车、汽车列车	30	≥5.0	≥5.4	3.0

（3）制动力。随着汽车检测技术的进步，汽车安全检测线由于占地面积小、效率高、检测精确度高、重复性好等优点而得到普及，对车辆的制动力准确测量已经成为成熟的技术被广泛应用；利用制动距离来评价汽车制动性能虽然仍在使用，但所占的比重已经很小，仅限于对不能下线车辆进行人工复测。

我国 GB 7258—2004 规定车辆的制动力必须满足的要求见表 3—6。

表 3—6　　　　　　　　机动车台试检验制动力要求

机动车类型	制动力总和与整车质量的%		轴制动力与轴负荷的%*	
	空载	满载	前轴	后轴
三轮汽车	≥45		—	≥60**
乘用车、总质量≤3.5 t的货车	≥60	≥50	≥60**	≥20**
其他汽车、汽车列车	≥60	≥50	≥60**	—
摩托车	—	—	≥60	≥55
轻便摩托车	—	—	≥60	≥50

注：*用平板制动检验台检验乘用车时应按动态轴负荷计算。

**机动车检验制动力时，空载和满载状态下测试均必须满足此要求。

（4）制动时间。在汽车制动时，最短制动时间的理论值是 $T_{min} = (v_{a0} - v_b)/j_{max}$；由于最终车速 $v_b = 0$，且最大制动减速度 $j_{max} = \phi g$，所以 $T_{min} = v_{a0}/\phi g$。

但是，实际测得的制动时间要长，因为制动时间包括空走时间和实际制动时间两部分，如图 3—12 所示。

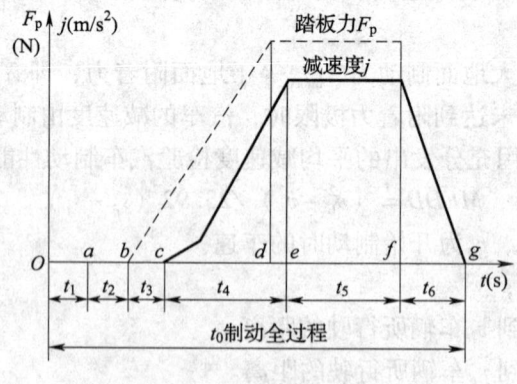

图 3—12　制动时间

在空走时间，汽车仍以初速度行驶，空走距离 s_k 等于空走时间 t_k 乘以初速度 v_0。即：$s_k = t_k v_0$。空走时间包括反应时间 t_1、换踏时间 t_2 和踏动时间 t_3。反应时间 t_1 是指从驾驶员感觉危险到抬脚停止供给燃料的这段时间。换踏时间 t_2 是指从抬脚停止供给燃料到将脚由加速踏板（油门踏板）移到制动踏板上的这段时间。踏动时间 t_3 是指从驾驶员踏动制动踏板开始到制动蹄片接触制动鼓（盘式制动器为制动盘），开始产生制动力止的这段时间。在这三段时间内驾驶员想制动，并控制制动器动作开始制动，但是尚未实现制动的效果，汽车仍以初速行驶。

从试验得到 $t_1 = 0.38 \sim 0.50$ s、$t_2 = 0.17 \sim 0.23$ s、$t_3 = 0.13 \sim 0.15$ s；$t_1 + t_2 + t_3 = 0.68 \sim 0.93$ s。美国将 0.625 s 定为驾驶员操作制动合格的标准。

实际制动时间是指驾驶员踏动制动踏板后，蹄片已接触到制动鼓（盘式制动器为制动盘）并产生了制动力后直至停车的时间。实际制动时间包括制动器作用时间 t_4 和持续制动时间 t_5。制动器作用时间 t_4 是指制动器产生制动力后到制动力达到最大值的时间，这段时间一般为 $0.2 \sim 0.5$ s。持续制动时间 t_5 是指制动力达到最大值后维持最大制动力直至停车的这段时间（制动减速度由最大降为零）。汽车停车后，驾驶员抬起制动踏板，此时制动器内制动力仍需一段时间才能降为零，称为制动力释放时间 t_6，它将影响以后的汽车继续起步行驶。

（5）制动距离估算。一般制动距离是指开始踏动制动踏板到完全停车的距离。这段时间包括踏动时间 t_3、制动器作用时间 t_4 和制动器持续制动时间 t_5，这段时间内汽车行驶过的距离称为制动距离。由于制动距离中不包括反应时间和换踏时间中汽车所行驶的距离，所以制动距离要比全距离的数值小得多。制动距离一般用做检验汽车制动性能的参数，驾驶员在实际行车处理危险情况时，必须计入反应时间 t_1 和换踏时间 t_2 汽车行驶的距离，才能保证行车安全。

踏动时间 t_3、制动器作用时间 t_4 驶过的距离 $s_2 = (t_3 + t_4/2) v_{a0}/3.6$ （m）。

在制动器持续制动时间 t_5 时间段内，如果最大制动力 $F_{\mu max}$ 没达到地面附着力极限 $g\phi$，并且假设制动力 $F_{\mu max}$ 不变，则此阶段中的制动减速度为：

$$j_{max} = F_{\mu max}/m_a$$

汽车行驶过的距离可按匀变速运动计算即：

$$s = v_a^2/2a$$

则有：

$$s_3 = v_{a0}^2 G_a/254 F_{\mu max}$$

在制动器持续制动时间 t_5 时间段内，最大制动力 $F_{\mu max}$ 已经达到或超过地面附着力极限值 $F\phi$，最大减速度为：

$$j_{max} = \phi g$$

所以：

$$s_3 = v_{a0}^2/254\phi$$

当制动器制动力小于地面附着力极限时，即 $F_\mu < F_\phi$。制动距离为：

$$s = (t_3 + t_4/2) v_{a0}/3.6 + v_{a0}^2 G_a/254 F_{\mu max}$$

当制动器制动力大于地面附着力极限时，即 $F_\mu > F_\phi$。制动距离为：

$$s = (t_3 + t_4/2) v_{a0}/3.6 + v_{a0}^2/254\phi$$

3. 制动效能恒定性

制动时制动器温度上升，制动器摩擦力矩显著下降的现象称为制动器热衰退。而前述的制动效能是指制动器温度在100℃以下的条件下才能达到的。当汽车在重载、高速行驶或下长坡时连续制动，制动强度大，使制动器温度上升到300℃以上，有时能达到700℃左右。这时制动器出现热衰退现象，制动效能明显降低。

制动效能恒定性是用在一定的条件下按一定强度连续制动后保持初始制动效能的比例衡量的。国际标准 ISO/DIS 6597 推荐以一定初速连续制动15次，每次制动减速度为 3 m/s^2，第15次制动效能不低于规定的冷态试验制动效能（5.8 m/s^2）的60%，每次试验施加在制动踏板上的力相同。

制动器热衰退现象是制动器固有特性，长时间使用制动器时必定会出现。因此，为保证行车安全，驾驶员在下长坡时，必须提前换入低速挡，利用发动机的牵阻作用控制车速，才能保证行车安全。更不能空挡滑行，造成危险情况。

为了改善制动器的热衰退性能，可改变制动器的结构，盘式制动器由于散热条件好，制动效能恒定性优于鼓式制动器。此外改善制动器的材质，如采用耐热黏合剂、减少制动摩擦片的有机成分、采用陶瓷摩擦材料等可以不同程度地改善制动器制动效能的恒定性。

4. 制动时汽车方向稳定性

制动时汽车方向稳定性是指汽车制动过程中维持直线行驶或按给定方向行驶的能力。

在制动过程中由于某些因素的影响会出现制动跑偏和侧滑使汽车失去控制，偏离给定的行驶方向，甚至出现冲入对方车道、冲入水沟、冲下山坡、甩尾、掉头等危险现象。出厂合格的汽车，不准许出现上述现象。评价这一性能的试验车道宽度要求为车宽的1.5倍或宽3.5 m，水平干燥；实验的气候条件为风速小于 3 m/s。

制动时汽车自行向左侧或向右侧行驶的现象称为制动跑偏；侧滑是制动时汽车的某一轴出现横向位移。跑偏和侧滑是互为因果的，严重的跑偏会引起侧滑；易于发生侧滑的汽车也有加剧跑偏的趋势。最危险的情况是高速行驶时发生后轴侧滑，会引发汽车急剧回转而失去控制，造成交通事故，如图3—13和图3—14所示。

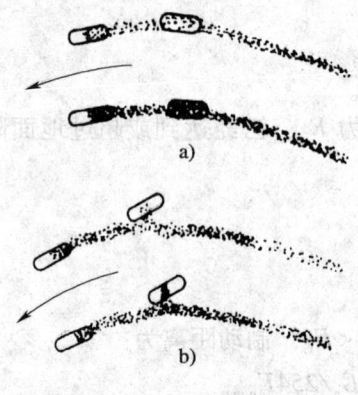

图3—13 汽车制动时跑偏

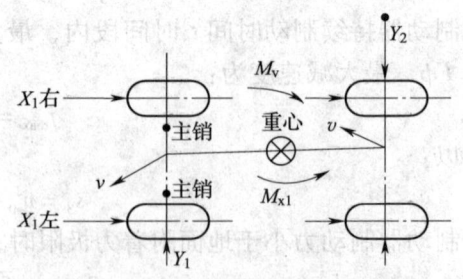

图3—14 汽车跑偏时受力情况

前轮失去转向能力是指弯道制动时汽车不再按原来的弯道弧线行驶而按与弧线相切的直线方向驶出；而在直线制动时，虽然转动方向盘而汽车不转向仍然直线行驶。

制动跑偏、侧滑与前轮失去转向能力是造成交通事故的重要原因之一。

(1) 汽车制动跑偏。汽车制动跑偏的主要原因有：

1) 汽车左、右车轮，特别是前轴左、右（转向轮）制动器的制动力不相等。

2) 制动时汽车悬架导向杆系与转向系拉杆在运动时发生干涉。

3) 制动时汽车同一轴上两侧轮胎的路面附着系数不一致。

其中，第一个原因是制造、调整、制动器材质（制动蹄片、制动鼓等）、使用过程中制动器参数发生变化造成的；第二个原因是设计造成的，制动时总向一个固定方向跑偏；第三个原因是随机的，一旦出现，将可能引发交通事故。

汽车制动跑偏的主要原因是左、右车轮，特别是转向轴左、右车轮的制动器制动力不相等造成的。

(2) 汽车制动侧滑。汽车制动时侧滑是指汽车同一轴上或两根轴上的车轮在制动时发生横向滑动现象。实践证明，最危险的情况是高速行驶制动时，后轴发生侧滑，最严重时会引起汽车的急剧回转运动，使汽车原地掉头、甚至翻车。经验和研究表明，在制动时后轴比前轴先抱死产生拖滑，就有可能导致后轴侧滑。如果能使前轴上的车轮先抱死而后轴上的车轮始终不抱死；或是前、后轮上的车轮同时抱死，汽车就不会发生侧滑。实验证明：

1) 制动过程中如果前轮先抱死拖滑，汽车基本上仍按直线向前减速停车，处于相对稳定状态；但是在弯道行驶将失去转向能力。

2) 制动时如果后轮比前轮提前一定时间，比如 0.5 s 以上先抱死拖滑，并且车速超过一定值比如 48 km/h，这时只要有轻微的侧向力作用，汽车就会发生后轴侧滑，汽车急剧转动、甚至掉头。地面越滑，制动距离和制动时间越长，后轴侧滑也越剧烈。

(3) 制动时侧滑力学分析。

1) 制动时前轮先抱死拖滑的力学分析。如图 3—15 所示，这时并不转动方向盘，前轮发生抱死拖滑，后轮仍滚动。前轴受一外界侧向力作用产生侧滑，使前轴速度 v_A 与汽车纵轴线成一夹角 α；此时后轴仍沿纵轴线移动，速度为 v_B。由于前轴行进速度的方向变化使汽车转弯行驶，前轴速度 v_A 与后轴速度 v_B 两垂线的交点 O 成为瞬时转动中心。汽车绕 O 点做圆周运动，产生作用于汽车重心 C 上的惯性力 F_j。惯性力 F_j 的作用方向与前轴侧滑的方向相反。惯性力 F_j 起减小或阻止前轴侧滑的作用，使汽车处于相对稳定状态。

2) 制动时后轮先抱死拖滑的力学分析。如图 3—16 所示，这时并不转动方向盘，后轮发生抱死拖滑、前轮仍在滚动。后轴受一外界侧向力作用产生侧滑，使后轴速度 v_B 与汽车纵轴线成一夹角 α；此时前轴仍沿纵轴线移动，速度为 v_A。由于后轴行进速度的方向变化使汽车转弯行驶，前轴速度 v_A 与后轴速度 v_B 两垂线的交点 O 成为瞬时转动中心。汽车绕 O 点做圆周运动，产生作用于汽车重心 C 上的惯性力 F_j。惯性力 F_j 的作用方向与后轴侧滑的方向相同。惯性力 F_j 加剧后轴侧滑的作用，侧滑又使惯性力 F_j 加大，如此恶性循环，使汽车处于极不稳定状态。

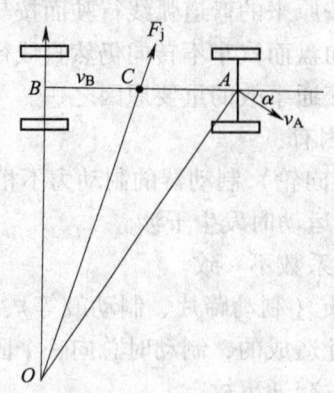 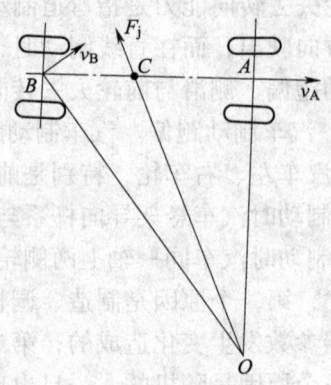

图 3—15　前轮先抱死拖滑的力学分析图　　　图 3—16　后轮先抱死拖滑的力学分析图

三、前后制动器制动力的分配

1. 制动时，地面作用于前后车轮上的法向反作用力的变化

汽车在水平路面上制动，受力情况如图 3—17 所示。此时忽略滚动阻力偶矩、空气阻力和旋转质量减速时产生的惯性力偶矩的影响。

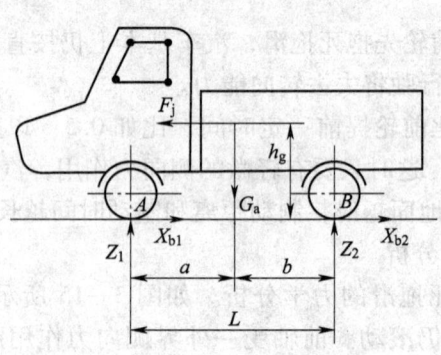

图 3—17　汽车在水平道路上制动受力图

对后轮中心取矩，$\Sigma M_B = 0$，

$$Z_1 L = G_a b + F_j h_g$$

式中　F_j——汽车行驶惯性力，$F_j = G_a / g \, (\mathrm{d}v/\mathrm{d}t)$；

X_{b1}、X_{b2}——汽车地面制动力，由图 3—17 可知 $X_b = X_{b1} + X_{b2} = F_j$。

所以　　　　　　　　　　$Z_1 = (G_a b + X_b h_g)/L$

由 $\Sigma M_A = 0$ 得出　　　$Z_2 = (G_a a - X_b h_g)/L$

若前、后车轮能够同时抱死，此时

$$X_b = F\phi = G_a \phi$$

将此关系式代入上述 Z_1 和 Z_2 得到汽车前、后车轮同时抱死时的法向反作用力 Z_1 和 Z_2。

$$Z_1 = G_a/L\,(b + h_g\phi)$$
$$Z_2 = G_a/L\,(a - h_g\phi)$$

设制动过程中的附着系数 ϕ 为常量，则抱死前后的 Z_1、Z_2 四式均为直线方程。图 3—18 是 BJ 1041 和 BJ 213 汽车前、后车轮法向反作用力在四轮全抱死的条件下随地面附着系数变化的情况。从图 3—18 可知，当制动强度或附着系数改变时，前、后车轮法向反作用力的变化是很大的。当 BJ 1041 的减速度为 $0.7\,g$ 时，也就是 ϕ 等于 0.7 时，其前轮法向反作用力增加了 53.1%，后轮减少了 34.2%。

2. 理想的前、后制动器制动力分配曲线

理想的前、后车轮制动器制动力分配曲线应能保证前、后车轮同时抱死拖滑，这时既能发挥汽车的最大制动效能，也能保证制动时的方向稳定性。当前、后车轮同时抱死拖滑时，其前轮制动器的制动力 $F_{\mu 1}$ 和后轮制动器的制动力 $F_{\mu 2}$ 的分配关系曲线称为"理想前、后车轮制动器制动力分配曲线"。

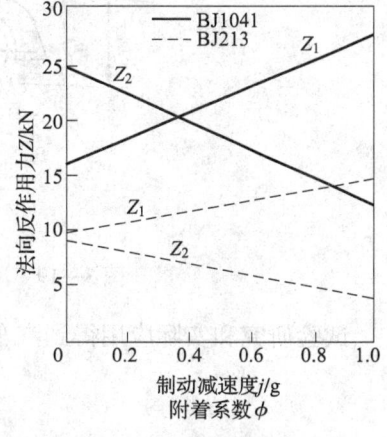

图 3—18　制动时地面对前、后车轮法向反作用力的变化

第三节　汽车操纵稳定性

汽车操纵稳定性是指在驾驶员感到舒适的情况下，汽车按照驾驶员的意识行驶和抗拒外界干扰的能力。操作稳定性一般包括两种含义：操纵性是指由驾驶员对汽车输入指令，改变汽车运动状态（转向、加速、停车等）或按规定方向行驶的能力；稳定性是指汽车抵抗外界环境的干扰（气候、道路等），干扰消失后保持汽车原来行驶状态的能力。

操纵性不好的汽车容易引发侧滑或倾翻；汽车发生侧滑或倾翻时会导致失去操纵性，两者互为因果。在道路条件改善、特别是高速公路快速发展的今天，汽车的运行速度越来越高，汽车操纵稳定性已经成为现代汽车一项重要的使用性能。总之，汽车操纵稳定性关系到行车安全、社会稳定，是不可或缺的重要性能。

一、汽车行驶的纵向稳定性

汽车处于某一运动状态下，如果其转向轮的法向反作用力为零，这时汽车的转向轮即使可以偏转汽车也无法确定行驶方向，丧失操纵性。如果驱动轮的法向反作用力为零，牵引力消失、汽车将丧失行驶能力。这两种情况均会使汽车行驶稳定性遭到破坏，导致汽车纵向倾翻。

1. 纵向倾翻

汽车在纵向坡道上上坡行驶的受力情况如图 3—19 所示。

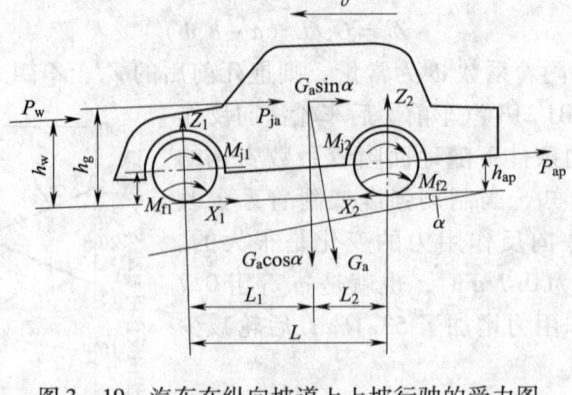

图3—19 汽车在纵向坡道上上坡行驶的受力图

试验研究和实际应用得到汽车上坡行驶时前轮法向反作用力为零时的倾翻极限坡度为：

$$\tan\alpha_o = L_2/h_g$$

当道路坡度 $\alpha \geq \alpha_o$，汽车将失去操纵性，发生绕后轴倾翻。现代汽车已从设计上保证在远未达到极限倾翻坡度 α_o 前，汽车已经发生驱动轮滑转，不能爬上如此大的坡度，从而也不会发生纵向倾翻的情况。

2. 驱动轮滑转

汽车以较低车速匀速上坡时，驱动车轮滑转将使汽车失去通过性。驱动车轮滑转与轮胎和地面间的附着系数 ϕ 和驱动轴的位置相关。当汽车最大牵引力小于或等于道路阻力时驱动轮开始滑转，研究和实验证明得出上坡驱动车轮滑转的纵坡度为：

$$\tan\alpha_\phi \geq L_2\phi/(L+h_g\phi)$$

可以看出，前轮驱动的汽车上坡时驱动车轮滑转的纵坡度是最小的，也就是说，其通过性最差。

为保证行车安全，在汽车设计时应使纵向倾翻极限坡度大于汽车上坡行驶时驱动车轮滑转的坡度，保证在汽车发生纵向倾翻之前驱动轮已经滑转而不致发生纵向倾翻。其条件为 $\alpha_o > \alpha_\phi$。

因为越野汽车的轴距 L 短（相对其他车辆），重心 h_g 高，L_2/h_g 的值相对较小。另外，越野车的轮胎采用防滑花纹，附着系数较大。就有可能产生上坡时不先发生驱动车轮滑转而直接发生翻车的危险。因此，越野车应当尽可能降低重心位置。

二、汽车行驶的横向稳定性

汽车在道路上高速行驶，为处理各种交通情况，需要随机改变汽车的行驶方向以及在横向坡道上行驶。在改变行驶方向和在横向坡道上行驶时，汽车的横向稳定性直接影响行车安全，这是驾驶员必须了解和掌握的汽车性能。掌握、了解汽车横向稳定特性，按汽车本身性能去驾驶车辆，才能确保行车安全。

1. 汽车横向倾翻

汽车行驶时常常受到横向坡度上的重力分力、转弯时的惯性力（离心惯性力）、迎风阻力、侧向风等侧向力的作用,使汽车偏离预期的行驶方向。汽车在侧向力的作用下,如果车轮的侧向反作用力或侧向、纵向反作用力的合力达到附着力极限时,汽车将沿侧向力作用方向或合力方向产生滑移。同时,侧向力还会引起左、右车轮法向作用力的改变,如果一侧车轮上的法向反作用力为零,汽车将发生侧翻。汽车在横向坡道上等速转向行驶的受力情况如图3—20所示。

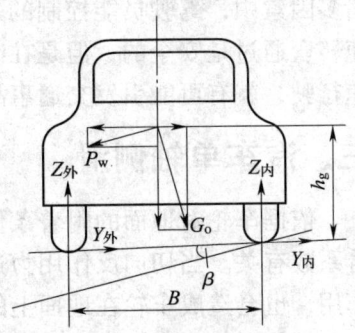

为讨论方便,假设道路无纵向坡道,由图3—20可知,随离心惯性力 P_{jy} 增加,内侧车轮的法向反作用力 $Z_内$ 减小,当 $Z_内=0$ 时,汽车失去横向稳定性,开始向左侧倾翻(这时汽车向右转向)。

$$\Sigma Z_内 = 0$$

图3—20 汽车在横向坡道上等速转向行驶受力图

再设汽车沿半径为 R 的圆周上,以速度 v(m/s)匀速行驶,按此式可以推出汽车在一定横向坡道上匀速转向行驶,不发生横向倾翻的允许最大车速为 v_{max}:

$$v_{max} = [gR(\phi + \tan\beta) / (1 - \phi\tan\beta)]^{1/2}$$

当横向坡度 $\tan\beta = 2h_g/B$ 时,向内侧转弯(汽车内侧车轮在坡道向下倾斜的一侧),不发生横向倾翻的最大车速无穷大,即 $v_{max} = \infty$。因此,为了汽车在转弯处不需减速行驶,将道路修建成向内倾斜的坡度,以抗拒离心惯性力 P_{jy}。如果在水平道路上行驶,$\beta = 0$,汽车转向行驶不发生侧翻的最大车速为:

$$v_{max} = (gR\phi)^{1/2}$$

2. 汽车横向侧滑

汽车在行驶过程中,在侧向力的作用下,会发生侧滑。发生侧滑的附着条件是 $\Sigma Y = \Sigma Z \phi$。

由研究和试验可确定汽车在横坡道上匀速行驶时,不发生侧滑允许的最大车速为:

$$v_{max} = [gR(\phi + \tan\beta) / (1 - \phi\tan\beta)]^{1/2}$$

当横向坡度的 $\tan\beta = 1/\phi$ 时,汽车不发生侧滑允许的最大车速 $v_{max} = \infty$,即汽车可以任意车速在这种横坡道上匀速转弯行驶而不会发生侧滑。

当 $\tan\beta = 0$ 时,汽车在横向水平道路上匀速转弯行驶,不产生侧滑的最大车速 $v\phi_{0max}$ 为:

$$v\phi_{0max} = (g\phi R)^{1/2}$$

比较 $v_{max} = (gR\phi)^{1/2}$ 和 $v\phi_{0max} = (g\Phi R)^{1/2}$ 可以判定汽车丧失侧向稳定行驶发生侧滑还是侧翻。为了保证行车安全,应当使车辆侧滑发生在侧翻之前。即:

$$v\phi_{0max} < v\beta_{0max}$$

或是

$$(g\phi R)^{1/2} < (gRB/2h_g)^{1/2}$$

解不等式得:

$$\phi < B/2h_g$$

普通车辆即使在干燥的沥青路面上正常行驶,在 $\phi = 0.7 \sim 0.8$ 时,均能满足上式条件。但是某些车辆,如双层汽车、自动装卸车、水泥搅拌车等由于重心高;装载超高的车辆,由于重心增高,有可能出现不满足上式的情况,使侧翻发生在侧滑之前,不安全因素增大。

驾驶员在行驶过程中，道路条件、气候条件是客观存在的，不以驾驶员的意志为转移的。这就要求驾驶员适应道路、气候条件驾驶车辆保证行车安全。在影响行车安全的诸多因素中，驾驶员能控制的是自己的情绪和车速。在正常气候条件下，以40 km/h车速转弯通过是安全的，但是在冰雪气候条件下，由于道路附着系数下降，仍以这样的车速行驶，就有可能引发交通事故。

三、汽车单轴侧滑

依据车轮对地面的附着条件可以得出，抗侧滑的稳定性与车轮上切向反作用力及附着系数有关。当切向反作用力达到车轮与地面的附着力极限时，即使受到微小的侧向力作用，也会造成车轮在地面上的滑移。行车实践已经证明这一结论，当驱动轮滑转或紧急制动车轮抱死时，切向力达到了附着极限，汽车即出现"甩动现象"。当其他条件相同，因为驱动桥传递牵引力，发生单独侧滑的可能性更大些。

1. 前轴发生单独侧滑

汽车以 v_x 速度向前行驶，前轴以速度 v_y 开始侧滑。做汽车前、后轴各自的和速度矢量的垂线，交点 O 为汽车的瞬时转动中心。这是因前轴绕 O 点旋转，离心惯性力 P_j 通过汽车重心。离心力的侧向分力 P_{jy} 与侧滑速度 v_y 的方向相反，促使侧滑自动停止，汽车处于稳定状态，如图3—21a所示。

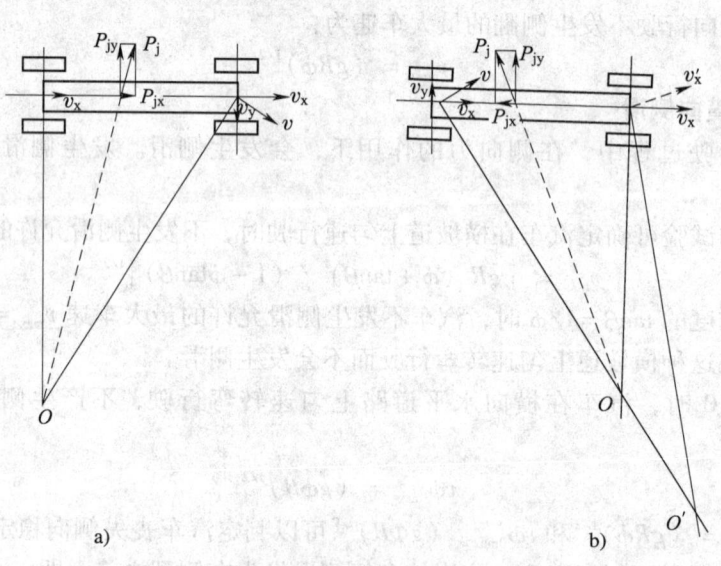

图3—21 汽车发生单轴侧滑

2. 后轴先单独发生侧滑

汽车以速度 v_x 向前行驶，后轴以速度 v_y 开始侧滑。做前、后轴速度矢量的垂线，两垂线的交点 O 为瞬时旋转中心。由于后轴侧滑使汽车绕瞬时旋转中心 O 做圆周运动，离心惯性力 P_j 作用在重心上。离心惯性力 P_j 的侧向分力 P_{jy} 与后轴侧滑速度 v_y 的方向相同，促使后轴侧滑加剧，如图3—21b所示。

为了消除侧滑，驾驶员需向后轴侧滑方向转动方向盘，加大汽车回转半径，使离心惯性力减小，克服侧滑。此时，如果前轴速度 v_x' 与后轴合成速度 v 方向平行，大小相等，则离心惯性力 $P_j = 0$，侧滑停止。假如方向盘转动量较大，使汽车的回转方向改变，将产生反向离心力，也可使侧滑迅速停止；但是，如果车速较高，有可能造成方向摆振，引发交通事故。

由于离心惯性力 P_j 的大小与车速的平方成正比，降低车速也可消除侧滑。切记，降低车速可以消除侧滑，是在侧滑发生前的预见性措施（如转弯、路面湿滑等）。侧滑已经发生，尽可能不采取制动来消除侧滑，此时制动会加剧侧滑。

一般汽车后轴先发生侧滑的可能性较大，而且也比前轴发生侧滑危险。在上坡行驶时，前轴的法向载荷减少，或是汽车侧向风压中心靠近前轴，在这种情况下，也可能前轴发生侧滑。

上述的侧向稳定性是在汽车沿固定半径圆周匀速转向行驶的条件下进行讨论的，称为汽车稳态转向效应。匀速行驶的汽车在转向时接受前轮转角开始转弯，然后维持一定的转角，经过暂短的过渡才进入匀速圆周行驶。从匀速直线行驶过渡到匀速圆周行驶的过程是瞬态，在瞬态中，由角输入引起的汽车运动状况是随时间改变的，称为汽车转向的瞬态响应。

汽车瞬态效应包括稳定性和瞬态响应特性。稳定性是指受到一个转向输入后，能否达到新的稳定状态。瞬态响应是指达到新的稳定状态以前，其响应相应变化的质量。

四、车轮侧向偏离及其影响

1. 弹性车轮的侧向偏离

汽车在行驶过程中，所受的外力始终在不断变化的，这些外力变化，全部由轮胎来承担。在汽车使用橡胶充气轮胎后，由于轮胎是一个弹性体，在行驶外力的作用下会产生变形。作用在车轮上的侧向力 P_y，使轮胎平面向侧向力方向偏移距离 Δh，Δh 使轮胎运动轨迹改变。轮胎的运动轨迹相对车轮平面侧向偏离了角度 δ。这种现象称为弹性车轮的侧向偏离，角 δ 称为偏离角。偏离角 δ 的方向与侧向力 P_y 的方向线相同，如图 3—22 所示。

偏离角的大小与作用在车轮上的作用力 P_y 的大小、轮胎气压的高低、轮胎的扁平率的大小等因素有关。在其他因素确定后，初始时随侧向力增加，偏离角也增加，当侧向力增加到一定值后，由于轮胎在地面上开始产生局部滑移，使偏离角的增长加快，当侧向力 P_y 等于附着力 Z_ϕ 时，车轮产生侧滑，如图 3—23 所示。

图 3—23 中的线性部分可以用 $y = k\delta$ 表示。

式中 y——由侧向力 P_y 引起的地面反作用力作用在轮胎上的侧偏力，大小与 P_y 相等，方向相反，$P_y = -y$；

k——偏离刚度，N/°（牛/度）。

在此式中由于偏离角 δ 与侧偏力的方向是相反的，所以 k 取负值。但在讨论车轮刚度时，假定刚度系数仅与系数 k 的绝对值有关。k 值越小，其偏离刚度越小，越容易产生偏离变形。

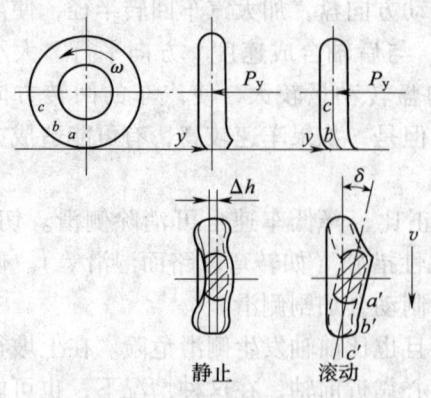 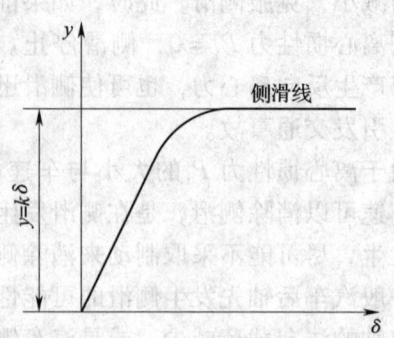

图 3—22 弹性车轮的侧向偏离　　　　图 3—23 偏离角与侧偏力的关系

车轮偏离刚度系数 k 的绝对值与轮辋宽度、轮胎帘线层角度、轮胎气压、轮胎扁平率等因素有关。当车轮的侧倾角的方向与侧向力作用方向一致时，k 减小。当车轮法向载荷增加时，k 先是增大然后再减小；k 值的最大值 k_{max} 与轮胎的额定载荷相对应。在车轮传递牵引力时，由于胎面有切向拉伸与压缩的原因，k 值略减小；而在制动时 k 值稍微增大。一般小客车轮胎的 k 值为 240～340，偏离角 δ 值一般为 6°～8°。车轮的弹性变形引起的偏离现象，既影响汽车的行驶轨迹，也增大滚动阻力，加大轮胎磨损。

2. 汽车转向运动学

假设车轮是刚体，不产生变形，车轮的速度矢量必在车轮中心平面内。为了使各车轮在转向时不产生滑移，左、右转向轮的偏转角不同，内轮的偏转角 $\theta_{内}$ 应大于外轮的偏转角 $\theta_{外}$，既 $\theta_{内} > \theta_{外}$，使车速的矢量垂线能相交于一点 O，O 称为瞬时转向中心，如图 3—24 所示。

$$\cot\theta_{内} = OC/BC$$
$$\cot\theta_{外} = OD/AD$$

两者之差为：

$$\cot\theta_{外} - \cot\theta_{内} = OD/AD - OC/BC = l/L$$

由此可知，为了汽车在转向时转向车轮不发生滑移，其内、外两车轮转角的余切差应为一常数（两转向车轮主销间的距离对轴距的比）。汽车转向是靠转向梯形机构近似保持上述关系，在常用的转角范围内，两者的差较小。汽车的转向半径为

$$R = L/\tan\theta$$

式中　θ——前轴中点的速度矢量与汽车纵轴线的夹角，$\theta = (\theta_{内} + \theta_{外})/2$。

汽车在高速运行时，前轴轴角一般较小，可以认为 $\tan\theta = \theta$，因此 $R = L/\theta$。

3. 汽车车轮侧向偏离对汽车转向的影响

在讨论汽车轮胎侧向偏离对汽车转向的影响时，为讨论方便，假设作用在汽车上的侧向力仅由转向离心力引起的，其他的侧向力暂不考虑；同一根轴上的左、右两车轮的偏离角相等。此时，转向离心力分配在前、后轴上，使前、后车轮产生偏离角 δ_1、δ_2，其运动情况如图 3—25 所示。由于车轮偏离，瞬时转向中心由 O 移向 O_δ，新的转向半径为 R_δ。

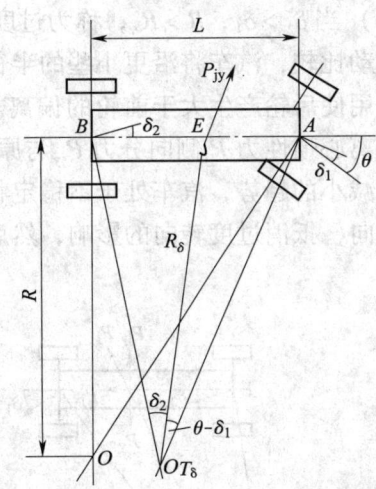

图 3—24　汽车转向几何　　　　图 3—25　偏离对转向的影响

从 $\triangle O_\delta AE$ 得：$AE/O_\delta E = \tan(\theta - \delta_1)$

从 $\triangle O_\delta BE$ 得：$BE/O_\delta E = \tan\delta_2$

上两式相加，且 $AE + BA = L$，可推出：

$$R_\delta = L/[(\tan(\theta - \delta_1) + \tan\delta_2]$$

如前所述，汽车高速行驶时，前轮转角较小，同时偏离角 δ_1、δ_2 一般为 $6°\sim 8°$，以此可以认为：

$$R_\delta = L/(\theta + \delta_2 - \delta_1)$$

上式说明，汽车转向时不仅决定于前轮的转角 θ，并且与前后车轮的偏离角有关。

(1) 当 $\delta_1 = \delta_2$，$R_\delta = R$，称为正常转向或中性转向。汽车由于侧向力 P_y 的作用使前后车轮产生等量偏离。为使汽车仍沿原来行驶路线 AA 行驶，驾驶员需操纵方向盘使车辆纵轴线与原 AA 线成 δ 角位置，然后再将方向盘打回到中间位置，以抵消偏离的影响，如图 3—26 所示。

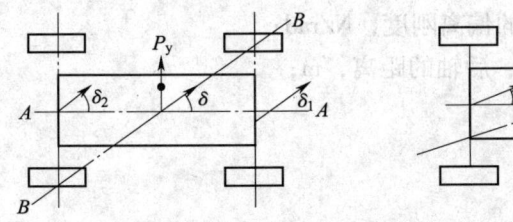

图 3—26　汽车具有正常转向的运动情况图

(2) 当 $\delta_1 > \delta_2$，$R_\delta > R$，称为不足转向。由于车轮发生 $\delta_1 > \delta_2$ 的偏离，与刚性车轮转向运动的情况比较，这时汽车将沿着较大的转向半径行驶。这时由于侧向力 P_y 的作用使前轮产生大于后轮的偏离，$\delta_1 > \delta_2$。汽车将沿瞬时转向中心 O 做曲线运动。离心惯性力 P_j 的侧向分力 P_{jy} 与原侧向力的方向相反，使汽车有自动恢复直线行驶的趋势，处于稳定状态,如图 3—27 所示。

（3）当 $\delta_2 > \delta_1$，$R > R_s$，称为过度转向。由于车轮发生 $\delta_2 > \delta_1$ 的偏离，与刚性车轮转向运动比较，汽车将沿更小些的半径行驶。当汽车过度转向，$\delta_2 > \delta_1$ 时，由于侧向力 P_y 的作用使后轮产生大于前轮的偏离。此时汽车绕瞬时转向中心 O 做曲线运动。由此引起的离心惯性力 P_j 侧向分力 P_{jy} 与原侧向力 P_y 的方向相同，两力相加，使汽车转向半径具有减小的趋势，汽车处于不稳定状态。为保证汽车直线行驶，驾驶员需向偏离方向急剧转向，抵消过度转向的影响，然后再迅速打回到中间以保持直线行驶，如图 3—28 所示。

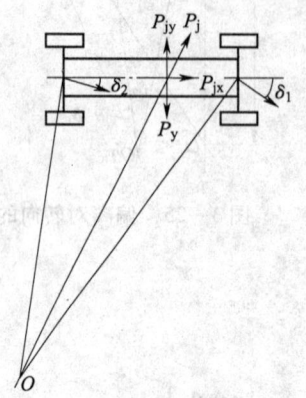

图 3—27　具有不足转向的汽车运动情况图

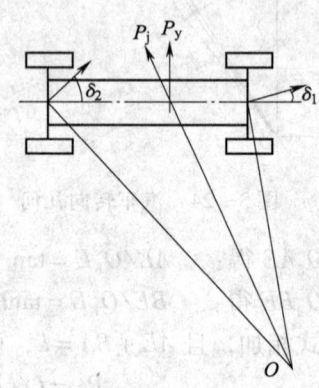

图 3—28　汽车具有过度转向运动图

对于有过度转向的汽车，随车速增大，离心惯性力 P_{jy} 将明显增加。当速度达到"临界速度"时，即使原来的侧向力 P_y 消失，汽车转向半径仍然会减小，P_{jy} 不断增大而产生侧滑。因此，汽车转向行驶只有车速低于临界速度时，其运动状态才是稳定的，车速超过临界速度会导致车辆失去稳定性，引发交通事故，造成生命、财产的损失。

临界速度可按下式确定：

$$v_{kp} = [gL/(G_2/k_2 - G_1/k_1)]^{1/2} = [gL^2 k_1 k_2 / G_a (k_1 L_1 - k_2 L_2)]^{1/2}$$

式中　k_1、k_2——汽车前、后轮的偏离刚度，N/rad；

L_1、L_2——汽车重心距前、后轴的距离，m；

G_a——汽车总重力，N；

L——轴距，m；

g——重力加速度，m/s^2。

临界速度 v_{kp} 的值与汽车结构参数有关，如各轴的轴载荷 G_1、G_2；轮胎侧偏刚度 k_1、k_2；也与道路参数如转弯半径、路面附着系数等有关。汽车的侧向力除转弯行驶产生的因素外，还与侧向风、道路横向坡度、道路不平等引起的侧向力有关。

五、转向轮的振动及其稳定效应

前轮振动是指汽车在高速行驶时，转向车轮发生振动，车轮不按直线行驶的现象。

1. 汽车转向轮振动

汽车转向轮是通过悬架及转向机构与车架连接的，这些相互联系的机构组成复杂的振动系统，具有一定的自由振动频率。当外界干扰力（外激力）的频率与其自由振动频率接近时，系统将产生强烈的共振现象，振幅显著增大。汽车前轴、悬架、轮胎等构成一个振动系统，该系统的自由振动频率与前轴振动角刚度 C_ϕ 及前轴自身的转动惯量 J 相关，如图 3—29 所示。

图 3—29 汽车转向轮振动

当前轴相对于水平位置偏转一角度 ϕ 时，由于弹簧变形产生作用在前轴上恢复力矩 M_1：

$$M_1 = 0.5B_1\phi C_p \times 0.5B_1 \times 2 = 0.5B_1^2 C_p \phi$$

式中　B_1——悬架弹簧间距，m；

C_p——弹簧刚度，N/m；

ϕ——变形偏转角，(°)。

由于轮胎的弹性变形引起的恢复力矩 M_2：

$$M_2 = 0.5B_2 C_k \phi$$

式中　B——轮距，m；

C_k——轮胎刚度，N/m。

因此，前轴振动时的角刚度 C_ϕ：

$$C_\phi = (M_1 + M_2)/\phi = (B_1^2 C_p + B_2^2 C_k)/2$$

所以，前轴角振动的自由振动频率 ω_ϕ：

$$\omega_\phi = (C_\phi/j)^{1/2} = [(B_1 C_p + B^2 C_k)/2j]^{1/2}$$

式中　j——前轮转动惯量，kg·m²。

由此可见，增加前轴的转动惯量或降低弹簧和轮胎的刚度都会使自由振动频率减小，这就增大了共振的可能性，如图 3—30 所示。

2. 转向车轮绕转向节主销摆振

转向轮还通过拉杆与转向机构的弹性联系组成了另一套振动系统，如图 3—31 所示。

图中 ϕ 为偏离中间位置的角度。当转向车轮绕转向节主销的转动惯量为 j_2 时，车轮绕主销的自由振动频率 ω_ϕ 为

$$\omega_\phi = (C_\phi/j_2)^{1/2}$$

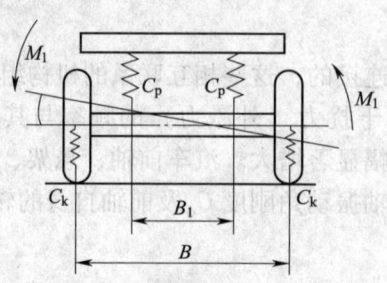
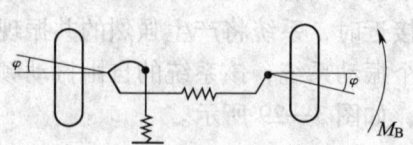

图3—30 前轴绕纵轴线在横向平面内振动　　图3—31 转向节主销摆振

由上式可以看出，当转向车轮的角刚度 C_ϕ 降低或转动惯量 j_2 增大时，都会使转向车轮的自由振动频率降低，共振倾向增大。

为了改变汽车行驶的平顺性，采用了弹性较大的悬架和轮胎，这使前轴绕纵轴线角振动的角刚度 C_ϕ 的值将减小；另外前轮上装用的制动装置使转动惯量 j 和 j_2 增大，这促使前轴的自由振动频率 ω_ϕ 降低。此外，由于车速不断增高，激振频率上升，更增加了共振的可能性。

车轮横向平面内的角振动和绕主销的摆振，这两种振动形式互相影响，与陀螺仪的作用类似。当汽车高速行驶中遇到障碍物而升高时，旋转的车轮平面产生 $d\phi/dt$ 的偏转角速度，此时车轮因"陀螺仪效应"产生右偏转；反之车轮下陷，高速旋转的车轮将会产生绕主销向左偏转。

使转向车轮绕主销旋转的力矩 M_r：

$$M_r = J_k \omega_k d\phi/dt$$

式中　　J_k——车轮旋转的转动惯量；

　　　　ω_k——车轮旋转的角速度；

　　　　$d\phi/dt$——车轮横向平面内偏转的角速度。

同理，转向车轮绕转向节主销摆振时，也会引起车轮的跳动，但这一效应很小可忽略不计。正确设计悬架的导向结构，可以避免陀螺仪效应。

车轮的不平衡质量会引起离心力 P_u，这一离心力的水平分力 P_{ux} 与力臂 l 形成力矩 P_{ux1} 使转向轮偏转（见图3—32）。水平分力 P_{ux} 按正弦函数周期变化，变化的频率决定于车速。垂直分力 P_{uy} 也周期性变化，引起车轮上下跳动。一般小客车的车轮的不平衡力矩应小于 $5\ N\cdot cm$。

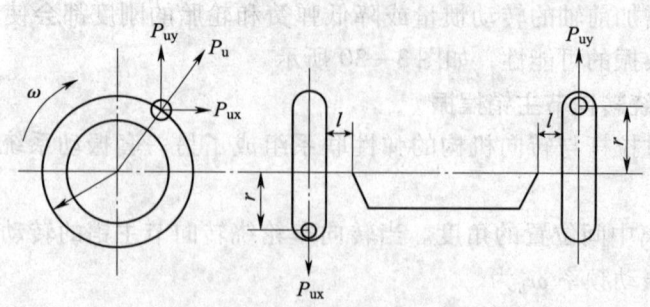

图3—32 车轮不平衡质量的影响

3. 汽车转向轮的稳定效应

转向车轮的稳定效应是指转向车轮具有保持直线行驶位置及当绕转向节主销有偏转角时自动返回中间位置的能力。如果稳定效应不好，在行驶中驾驶员必须不断调整方向盘才能控制行驶方向；而稳定效果好，则可减轻驾驶员劳动强度，提高行驶稳定性。

转向车轮的稳定效应包括转向节主销内倾角、转向节主销后倾角和轮胎侧向弹性偏离等产生的稳定作用。当转向车轮偏离中间位置时，利用作用在车轮的反作用力，法向的、切向的和侧向的对转向节主销形成的力矩，可促使车轮转回到中间位置，该力矩称为稳定力矩，该效应称为稳定效应。

（1）法向反作用力 Z 与主销内倾角构成的稳定力矩 M_{za}。当车轮处于中间位置时，前轴距离地面的高度最低，随转向角增大，车轮与地面的接触面不可能下降到地面以下，必须克服前轴的重力将其抬高。这样，偏转的转向车轮在前轴重力的作用下，具有自动返回中间位置的效应，如图3—33所示。

（2）侧向反作用力 y_1 与主销后倾角构成的稳定力矩 $M_{y\delta}$。汽车转向时其离心惯性力的侧向分力 P_{jy} 等于地面对车轮的侧向反作用力 y_1，即 $P_{jy}=y_1$；由主销后倾角引起的稳定力矩 $M_{y\delta}=y_1 b_\delta$。其稳定效应与主销后倾角值和转向离心惯性力值有关，车速越高，$M_{y\delta}$ 越大。但是在直线行驶时，由于受到横向坡道或侧向分力的作用，由转向节主销后倾角产生的力矩将使车轮偏离直行位置，使它变成了非稳定力矩。在这种情况下，转向轮将向外界作用力的作用方向偏转，如图3—34所示。

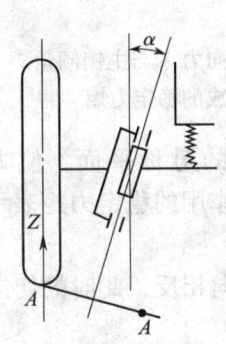
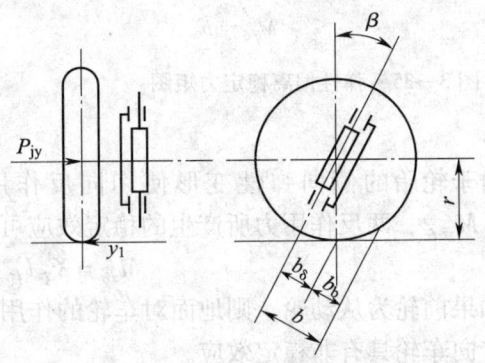

图3—33 法向反作用力与主销内倾角形成的稳定力矩图

图3—34 侧向反作用力 y_1 与主销后倾角形成的稳定力矩

（3）车轮侧向偏离产生的侧向反作用力 y_1 与偏离稳定力臂 b_δ 构成稳定力矩 $M_{y\delta}$。在分析转向节主销后倾角作用时，假设侧向反向作用力 y_1 作用在车轮印记中央。实际上，由于偏离的结果是印痕相对于车轮旋转平面发生扭曲，在轴线前部的轮胎侧向变形较小，反力也较小；而后部的变形大些，侧向力也大些。结果合力 y_1 作用在轮胎印记的后部，此时即使无后倾角（$\beta=0$），由于偏离也将产生稳定力矩 $M_{y\delta}=y_1 b_\delta$。随着转向离心惯性力分力 P_{jy} 增大，$M_{y\delta}$ 也增大。侧向偏离继续加大会使后部变形加大，首先发生局部滑移，使侧向反作用力 y_1 前移。因此，稳定力矩 $M_{y\delta}$ 是在车轮开始局部滑移时达到最大值。试验证明，偏离角 1° 相当于转向节主销后倾角 5°~6° 的作用；当偏离角为 4°~5° 时，稳定力矩可达 200~250 N·m。现代高速汽车由于前轮的质量和弹性都在增大，侧向偏离引起的稳定力矩也相应增大，因此需要适当减小转向节主销后倾角，如图 3—35 所示。

（4）切向反作用力 X 对转向节主销形成的稳定力矩 $M_{x\delta}$。当前轮为转向驱动轮，并且汽车向右转向时，右侧车轮上的力矩 $X_右 l_右$ 为稳定力矩；而左侧车轮上的 $X_左 l_左$ 为非稳定力矩，如图 3—36 所示。

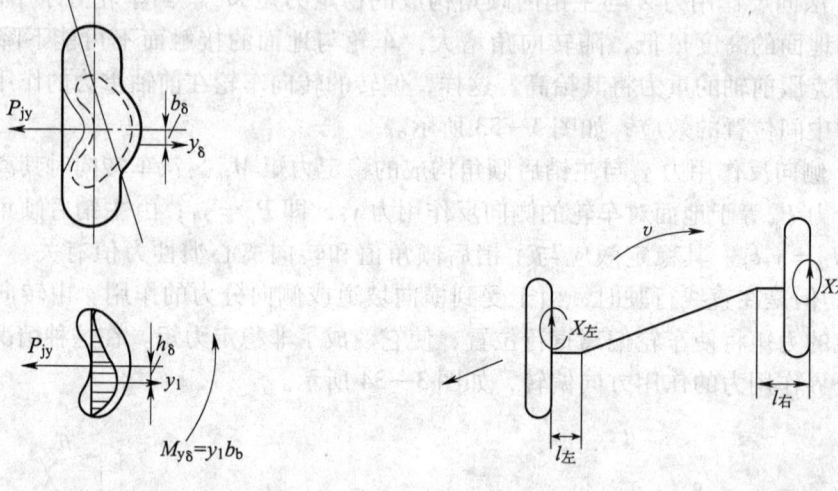

图 3—35　弹性偏离稳定力矩图　　　　图 3—36　切向力 X 与主销倾角形成的稳定力矩

由于轮胎的侧向弹性变形使切向反作用力偏离车轮的对称平面，使 $l_右 > l_左$，$M_{x\delta 右} > M_{x\delta 左}$，两反作用力所产生的稳定效应可以用二者综合作用的稳定力矩表示：

$$M_{x\delta} = X_右 l_右 - X_左 l_左$$

如果前轮为从动轮，则地面对车轮的作用力应与图示方向相反，此时的切向反作用力对转向车轮具有非稳定效应。

一般情况，汽车在良好路面上行驶滚动阻力很小，前轮的切向力也很小，它在全部稳定力矩中占有的比重也很小，可忽略不计。但是在制动状态下，切向反作用力很大，可能导致转向车轮失去稳定效应。

汽车行驶中转向车轮的稳定效应可用全部稳定力矩 M_c 表示：

$$M_c = M_{z\alpha} + M_{y\delta} + M_{x\delta}$$

试验证明，转向节主销后倾角和轮胎侧向偏离产生的稳定效应比较明显。稳定力矩可以减轻汽车在直线行驶时的劳动强度，但稳定力矩过大也会使汽车转向时转动方向盘的力矩加大。现代汽车广泛采用动力转向装置，很好地解决了这一矛盾。

第四节 汽车通过性

汽车通过性是指汽车能以足够高的平均速度通过各种道路、无路地带和障碍物的能力。通过性影响汽车的运输效率，甚至会决定汽车能否完成运输任务。汽车通过性限制并影响其他性能的正常发挥如动力性、机动性、稳定性、平顺性等。

汽车的通过性取决于汽车的几何参数和力学参数。

一、汽车的几何参数

汽车的几何参数值表示汽车可以通过坑洼不平地带、障碍物和最小高度限制的能力。其中有最小离地间隙 h，接近角 α，离去角 β，纵向通过半径 ρ，横向通过半径 ρ'，最小转弯半径 R，车轮半径 r（指公称半径），汽车车高 H，如图 3—37 所示。

最小转弯半径 R 表示汽车在最小面积内回转能力的机动性指标，表明汽车能通过狭窄转弯地带或绕开不可越过障碍物的能力。其他的机动性指标还有前外轮最小转弯半径 R_H、后轮最小转弯半径、转弯通道最小宽度 A、由汽车前悬 a' 确定的突伸距 a、汽车后悬 b' 确定的突伸距 b、汽车轴距等，如图 3—38 所示。

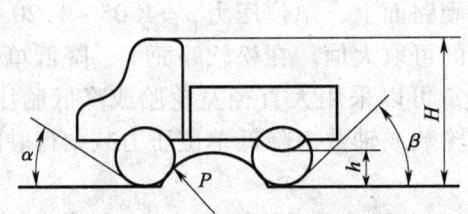

图 3—37 汽车的几何参数

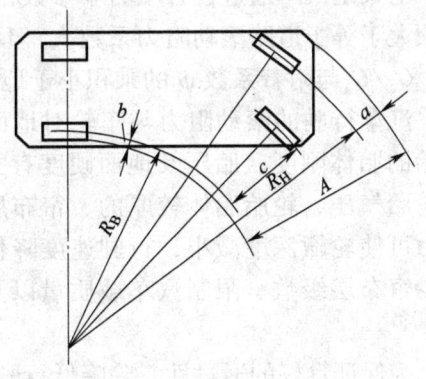

图 3—38 汽车转弯最小宽度

转弯通道最小宽度 A 为：

$$A = R_H - R_B + a + b$$

带有半挂车的列车的机动性较差。在转弯时，挂车距离转向中心较近，使列车所需的弯道宽度大于单车。总之，汽车轴距越大，前悬和后悬越长，需要的转弯通道的宽度也越宽。

一般认为，后轮驱动的汽车能够克服的垂直障碍物的高度为 $h \approx 2r/3$，当双轴驱动时 $h \approx r$（注意：不能大于汽车的最小离地间隙，大于最小离地间隙汽车将发生托底现象）。

在汽车行驶过程中，不可忽视的参数之一是汽车高度，一旦忘记，将引发交通事故。汽车冲撞立交桥的事故屡见不鲜。应当引起注意的是，车高与汽车的负载有关，满载时汽车高度要低一些，因此，满载能通过的桥梁、涵洞，空车时未必能通过。

二、汽车的力学参数

汽车通过的力学参数是指汽车行驶中支撑与牵引的参数。

依据汽车牵引与附着条件：$F_\Phi \leq F_{tmax} \leq F_\phi$

或是：$G_a \Phi \leq (M_e i_k i_0 \eta_m / r) \leq \Sigma Z_b \phi$

式中　G_a——汽车在道路上的阻力，包括滚动阻力和上坡阻力；

　　　Φ——道路阻力系数；

　　　F_{tmax}——汽车由发动机曲轴输出扭矩经传动系降速增扭所能达到的最大扭矩（此扭矩取决于道路附着系数，最大等于汽车在道路附着力）；

　　　$\Sigma Z_b \phi$——汽车各驱动轮的法向反作用力总和即 ΣZ_b 和附着系数 ϕ 所决定的汽车附着总重量。

当汽车在水平路面上低速行驶时，可忽略法向反作用力的变化和不计空气阻力，假设 $\Sigma Z_b = G_a$，则上式可写成：$G_a f \leq (M_e i_k i_0 \eta_m / r) \leq G_\phi \phi$。

整理后得到：$f < D_{max} < (G_\phi / G_a) \phi$。

上式是汽车通过性各项力学参数相互制约的条件。它说明汽车的最大动力因数 D_{max} 必须大于等于道路滚动阻力系数 f，但不能超过汽车相对附着重量比。

G_ϕ / G_a 与附着系数 ϕ 的乘积小于地面附着力，才能正常行驶。

汽车行驶的滚动阻力与车轮对地面的单位压力 p 有关。车轮对地面的单位压力与轮胎的胎体刚度、胎压及地面硬度有关。在坚硬路面上，单位压力 $p = 1.05 \sim 1.20$ 倍的轮胎气压，轮胎胎体较厚的、帘布层级数多的可取大值。在松软路面上，降低单位压力可使轮辙深度减小，行驶速度降低。为此，可以采用大直径宽轮胎或降低胎压、减少帘布层级数、限制汽车载质量以及增加车轮数或轴数来降低单位压力减少行驶阻力。

为保证良好的通过性，除降低行驶速度外，汽车的动力因数要足够大，具有足够牵引力。越野汽车的动力因数可达 $0.6 \sim 0.8$，必要时还要限定在松软路面上的载重量，以增大动力因数。

为了能获得更大的牵引力，必须增大相对附着重量比 G_ϕ / G_a 和提高附着系数 ϕ，以增强附着能力防止驱动轮滑转。

第五节　汽车燃料经济性

能源是困扰人类的大问题，汽车燃料经济性直接关系到能量的利用效率，降低汽车的燃料消耗，提高能源的利用效率一直是汽车设计、制造、使用者追求的目标。汽车的燃料经济性直接影响汽车的运营成本，是汽车运输企业一项重要的经济指标。制定合理的油耗指标是管理的重要内容。

一、汽车油耗指标和试验方法

1. 油耗指标

汽车燃油经济性是以汽车行驶一定里程的油耗，或是以一定数量的燃油能行驶的里程来计算的。一般汽车说明书给出的油耗为多少升/百公里（L/100 km），是指汽车满载以经济时速在水平道路上行驶的最低油耗。货运汽车运输企业常用来考核同一车型的油耗完成情况。由于它不能体现每吨公里货运工作油耗的情况，又采用升/百吨公里（L/100 tkm），以评价不同车型、不同地区、不同企业完成升/百吨公里（L/100 tkm）的耗油水平。客运企业一般用升/百公里（L/100 km）考核每车的油耗完成情况。

汽车运输企业油耗完成情况，是一个企业管理水平的晴雨表，管理水平高的企业，油耗完成得也好。油耗指标与运行的路况、汽车的技术状况、驾驶员的操作水平、天气等因素有关。汽车油耗是一项政策性极强的指标，制定必须慎重。一旦制定，必须严格执行。

2. 确定油耗指标的方法

（1）无控制规范的路上试验法（经验统计法）。这是一些企业或地区的管理部门，依据过去用车的经验，将一部分车辆投入使用，统计油耗后给出燃料定额。

（2）限定条件下的平均使用燃料消耗量试验。进行汽车限定条件下的平均使用燃料消耗量，相关国家标准要求试验路段设在平原3级以上干线公路上进行，路段长度 $S \geq 50$ km。在正常交通流量情况下，保持匀速行驶。对不同车型的车速也做出了相应规定。轿车 $v = (60 \pm 2)$ km/h；铰接式客车 $v = (35 \pm 2)$ km/h；其他车辆 $v = (50 \pm 2)$ km/h。在试验中，客车要求每 10 km 停车一次，急速运行 1 min 后重新起步行驶。在试验中记录制动、换挡次数、时间和行程。测定每 50 km 的燃料消耗量，换算成百公里油耗。往返各一次，以两次测量结果的算术平均值作为限定条件下的平均使用燃料消耗量的测定值。

一些企业和地区，针对一些特殊路段测定油耗，例如，山区公路、一般公路等，作为企业或地区的油耗指标。在试验规范中对测试路线、路面有明确的规定，但对测试中的驾驶员、操作方法、气候条件等无明确规定，是一种较宽泛的测试方法。

（3）路上循环试验法。路上循环试验法是按国家标准进行的油耗试验。国家标准规定了严格的试验条件，按国标规定试验条件测出的汽车油耗，具有指导作用。

3. 等速行驶燃料消耗量

相关国家标准规定了汽车等速行驶油耗的测试路段为 500 m。汽车用常用挡位等速行驶，通过测试路段，测量通过该路段的时间及燃料消耗量，换算成百公里油耗量。试验要求车速从 20 km/h 开始（最低稳定车速高于 20 km/h 时，可从 30 km/h 开始测试），以 10 km/h 车速的间隔提速，直至该车型最高车速的 90%。每次测试最少测定 5 个试验车速。同一车速往返两次，取两次燃料消耗量的算术平均值，绘制出等速行驶燃料消耗量特性曲线。

4. 多工况燃料消耗

汽车运行的条件非常复杂，用前述的方法测得的燃料消耗量不能完全反映汽车的实际燃料消耗量。为了较客观、准确地给出汽车的燃料消耗量，近些年来，采用多工况来测量汽车燃料消耗量。

按多工况法进行燃料消耗量测量时，汽车必须按规定的试验循环行驶。不同的车型，有不同的试验循环，可按国家标准规定进行。

二、油耗计算

汽车满载等速 v_a（km/h）稳定行驶百公里耗油量 Q_s（kg/100 km）可按下式计算：

$$Q_s = (Q_r/v_a) \times 100$$

式中 Q_s——车速为 v_a 时的油耗，kg/100 km；

Q_r——车速为 v_a 满载稳定行驶时，发动机每小时的耗油量，kg/h；

v_a——测定油耗时的车速，国标规定、企业规定等。

$$Q_s = P_e g_e /10\, v_a$$

习惯常用 L/100 km 表示汽车油耗量，将上式除以燃料密度 ρ，即可得到用 L/100 km 表示的汽车油耗。汽油的密度一般可取为 $\rho = 0.696 \sim 0.715$ kg/L；柴油的密度一般可取为 $\rho = 0.719 \sim 0.813$ kg/L。

三、汽车燃料经济特性

对于一定车型，燃料经济性随使用因素的变化而改变，如汽车行驶的道路条件、气候条件、交通流量，汽车本身的技术状况、使用的挡位、行驶的速度，驾驶员的操作水平与心情，燃油质量等因素相关。当汽车用某一挡位在道路阻力系数为 φ 的路面上等速行驶时，即 $dv/dt = 0$，可得出汽车燃料消耗方程式 $Q_s = f(\varphi, v_a)$，表示在一定的道路阻力系数 φ 情况下，确定的 Q_s 与车速 v_a 间的关系。

从公式可以看出，对应每一种道路及一定的 φ 值都可以找到一个相应的最低油耗量的经济车速，说明汽车的经济车速是一变化值，随道路阻力增大而有所降低。

第六节 汽车行驶的平顺性

汽车行驶的平顺性是指汽车在一般使用车速范围内行驶时，保证乘坐者不因车身振动引起不舒适和疲劳的感觉或保持所运货物不因汽车振动损坏的性能。

平顺性一般用表征振动的物理量如频率、振幅、位移、加速度等参数作为评价指标。最简单的汽车行驶平顺性评价指标是按车身振动频率制定的。人自幼习惯的是行走时引起垂直振动的频率。如果车身振动的频率与步行速度的频率相等或接近，乘员一般感觉舒适。取步距 0.75 m，中等步行速度 3～4 km/h（相当于 0.83～1.10 m/s），则振动频率为 66～88 次/min。车身的振动频率在这个范围内，一般认为人体器官是可以承受的；但当振动频率低于 60 次/min 时，会使一部分人有呕吐感；而振动频率高于 88 次/min 时，会使乘员加快疲劳。

随着科学与技术的进步，人们发现评价汽车行驶的平顺性只用一个指标是不完善的。分析人对振动的感觉是依振动频率 n 的大小与振动加速度、振动速度和振幅成比例，这一比例可用感觉系数 K 表示：

当 $n=5$，$K=An^2$ 时，感觉系数与加速度有关；

当 $5 < n \leqslant 40$ 时，$K=5An$，感觉系数与速度有关；

当 $40 < n < 100$ 时，$K=200A$，感觉系数与振幅有关。

感觉系数 K 值越大，人对振动的感觉越强烈。研究表明，人体器官对振动所能忍受的感觉系数为 10。这样针对振动频率 n 的不同值，许用的 A 值也不同。按加速度评价时，许用 A 值为 0.4；按振动速度评价时，许用 A 值为 0.1；按振幅评价时，许用 A 值为 0.05 cm。近年来国际标准协会提出了"人体承受全身振动的评价指南（ISO 2631—1978＜E＞）"，为许多国家采用。该标准采用加速度的均方根值 RMC 给出人体在 1～80 马赫振动频率范围内对振动反应的三种不同感觉界限。这三种界限是：

一、暴露界限

当人体承受这个极限范围内的振动强度时，将能保证安全与健康，一般将它取作人体可承受振动量的上限。

二、疲劳—降低工作效率界限

这一界限与保持工作效率相关。当驾驶员承受的振动在此界限内时，能够保持正常地进行驾驶。

三、舒适降低界限

这一界限与保持舒适相关。它影响成员在车上进行吃、读、写等的动作能力。

上述界限只是所允许的振动加速度值不同。暴露界限值是疲劳—降低工作效率界限值的 2 倍（增加 6 dB），而舒适降低界限为疲劳—降低工作效率界限值的 1/3.15（降低 10 dB）。而各个界限的允许加速度值随频率变化的趋势是相同的。图 3—39 是垂直和水平方向振动对人体影响的疲劳—降低工作效率曲线。图内曲线表明，随承受振动持续时间及所暴露的时间加长，该界限所允许的加速度值下降。图中注明的暴露时间是指每天重复工作在振动环境中持续的时间，对于偶尔的乘员，允许值有可能高一些。

从图 3—39 还可以得出，人最敏感的频率范围，即允许的加速度为最低值的频率范围，对于垂直振动是 4～8 Hz；对于水平运动是 2 Hz 以下。此外，在 2.8 Hz 以下，同样的暴露时间，水平振动允许的加速度值要低于垂直振动加速度的值；而在 2.8 Hz 以上则相反。为了应用 ISO 2631 疲劳—降低工作效率界限，首先要对汽车坐垫传至人体的振动进行频谱分析，以得到 1/3 倍频带的加速度均方根值 rms 的频谱。

ISO 2631 推荐了两种方法：

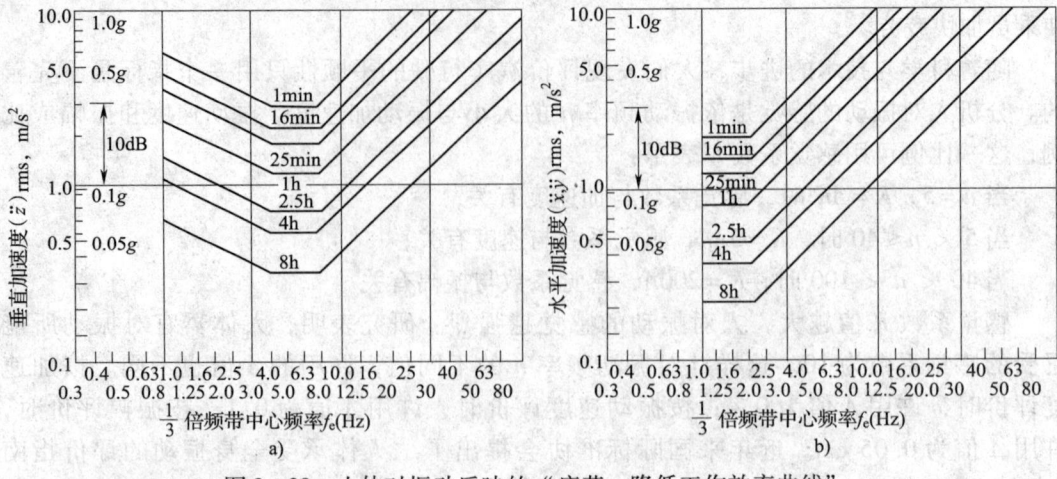

图 3—39 人体对振动反映的"疲劳—降低工作效率曲线"
a) 垂直方向（z 向）　b) 水平方向（x 纵向，y 横向）

1. 1/3 倍频带分别评价法

这一方法是把疲劳—降低工作效率界限和通过计算机或是频谱仪分析处理得到的 1/3 倍频带的加速度均方根值一起画在谱图上。查看各频带的加速度均方根值是否都在要保持的那个感觉界限之内。如果有任何一个值超出该界限，即表明未能保持在该感觉界限之内。使用这一方法的原因是振动对人体的影响主要是由单个影响最突出的频带造成的，因此，改善平顺性主要是不希望振动的能量过于集中，尤其是在人们最敏感的频率范围内不出现突出的尖峰。

2. 总加速度加权均方根值法

这个方法使用频率加权函数，将人体敏感频率范围以外的各个频带人所承受的加速度均方根值折算为等效于垂直振动 $4 \sim 8$ Hz，水平振动 $1 \sim 2$ Hz 的数值。

以下举例说明平顺性的评价方法。图 3—40 列举了一悬挂和坐垫参数均比较理想的汽车，在一般路面上和坏路面上，以 72 km/h 的时速行驶时，坐垫上的加速度在各个 1/3 倍频带内的均方根值。

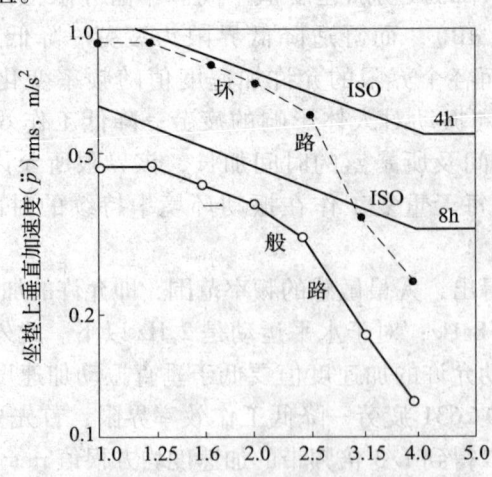

图 3—40　坐垫上垂直加速度的 1/3 倍频带均方根值频谱和 ISO 2631 "疲劳—降低工作效率界限"

单元测试题

一、单项选择题（下列每题的选项中，只有 1 项是正确的，请将正确答案的代号填在横线空白处）

1. 行驶阻力 ΣF 包括_____、空气阻力、上坡阻力和加速阻力。
   A. 驱动阻力　　　　　　　　B. 滚动阻力
   C. 摩擦阻力　　　　　　　　D. 机械阻力

2. 滚动阻力系数与_____、车速、轮胎的构造、材料和轮胎气压有关。
   A. 行驶速度　　　　　　　　B. 路面种类
   C. 附着系数　　　　　　　　D. 汽车形状

3. 制动时汽车方向稳定性是指汽车制动过程中按_____方向行驶的能力。
   A. 给定　　　B. 一定　　　C. 原来　　　D. 初始

4. 制动时制动器_____，制动器摩擦力矩显著下降的现象称制动器热衰退。
   A. 温度上升　　　　　　　　B. 温度不变
   C. 温度下降　　　　　　　　D. 温度改变

5. 转向车轮的_____是指转向车轮具有保持直线行驶位置及当绕转向节主销有偏转角时自动返回中间位置的能力。
   A. 临时效应　　　　　　　　B. 瞬时效应
   C. 固定效应　　　　　　　　D. 稳定效应

6. 转向车轮的稳定效应包括有转向节主销_____、转向节主销_____和轮胎侧向弹性偏离等产生的稳定作用。
   A. 侧偏角　内倾角　　　　　B. 前倾角　后倾角
   C. 包角　外倾角　　　　　　D. 内倾角　后倾角

7. 汽车操纵稳定性是指在驾驶员感到舒适的情况下，汽车按照驾驶员的意识行驶和_____的能力。
   A. 抗拒内部干扰　　　　　　B. 外界阻力
   C. 抗拒干扰　　　　　　　　D. 抗拒外界干扰

8. 汽车行驶转向时，转向机构突然失效，汽车将沿_____方向行驶。
   A. 原转向角度　　　　　　　B. 垂直
   C. 向内侧偏离　　　　　　　D. 原转弯半径切线

9. 汽车通过性是指汽车能以足够高的_____通过各种道路、无路地带和障碍物的能力。
   A. 平均速度　　　　　　　　B. 加速度
   C. 瞬时速度　　　　　　　　D. 减速度

10. 汽车通过性_____并影响其他性能的正常发挥如动力性、机动性、稳定性、平顺性等。
    A. 限制　　　B. 增加　　　C. 改变　　　D. 控制

11. 汽车几何参数有最小离地间隙 h，_____，离去角 β，纵向通过半径 ρ，横向通过半径 ρ′，最小转弯半径 R，_____（指公称半径），汽车车高 H。
    A. 接近角 α 车轮半径 r   B. 离去角 β 接近角 α
    C. 接近距 转弯半径   D. 转向角 车宽

12. 汽车_____转弯半径 R 表示汽车在最小面积内回转能力的机动性指标，表明汽车能通过_____转弯地带或绕开不可越过障碍物的能力。
    A. 最小 狭窄   B. 最大 狭窄
    C. 瞬时 狭窄   D. 给定 较窄

13. 对于一定车型，燃料经济性质表示随使用因素的变化而改变的，如汽车行驶的道路条件、_____条件、交通流量；汽车本身的技术状况、使用的挡位、行驶的速度；驾驶员的操作水平与_____；燃油质量等因素相关。
    A. 气候 爱好   B. 气候 心情
    C. 天气 心情   D. 天气 健康

14. 按国家标准规定的多工况法进行燃料消耗量测量时，汽车必须按规定的试验_____行驶。
    A. 加速   B. 循环   C. 任意   D. 随机

15. 国家标准规定了汽车等速行驶油耗的测试路段为_____m。
    A. 600   B. 500   C. 400   D. 800

16. 路上循环试验法是_____按标准进行的油耗测试验。
    A. 地方   B. 国家   C. 企业   D. 行业

17. 为保证货物的完整和安全，应限定车身的最大振动加速度在_____g。
    A. 0.6~0.7   B. 0.9~1
    C. 6~7   D. 0.8~0.9

18. 人最敏感的频率范围，即允许的为最低值的_____频率范围，对于垂直振动是 4~8 Hz；对于水平运动是_____Hz 以下。
    A. 加速度 2   B. 匀速度 2
    C. 加速度 8   D. 减速度 4

19. 汽车行驶的平顺性是指汽车在一般使用_____范围内行驶时，保证乘坐者不因车身振动引起不舒适和疲劳的感觉或保持所运货物不因汽车_____损坏的性能。
    A. 车速 振动   B. 加速 振动
    C. 减速 振动   D. 匀速 颠簸

20. 振动频率低于_____次/min 时，会使一部分人有呕吐感；而振动频率高于_____次/min 时，会使乘员加快疲劳。
    A. 60 88   B. 60 40
    C. 60 50   D. 75 90

二、判断题（下列判断正确的打"√"，错误的打"×"）

1. 汽车驱动与行驶必须满足式：$F_f + F_w + F_i \leq F_t \leq Z_2 \phi$。（   ）
2. 汽车驱动与行驶必须满足式：$F_f + F_w + F_i \geq F_t \geq Z_2 \phi$。（   ）

3. 汽车行驶时，摩擦力越小越好。（   ）
4. 附着率是指汽车以最大驱动力直线行驶时所要求的最低附着系数。（   ）
5. 制动时后轮先于前轮抱死拖滑更危险。（   ）
6. 制动时，前轮先抱死拖滑车辆处于相对稳定的状态。（   ）
7. 转向节主销后倾角和轮胎侧向偏离产生的稳定效应比较明显。（   ）
8. 转向节主销后倾角和轮胎侧向偏离产生的稳定效应不明显。（   ）
9. 汽车瞬态效应包括稳定性和瞬态响应特性。（   ）
10. 汽车的侧向力除转弯行驶产生的因素外，还与侧向风、道路横向坡度、道路不平等引起的侧向力有关。（   ）
11. 前轮振动指汽车在高速行驶时，转向车轮发生振动，车轮不按直线行驶的现象。（   ）
12. 对于有过度转向的汽车，随车速增大，离心惯性力 P_{jy} 将明显增加。（   ）
13. $v_{max} = (gR\Phi)^{1/2}$ m/s。（   ）
14. 汽车行驶的滚动阻力与车轮对地面的单位压力 p 有关。（   ）
15. 汽车的最大动力因数 D_{max} 必须大于等于道路滚动阻力系数 f，但不能超过汽车相对附着重量比 G_ϕ/G_a 与附着系数 ϕ 的乘积（小于地面附着力），才能正常行驶。（   ）
16. 汽车通过的力学参数指汽车行驶中支撑与牵引的参数。（   ）
17. 车高与汽车的负载无关。（   ）
18. 后轮驱动的汽车能够克服的垂直障碍物的高度 $h \approx 2r/3$，当双轴驱动时 $h \approx r$（注意：不能大于汽车的最小离地间隙）。（   ）
19. 汽车的经济车速是一变化值，随道路阻力增大而有所增加。（   ）
20. 汽车燃油经济性是以汽车行驶一定里程的油耗，或是以一定数量的燃油能行驶的里程来计算的。（   ）
21. 一般汽车说明书给出的油耗为多少升/百公里（L/100 km），是指汽车满载以经济时速在水平道路上行驶的最低油耗。（   ）
22. 油耗指标与运行的路况、汽车的技术状况、驾驶员的操作水平、天气等因素有关。（   ）
23. 载货汽车为保持货物的安全和完整，采用振动加速度来评价。（   ）
24. 平顺性一般用表征振动的物理量如频率、振幅、位移、加速度等参数作为评价指标。（   ）

单元测试题答案

一、单项选择题

1. B   2. B   3. A   4. A   5. D   6. D   7. D   8. D   9. A
10. A   11. A   12. A   13. B   14. B   15. B   16. B   17. A

18. A 19. A 20. A

二、判断题

1. √ 2. × 3. × 4. √ 5. √ 6. √ 7. √ 8. ×
9. √ 10. √ 11. √ 12. √ 13. √ 14. √ 15. √
16. √ 17. × 18. √ 19. × 20. √ 21. √ 22. √
23. √ 24. √

第4单元

点燃式发动机电控系统

- 第一节 点燃式发动机电控技术/112
- 第二节 点燃式发动机电控系统的基本结构/116
- 第三节 点燃式发动机电控供给系统的分类与控制/125
- 第四节 尾气排放的控制/130
- 第五节 可变进气系统与增压进气系统控制/135
- 第六节 电控点燃式发动机的自诊断功能/139
- 第七节 辅助控制系统/150

国际和国内汽车业界人士都已经认识到，评价汽车技术水平和等级的指标之一是电子装置在汽车装备中所占的比例。汽车上已经使用的电子装置多达上百种，它们由各种形式的传感器、集成电路组件、微处理器、存储器、I/O接口、执行元件、显示器和设计软件集合而成，以实现多方面的控制，提高汽车性能和满足日益严格的法规要求。这些汽车电子装置的研制和使用，首先改善了排气污染，保护了环境，节约了能源；其次提高了汽车的安全性和操纵性，创造了更加舒适的乘车环境，实现了汽车故障自诊断与报警。汽车电子化的实现使人们享受到汽车技术进步的成果，也进一步激发了汽车业与电子行业的工程师们不断为汽车技术进步作出更新贡献的热情。

第一节 点燃式发动机电控技术

现代点燃式发动机气缸内的可燃混合气是用高压电火花点燃的，高压电火花由点火系产生。点火系按发动机工况的要求，及时可靠地点燃气缸内的可燃混合气，保证发动机正常工作。

在点燃式发动机的各项参数中，可燃混合气浓度（空燃比）和点火提前角是对发动机性能有重要影响的两个参数，它们直接影响发动机的动力性、经济性和排放性能。点燃式发动机在不同工况下，由于运行条件不同，对可燃混合气的浓度（空燃比）和点火提前角的要求也不同。

一、空燃比对点燃式发动机工作的影响

点燃式发动机燃料供给系按一定的燃料和空气的比例给气缸提供定量的可燃混合气，可燃混合气中空气和燃料的质量之比称为空燃比，一般用 A/F 表示，公式如下：

$$A/F = 空气质量 / 燃料质量$$

以汽油为例，使 1 kg 汽油完全燃烧，理论上需要 14.7 kg 空气。按上述公式计算，空燃比为 14.7。为满足发动机不同工况的要求，需要燃料供给系供给不同浓度的可燃混合气，这时所消耗的空气量不一定是理论上所需要的空气量。燃烧 1 kg 燃料实际消耗的空气量与理论空气量的比值称为过量空气系数，用 λ 表示：

$$\lambda = 实际消耗空气量 / 理论消耗空气量 = (A/F)/14.7$$

λ 的值有可能：

$\lambda < 1$	$A/F < 14.7$	浓混合气
$\lambda = 1$	$A/F = 14.7$	理论可燃混合气
$\lambda > 1$	$A/F > 14.7$	稀混合气

图 4—1 给出了可燃混合气浓度与燃烧温度、输出功率和油耗的关系。从图中可以看出，可燃混合气浓度 A/F 为 13.5～14.0 时燃烧温度最高；而空燃比 A/F 为 12～13 时燃烧速度最快，可使发动机发出更大功率，称为功率可燃混合气。为了使燃料充分燃烧，需要供给比理论空气量稍多一些的空气量，使发动机的耗油率最低，这种稍稀的可燃混合气比例（$A/F = 16～18$）称为经济可燃混合气。在驾驶汽

车时，应尽可能使发动机在经济可燃混合气的浓度下工作，可使燃料消耗量相对较低。

由于发动机要克服不同的运行阻力稳定工作，在不同的工况条件下，对发动机的动力性、经济性、排放性有不同的要求，因此要求可燃混合气的空燃比也不同。点燃式发动机燃料供给系必须按发动机不同工况的要求，及时、精确地供给发动机所需要的可燃混合气。

1. 稳定工况对空燃比的要求

发动机在稳定工况下运转时，没有转速和负荷的剧烈变化，对可燃混合气的要求依据实际运行的转速和工况而定。稳定工况可分为怠速、小负荷、中等负荷、大负荷和满负荷几种情况。

怠速运转时，发动机无输出功率，节气门处于关闭状态，进气歧管内的真空度很大。当进气门开启时，气缸内的压力可能高于进气歧管内的压力，于是废气反冲入进气歧管，使吸入气缸内的可燃混合气含有较多的废气。为保证这种被稀释的可燃混合气能正常燃烧，必须供给很浓的可燃混合气，如图4—2所示中的 A 点。随节气门开大，废气对可燃混合气的稀释程度将逐渐减弱，所以在小负荷工况运转时，可燃混合气的浓度随负荷加大而逐渐变稀，空燃比逐渐变大，如图4—2所示中 AB 段。

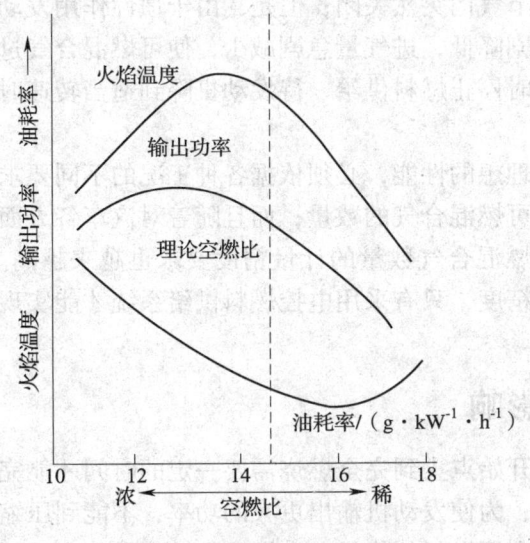

图4—1 空燃比与火焰温度、输出功率、油耗的关系

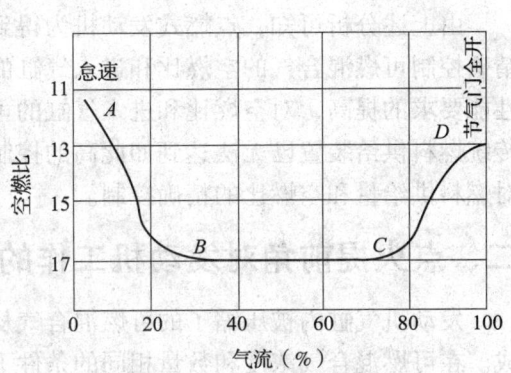

图4—2 汽油发动机可燃混合气空燃比随负荷变化的关系

在中等负荷时，节气门已经开得足够大，废气的稀释影响已经极小，为获得良好的经济性，需要供给发动机稀可燃混合气。这种工况如图4—2所示的 BC 段，可燃混合气浓度的空燃比 A/F 为 16～17。

在大负荷时，节气门开度已经超过75%，这时要随节气门开度增大，逐渐加大可燃混合气浓度，使发动机输出更大的功率，如图4—2所示中的 CD 段。实际上，在节气门尚未全开以前，如果需要获得更大的转矩，只要将节气门进一步开大即可，没必要供给功率可燃混合气提高发动机输出功率，而应继续供给经济可燃混合气以获得发动机的良好的经济性。因此，在节气门全开以前，所有部分负荷均供给经济可燃混合气，可使发动机具有良好的经济性。在全负荷时，节气门全开，使发动机输出最大功率，才供给功率可燃混合气，如图4—2所示中的C点。

2. 过渡工况对可燃混合气浓度的要求

汽车在实际运行过程中，发动机要适应不断变化的情况，更多的是在非稳定工况运转，负荷和转速随时间不断变化。

汽车冷起动时，燃油和空气的温度很低（冬季时均在零下），燃料蒸发性差；为保证顺利起动，需要供给极浓的可燃混合气，空燃比可小至$A/F=2$。

起动后，发动机进入暖机阶段，仍然需要供给较浓的可燃混合气，其浓度应随发动机温度逐渐提高而降低，直至发动机温度达到正常值能以正常的可燃混合气浓度稳定运转为止。

汽车加速时，节气门突然开大，进气管压力随之增加；由于燃料的惯性较空气大，加之进气管压力增大后燃料蒸发量减小，使进入气缸内的可燃混合气瞬间变稀，加速时甚至出现过稀，导致发动机输出功率下降，转速下降。为防止出现这种现象，加速时应适当加大可燃混合气浓度给予补偿，以获得良好的加速过渡性。

在汽车减速时，驾驶员抬起加速踏板，节气门突然关闭；但是，由于惯性作用发动机仍保持很高的转速，致使进气管内压力急剧降低，进气量急剧减少，使可燃混合气过浓。为避免出现这种现象，减速时最好能暂时停止燃料供给，待发动机降到适当转速时再恢复供给燃料。

由上述分析可知，点燃式发动机为得到理想的性能，必须依据各种工况的不同要求精确控制可燃混合气的空燃比和进入气缸的可燃混合气的数量；而且随着对汽车各方面性能要求的提高，对空燃比和进入气缸的可燃混合气数量的计量精度要求也越来越高。传统燃料供给装置已无法达到如此高的控制精度，只有采用电控燃料供给系统才能实现对燃料供给量和空燃比的精确控制。

二、点火提前角对发动机工作的影响

发动机气缸内被压缩了的可燃混合气从开始点火到完全燃烧需要一定的时间才能完成。在可燃混合气浓度和数量相同的条件下，为使发动机输出更大的功率，不能到压缩终了才点火，必须适当提前点火，才能充分利用燃料的能量。点燃式发动机的点火时刻用点火提前角表示，它是指从火花塞开始点火到活塞运行到上止点时曲轴所转过的角度。对于现代发动机，最佳点火提前角既要保证发动机具有好的经济性、动力性，还要有良好的排放性能。

不同发动机的最佳点火提前角不同，即使同一台发动机在不同使用工况和条件下，最佳点火提前角也不同。影响最佳点火提前角的主要因素有：发动机转速、可燃混合气浓度、进气歧管绝对压力、进气压力、冷却液温度、燃料的辛烷值、发动机的压缩比、发动机燃烧室形状等。

三、可燃混合气浓度（空燃比）和点火提前角对点燃式发动机排放的影响

在大气污染中，汽车尾气排放所占的比重很大。据相关资料介绍，大气中所含一氧化碳（CO）的75%、碳氢化合物（HC）和氮氧化物（NO_x）的50%来源于汽车尾气排放。随着科学技术的发展和人类社会对生存环境的关注，对日益严重的汽车带来的大气污染，各国相继制定了越来越严格的排放法规，努力解决汽车尾气污染问题。

车用燃料，无论是汽油、柴油、液化石油气（LPG）、天然气（NG），全是碳氢化合物的混合物。在发动机气缸内，碳氢化合物与空气充分混合后燃烧，绝大部分形成为水（H_2O）和二氧化碳（CO_2）。由于燃烧条件的不同，一部分燃烧不充分的燃料生成CO和HC化合物。由于燃烧时气缸内的温度很高，空气中的氮（N_2）与氧（O_2）化合生成氮氧化物（NO_x），对人类和环境造成极大危害。

以汽油发动机为例，其对环境的污染来源有三项：尾气排放、汽油蒸发和曲轴箱窜气，见表4—1。

表4—1　　　　汽油机的排放污染来源及相对排放量（%）

排放污染源	CO	HC	NO_x
排气	100	55	100
燃料泄漏	—	20	—
曲轴箱窜气	—	25	—

发动机排气污染是汽车排放污染的主要来源，其中空燃比、点火提前角和发动机的压缩比对排放的影响最明显。

1. 空燃比

当低于理论空燃比14.7时，随可燃混合气逐渐加浓，由于燃烧所需的氧气不足，燃烧不完全，排出的一氧化碳（CO）含量急剧增加；当空燃比达到16，排出的一氧化碳（CO）含量趋于稳定，且示值很小。因此，要减少排出的一氧化碳（CO）的含量，需要供给稀的可燃混合气。实验证明，点燃式发动机排出的一氧化碳（CO）的含量主要决定于空燃比，其他因素的影响较小。

HC的排放量在空燃比低于17时，随空燃比的增大而降低。但当空燃比超过17且继续增大时，由于可燃混气过稀，火焰传播速度减低，甚至发生断火，使HC排放浓度迅速增加。

氮氧化物（NO_x）与一氧化碳（CO）、碳氢化合物（HC）不同。当可燃混合气很浓时，由于燃烧高峰温度低和可利用的氧气含量相对较低，使NO_x的生成条件被破坏，导致其含量下降。当空燃比为15.5~16时，由于燃烧温度高，具有相对充足的氧气，排出的氮氧化物（NO_x）含量最高。当可燃混合气的浓度再稀，空燃比大于16时，由于燃烧温度下降，氮氧化物生成条件之一的温度不具备，使氮氧化物生成的速度降低，虽然这时氧气充分，尾气中氮氧化物的含量仍然下降。当可燃混合气浓度很高或很低时，尾气中的氮氧化物（NO_x）含量均较低。

2. 点火提前角

推迟点火时刻，碳氢化合物（HC）的排放将减少，这是因为点火时刻推迟后，在燃烧室内燃烧时间缩短；由于后燃，使排气温度上升，促进了一氧化碳（CO）、碳氢化合物（HC）氧化。此外，由于燃烧时气缸的面容比减小，燃烧室内形成碳氢化合物（HC）的淬冷面积减小，使排出的碳氢化合物（HC）减少。必须指出，推迟点火时刻，虽然使排放污染物有所下降，却牺牲了发动机的动力性和经济性。

点火提前角对一氧化碳（CO）的排放量影响较小，但是过分推迟点火，也会使一氧化碳（CO）在燃烧室内没有充足的时间完全氧化导致一氧化碳（CO）排放量的增加。无论发动机在任何转速和负荷情况下，加大点火提前角，燃烧温度升高，氮氧化物（NO_x）的排放浓度都增加。

3. 压缩比

发动机压缩比提高，可提高发动机的热效率。压缩比提高后，燃烧温度提高，在具备充足氧气的情况下，会导致氮氧化物（NO_x）排放量的增加。在日益严格的排放法规条件下，为减少发动机氮氧化物（NO_x）排放量，发动机的压缩比必须控制在适当的范围。

第二节 点燃式发动机电控系统的基本结构

一、点燃式发动机电控系统的基本结构

点燃式发动机电控系统主要由信号输入装置、电控单元（ECU 或 ECM）、执行器等组成。如图 4—3 所示是汽油发动机典型电控系统。

二、信号输入装置及输入信号

点燃式发动机电控系统是通过各种开关和传感器或其他信号输入装置将发动机运行工况的各种信息输入计算机（ECU）。点燃式发动机电控系统采用的传感器种类繁多，不同型号或不同年代生产的电控系统所采用的传感器数量多少不一，即使同一类型的传感器也有多种结构形式。随着电控系统控制功能的拓展，传感器及输入信号的数量必将不断增加。这里着重介绍对传感器的性能要求、选用原则及其在电控系统中的作用。

1. 电控系统对传感器的要求

传感器的性能指标包括精度、响应特性、可靠性、耐久性、结构紧凑性、适应性、输出特性和制造成本等。现代发动机电控系统采用微型计算机，对传感器的性能要求已经宽松得多。

（1）传感器输出的线性特性不一定重要，只要再现性好，即使线性特性不良，通过计算机也能计算修正。

（2）采用计算机处理信号后，传感器的数量不受限制。

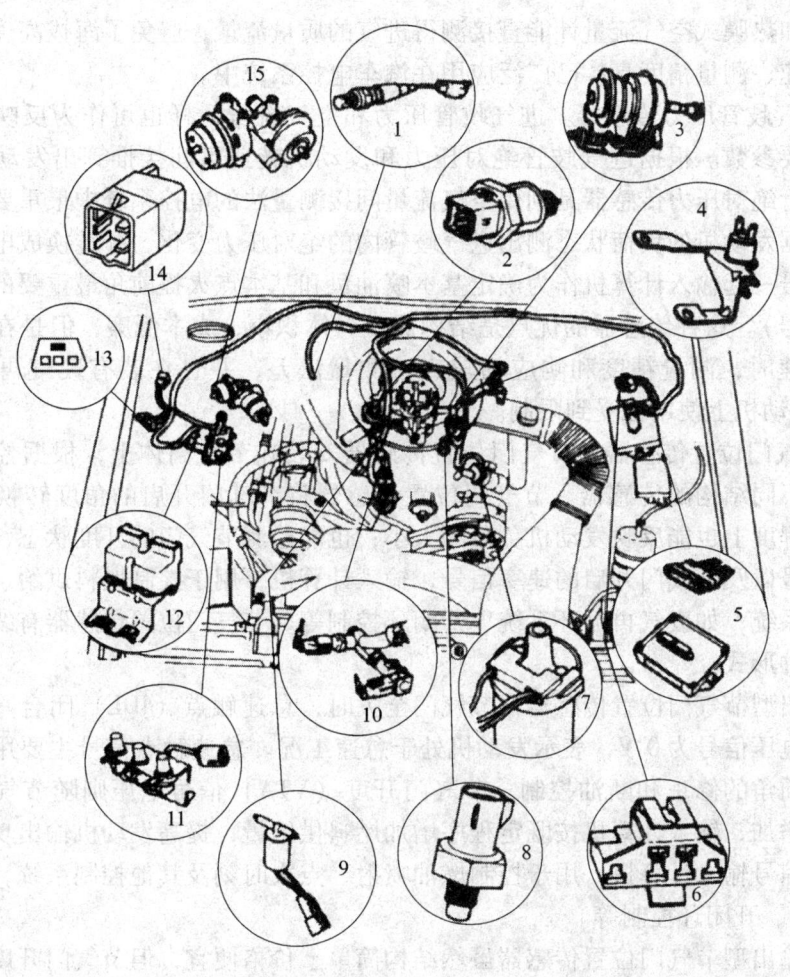

图 4—3 汽油发动机典型电控系统

1—氧传感器 2—混合控制电磁阀 3—节气门位置控制器 4—节气门位置控制器线圈 5—发动机计算机
6—用于车体电控系统的自检接口 7—发动机转速传感器 8—爆震传感器 9—清除电磁阀
10—水温传感器 11—真空开关 12—旁通电磁阀和转向电磁阀
13—发动机系统自检接口 14—继电器 15—空气阀

（3）传感器信号可共用和加工。在发动机几种控制系统中，一个传感器或一个输入信号可以多次重复使用，作为几个控制系的输入信号。对输入信号加工，可得到另一信号，如对速度信号微分即可得到加速度信号。

（4）可以进行间接测量。

2. 电控系统的测量型号和装置

（1）空气流量计。空气流量计能直接测得进入气缸的空气的体积流量或质量流量，并将其转换成电信号输入计算机，作为决定基本喷油量和基本点火提前角最重要的主控制信号（负荷信号）。发动机电控系统中常用的空气流量计有风门式空气流量计和卡门漩涡式空气流量计，属体积流量型空气流量计；热线型空气流量计和热膜式空气流量计属质量流量型空气流量计。

热线式和热膜式空气流量计能直接测得进气的质量流量，避免了海拔高度引起的误差，响应迅速、测量精度高，已广泛应用在汽车电控系统中。

（2）进气歧管压力传感器。进气歧管压力和空气流量一样也可作为反映发动机负荷的一个重要参数。根据进气歧管绝对压力和发动机转速可间接推算出发动机的进气量，进气歧管绝对压力传感器是利用空气流量间接测量法的电控系统中最重要的传感器之一。它依据发动机的负荷状态测出进气歧管内的绝对压力变化，并转换成电信号与发动机转速信号一起输入计算机作为确定基本喷油量和基本点火提前角最重要的主控制信号（负荷信号）。这种传感器的优点是结构简单、体积小、成本低廉，但是在发动机急加速和急减速时，测量精度和响应均较直接测量法差，并且在装有废气再循环系统（EGR）的发动机上使用也受到限制。

（3）节气门位置传感器。节气门位置传感器安装在节气门体上，根据控制方式的不同，选用不同结构的传感器。节气门位置传感器将节气门开启的角度转换成电压信号；在一定程度上也能反映发动机负荷的大小；也能检测节气门的开度状态，如急速信号、全开信号以及节气门开启的速率信号，输入计算机，用于控制燃料供给、点火时刻及气体控制系统，如废气再循环系统、开闭环控制等。节气门位置传感器有线性输出和开关输出两种形式。

线性输出型节气门位置传感器在节气门全关时，急速触点（IDL）闭合（ON），输入计算机的电压信号为 0 V，表示发动机处于急速工况。急速触点信号主要用于急速控制、点火提前角的修正和断油控制。节气门开度（VTA）信号电压则随节气门开度的增大而线性增加，输入计算机按既定程序增加燃料供给量，提高发动机输出功率。节气门开度速率信号输入计算机，用于控制燃油喷射、点火时刻及其他控制系统，如废气再循环（EGR）、开闭环控制等。

开关量输出型节气门位置传感器虽然结构简单、价格便宜，但节气门开度的检测性差，现在电控系统中已很少应用。

（4）转速与曲轴位置传感器。曲轴位置传感器是发动机集中控制系统中与负荷信号同等重要的传感器，是控制燃料供给量和点火时刻、确认曲轴位置必须的信号源，其检测并输入计算机的信号包括活塞上止点信号、判缸信号及曲轴转角信号等三种信号，同时也是供测量发动机转速的信号源。无论是用空气流量计还是用进气歧管绝对压力传感器或节气门位置传感器检测发动机进气量，都还需用发动机转速求得每次循环吸入的空气量，才能确定每次循环符合最佳空燃比的燃料供给量。因此，转速和曲轴位置传感器是燃料供给量和点火控制的重要主控信号。

曲轴位置传感器所包括的三种信号是活塞上止点信号、判缸信号和曲轴转角（转速）信号，可合并成一个传感器总成，也可以分为各自独立的传感器。它们的安装位置可分别在曲轴前端或中部、凸轮轴前端或后端、飞轮上方和分电器（此结构较老，新型电控车辆已经不再采用此种结构）内。车辆不同，所采用的传感器结构形式和传感器数量不完全一致。曲轴位置传感器有电磁式、霍尔式和光电式三大类，光电式传感器已极少应用。

（5）冷却液温度传感器。冷却液温度传感器用来检测发动机冷却液温度，显示发动机的热状态，作为计算机控制燃料供给和点火时刻的最重要的修正信号。

电控系统中通常采用负温度系数（NTC）的热敏电阻式温度传感器，用于测量冷却液温度。这种温度传感器灵敏度高、响应特性较其他形式的温度传感器要好。冷却液温度传感器一般安装在最能表征发动机热状态的位置，如出水总管、节温器壳体等处。随温度升高，热敏电阻值下降（负温度系数）。

计算机中的电阻与冷却液温度传感器的电阻串联。当发动机温度低时，燃料蒸发性差，供应浓可燃混合气；此时热敏电阻的阻值大，计算机检测到的分压值（THW）高，根据该信号，计算机增加燃料供给量，使发动机在冷机情况下正常运转。发动机达到正常工作温度时，可燃混合气形成条件好，可使用经济可燃混合气；此时温度传感器的热敏电阻值低，计算机检测到的分压值（THW）也低，计算机控制燃料供给系减少燃料供给。

（6）进气温度传感器。进气密度随进气温度和大气压力改变，因此，无论是使用进气歧管绝对压力传感器，还是采用体积流量型的风门式或卡门旋涡式空气流量计的控制系统，都必须用进气温度传感器联测进气温度，向计算机输入进气温度（THA）电压信号，作为燃料供给量和点火时刻控制的修正信号。

进气温度传感器是热敏电阻式，结构、工作原理和输出特性均与冷却液温度传感器相同。

在采用进气歧管绝对压力传感器的系统中，进气温度传感器安装在空气滤清器壳体内或进气总管上，而风门式或卡门旋涡式空气流量计自身带有温度传感器。

（7）大气压力传感器。进气密度随大气压力的变化而变化，因此，在采用体积流量型空气流量计的电控系统中，为了提高测量和控制精度，补偿大气压力的变化对进气质量的影响，增加一个大气压力传感器，向计算机输入大气压力信号，作为燃料供给量和点火时刻的控制修正信号。在采用进气歧管绝对压力传感器的电控系统中通常是进气歧管绝对压力传感器和大气压力共用一个传感器。这需要在进气歧管绝对压力传感器至进气总管的取气管路中间加设一个由计算机控制的两通电磁阀——大气压力读出阀。常通端接进气歧管绝对压力传感器，检测进气歧管绝对压力。当需要检测大气压力时，常通端关闭，大气压力读出阀大气压力传感器一端打开，传感器与大气相通，读取大气压力。

（8）氧传感器。氧传感器用于检测发动机排气中的氧含量，向计算机输入空燃比 λ 的反馈信号，是进行燃料供给量（空燃比）λ 闭环控制的重要传感器。

（9）爆震传感器。爆震传感器向计算机（ECU）输入发生爆震的信号，用来调整点火提前角，抑制爆震产生，是进行点火提前角闭环控制的重要传感器。

（10）车速传感器（SPD）。车速传感器一般安装在变速器上，用来测量汽车的行驶速度。

车速传感器主要有舌簧开关式、电磁感应式和光电耦合式等。

车速表软轴每转一周，磁铁的极性变换 4 次，使舌簧开关的触点打开或闭合，车速传感器产生一定数量的电脉冲，据此计算机即可以确定汽车行驶速度和行驶里程。除此之外，车速传感器还可实现下述功能：

减速断油功能、超速断油功能、配合巡航控制系统控制功能、车速传感器与节气门位置传感器的怠速触点信号配合调节发动机转速的功能、提示按行驶里程更换氧传感器的功能。

(11) 启动信号（STA）。启动信号用来判断发动机是否处于启动状态，作为启动时燃料供给和点火提前角的修正信号。发动机启动时，进气管内空气流速慢、温度低，可燃混合气形成条件差，为改善启动性，需供给加浓可燃混合气。在装手动变速器（MT）的汽车上，计算机的启动信号端子直接与启动开关连接。在装自动变速器（AT）的汽车上，计算机的启动信号与空挡启动开关（NSW）相连。发动机启动时，空挡启动开关导通，计算机检测到启动信号，确认发动机处于启动状态并自动增加燃料供给量。

现在有些型号的发动机电控系统已经取消启动信号，由计算机根据发动机转速信号确定启动状态。

(12) 空挡启动开关信号（NSW）。在装用自动变速器（AT）的汽车中设有空挡启动开关，一般安装在变速器壳体上。它有两种作用：一是只有在停车挡（P）或空挡（N）时，空挡开关才能导通，发动机才能启动，否则该开关断开，防止变速器不在空挡（N）或停车挡（P）错误启动发动机；二是计算机（ECU）用该开关信号（NSW）识别自动变速器是处在空挡（N）或停车挡（P）还是处于低挡（L）、前进高挡（D_2）、前进挡（D）或倒挡（R）。在自动变速器由停车挡（P）或空挡（N）换入其他挡位时，发动机负荷将有所增加，为保持怠速稳定和平滑过渡，该开关向计算机输入信号，作为燃料供给量和点火提前角控制的修正信号。

当点火开关在启动位置（ST）时，计算机（ECU）和空挡开关端子（NSW）与蓄电池正极相连。如自动变速器处于低挡（L）、前进高挡（D_2）、前进挡（D）或倒挡（R）等挡位行驶时，空挡开关断开，空挡启动开关信号（NSW）端是高电位；若自动变速器处于停车挡（P）或空挡（N）时，空挡启动开关导通，由于起动机载荷造成电压降，空挡启动开关信号端是低电压信号，由此计算机就可识别空挡启动开关信号。

(13) 空调信号（A/C）。空调信号（A/C）用来检测空调压缩机是否工作，该信号与空调压缩机电磁离合器的电源连接。计算机根据空调信号（A/C）得知空调压缩机进入工作状态，用于发动机加大输出功率的信号，控制发动机怠速，作为怠速工况燃料供给量和点火提前角的修正信号。在有些车型上，空调信号（A/C）分为空调请求信号和空调选择信号。

1) 空调选择信号。空调选择信号是通知计算机空调被选用，发动机需要增加输出功率的信号。

当空调开关打开时，若空调低压开关（压力开关）闭合，12 V 信号通过空调选择端子，进入计算机。计算机接收到空调被选用的信息，即输出相应的信号，通过控制怠速步进电动机（怠速空气阀），调整发动机转速到计算机存储器中预设的转速值，增加发动机输出功率。

2) 空调请求信号。空调请求信号表示使用空调时蒸发器温度在允许范围内，驾驶员选用空调后，若蒸发器开关闭合，将向计算机输入一个空调请求信号，计算机即将其内的空调继电器电路接通，空调继电器触点闭合，空调压缩机电磁离合器接合，空调压缩机工作，同时确定怠速步进电动机处于准确位置。

如果空调低压开关断开（表示制冷剂不足），计算机将接收不到空调选择信号，切断空调压缩机继电器接地电路，空调压缩机不工作。

如果空调蒸发器开关断开则表示蒸发器的工作温度超出允许范围，计算机接收不到空调请求信号并切断空调继电器接地电路，空调压缩机也不能工作。

（14）发电机输出信号。发电机输出端与计算机和蓄电池均相接，主要功能一是在发动机工作时，该信号可以判断发电机有无输出，同时可以判断充电系统充电电压过高或过低的故障；二是根据该输出电压信号的高低，计算机可调节发电机的激磁电流，使发电机输出电压保持在规定值，在发动机怠速运转时，通过控制发动机转速调节充电率；三是根据发电机输出电压的变化，计算机可调整燃料供应控制脉冲宽度和点火闭合角度，是燃料供给控制脉冲宽度和点火控制的修正信号之一。

（15）蓄电池电压信号。蓄电池电压信号表示蓄电池电压的高低。蓄电池是发动机和计算机的电源。计算机与蓄电池处于常通状态，即使发动机停止工作，蓄电池仍向计算机供电（5~20 mA），以免存储器中储存的故障代码和发动机运行信息数据消失。除此之外，该信号的功能一是当蓄电池电压变化时，计算机立即对燃料供给控制脉冲宽度进行修正，是修正燃料供给脉冲宽度的条件之一；二是当蓄电池电压变化时计算机立即对点火闭合角进行修正，它是改变闭合角的重要条件之一。

（16）制动开关信号。制动开关信号是表示制动器是否工作的信号。当汽车制动时，制动器开关中间触点断开（见图4—4），信号输入计算机，如果计算机同时收到节气门位置传感器怠速信号即认为是减速工况，并通过怠速步进电动机（怠速控制阀），使发动机保持预定怠速运转；此时如果巡航系统在工作，则当图4—4中开关上方的触点断开，信号输入计算机，计算机退出巡航工作状态；与此同时，图4—4中下方的触点闭合，接通制动显示电路，制动灯点亮。

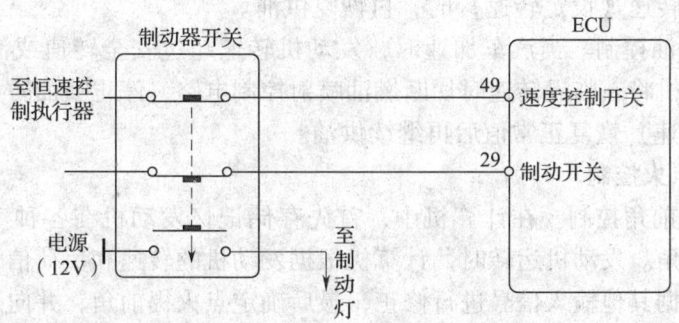

图4—4 制动开关信号电路

（17）动力转向开关信号。在具有动力转向的汽车上，动力转向开关是在动力转向助力油泵的高压油路中安装的一个压力开关，该开关信号表示动力转向开关闭合（高压油路压力升高），将使发动机负荷增加的信息。

当转向泵负荷高于某一值时或发动机转速低，将使转向开关闭合，计算机（ECU）输出一个信号，此时计算机将控制怠速步进电动机（怠速空气阀）提高发动机转速，

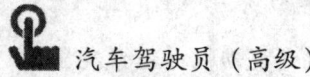

防止发动机在增加负荷时熄火。

（18）巡航控制开关信号。汽车进入巡航（定速行驶）控制状态时，巡航控制开关向计算机输入巡航控制状态信号，计算机（ECU）根据行驶阻力变化，自动增减节气门开度，使汽车保持设定的速度。

（19）废气再循环阀（EGR）位置传感器。废气再循环阀位置传感器是用来检测废气再循环阀（EGR）的开度位置信号，反馈给计算机作为控制废气再循环的参考信号。

三、点燃式发动机电控系统功能

点燃式发动机电控系统的功能是按发动机的不同工作状况，供给发动机一定量精确配比的可燃混合气，按发动机的点火顺序准确点火，保证发动机正常工作；同时检测发动机燃烧、排放情况，将采集到的数据反馈给计算机（ECU），随时校正发动机的工作数据，保证发动机具有良好的动力性、经济性和排放性。发动机电控喷射系统主要具备以下功能。

1. 实施燃油喷射控制

（1）喷油量控制。计算机将发动机转速和负荷信号作为主控信号，确定基本喷油量（喷油脉宽），再依据其他相关输入信号如水温、大气压力、氧含量等信号加以修正，确定总喷油量。

（2）喷油定时控制。当采用与发动机运转同步的顺序独立喷射方式时，计算机不仅要控制喷油量，还要根据发动机各缸的点火顺序，将喷射时间控制在一个最佳的时刻。

（3）减速断油控制。汽车在行驶中，驾驶员快速抬起加速踏板时，计算机将判断发动机转速，当发动机转速高于设定的转速时，计算机将断开燃油喷射控制电路，停止喷油，降低减速时的碳氢化合物（HC）和一氧化碳（CO）排放量，减少油耗。当发动机转速降至临界转速（设定转速）时，再恢复供油。

（4）超速供油控制。当汽车加速时，发动机转速超过安全转速或汽车车速超过最高车速时，计算机将在临界转速时切断燃油喷射控制电路，停止喷油防止超速运转；当发动机转速（车速）恢复正常值后再继续供油。

2. 发动机点火控制

（1）点火提前角控制。在计算机中，首先存储记忆发动机在各种工况及运行条件下最佳点火提前角。发动机运转时，计算机根据发动机的转速和负荷信号，确定基本点火提前角，再依据其他输入信号进行修正，最后确定点火提前角，并向点火控制系统发送出指令，控制点火系给发动机准确点火，保证发动机正常工作。

（2）通电时间控制与恒流控制。为保证点火线圈的初级电路有足够大的断开电流，以产生足够高的次级电压，同时也要防止通电时间过长使点火线圈因过热损坏，计算机可根据蓄电池电压及转速等信号，控制点火线圈初级电路的导通时间，防止点火线圈过热。在高能点火系统中，还增加了恒流控制电路，以便在极短的时间内初级电流迅速增长到额定值，减少转速对次级电压的影响，提高发动机高转速时的点火能量，保证发动机顺利点火。

(3) 爆震控制。当计算机接收到爆震传感器输出的信号后,计算机对信号进行滤波处理,判定有无爆震;在检测到爆震时,立即调整点火提前角,消除爆震因素;在无爆震时,则采用提前角反馈控制方式。这项控制是点火时刻控制的追加功能,在装有废气涡轮增压器的发动机上常采用这种装置。

(4) 怠速控制(ISC)。发动机在汽车运转、空调压缩机工作、变速器挂入挡位、发动机负荷加大和转速增高时,由计算机控制发动机怠速,使其均处在最佳怠速情况下运转。

3. 排放控制

(1) 废气再循环(EGR)控制。当发动机排气温度达到一定温度值时,根据发动机负荷和转速,计算机控制 EGR 阀工作,适当的废气再循环、进入燃烧室,以降低氮氧化物(NO_x)的排放量。

(2) 开环与闭环控制。在装有三元催化装置的发动机中,计算机根据发动机工况及氧传感器反馈的空燃比信号,确定开环与闭环控制方式。

(3) 二次空气喷射控制。计算机根据发动机工作温度,控制新鲜空气喷入排气歧管和三元催化转化器中,以减少排气中的有害物。

(4) 活性炭罐排泄电磁阀控制。计算机根据发动机工作温度、转速、负荷等信号,控制活性炭罐排泄电磁阀的工作,将活性炭吸附的汽油蒸气吸入进气管,降低碳氢化合物(HC)的蒸发污染。

4. 进气与增压控制

(1) 计算机根据转速传感器检测的发动机转速信号控制进气增压控制阀的开闭,改变进气歧管的有效长度,实现中低转速区和高转速区的进气谐波增压,提高充气效率。

(2) 计算机根据进气压力传感器检测的进气压力信号控制废气涡轮增压器的废气放气阀或可变喷嘴,以获得最佳的增压压力。

5. 发电机控制

计算机根据发电机输出电压的变化,调节发电机的激磁电流,使发电机输出电压保持稳定。

6. 巡航控制

汽车在高速公路上行驶时,当驾驶员选择巡航行驶模式时,计算机可通过巡航控制系统根据行驶阻力变化,自动调节节气门开度,无须驾驶员操纵加速踏板,就可以使汽车行驶速度保持一定,处于巡航状态,减轻驾驶员的劳动强度。

7. 警告控制

计算机控制各种指示、警示装置,显示相关控制对象的工作状态,当控制对象工作出现异常时及时发出警告信号,如氧传感器失效、催化转换器温度过高、车门未关到位、制动防抱死装置故障、油箱油温过高等。

8. 自我诊断与报警

当控制系统出现故障时,计算机将会点亮仪表板上的检查发动机灯,提示驾驶员发动机已存在故障,并将故障码储存到计算机中。维修人员可通过计算机的诊断插座,将专用的故障诊断仪(解码器)与其连接,调取故障代码,了解发动机运行资料,供检

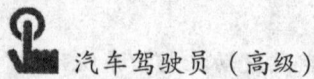

测、排除故障使用。

9. 安全保险功能

当计算机检测到传感器或其线路出现故障时，即自动按计算机中预先设定的代用值替代传感器信号，以便发动机仍能维持运转（此时发动机性能有可能下降），也可在一定时间内将汽车开至修理厂修理。

10. 备用控制（跛行回家功能）

当计算机本身发生故障时，则会启动备用系统，使发动机转入强制运行状态，以便将汽车开至修理厂进行检修，因此时是带故障维持行驶，故有"跛行回家"的昵称。

四、点燃式发动机电控系统的控制方式

现代点燃式发动机电控系统分为两大类：开环控制系统和闭环控制系统。

1. 开环控制系统

电控发动机为实现发动机各工况最佳的综合性能，必须将相应的最佳控制参数预先存储到计算机的只读存储器中，在发动机运转过程中，计算机根据发动机各传感器输送来的信号，判断发动机当前所处的运转工况，并从只读存储器中查出需要的控制参数数据，经计算机做必要的修正，输出相应的控制信号，控制发动机运转，而不检测控制的结果，这种控制方式称为开环控制。

采取开环控制方式，要将大量的控制参数编制成相应的二维或三维控制图，称为相应控制参数的脉谱图。脉谱图一旦存入计算机的只读存储器中，就不再变动。计算机使用只读存储器的数据一般有两种方式：计算法和检索法。检索法使计算机以极快的速度查取与发动机工况对应的各控制参数的基本数值和修正值，实施对发动机的控制，主要用于以下两种情况：一是当发动机所处工况不正好在脉谱图纵、横坐标编码的交点上，再用内插法计算出该工况的控制参数；二是将检索或计算得到的各控制参数的基本数据及修正值，根据相应的数字模型（计算公式）综合及计算出控制参数的最终值。

开环控制因存在不能按发动机实际运转工况校正控制参数的缺陷，不能完全满足日益严格的排放法规和对发动机动力性、经济性等的要求，为弥补开环控制的这一不足，采取闭环控制方式。

2. 闭环控制系统

发动机开环控制系统的控制程序和参数，是按发动机的最佳技术状态设计的，而实际发动机的状态是千差万别的，因此，发动机开环控制不能满足对不同技术状况发动机的最佳控制；发动机在实际运转中，技术状况随时都在发生变化，开环控制也不能对控制参数按发动机的实际工况进行修正，使发动机的控制精度不是很精确。为弥补开环控制的不足，采取闭环控制。

所谓闭环控制实质就是反馈控制。控制系统依据实际检测到的发动机反馈信号来决定增减输入控制量的大小，而不再根据其他输入信号进行控制。如喷油脉宽控制用氧传感器检测到的发动机排气中的氧含量来判断进入气缸的可燃混合气浓度（空燃比 λ）是否合适，从而实现空燃比的闭环控制。如果排气中的氧含量太低，表示可燃混合气过浓，则需要减少喷油量；相反，排气中的氧含量太多，则可燃混合气太稀，需要增加喷

油量。点火时刻的闭环控制使用爆震传感器检测发动机是否发生爆震燃烧作为反馈信号，从而决定点火提前角是加大还是推迟，使点火提前角能趋近爆震曲线变化，使发动机发出最大功率的同时具有良好的经济性和排放性。

闭环控制是按使进入气缸的可燃混合气充分燃烧实现控制的，能实现发动机的精确控制，其不足之处是不能满足发动机的一些特定工况对可燃混合气浓度的特殊要求；这一不足正可用开环控制来弥补。现代发动机电控系统多同时采用开环和闭环两种控制方式，以开环控制作为基本控制方式，闭环控制为精确控制方式，使发动机能满足使用的要求。

第三节 点燃式发动机电控供给系统的分类与控制

点燃式发动机按所用燃料的不同可分为电控燃油喷射汽油发动机、电控天然气发动机、液化石油气发动机和使用其他燃料的发动机。

一、点燃式发动机电控系统的分类

1. 汽油电控燃油喷射系统的分类

电控汽油喷射发动机可按控制方式、喷油方式、喷油器安装位置和喷油时序分类。

（1）按控制方式分类。按控制方式可分为机械式汽油喷射系统、机电联合式汽油喷射系统和电控式汽油喷射系统。

（2）按喷油方式分类。按喷油方式可分为连续喷油系统和间歇喷射系统。

（3）按喷油器安装位置分类。按喷油器安装位置可分为单点电控汽油喷射系统（SPI）和多点电控汽油喷射系统（MPI）。

（4）按喷油时序分类。按喷油时序可分为同时喷射、分组喷射和顺序喷射（单独喷射）。

2. 气体燃料发动机的控制的分类

气体燃料发动机的控制的分类是从汽油喷射发动机派生出来的，原则上可按汽油喷射发动机的分类方式确定，只是所用的燃料有区别。

二、点燃式电控发动机燃料供给系统的控制

1. 汽油机电控燃油喷射供给系统的控制

电控汽油喷射系统由进、排气系统，燃料供给系统和电控系统三个子系统组成。

（1）进、排气系统。进气系统为发动机可燃混合气的形成提供必需的新鲜空气。发动机工作时，新鲜空气经空气滤清器、空气流量计、节气门体、进气总管、进气歧管进入气缸。在某些电控系统中，当节气门全闭，发动机怠速运转时，新鲜空气经旁通阀进入气缸。

排气系统将燃烧后的废气排入大气。发动机工作时，燃烧完成，做功后的废气经排气门、消声器、三元催化装置、排气管排入大气。在装有废气涡轮增压器的增压发动机

上，废气还要推动废气涡轮增压器后、经消声器（三元催化转化器）才排入大气。

（2）燃油系统。燃油供给系统为发动机提供精确数量的燃油，保证可燃混合气的精确空燃比，使发动机发出所需功率，排放达到国家大气环保标准的要求。汽油从油箱内由电动汽油泵泵出，经汽油滤清器、由压力调节器将压力调整到并保持比进气管压力高出约 0.25 MPa 的压力。在正常工况下，经输油管输送到安装在进气门附近的各喷油器（多点喷射系统"MPI"）或节气门体位置的喷油器（单点喷射系统"SPI"）。喷油器根据电控单元（计算机"ECU"）输出的信号，将适量的汽油喷到进气歧管中；在冷车启动时则由装在进气总管处的低温启动喷嘴供油，喷射时间由定时开关控制或由定时开关和计算机同时控制。

（3）电控系统。电控系统的作用是根据发动机运转情况确定汽油的最佳喷油量，由传感器、计算机和执行器（喷油器）组成。电控汽油喷射发动机具有可燃混合气的空燃比计量精确、较少受空气密度影响、燃油经济性好、充气效率高、汽车滑行时发动机断油方便、低排放和稳定工作转速范围广等优点。缺点是系统复杂、价格较高、维修困难，对汽油的洁净度、汽油的品质要求较高等。

（4）电控汽油喷射供给系统的类型。电控汽油喷射发动机供给系统是根据发动机每循环吸入的空气量及该工况的空燃比来确定每循环喷油量的。因此，对进入气缸的空气量的检测是系统实现对空燃比控制的基础，进入气缸的空气量测量精度是可燃混合气空燃比控制的关键。根据空气量测量的方法和电控汽油喷射系统控制空燃比方式电控汽油喷射发动机供给系可分为三种类型：质量流量法、速度密度法和节气门速度法。

（5）典型电控汽油喷射系统。最早使用的汽油喷射控制系统是机械式（K 型）和机电联合式（KE 型），因其控制精度较电控汽油喷射差，且不便于发动机其他项目的控制，现已停止使用。电控汽油喷射系统的主要形式有 D 型、L 型、Mono 型。

1）D 型电控汽油喷射系统。D 型电控汽油喷射系统采用速度密度方式控制，为多点缸外间歇式喷射。

D 型电控汽油喷射系统具有如下特点：

①采用进气压力传感器间接测量进入气缸的新鲜空气量。

②燃油系统压力恒定，供油压力为 0.25~0.3 MPa，喷油量与供油压力无关。

③计算机（ECU）根据进气压力、进气温度、曲轴转速间接测定进入气缸的新鲜空气量确定基本喷油量，再依据运行工况如加速、全负荷等确定加浓所需的喷油量。

④采用电磁喷油器喷油，喷油量由计算机控制喷油器电磁线圈的导通时间确定。

⑤在汽车急加速、紧急制动、驾驶员急减速节气门突然关闭时或其状态有较大变化时，由于控制系统反应迟滞，发动机过渡工况会出现不圆滑现象。

D 型系统由进气系统、燃油系统、电控系统三部分组成。新鲜空气经空气滤清器过滤后，经节气门体进入进气总管，再进入各缸进气歧管，与喷油器喷出的汽油形成可燃混合气后进入气缸，点火燃烧。

进气压力传感器检测进气压力。当环境温度变化时，进入气缸的新鲜空气密度也会随着发生变化。为保证计算空气量的准确，在进气歧管或空气滤清器中装有进气温度传感器，多为双金属片式。一般环境温度降低10℃需增加1%~3%的供油量，燃油系统和采用质量流量的系统相同。

D型电控系统可实现正常工况的喷油量控制、暖机加浓喷油量控制、加速加浓喷油量控制、满负荷加浓喷油量控制。汽车加速时，节气门迅速全开，由于压力传感器的惯性作用，压力信号不能立即传给计算机，导致加速供油滞后，汽车加速性差。作为补偿，在节气门上连有一个节气门继电器（加速加浓）。节气门迅速打开时，输出一个脉冲信号，计算机依据该信号及时增加喷油量，保证汽车的加速性能。另外，此继电器还用于当节气门迅速关闭发动机转速仍然很高时输出供油终止信号，如汽车下坡滑行加速和汽车紧急制动时。在压力传感器中设有压力继电器，压力继电器膜片的一侧与进气歧管连通。满负荷时，节气门全开，进气歧管压力接近大气压力，膜片受压向另一侧弯曲推动满负荷限制器，接通辅助触点，输出脉冲信号；计算机接收到该信号后及时增加喷油量。怠速控制由温度—时间开关控制空气阀完成。

2）L型电控汽油喷射系统。L型电控汽油喷射系统采用质量流量方式控制，为电控多点缸外间歇式喷射。

L型电控汽油喷射系统与D型电控汽油喷射比较有以下特点：

①采用空气流量计直接测量进入气缸的空气量，测量精度提高、反应灵敏，克服D型电控汽油喷射系统反应滞后的不足，改善汽车加速性。

②传感器数量增加。为使喷油量更精确，计算机监测蓄电池电压和发电机输出电压；为降低排放增加了氧传感器等。计算机依据这些信号能更准确地确定喷油量，使发动机在各种工况下都能获得良好的性能。

L型电控汽油喷射系统也由进气系统、燃油系统和电控系统组成。

3）Mono型汽油电控喷射系统。Mono型汽油电控喷射系统是单点电控喷射系统，是在多点电控系统上发展起来的。工作原理与多点喷射系统类似，基本控制参数也是空气流量与发动机转速，在有的系统上也有采用进气压力信号计量空气量的。Mono型汽油电控喷射系统与多点式汽油喷射系统相比，有如下特点：

①用一个（有的系统用两个）喷油器集中喷射，减少喷油器个数，简化计算机线路。

②不用温度—时间开关和冷启动喷嘴。

③采用低压喷射（个别系统的喷射压力低于0.1 MPa），降低了电动汽油泵、电磁喷嘴的制造成本，提高了电控系统工作的可靠性。由于发动机性能较多点电控喷射差，保有量逐渐减少。

2. 气体燃料电控燃料供给系统的控制

气体燃料发动机是在汽油发动机的控制系统基础上考虑发动机使用气体燃料后的特点改进而成，主要特点是天然气的压力控制系统。

(1) 燃气的压力控制

使用天然气发动机的汽车，为携带更多的燃料，采用压缩天然气，现在常用的压缩压力为20 MPa，这样高的压力不能直接进入燃烧室，必须经过两级减压，才能供发动机使用。将压力降到345（50 psi）~1 035 kPa（150 psi）。

(2) 天然气发动机的进、排气系统

1）天然气发动机的进气系统。天然气发动机由于采用将天然气压缩到 20 MPa 充入车用天然气瓶，增加携带燃料的质量，延长汽车的续驶里程。在进入发动机燃烧室前，必须经过两级减压，才能达到合适的压力。

2）天然气发动机的排气系统。天然气发动机采用废气涡轮增压，发动机排出的尾气首先要经过涡轮增压器，推动涡轮旋转，给进气增压后才排入大气。

三、电控点火系统的控制任务与基本组成

在点燃式发动机中，点火系统的作用是利用火花塞电极间产生电火花将缸内的可燃混合气适时点燃，使发动机有好的动力性、经济性和排放性。点火系的控制内容有点火能量和点火正时控制。

1. 电控点火控制系统的控制任务和基本组成

（1）点火能量控制。进入气缸压缩终了的可燃混合气点燃所需的能量与发动机的运行环境和工况有关。点火能量不足，可燃混合气就不能着火燃烧，发动机就会出现"失火"现象，使发动机动力性、经济性和排放性变坏，因此，点火能量必须足够在各种工况下点燃可燃混合气，保证发动机正常工作。点火能量是通过控制点火线圈初级线圈的导通时间长短和初级电流大小实现的。

（2）点火正时控制。控制点火正时是为了使发动机有良好的动力性、经济性和排放性等。要满足这些性能需要对点火提前角精确控制，保证在发动机压缩行程终了前准确、适时点火成功；此外，点火提前角还必须随发动机的工况及时调整。电控技术已经很好地实现点火正时控制。

（3）电控点火系统的基本组成。电控点火系统的基本组成如图 4—5 所示。电控点火系统控制点火线圈初级的通电时间、初级电流，按发动机各种不同工况调整点火提前角，使发动机在最佳状态下工作。电控点火系统一般由监测发动机运行状况的传感器、处理信号、发出指令的计算机、执行计算机指令的执行器——点火装置、点火线圈、火花塞等组成。

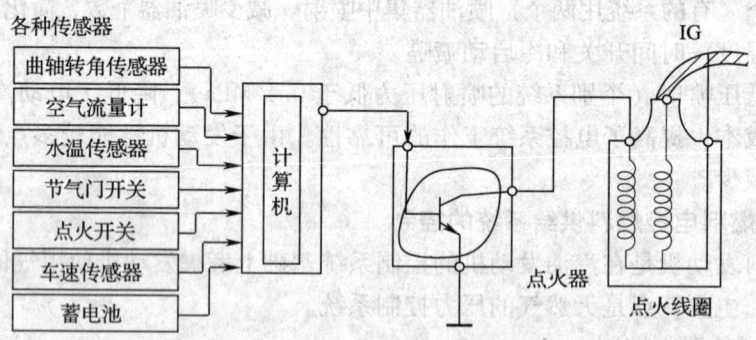

图 4—5　电控点火控制系统的组成

2. 点火提前角控制

最佳点火提前角的确定要兼顾扭矩、油耗、排放、发动机爆震等指标。在计算机的只读存储器（ROM）中，存储有发动机台架试验确定的各工况下的最佳基本点火正时

数据。发动机实际点火提前角是在基本点火提前角的基础上再依据冷却液温度、启动、大气压力和爆震等因素进行修正的结果。另外，为了改善自动变速器的换挡质量和怠速控制，一些点火系统还通过调整点火提前角来改变发动机的输出扭矩。基本点火提前角是根据发动机的负荷、转速，从优化油耗和排放出发通过发动机台架试验确定存储在存储器（ROM）中的。在发动机正常工作中，再根据实际负荷、转速从发动机计算机中调出，作为确定实际点火提前角的基础。

3. 爆震控制

使发动机功率、扭矩、油耗和排放最佳的点火提前角也最容易引发爆震燃烧。为防止爆震倾向，在发动机电控系统中，采用装置多个爆震传感器，监测发动机在实际工作中是否发生爆震。爆震传感器将发动机发生爆震燃烧发出的超高压力信号转换成电信号输入计算机。计算机收到爆震传感器输入的信号后，经比对，确定发生爆震燃烧后，发出推迟点火提前的指令，消除爆震；爆震消除后，再逐步加大点火提前角，到下一次出现爆震为止，直到保持发动机最佳点火状态。

4. 通电时间控制

点火系统的能量转换是依靠点火线圈和开关电路配合下共同实现的。在电控汽油喷射系统中，通电时间是靠存储在计算机中的发动机点火闭合角特性图控制的。发动机工作时，控制系统将根据发动机转速、负荷、蓄电池电压等对照闭合角特性图取其额定值并控制点火线圈初级的通电时间和通过初级线圈电流的大小。

四、怠速控制

汽车发动机怠速工况指发动机加速踏板完全松开，发动机在无负荷（对外无功率输出）时保持最低转速稳定运转工况。怠速控制（Idle air control or Idle speed control）的目的：一是实现发动机启动后的快速暖机过程；二是自动维持发动机在目标转速下稳定运转。电控系统对怠速进行控制的内容包括启动后的控制、暖机过程的控制、负荷变化的控制、减速时的控制等。怠速控制的实质是对怠速时进气量的控制。

怠速进气量控制的对策、方式随车型而有所不同。电控燃油喷射发动机怠速控制有控制节气门旁的旁通空气道的空气流量方式，以及直接控制节气门关闭位置的方式，如图4—6所示。

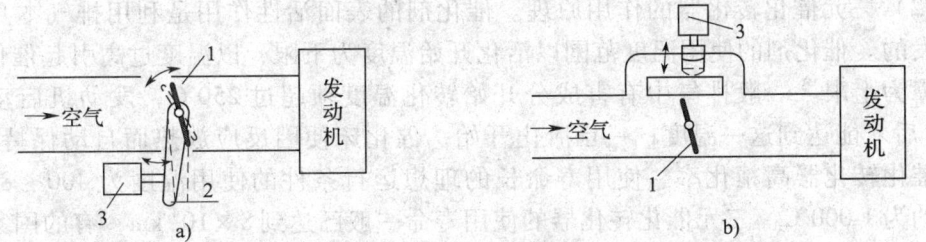

图4—6 电控燃油喷射发动机怠速控方式
a) 节气门直动式 b) 旁通空气阀式
1—节气门 2—节气门操纵臂 3—执行元件

1. 节气门旁通式

这种控制方式在发动机怠速时节气门完全关闭，空气通过一条跨接在节气门两端的怠速通道进入燃烧室。旁通空气道内装着不同类型的怠速空气控制阀。旁通空气执行机构中的阀通常称为怠速控制阀（ISCV）。这是一种改变节气门旁通空气量的怠速控制装置。怠速控制阀按阀门的驱动类型分类如图4—7所示。

2. 节气门直接调节式

节气门直接调节式的怠速系统不设怠速旁通通道。怠速时，加速踏板虽然完全松开，节气门却不完全关闭，以提供发动机怠速所需的空气。通过控制节气门开度，控制发动机怠速时充气量，实现发动机怠速控制。

怠速控制阀 { 步进电动机, 旋转电磁式, 电磁式 { 直线电磁式 } }

图4—7 怠速控制阀的分类

第四节 尾气排放的控制

汽车发动机尾气对人类生活环境的污染是人所共知的，因此，对发动机尾气的控制也日益受到世人的关注。对汽车发动机尾气污染的控制方式，常见的有三元催化转化装置、废气再循环装置、汽油蒸气回收装置。

一、三元催化转化器、氧传感器和闭环控制

三元催化转化器是目前对发动机尾气最有效的处理方式。

1. 三元催化转化闭环控制系统的组成

为了解决汽车发动机对环境的污染，在汽车发动机排气系统中装备了三元催化转化闭环控制系统。三元催化转化闭环控制系统由控制部分、氧传感器、三元催化转化装置组成。

（1）三元催化转化器的结构和工作原理。三元催化转化器安装在发动机排气总管上。三元催化转化器中的催化剂由稀有金属铂（Pt）和铑（Rh）的混合物组成。铂（Pt）能促使排气中的一氧化碳（CO）、碳氢化合物（HC）氧化成二氧化碳（CO_2）和水（H_2O）；铑（Rh）能使氮氧化物（NO_x）还原成氮气（N_2）和氧气（O_2），从而起到净化排气作用。

（2）三元催化转化器的作用原理。催化剂的表面活性作用是利用排气本身的热量激发的。催化剂的使用温度范围以活化开始温度为下限，以温度过高引起催化转换器故障为上限。一般排气中有害成分开始转化温度须超过250℃，发动机启动预热5 min后才能达到这一温度；一旦活化开始，催化床便因反应放热而自动保持高温。保持催化转化器高精化率、使用寿命长的理想运行条件的使用温度为400～800℃，上限约为1 000℃。三元催化转化器的使用寿命一般已达到$8×10^4$ km，有的国家和地区要求其使用寿命达到$(1.3～1.6)×10^5$ km。超过这一温度，催化剂会过热，加速老化，以致完全丧失催化转化能力。此外，催化剂也经常因为排气中的铅化物、炭烟、焦油等引起损坏，为了延长催化剂的寿命，应使用无铅汽油。

（3）可燃混合气空燃比对三元催化转化效率的影响。可燃混合气空燃比对三元催化转化效率的影响如图4—8所示。从图中可以看出，三元催化剂是在以理论空燃比为中心的一狭小范围内才能同时使一氧化碳（CO）、碳氢化合物（HC）氧化反应和氮氧化物（NO_x）的还原反应进行得完全。因此，使用三元催化转化器时必须精确控制可燃混合气的空燃比，保持空燃比λ在14.7附近很窄的范围内。发动机开环控制是不能达到这种控制精度的。要达到这种控制精度，必须采用发动机汽油喷射的闭环控制，用氧传感器检测排气总管内的氧气含量，确定实际空燃比较理论空燃比浓还是稀，并向计算机输出信号，计算机依据这一信号判断增加还是减少喷油量。

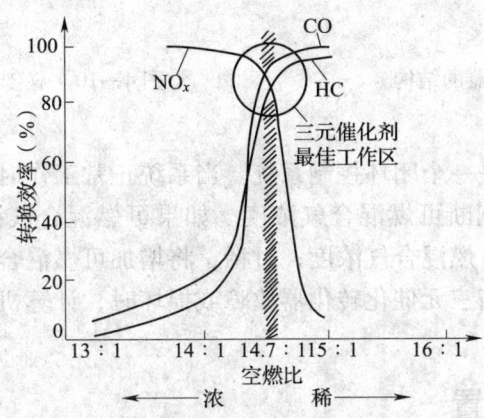

图4—8　可燃混合气浓度对三元催化转化器净化率的影响

2. 氧传感器

闭环控制电控汽油喷射系统的氧传感器安装在三元催化转化器前的排气总管上，一些闭环控制汽油喷射系统在三元催化转化器前后各安装一个氧传感器，检测氧传感器的催化转化作用。

氧传感器的结构如图4—9所示。在敏感陶瓷元件氧化锆（ZrO_2）的内外表面均覆盖了薄层铂（Pt），传感器内侧通大气，外侧直接与排气接触。当温度达到400℃时，若氧化锆（ZrO_2）元件内表面处气体中的氧含量与外表面处气体中的氧含量的浓度有差别，氧化锆（ZrO_2）元件内外侧两铂（Pt）电极之间将产生一电压。当可燃混合气较稀时，排气中的氧含量高，氧化锆（ZrO_2）传感器元件内外侧氧浓度差别小，氧化锆（ZrO_2）传感器内外侧两电极之间产生的电压很低（接近0 V）；反之，当可燃混合气浓时，排气中的氧气含量小，氧化锆（ZrO_2）传感器元件内外侧两电极之间产生的电压高（约1 V）。在理论可燃混合气空燃比附近，氧化锆（ZrO_2）传感器输出电压有一突变（见图4—10）。在陶瓷材料氧化锆（ZrO_2）的表面覆盖铂（Pt）层，起催化作用，能使排气中的一氧化碳（CO）继续氧化，减少排气中的氧含量，提高氧化锆（ZrO_2）传感器的灵敏度。

因为氧化锆（ZrO_2）只有在400℃的温度时才能正常工作，为保证发动机在进气量小、排气温度低时也能正常工作，一些机型在氧传感器中装有对氧化锆（ZrO_2）氧传感器元件加热的加热器，对氧化锆（ZrO_2）氧传感器加热，保证反应的正常温度。

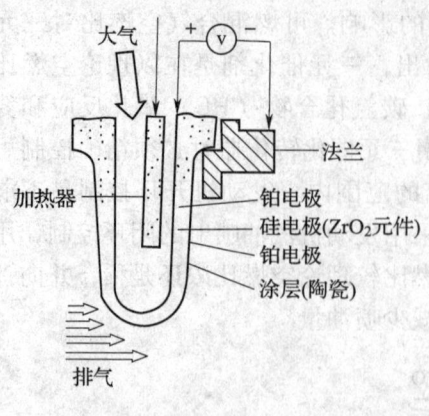
图 4—9 氧传感器的结构

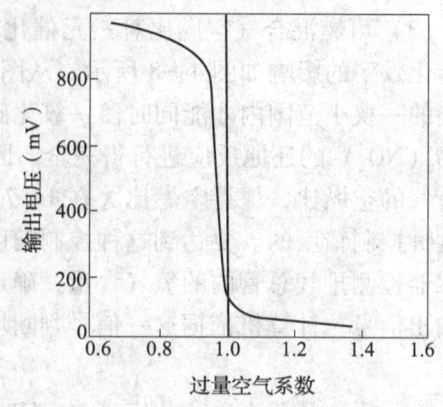
图 4—10 氧传感器的电压输出特性

3. 控制过程

三元催化转化装置是一个闭环控制系统。当系统正常工作时，氧传感器检测发动机尾气中的氧含量，以此判断可燃混合气浓度。如果可燃混合气浓，计算机输出控制信号，减少供油量，降低可燃混合气浓度；过稀，将增加可燃混合气浓度，如此循环，保证发动机的正常排放。当三元催化转化器故障或损坏时，计算机将打开报警系统，提示驾驶员维修车辆。

二、废气再循环装置

废气再循环（EGR）是在发动机工作过程中，将一部分废气引入进气管与新鲜空气（或可燃混合气）混合后返回气缸进行再循环。这种方法的目的是降低燃烧最高温度、减少氧含量，阻断或破坏氮氧化物（NO_x）的生成条件，降低氮氧化物（NO_x）的排放量。

但是，过度的废气再循环将会导致发动机性能下降，特别是在怠速、中小负荷和发动机处于冷启动运行时，将明显降低发动机性能。因此，要选择发动机的氮氧化物排放量大的工况，根据工况条件的变化自动调节参与再循环的废气量。一般废气再循环的控制指标用 EGR 率表示，定义如下：

EGR 率 = EGR 流量 /（吸入空气量 + EGR 流量）×100%

在 EGR 系统中，通过特殊通道将排气歧管与进气歧管连通，在该通道上安装有 EGR 阀，通过控制 EGR 阀的开度来控制 EGR 流量。由于高温废气要流过 EGR 阀，EGR 阀自身必须能承受高温。EGR 阀一般由真空度间接控制。

EGR 阀的控制系统有机械式和电控式。机械式控制的 EGR 率范围较小，为 5%～15%。电控式 EGR 系统结构简单，EGR 率的控制范围宽，为 15%～20%；在电控汽油喷射发动机上，通常采用电控式 EGR 系统。

1. 一般电控式 EGR 系统

一般电控式 EGR 系统如图 4—11 所示。它由 EGR 电磁阀、节气门位置传感器、曲轴位置传感器、冷却液温度传感器、启动信号和计算机组成。发动机工作时，计算机根据来自各传感器的输入信号，判断发动机在哪种工况运行，若在下列工况时：

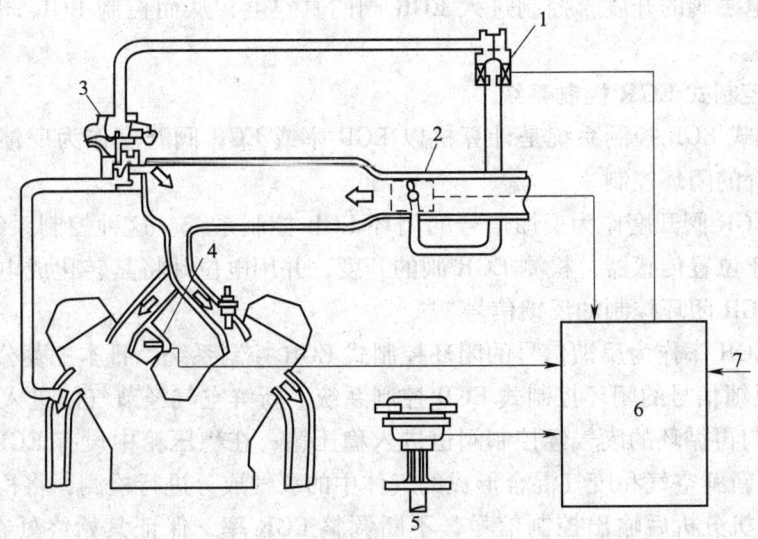

图4—11 一般电控式 EGR 系统
1—EGR 电磁阀 2—节气门位置传感器 3—EGR 阀 4—冷却液温度传感器
5—曲轴位置传感器 6—计算机 7—启动信号

(1) 发动机启动时。
(2) 发动机冷却液温度低时。
(3) 发动机怠速运转时。
(4) 发动机转速低于 900 r/min、高于 3 200 r/min 时。

在这四种工况时，计算机向 EGR 电磁阀发出"接通"指令，电磁阀通电关闭，EGR 阀的真空通道切断，EGR 阀关闭，电控式 EGR 系统停止工作。在发动机转速大于 900 r/min、低于 3 200 r/min 时，计算机使 EGR 阀断电，开真空通道，EGR 阀打开，电控式 EGR 系统开始工作。

2. 可变 EGR 率电控式 EGR 系统

可变 EGR 率电控式是与真空控制和怠速控制系统合成的一种可变 EGR 率的电控式 EGR 系统。根据发动机台架试验和整车道路试验确定 EGR 率与发动机转速、进气量的对应关系，即三维的 EGR 率脉谱（Map）图，存储到计算机只读存储器（ROM）中。发动机工作时，计算机根据各传感器输入的信号，判断发动机工况，经过计算和比对，向 EGR 电磁阀输出信号，使其打开或关闭，获得不同的适应发动机工况的 EGR 率。

3. 装有背压修正阀的电控式 EGR 系统

装有背压修正阀的电控式 EGR 系统是在一般电控 EGR 系统的基础上，在 EGR 电磁阀与 EGR 阀之间的真空管路中装有背压修正阀，根据排气管中的背压，附加控制 EGR 阀，当发动机负荷小、排气背压低时，背压修正阀的膜片在弹簧的作用下移动切断真空管路使 EGR 阀关闭，不进行废气再循环；只有在发动机负荷增大，排气管背压增大时，背压修正阀膜片克服弹簧弹力将阀门打开，计算机才能依据各传感器输入的信号控制 EGR 电磁阀的开度，控制进入 EGR 阀的真空度，从而控制 EGR 阀的开度，改变 EGR 的流量。

4. 闭环控制式 EGR 控制系统

闭环控制式 EGR 控制系统是计算机以 EGR 率或 EGR 阀开度作为反馈信号，实现电控 EGR 系统的闭环控制。

（1）用 EGR 阀开度作为反馈信号的闭环 EGR 控制系统。这种控制系统在 EGR 阀上安装有 EGR 位置传感器，检测 EGR 阀的开度，并用电位计将其转化成电信号，输入计算机作为 EGR 闭环控制的反馈信号。

（2）用 EGR 率作为反馈信号的闭环控制式 EGR 控制系统。日本三菱公司开发了用 EGR 率作为反馈信号的闭环控制式 EGR 控制系统。新鲜空气经节气门进入稳压箱（进气总管），参与再循环的废气经控制阀也进入稳压箱；在稳压箱中设有 EGR 率传感器，它对稳压箱中新鲜空气和废气混合形成的气体中的氧气成分进行检测，将检测结果输入计算机，计算机分析后输出控制信号，不断调整 EGR 率，保证其始终处在最佳状态，有效降低氮氧化物（NO_x）排放量。

三、活性炭汽油蒸气回收系统的电控装置

为防止汽油箱向大气排放汽油蒸气，现代汽车上普遍采用计算机控制的活性炭罐汽油蒸发污染控制系统。

1. 燃油蒸发电控系统的作用

汽油蒸气回收控制系统的作用是阻止燃油箱内蒸发的汽油蒸气排放、泄漏到大气中，避免污染环境；同时将燃油箱的汽油蒸气收集后适时送入进气管与空气混合后进入燃烧室燃烧，使汽油得到充分利用。

2. 燃油蒸发电控系统的组成

燃油蒸发电控系统的组成和结构随汽车生产的年代和生产厂商的不同而不同。现在常见的较简单的燃油蒸发电控系统由燃油箱、油气分离阀、活性炭罐（吸附罐）、清除电磁阀和计算机组成。油箱与活性炭罐连接，燃油蒸气经油箱顶部的油气分离器经管道进入活性炭罐后被活性炭吸附。但活性炭吸附一定的汽油蒸气就会饱和，必须用新鲜空气将活性炭吸附的汽油输送到发动机燃烧室中燃烧，使活性炭恢复性能，这就是活性炭罐的清洗（或称再生）。进入活性炭罐的新鲜空气直接来自大气，不经过空气流量传感器，而是经一电磁阀控制的截止阀后被吸入炭罐。活性炭罐专有一出口，用软管与发动机进气歧管连接。软管中部装一（常闭）清除电磁阀，控制管路的通断。发动机运转时，如果电磁阀处于开启状态，则在进气歧管真空度的作用下，空气自活性炭罐底部进入，流过活性炭至上方出口，再经软管进入发动机进气管，使吸附在活性炭表面的汽油分子重新蒸发，随新鲜空气一起被吸入发动机燃烧室燃烧。

汽油蒸气回收后进入发动机进气歧管的时间和数量都必须精确控制，防止改变发动机正常的可燃混合气成分，影响发动机正常工作。清除电磁阀由计算机控制，精确计量清除气流量。计算机发给清除电磁阀的是脉冲信号，增加脉冲占空比将减小流量。

3. 清除气流的控制

计算机根据发动机的温度和负荷确定清除电磁阀的打开与关闭时间，以求使发动机达到更高的工作效率。尽管生产厂商不同，但是计算机控制清除电磁阀的方法基本相同。美国通用汽车公司生产的电控汽车在发动机升温后的特定工作期限内（车速和节气门开度在一定范围内），打开清除电磁阀，燃油进入发动机较多。如果燃油蒸气进入过量，氧传感器就会输出信号给计算机，计算机接到信号后输出指令停止电磁阀的工作；如果燃油蒸气进入量减少，计算机控制电磁阀开启。

第五节 可变进气系统与增压进气系统控制

增加发动机的充气效率，可以改善发动机的性能，提高发动机的动力性、经济性和排放性能。现代发动机从多方面采取措施，尽可能地提高发动机的充气效率。

一、进气谐振增压控制系统

进气谐振增压控制系统是利用进气流的惯性产生压力波提高发动机的充气效率。进气惯性效应与进气压力波传播路线的长度有关，不同的发动机转速要求不同的进气管长度。现代电控发动机，可以方便地改变进气管长度或改变压力波的波长实现进气谐振增压。

1. 电控可变进气管长度惯性增压系统

改变进气管长度，使进气压力波峰正好在进气门开启时到达，可以有效地提高发动机的充气效率，奥迪 V6 发动机在进气歧管内设置进气转换阀，在发动机转速不高于 4 000 r/min 时，每个气缸进气道中的转换阀门总处于关闭状态，形成路径较长界面较小的进气管道；当转速大于 4 000 r/min 时，进气道中的转换阀门开启，形成路径较短界面较大的进气管道。转换阀门由计算机控制。

日本丰田公司采用双进气管分别参加工作的可变进气系统。每个气缸有四个气门，两个气门各配有一个进气管道。在两个管道中的一个管道装有进气转换阀。在发动机低速、中小负荷工作时，转换阀关闭，只利用一个进气通道，将进气通道的截面积减小，此时进气流速高，进气惯性大，可提高发动机的输出扭矩；当发动机高速、大负荷工作时，转换阀开启，进气通道增加为两条，此时进气通道截面积大幅度增加（以原设计通道面积确定），进气阻力减小，充气量增加，最佳动态转速移向高速，使发动机高速大负荷时的动力性能够得到大幅度提高。

可变进气转换阀的控制方法因生产厂商和生产年代不同结构和控制方式也不尽相同。丰田发动机可变进气控制系统进气道中的进气转换阀的开、关由膜片式执行器完成。执行器膜片室中的工作压力，由三通电磁阀控制，三通电磁阀受控于计算机（ECU）。三通电磁阀不通电时，膜片式执行器与三通电磁阀的空气滤清器（与大气连通）之间的通路被关闭（OFF），膜片式执行机构与空气滤清器之间形成通路（ON），而膜片式执行机构与真空罐之间的通道被关闭（OFF），这时大气压力作用在执行器膜片室。发动机在不高于 5 200 r/min 状态下工作时，三通电磁阀不通电，关闭执行器与空气滤清器之间的通道；这时真空罐处在进气歧管负压控制下，通过三通电磁阀作用在执行器的膜片室，真空吸力作用时执行器带动拉杆，关闭进气转换阀门，即关闭了各气缸的两个进气道中的一个。当发动机转速高于 5 200 r/min 状态下工作时，计算机输出控制信号，使驱动电路大功率三极管导通，三通电磁阀通电工作。三通电磁阀通电工作后，关闭执行器与真空罐之间的通路，开启执行器与空气滤清器之间的通路，这时大气压力通过空气滤清器后作用到执行器膜片室，带动拉杆进气转换阀打开，各气缸的进气通道扩大为两个。

2. 电控可变波长惯性增压系统（ACIS）

日本皇冠汽车装用的 ZJZ – CE 电控发动机采用电控可变波长惯性增压系统（ACIS）。该型发动机进气管长度不能改变，但在发动机进气管中部增设了一个大容量的空气室和电控真空阀，实现了压力波传播路线长度的改变，兼顾了发动机低速、中小负荷和高速大负荷的增压效果。

当空气室出口的控制阀关闭时，进气管内的脉动压力波传递长度为由空气滤清器到进气门之间的距离，距离较长，适应发动机中、低速区域形成压力波的效果。当空气室阀门打开，由于大容量空气室干预，在进气道控制发出形成气帘，使进气脉动压力波只能在空气室出口与进气门之间传播，缩短了压力波传播的距离，使发动机在高速区也能得到较好的气体动力增压的效果。

计算机根据发动机转速信号控制电磁真空通道阀的开、闭。发动机低速时，电磁真空通道阀电路不导通，真空通道阀关闭，真空管的真空度不能进入真空气室，受真空气室控制的进气增压控制阀处于关闭状态，这时进气管长，压力波波长大，适应低速区域形成气体动力增压效果。发动机高速时，计算机接通电磁真空通道阀电路，真空通道阀打开，真空管的真空度进入真空气室，带动膜片，将进气增压控制阀打开，由于大容量空气室的干预，缩短了压力波的传播距离，使发动机在高速区也能得到较好的气体动力增压效果。

二、电控可变气门机构控制系统

发动机进排气门控制发动机的进、排气过程，评价进、排气门配气相位的主要参数有气门开启相位、气门开启持续角度（气门全开的持续曲轴转角）和气门升程。发动机配气相位对发动机的经济性、动力性和排放性有决定性影响。按发动机的工作特性，配气相位应随发动机负荷和转速改变，才能使发动机具有优良的经济性、动力性、排放性。这一设计思想在机械控制的时代是较难实现的。现代电控发动机已实现这一控制方式。

四冲程发动机对配气相位的要求是：进气门迟闭角和排气门早开角需随发动机转速的提高加大；急速时气门叠开角要小；随转速增加，气门叠开角将加大。可变气门操纵系统（Variable Valve Actuation，VVA）实现了这种配气相位控制方式。如果仅为气门开启相位和开启持续角的可变，称为可变气门正时系统（Variable Valve Timings，VVT）。在一些文献中，也将可变气门升程（Variable Valve Lift，VVL）归入可变气门正时（VVT）的范围。可变气门正时（VVT）都采用顶置式双凸轮轴（Double Over Head Camshaft），分别操纵进气门和排气门，每缸可为两气门或四气门。

  凸轮相位可变的可变气门机构安装在双顶置凸轮轴机构上，在气缸盖上装有油压切换阀，由计算机控制开关，将液压油供给可变机构。在油压作用下有螺纹的花键的活塞做轴向移动，使传动的正时齿形皮带轮与凸轮轴脱开，并将凸轮轴转动一个角度，从而改变齿形皮带轮与凸轮轴的相对位置，一般可转动20°~30°曲轴转角。由于这种机构的凸轮轴型线及进气持续角度均不能改变，虽然高速时可以加大进气迟闭角，但气门叠开角减小是它的缺点。

  日本Honda公司的可变气门系统（Variable valve timing and lift electronic control system，VTEC），用在NSX型跑车的四门发动机上，它的进气凸轮和排气凸轮都为每个气缸设置了并列三个凸轮，相应的三个摇臂。凸轮轴旋转时，处在外侧的两个低速凸轮分别推动外侧的主摇臂和次摇臂；处在中间的高速凸轮推动中间的摇臂。这三个摇臂绕同一根摇臂轴摆动，其中只有主摇臂和次摇臂才能推动气门，而中间摇臂则需通过安置在内部的液压柱销A和B带动两侧的主摇臂和次摇臂才能推动气门。发动机处在低速范围时，液压柱销A和B受复位弹簧的作用分别处在主摇臂和中间摇臂的孔内，三个摇臂独立转动。主摇臂和次摇臂各自推动一个气门。中间摇臂推动空行程弹簧并依靠它复位。

  油压传感器将液压柱销A左方油腔中的油压信号传给计算机。计算机收到油压升高信号后，便将定量程序和点火正时程序从适合低速气门规律的模式切换到适合高速运行的气门规律模式。当系统出现故障时，将锁定在低转速气门运行规律模式下运行。

  Honda公司可变气门系统（VTEC）通过切换气门规律，使发动机的输出扭矩在整个转速范围内变得相对平坦。通过气门规律的切换，集中了两种气门规律的优势，使发动机无论在什么负荷条件下扭矩输出都较为理想。为避免气门规律切换时发动机扭矩突变，将切换点确定在两种气门规律所对应的扭矩曲线的交点。

三、废气涡轮增压系统控制

  采用涡轮增压技术后，由于平均有效压力增加，发动机发生爆震燃烧的可能性增加，热负荷增大。为保证发动机在不同转速及工况下均得到最佳增压值，防止发动机爆震倾向，对涡轮增压系统增压压力必须进行闭环控制。

1. 电控废气涡轮增压系统的闭环控制

  电控废气涡轮增压系统的控制方案有多种，总的说来多采用放气的方法，即调节进入涡轮式的废气量，方法简单有效。发动机工作时，排气管排出的废气进入涡轮增压器，推动动力涡轮后排出，带动增压涡轮转动；随发动机转速增加，涡轮增压器涡轮的转速增加，使进气增压压力增大。如果打开放气阀门，通过动力涡轮的废气数量就会减少，增压涡轮的转速减小，进气增压压力就会降低。通过控制放气阀门，改变废气通路走向，使废气进入动力涡轮室或经旁路排出，就可以实现对增压压力的控制。一般放气阀门由膜片式放气阀控制。放气控制阀则由计算机通过增压电磁阀实施控制。

在计算机的存储器中存储发动机增压压力特性图的有关数据。发动机工作时，计算机根据增压压力等传感器输入的信号，确定当时的进气压力，然后将实际进气压力与理论值进行比较。若实际压力值与理论压力值不符，计算机输出控制信号对增压压力电磁阀进行控制，改变膜片式控制阀的压力，使放气阀门动作。当实际进气压力值低于理论值时，放气阀门关闭；当实际进气压力值高于理论值时，放气阀门打开，调整进气压力接近理论值。

在实际控制中，为获得较好的控制效果，均采用调整点火正时和调节及增压压力相结合的方法。当计算机根据传感器输入的信号，判定出爆震时，及时推迟点火提前角，与此同时平行地降低进气压力。当爆震消失，再调整进气压力和点火提前角到最佳值。

2. 废气涡轮增压系统的组成

废气涡轮增压系统由空气滤清器、进排气歧管、增压器、中冷器、排气消声器等组成。空气经增压后，为增加充气量和降低进气温度，减少爆震倾向，用中冷器对空气进行冷却。

3. 使用废气涡轮增压系统汽车应注意的问题

使用电控涡轮增压器的发动机时，发动机的功率、扭矩增加，油耗下降，排放性能得到改善；但也带来一些不便，要严格按生产厂商的要求使用车辆。

（1）装用废气涡轮增压系统发动机的启动与关机。电控涡轮增压发动机的最高转速一般较非增压发动机高，涡轮的转速更高，每分钟可达上万转，工作时温度会非常高。因此，启动发动机和关闭发动机时必须怠速运转3～5 min，发动机机油到达涡轮增压器轴承，形成油膜后，再起步行驶，使轴承得到充分的润滑和冷却。

1) 启动发动机。发动机启动时，发动机机油从下曲轴箱（油底壳）中吸出，经管路需一定时间才能到达涡轮增压器轴承形成油膜，油膜托起轴承，对轴承进行润滑和冷却，保证涡轮增压器的正常使用寿命。如果启动发动机后立即起步行驶，发动机机油还没到达涡轮增压器轴承，涡轮增压器的轴承得不到充分的润滑和冷却，长此以往就会损坏涡轮增压器。

2) 当发动机长时高速运转后停车时，更需要怠速运转一定时间，才能关闭发动机。当发动机高速运转后立即关闭发动机，发动机润滑机油泵停转，机油压力消失；而这时因涡轮以每分钟上万转高速转动，具有非常大的转动惯量，仍然在高速转动。此时因涡轮转动产生的热量由于机油循环停止，不能被带走，使涡轮轴承急剧升温；另外，由于机油压力小时，托起涡轮轴承的油膜消失，使原来的液体润滑变成干摩擦，并且摩擦产生的热量没有介质带走，摩擦力使温度升高得更快；高温使轴承膨胀，造成轴与轴承的配合间隙变小，加剧磨损；如此恶性循环，很快使涡轮增压器损坏。因此，发动机高速运转后，必须怠速运转3～5 min，才能关闭发动机。

3) 增压发动机的功率大，热负荷大，必须保证发动机的正常机油量，使机油有足够的时间恢复物理、化学性能。

（2）装用废气涡轮增压发动机进气系统的日常维护。装用废气涡轮增压器的汽车，进气系统日常维护要注意以下问题：

1）清洁。注意进气道、空气滤清器滤芯的清洁，防止灰尘、沙粒进入，损坏涡轮增压器。

2）密封。密封是增压发动机的进气系统的重要性能，增压器前的密封可保证增压器不为杂质损坏；增压器后的密封保证正常的增压效果，必须充分注意。

第六节　电控点燃式发动机的自诊断功能

一、概述

现代汽车发动机电控系统越来越复杂，使发生故障时维修人员判断故障部位越来越困难。因此，在发动机电控系统中，计算机均具有故障诊断功能，监测电控系统各部分的工作状况。当计算机监测到传感器和执行器输入的信号，发现存在故障信息时，即将检查发动机（Check engine）警示灯点亮，同时将故障信息以故障代码形式存入存储器。故障代码一旦存入，即使将点火开关断开或故障已排除，"检查发动机"警示灯熄灭，故障代码仍保存在存储器中。

对车辆进行检修时，借助计算机的故障诊断接口（或插座），连接故障诊断仪（计算机解码器）或人工跨接电路的方法，按特定程序，将存储器中的故障代码调出（以灯光闪烁方式或在诊断仪屏幕上显示方式），供维修人员判断故障类型和范围。

故障排除后，用人工方法或借助诊断仪，按规定程序，将存储在计算机储存器中的故障代码清除，以免与新产生的故障代码混淆，给维修带来困难。

故障代码的调取和清除方法，以及故障代码的含义，因车系各不相同，需查各车系的维修手册。电控发动机自诊断功能自1979年美国通用公司正式使用以来，电控发动机系统中均设置这种功能，现在已成为生产汽车的标准配置。

二、故障信息的显示

计算机检测到故障信号后，即将故障信息以故障诊断代码（TDC）形式存储到存储器中，一些发动机控制系统还将全部故障资料（包括主要运行数据）一起存入存储器中，同时点亮仪表板上的"检查发动机"警示灯，向驾驶员发出警示：发动机已存在故障，立即去进行检查维修。维修人员可按规定程序将故障代码和系统运行数据从计算机存储器中调出。

1. 进入自诊断测试状态

要进行故障自诊断信息显示时，首先要使计算机进入自诊断测试状态。进入自诊断测试状态的方式因生产厂商和汽车生产年代而异，在各车型的维修手册上都有详尽的指导说明，归结起来主要有下述几种方法：

（1）用跨接线跨接诊断插座（检查插座）上的诊断端子（TE_1或TE_2）和接地端子

(E_1)，如图4—12所示。日本丰田汽车在发动机舱左悬架弹簧支座附近和驾驶室内仪表板下方各有一个故障诊断插座。跨接"TE_1"和"E_1"，可进行静态测试；跨接"TE_2"和"E_1"可进行动态测试。

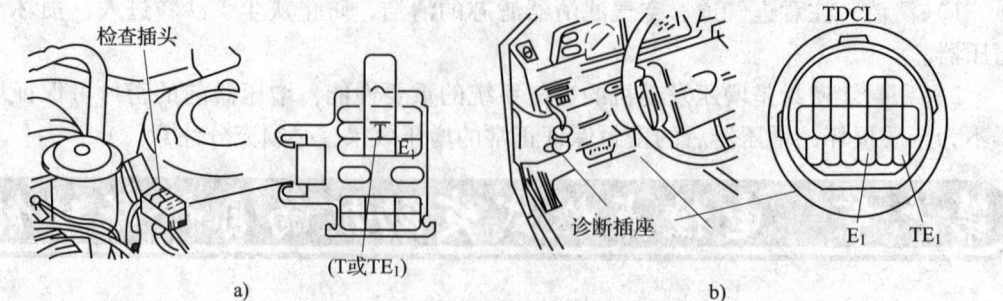

图4—12 日本丰田汽车故障诊断插座

（2）按压"诊断按钮开关"。瑞典沃尔沃（Volvo）汽车的自诊断装置，安装在发动机舱左悬架弹簧支座附近，它包括诊断按钮、发光二极管（LED）、诊断插头和六孔诊断插座。读取发动机汽油喷射系统故障码时，诊断插头插入2#诊断插孔；读取点火系统故障时，诊断插头插入6#诊断插孔。点火开关接通，每按一次诊断按钮开关1~3 s即进入自诊断测试状态，由发光二极管的闪烁次数显示一个故障代码。

（3）按计算机上的"诊断模式选择开关"。日本日产（Nissan）车系的计算机的侧面有一红色发光二极管和一个诊断模式选择开关。打开点火开关，将诊断模式选择开关顺时针旋转到底，发光二极管闪烁几次（闪烁几次表示第几种诊断模式），立即将该开关逆时针转回原位，则计算机即进入第几种诊断模式，完成相应的诊断功能，如图4—13所示。

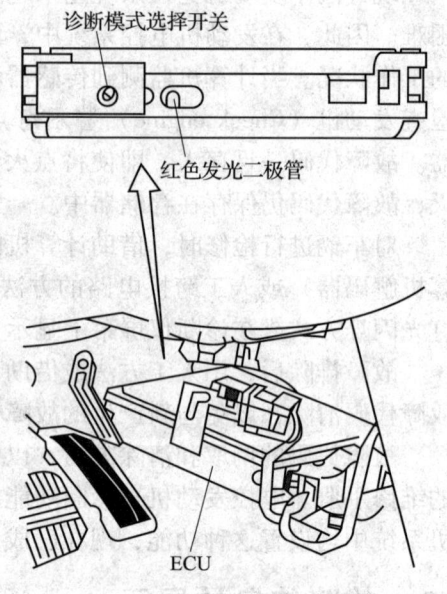

图4—13 日本日产车系的自诊断装置

（4）美国克莱斯勒（Chrysler）车系、中国电控汽车车型等采用将点火开关在5 s内开关3次，即开—关—开—关—开，"检查发动机"灯将闪烁，开始显示故障码。

（5）连续踩加速踏板。德国宝马车系（BMW）计算机自诊断系统进入方式是打开点火开关，在5 s内连续踩加速踏板5次，"检查发动机"灯先亮5 s，接着闪烁一次，然后就开始显示故障码。

（6）同时按下空调控制面板上的"OFF"和"Warmer"键。如美国通用公司（GM）的卡迪拉克（Cadillac）4.9 L车型，是将巡航控制电源开关和点火开关均接通，直至组合仪表板的信息显示屏上的指示灯均亮，释放两按键，即进入自诊断模式，开始在显示屏上显示故障码。

计算机进入自诊断模式后，不同的诊断测试模式将完成不同的诊断测试功能。一般有两种诊断测试模式：一是静态测试模式，KOEO（Key ON Engine OFF）模式，即在点火开关接通（"ON"位置），发动机不运转的情况测试，主要是读取存储在存储器中的间歇性故障的故障代码和在静态测试状态下发生的故障的故障代码；二是动态测试模式，KOER（Key ON Engine Run）模式，即在点火开关接通（ON位置），发动机运转的情况下测试，主要是读取在动态测试状态下发生的故障代码或进行系统动态工作时的运行参数测试故障分析用，如图4—14所示。

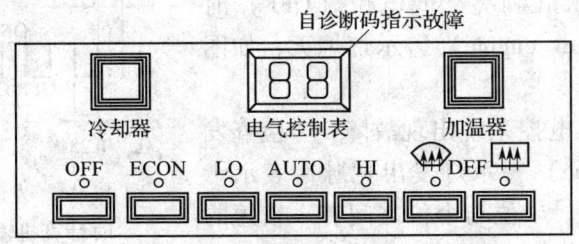

图4—14 数码显示故障代码

2. 故障代码显示

计算机进入自诊断测试状态后，即可将自诊断结果以故障代码的形式显示出来。故障代码及其含义在各车型的维修手册中都有详尽的解释，可以很方便地查出故障的范围、部位。虽然各种车型的故障代码显示各有特点，归纳起来，常见的显示方式有以下几种。

（1）用"检查发动机"（Check engine）灯闪烁显示故障代码。在大多数备有发动机自诊断系统的汽车上，都在组合仪表板上设置一"检查发动机"（Check engine）警示灯，如图4—15所示。

"检查发动机"（Check engine）警示灯有下述功能。

1）"检查发动机"（Check engine）警示灯的检查功能。发动机启动前，当点火开关接通后，在发动机正常情况下，"检查发动机"（Check engine）警示灯应点亮。如果灯不亮，说明该灯电路有故障。

发动机启动后，转速高于500 r/min后，"检查发动机"（Check engine）警示灯应自动断电关闭，发动机工作正常。如果"检查发动机"（Check engine）警示灯继续亮着，表示发动机控制系统有故障或该灯电路故障。

2）"检查发动机"（Check engine）警示灯的报警显示功能。在发动机转速高于500 r/min时，计算机的任何一个输入或输出信号出现故障时，"检查发动机"（Check engine）警示灯点亮，提示驾驶员发动机控制系统出现故障。只有当故障排除，原有故障码清除，发动机恢复正常工作时，该

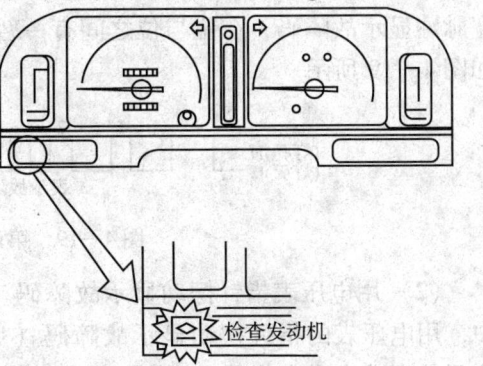

图4—15 组合仪表板上的"检查发动机"（Check engine）警示灯

灯才断电关闭。

3)"检查发动机"(Check engine)警示灯闪烁显示故障代码。存储在存储器中的故障代码,通过规定的程序调出,由"检查发动机"(Check engine)警示灯按规定的模式闪烁次数显示出。在计算机输出使"检查发动机"(Check engine)警示灯闪烁的脉冲电压模式主要有四种。

第一种:发动机电控系统工作正常,计算机(ECU)输出的是均匀连续等宽度的电压脉冲。高电位(ON)时"检查发动机"(Check engine)警示灯闪亮,低电位(OFF)时"检查发动机"(Check engine)警示灯熄灭,如图4—16所示。

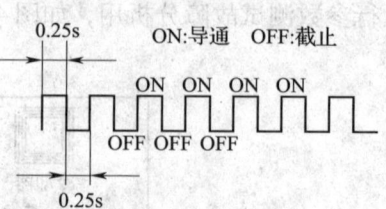

第二种:发动机电控系统出现故障,"检查发动机"(Check engine)警示灯发出宽脉冲表示十位,窄脉冲表示个位,十位与个位之间有一较短的暂停时间,两故障码间有一较长暂停时间,如图4—17所示。

图4—16 发动机电控系统正常时计算机输出的等宽脉冲

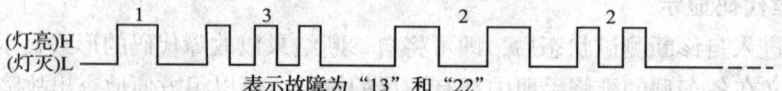

图4—17 "检查发动机"(Check engine)警示灯闪烁不同脉冲宽度和间隔显示故障码

第三种:发动机电控系统出现故障,"检查发动机"(Check engine)警示灯发出等宽脉冲显示故障码;故障码的位与位之间有一较短的暂停时间,两故障码之间有一较长的暂停时间,如图4—18所示。

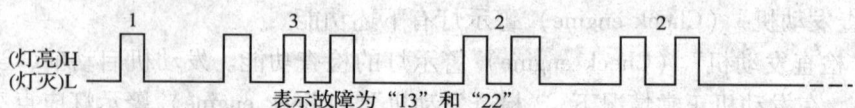

图4—18 "检查发动机"(Check engine)警示灯闪烁相同脉冲宽度和不同间隔显示故障码

第四种:发动机电控系统出现故障,"检查发动机"(Check engine)警示灯发出等宽脉冲显示故障码,在位与位之间有一暂停时间,两故障码之间有一较宽的电压脉冲,如图4—19所示。

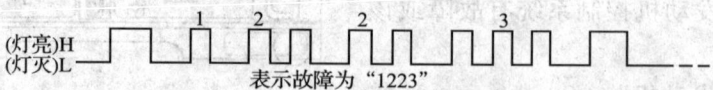

图4—19 第四种故障码显示方法

(2)用电压表指针摆动显示故障码。某些电控发动机是将电压表接到规定的插孔中,用电压表的指针摆动显示故障码(见图4—20)。以2.5 V为中心,指针摆到5 V位置的次数表示十位数,摆到0 V的次数为个位,两故障码之间以较长的2.5 V电位为间隔。指针连续均匀地摆向5 V,表明系统工作正常。

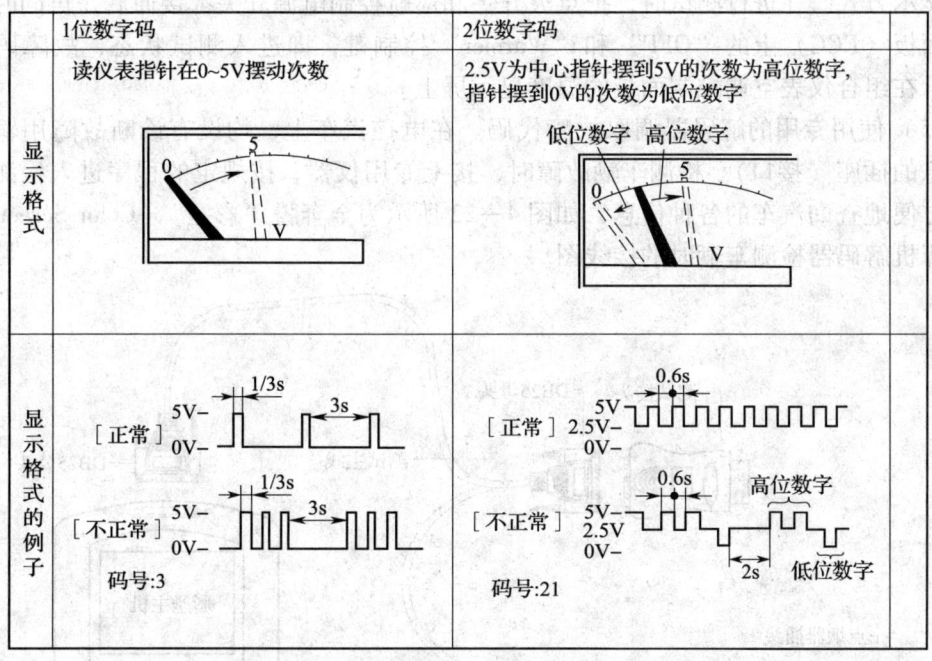

图4—20 电压表指针摆动显示故障代码

(3) 用发光二极管 (LED) 显示故障代码。一些车型用安装在计算机侧面的一个或多个发光二极管 (LED) 显示故障代码。主要有以下几种显示方式：

1) 采用一个发光二极管 (LED) 显示故障代码，其显示方式与上述仪表板上的"检查发动机"（Check engine）警示灯显示故障代码的方式相同。

2) 采用两个发光二极管 (LED) 显示故障代码时，一般为两个不同颜色的发光二极管 (LED)，红色的发光二极管 (LED) 显示十位数，绿色的发光二极管 (LED) 显示个位数。

3) 用四个发光二极管 (LED) 显示故障代码时，它们分别代表8、4、2、1四个数字，显示故障代码时，将发光的发光二极管 (LED) 所代表的数字相加就是所显示的故障代码，如图4—21所示。

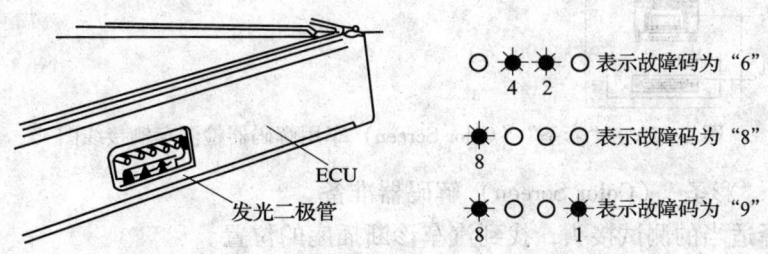

图4—21 用四只发光二极管 (LED) 显示故障代码

(4) 数字显示故障代码。数字显示故障代码直观、操作简便。美国通用公司的卡迪拉克（Cadillac）车系、福特公司林肯·大陆（Lincoln Continental）车系等，都采用这种显示方式。在进行测试时，把点火开关和巡航控制电源开关都接通后，再同时按下空调面板（ECC）上的"OFF"和"Warmer"控制键，即进入测试状态，故障码数字将显示在组合仪表空调控制面板的温度显示屏上。

（5）使用专用的解码器调取故障代码。在电控汽车上，均设有诊断故障用输出故障信息的插座（接口）。检测车辆故障时，接上专用仪器，按规定的程序进入检测程序即可方便地查询汽车的各种信息，如图4—22所示为金奔腾"彩圣"（Color Screen）汽车计算机解码器检测车辆时的接线图。

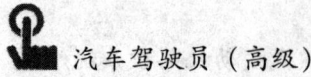

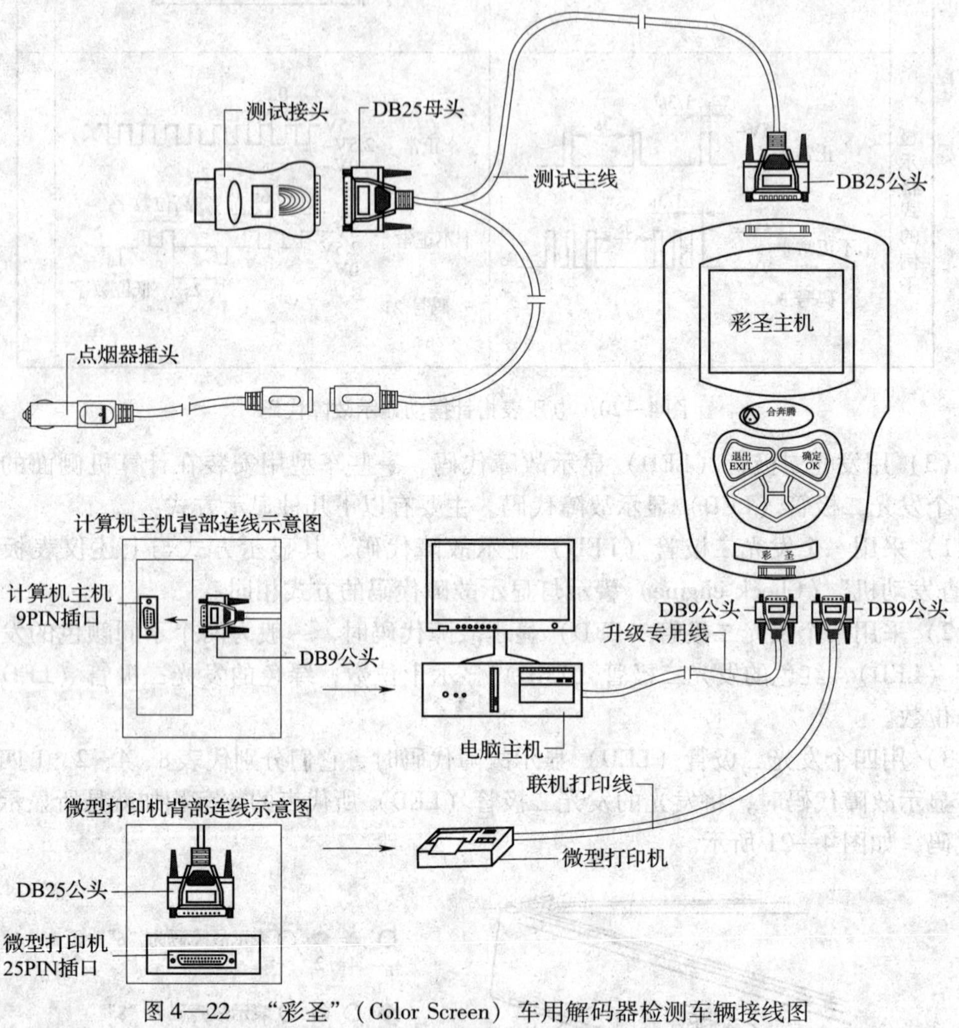

图4—22 "彩圣"（Color Screen）车用解码器检测车辆接线图

1）使用"彩圣"（Color Screen）解码器准备。
①要选择适当的测试接头，找到汽车诊断插座的位置。
②正确连接仪器，使仪器正确、可靠接通电源。
③根据所要诊断的故障，选择所需测试系统和相应的测试功能。
④输出测试结果。
⑤依据实际需要设置语言、故障码存储形式和屏幕亮度调节。

被测车辆做好测试准备：被测车辆电源：$14\ \mathrm{V} \geq U_{汽车电源} \geq 11\ \mathrm{V}$。仪器接通电源前，必须关闭汽车全部附属耗电设备（空调、音响、灯光等），保证汽车诊断插座与汽车主计算机连接可靠；点烟器座提供 12 V 供电电源。

2）正确安装仪器。

①点烟器接口安装。将点烟器取出后，将解码器电源插座插入点烟器座中。

②蓄电池接线柱安装。将解码器自备电源接线红色鳄鱼夹夹紧在蓄电池正极接线柱上，黑色鳄鱼夹夹紧在蓄电池负极接线柱上（蓄电池接线柱上有油污、脏物要清理干净，避免电源接触不良）。

③选择与被测车型自诊断插座适用的连接线。汽车自诊断插座能否向解码器提供电源因生产厂商、车型、生产年代有所不同，不能提供电源时，按前述方法接通电源。

④打开解码器电源开关后，解码器自动进入测试状态，表示解码器连接正常。

3）开机。

①解码器与被测车辆连接完成后，打开解码器电源，屏幕显示如图 4—23 所示。

②按回车键（Enter）将自动进行初始化，进入测试程序。当屏幕上出现如图 4—24 显示状态，表示仪器连接成功，即可进入下一步操作。

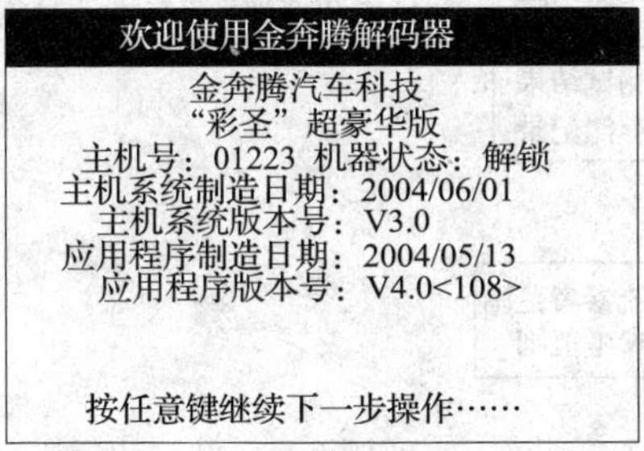

欢迎使用金奔腾解码器
金奔腾汽车科技
“彩圣”超豪华版
主机号：01223 机器状态：解锁
主机系统制造日期：2004/06/01
主机系统版本号：V3.0
应用程序制造日期：2004/05/13
应用程序版本号：V4.0<108>
按任意键继续下一步操作……

图 4—23　开机后屏幕显示图

选择功能模块　01/05
1.亚洲车系
2.欧洲车系
3.美洲车系
4.OBD2车系
5.演示程序
上下移动光标，确定键选择，退出键返回

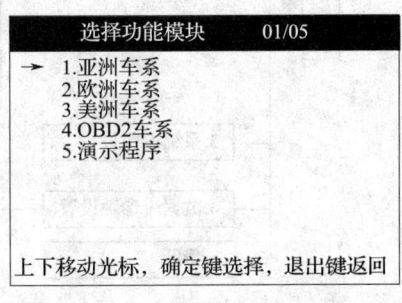

图 4—24　选择功能画面

4）键盘使用说明。

①向上箭头键［↑］、向下箭头键［↓］的功能。

a. 菜单选择功能。按此键可选择所需要的检测项目。

b. 动态数据显示功能。按此键可以调取所需要的资料。

c. 数据输入功能。按此键可修改数据，如修改车辆检测日期、车辆编号等。

d. 匹配调整接口。按此键来增减匹配值。

e. 文本浏览接口。按此键用来选择所需文本。

f. 表格接口显示。按此键用来上下移动光标，选择所需项目。

②向左箭头（←）键、向右箭头（→）键的功能。

a. 数据输入接口。用来在屏幕上左、右移动光标，选择所需目标。

b. 表格接口显示。用来在屏幕上左、右移动光标，选择所需表格。

③退出（ESC）键的功能。

a. 按退出键将取消或中断当前操作。

b. 在菜单选择窗口按退出键，用于返回上一菜单（上一个项目）选择接口。

c. 有"□退出"的接口，按下退出键可退出当前操作。

④进入回车键功能。

a. 按进入回车键，可进入或开始当前操作。

b. 在菜单选择时，按回车键，可确认选中的操作项目。

注意：在不同的功能接口上，回车键、退出键、向上箭头键（↑）、向下箭头键（↓）、向左箭头键（←）、向右箭头键（→）的功能有所区别。

⑤菜单功能流程图，如图4—25所示。

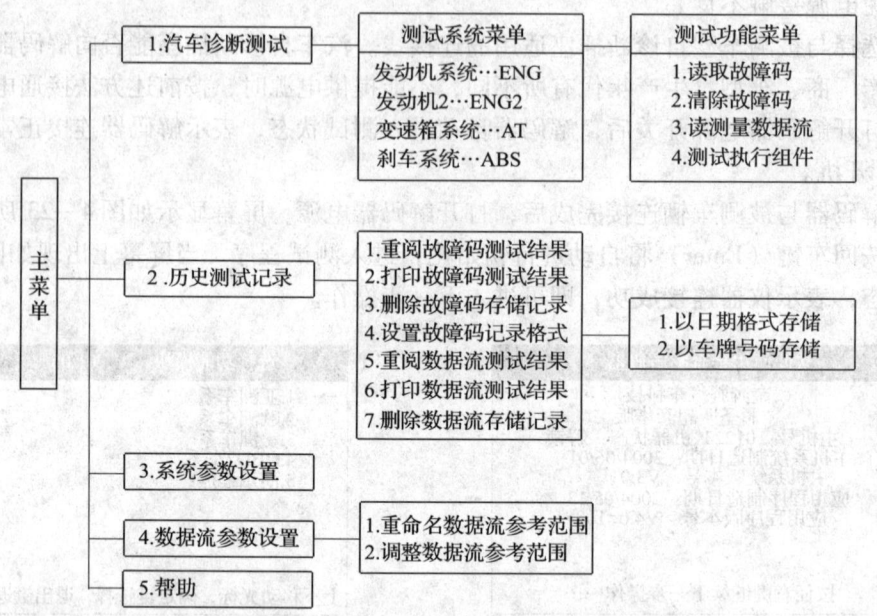

图4—25 金奔腾"彩圣"菜单功能流程图

⑥使用解码器检测汽车步骤：

a. 开机，显示画面如图4—23所示。

b. 移动光标，选择所检测车系。如图4—26所示画面，选择国产车系，按回车键确认为国产车系，解码器将进入如图4—27所示画面。

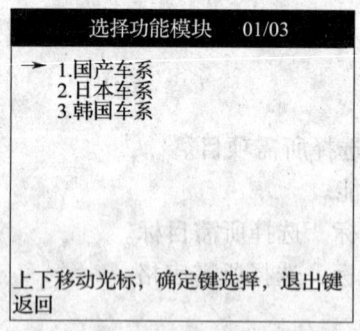

图4—26 不同国家、地区车系显示画面

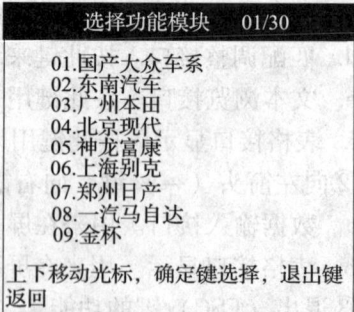

图4—27 国产车不同车系显示画面

c. 将光标移至国产大众车系，按回车键，解码器显示如图4—28所示，显示解码器对汽车不同系统检测功能的画面。

d. 移动光标至所需要测试的系统，仪器将进入具体测试程序，显示如图4—29所示的画面。

```
   选择系统      01/62
→ 发动机系统..........ENG
  发动机2............ENG2
  变速箱系统..........AT
  刹车系统...........ABS
  空调/加热...........AC
  防盗系统...........IMB
  声波系统............SS
  离合器控制.........CCS
  悬挂系统...........SSS

上下移动光标，确定键选择，退出键
返回
```

```
    发动机数据    01/09
发动机转速......0780r/min[750.6000]
冷却液温度........–16℃[80.90]
进气温度..........019℃[–20.90]
车速..............0km/h[0.80]
节气门开度........001°[0.95]
电池电压..........11.4V[10.5,14.3]
氢传感器..........000mV[100.900]
点火提前角........012°[5.16]

上下移动光标，确定键选择，退出键
返回
```

图4—28 解码器对汽车不同系统的检测功能显示画面

图4—29 解码器检测到的车辆数据显示画面

各种车辆检测仪器种类繁多，使用时只要查阅该仪器的使用手册和所检测车型的维修手册，就能方便地判断车辆的技术状况。值得注意的是，解码器所提供的信息，是结论性信息，不是最终的故障原因，维修人员必须熟知车辆的技术状况，结合长期的实际工作经验，分析所得到的数据，才能正确判断故障点，排除故障的直接原因。

三、故障码的清除

汽车故障排除后，计算机存储器中的故障码必须按程序清除（不清除故障码，即使排除了故障，故障码依然存在），以免与新产生的故障代码混淆，给以后维修车辆带来困难。

一般情况，把汽车蓄电池负极电缆线或通发动机电控系统导线的熔断丝（保险丝）取下30 s就可清除计算机存储器中的故障代码。注意：使用拆掉蓄电池负极线的方法清除故障码，会使时钟和音响等装置的存储信息一起清除。因此，最好按各车型维修手册给定的方法清除故障码。

清除故障码后，再用仪器检查车辆，检查故障码是否已经清除，如果仍有故障码显示，要继续检测，直到无故障码出现为止。

四、OBD-Ⅱ随车诊断系统

1. OBD-Ⅱ随车诊断系统简介

自1994年以来，美国、欧洲、日本主要的汽车制造厂商生产的电控汽车逐步采用OBD-Ⅱ随车诊断系统，取代以前所采用的第一代随车诊断系统，逐步统一汽车故障诊断仪器的功能，使诊断过程更加统一、方便。OBD-Ⅱ随车诊断系统是ON-BOARD DIAGNOSITICS的缩写。由美国汽车工程协会提出，经环保机构EPA和加州资源协会CARB认证通过。各国汽车制造商依照OBD—Ⅱ随车诊断系统的标准，提供统一的诊断模式和统一的诊断插座，只要通过一台仪器，即可对各种车辆进行故障诊断。

2. OBD-Ⅱ随车诊断系统的主要特点

(1) 诊断插座统一为16针诊断插座，规定统一安装于驾驶室仪表板下方。诊断插座如图4—30所示。

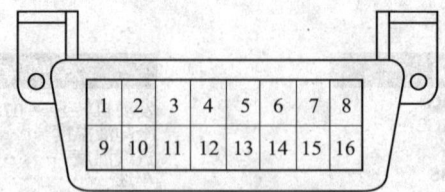

图4—30　OBD-Ⅱ随车诊断系统诊断插座

OBD-Ⅱ随车诊断系统的诊断端子代号及内容见表4—2。

表4—2　　　　OBD-Ⅱ随车诊断系统诊断端子代号及内容

车种 端子代号	(GM)通用	(Ford)福特	克莱斯勒 Chryseer	奔驰 BENZ	沃尔沃 Volvo	丰田 TOYTOA	三菱 Mitsbishi
1#	—	—	—	DM7#/1 HFM15#/1	—	—	触发发动机故障码
△2# SAE-J2012	"M"发动机资料	BUS⊕	—	—	—	SDL	—
3#	悬架	—	SRS-4#	—	A2#BUS⊖	—	—
⊙4#	搭铁	搭铁	搭铁	搭铁	搭铁	搭铁	搭铁
⊙5#	搭铁	搭铁	搭铁	搭铁	搭铁	搭铁	搭铁
6#	"B"触发	—	发动机9#	—	—	—	A/T故障码9#
☆7# ISO—9141	—	—	发动机30# ABS5#	DM23#11	A6#BUS⊖	—	发动机资料92#
8#	防盗	—	—	—	—	—	ABS故障码22#
9#	BCM资料	—	—	DM6#/1 HFM16#/1	—	—	—
△10#SAE—J2012	—	BUS S	—	—	—	—	发动机资料86#
11#	悬架	—	SRS	—	—	—	—
12#	—	—	—	—	—	—	SRS诊断9#
13#	—	—	触发	—	—	—	定速24#
14#	音响空调	—	—	—	—	—	—
☆15# ISO—9141	—	—	—	—	—	—	—
⊙16#	B+	B+	B+	B+	B+	B+	B+

点燃式发动机电控系统

（2）OBD - Ⅱ 随车诊断系统具有数值分析资料传输功能 DLC（Data link connector）。OBD - Ⅱ 随车诊断系统传输线有两个标准：

1）ISO - Ⅱ 欧洲统一标准，资料传输用 7#、15# 脚。

2）SAE 美国统一标准（SAE - J1850），资料传输用 2#、10# 脚。

（3）OBD - Ⅱ 随车诊断系统故障码由五个数字组成，每位数字的定义如下（以 P1352 为例）：

P 代表测试系统。

1 为汽车制造厂代码。0 代表 SAE 定义的故障码，1，2，3 代表汽车制造厂。

3 代表 SAE 定义故障范围代码（见表 4—3）。

5 2 代表原厂故障码，A 组高压线、低压线圈不良。

表 4—3　　　　　　　　SAE 所定义故障代码范围表

代码	SAE 定义故障范围	代码	SAE 定义故障范围
1	燃料或空气测定系统不良	5	汽车怠速控制系统不良
2	燃料或空气测定系统不良	6	计算机或输出控制元件不良
3	点火系统不良或发动机间歇熄火	7	变速系统控制不良
4	废气控制辅助装置不良	8	变速系统控制不良

（4）OBD - Ⅱ 随车诊断系统具有行车记录功能，能记录与车辆行驶过程有关的数据资料。

（5）OBD - Ⅱ 随车诊断系统具有重新显示记忆故障功能。

（6）OBD - Ⅱ 随车诊断系统具有直接清除故障码功能。

3. 采用 OBD - Ⅱ 随车诊断系统不同车系故障码的读取方法

（1）通用（GM）车系。通用（GM）车系读取发动机故障代码的方法是跨接 16# 针诊断插座的 6#、5# 端子，由仪表板上"Check engine"警示灯闪烁方式读出。

（2）福特（Ford）车系。福特（Ford）车系读取发动机故障代码的方法是跨接 OBD - Ⅱ 随车诊断系统 16# 针诊断插座的 13#、15# 端子，由仪表板上"Check engine"警示灯闪烁方式读出。

（3）克莱斯勒（Chrysler）车系。克莱斯勒（Chrysler）车系读取发动机故障代码的方法是将点火开关打开 5~10 s，由仪表板上"Check engine"警示灯闪烁方式读出。

（4）奔驰（BENZ）车系。奔驰（BENZ）车系无法由 OBD - Ⅱ 随车诊断系统诊断插座用跨接试灯方式读出故障码，但可由 38 针诊断插座中第 4# 孔读取 HFM 发动机计算机故障代码，或由 38 针诊断插座中第 19# 孔读取 DM 计算机故障代码。

（5）沃尔沃（Volvo）车系。沃尔沃（Volvo）车系读取发动机故障代码的方法是在 OBD - Ⅱ 随车诊断系统诊断插座 3# 孔跨接显示灯，按图 4—31 所示方法读出。

（6）日本丰田（Toyota）车系。日本丰田（Toyota）车系读取发动机故障代码的方法是跨接 OBD - Ⅱ 随车诊断系统 5#、6# 端子或跨接 $TE_1 - E_1$ 端子，由仪表板上"Check engine"警示灯闪烁方式读出。

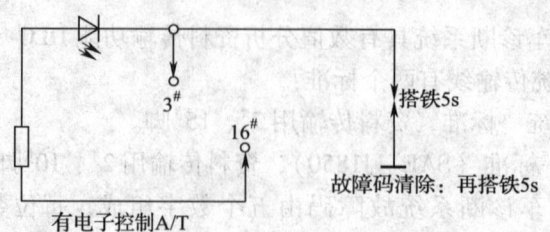

图 4—31　沃尔沃（Volvo）车系故障码读取方法

（7）日本三菱（Mitsubishi）车系。日本三菱（Mitsubishi）车系可由 OBD-Ⅱ 随车诊断系统的插座读出下列五个系统的故障码：

1）发动机故障码。将 OBD-Ⅱ 随车诊断系统 16 针诊断插座的 $1^\#$ 端子接地，由仪表板上"Check engine"警示灯闪烁方式读出。

2）变速器（AT）故障码。变速器（AT）故障码可用显示灯跨接 OBD-Ⅱ 随车诊断系统 16 针诊断插座的 $4^\#$、$6^\#$ 端子，由跨接的显示灯闪烁状态读出。

3）ABS 故障码。ABS 故障码用显示灯跨接 OBD-Ⅱ $8^\#$、$4^\#$ 端子，由显示灯闪烁读出。

4）SRS（安全气囊）故障码。SRS 故障码用显示灯跨接 OBD-Ⅱ $12^\#$、$4^\#$ 端子，由显示灯闪烁读出。

5）定速（C/C）故障码。定速故障码用显示灯跨接 OBD-Ⅱ $13^\#$、$4^\#$ 端子，由显示灯闪烁读出。

第七节　辅助控制系统

一、电源控制系统

为保证发电机的输出电压保持在 13.4～15 V，由计算机控制发电机激磁电路，在发电机正常工作时，激磁电路为：发电机 ⊕ → 自动切断继电器（ASD）→ 发电机磁场接线柱 B → 激磁绕组 → 磁场接线柱 C → 计算机发电机激磁接线柱 20 → 功率管 → 接地 → 发电机 ⊖。在自动切断触点闭合时，只要计算机控制功率管导通，就接通激磁电路；功率管截止，就切断激磁电路。

如果计算机检测到发电机的输出电压低于规定电压时（见表 4—4），将使激磁电路接通时间增长，功率管的相对导通率增加，平均激磁电流增大，磁场加强，提高发电机的电压或电流，增大发电机的输出功率。如果计算机检测到发电机的输出电压高于规定电压时，将使激磁电路接通时间减少，功率管的相对导通率减少，平均激磁电流减小，磁场减弱，降低发电机的电压或电流，减少发电机的输出功率。计算机通过如此循环控制过程，使发电机输出的电压维持一个相对稳定的范围。

在发动机怠速运转时，如果发电机输出电压过低，计算机会提高发动机怠速和控制发电机激磁电流，通过保证发电机的转速维持发电机的充电率。

表 4—4　　　　　发电机不同环境温度下运转时输出电压的范围

环境温度（℃）	输出电压范围（V）
-40 ~ -6.7	14.5 ~ 15
-6.7 ~ 26.7	13.87 ~ 15
26.7 ~ 60	13.25 ~ 14.37
60 ~ 71.1	13.25 ~ 13.75

二、冷却系统电风扇控制

在电控发动机中，冷却系统电风扇均由计算机控制。计算机根据冷却液温度传感器输入的信号，对冷却强度进行控制。当冷却液温度达到103℃时，计算机使电风扇工作，给散热器降温。当冷却液温度下降到88℃时，计算机关闭电风扇，冷却液温度开始上升，但温度上升到103℃时，计算机打开电风扇，给散热器吹风冷却，如此循环控制，保证发动机的正常工作温度。

在空调压缩机工作时，无论冷却液温度如何，计算机将指令冷却风扇工作。

三、空调系统控制

计算机按接通和断开空调离合器继电器的接地电路，控制空调压缩机工作。当驾驶员打开空调开关后，计算机收到空调选择信号及空调请求信号时，首先提高发动机怠速转速，然后计算机使空调离合器继电器接地，接通空调压缩机电磁离合器，使压缩机工作。当空调压缩机工作时，发动机负荷增加，计算机调整发动机怠速步进电动机位置，适应发动机负荷增加工况。计算机根据空调选择信号和空调请求信号，适时控制空调压缩机工作。

1. 空调压缩机工作时，计算机检测到节气门处于全开状态，将切断空调压缩机继电器接地电路，使继电器断电，停止压缩机离合器接合，直到节气门全开时间超过15 s。

2. 如果冷却液温度超过125℃，即使驾驶员打开空调开关，计算机也不命令空调工作。

3. 如果空调系统低压开关断开（表示制冷剂不足），计算机将接收不到空调选择信号，将切断空调继电器接地电路，空调压缩机不工作。

4. 如果蒸发器开关断开，表示蒸发器工作温度超出允许范围，计算机将接收不到空调请求信号，将切断空调继电器接地线路，空调压缩机自然不能工作。

当计算机接通空调离合器时，则无论发动机冷却液温度高、低，即计算机均接通散热器电风扇，使电风扇工作。

四、巡航控制

巡航控制也称恒速控制，巡航系统工作时，计算机根据汽车行驶阻力的变化，自动调整节气门开度，使汽车行驶速度保持恒定。依据控制机节气门位置的方式不同，巡航控制可分为真空控制和电动机控制两种。

电动机控制巡航控制系统的工作原理和控制方式与节气门制动时怠速控制系统类似。在此以真空巡航控制为例，介绍巡航控制系统的工作原理与控制方式。

当行驶阻力变化时，计算机根据车速传感器输入的信号，控制速度伺服装置工作。伺服装置借助发动机进气管真空吸力驱动膜片，拉动节气门连杆，控制节气门开度。如果持续拉动则加速，停在某一位置为恒速，放松节气门则为减速。

速度控制开关包括三个独立的开关信号，作用分别是：

1. 开/关（OFF/ON）。通知计算机巡航控制系统开始工作。
2. 设定（Set）。通知计算机（ECU）已经选定的巡航时速。
3. 复位（Resume）。通知计算机需要恢复原设定巡航车速。

当驾驶员接通"速度控制"开关时，速度控制系统开始工作。驾驶员推动设定"Set"按钮时，汽车行驶速度不断存储在存储器（RAM）中，当松开按钮时，计算机将车速锁定，此时的速度成为速度控制系统要保持的目标。

该装置的本体是一密封圆筒，内部装有膜片、弹簧、真空电磁阀、通气电磁阀和清除电磁阀。真空电磁阀上有一真空管接头，由软管与进气歧管相连，用来引进真空度。在膜片中间装有拉杆，通过油门连杆与节气门相连。三个电磁阀各用一个电磁线圈控制。真空电磁线圈不通电时，在阀门弹簧的作用下，阀门保持关闭，使与发动机进气歧管的通道被截断，真空度不能进入伺服室。通气电磁阀线圈不通电时，在阀门弹簧的作用下，阀门保持开启，使伺服室与大气相通，卸掉伺服室真空度。清除电磁阀线圈不通电时，也使伺服室与大气相通。

速度伺服系统工作时，计算机伺服装置工作一般情况为：

要提高车速时，计算机使"真空"电磁阀线圈导通，电磁阀产生电磁作用力，克服弹簧作用力打开阀门，真空度进入伺服室；与此同时，计算机使"通气"电磁阀线圈通电，关闭阀门（当"通气"电磁阀关闭，只要制动开关未断开，"通气"电磁阀就保持关闭状态）；此时，"消除"电磁阀同样处于关闭状态。在这种情况下伺服室形成一定真空度，真空吸力拉动膜片，带动节气门连杆，增大节气门开度，使汽车加速。

当汽车车速达到目标设定速度时，计算机输出信号，同时关闭三个电磁阀，保持此真空度，使节气门开度不变，汽车将以设定速度行驶。

要降低车速时，计算机输出信号，使"通气"电磁阀阀门打开，降低伺服室真空度，这时膜片在弹簧作用下回位，节气门开度减小，车速下降。

巡航控制系统工作时，在行驶阻力不变的情况下，三个阀门保持关闭状态，伺服室真空度不变，使节气门位置不变，汽车保持设定速度行驶。如果行驶阻力加大，为保持车速，计算机必须适时将"真空"电磁阀打开，使伺服室真空度增加，节气门开度增大，发动机输出功率增加；当行驶阻力减小（下坡、顺风等）时，为保持车速，计算机就需及时打开"通气"电磁阀，泄掉部分真空度，减小节气门开度，降低车速；当车速与审定速度相同时，使三个电磁阀关闭，维持伺服室真空度，使节气门维持这一开度，保持车速。如此循环控制，实现恒速巡航行驶。

当汽车遇情况制动时，制动器开关和计算机同时关闭三个电磁阀线圈电源，伺服室处于非真空状态，这时与驾驶员操纵车辆相同。当松开制动踏板，解除制动，"消除"电磁阀复位，在设置复位开关时，计算机将使"通气"电磁阀和"真空"电磁阀重新工作，直至达到预定车速。

单元测试题

一、单项选择题（下列每题的选项中，只有1项是正确的，请将正确答案的代号填在横线空白处）

1. 在现代点燃式发动机气缸内的可燃混合气是采用高压_____点燃的，这种高压电火花是由_____产生的。
   A. 火花　点火系　　　　　　　　B. 电火花　供电系
   C. 电火花　点火系　　　　　　　D. 电火花　电系

2. 使1 kg汽油完全燃烧，按化学当量计算，理论上需要_____kg空气。
   A. 12.7　　　　B. 18.7　　　　C. 14.7　　　　D. 15.7

3. 点燃式发动机的点火时刻用点火提前角表示，它是指从火花塞开始点火到活塞运行到上止点时_____所转过的角度。
   A. 飞轮　　　　B. 凸轮轴　　　　C. 曲轴　　　　D. 活塞

4. 影响最佳点火提前角的主要因素有发动机转速、可燃混合气浓度、进气歧管绝对压力、_____、冷却液温度、燃料的辛烷值、发动机的压缩比、发动机燃烧室形状等。
   A. 排气压力　　　B. 大气压力　　　C. 进气压力　　　D. 燃烧压力

5. 发动机排气污染是汽车排放污染的主要来源，其排放量与_____、点火提前角、_____结构等因素相关。
   A. 空燃比　汽车　　　　　　　　B. 燃料比　发动机
   C. 空燃比　发动机　　　　　　　D. 空燃比　起动机

6. 在计算机（ECU）中首先存储记忆发动机在_____工况及运行条件下_____点火提前角。
   A. 启动　最佳　　　　　　　　　B. 加速　确定
   C. 各种　确定　　　　　　　　　D. 各种　最佳

7. 启动信号（STA）用来判断发动机是否处于启动状态，作为启动时燃料_____和点火提前角的_____信号。
   A. 供给　检验　　　　　　　　　B. 输入　修正
   C. 供给　检验　　　　　　　　　D. 供给　修正

8. 车速传感器主要有舌簧开关式、_____和光电耦合式等。
   A. 电感应式　　B. 霍尔式　　　C. 电容式　　　D. 电磁感应式

9. 冷却液温度传感器用来检测发动机冷却液温度，显示发动机的_____状态，作为计算机（ECU）控制燃料供给和_____的最重要的修正信号。

A. 工作　点火时刻　　　　　　　B. 工作　点火能量
C. 热　点火能量　　　　　　　　D. 热　点火时刻

10. 曲轴位置传感器是发动机集中控制系统中与负荷信号同等重要的传感器，是控制燃料供给量和点火时刻确认_____必须的信号源。
A. 一缸位置　　　　　　　　　　B. 飞轮位置
C. 凸轮轴位置　　　　　　　　　D. 曲轴位置

11. 空气流量计能直接测得进入气缸的_____的体积流量或质量流量，并将其转换成电信号输入计算机（ECU），作为决定基本喷油量和_____最重要的主控制信号（负荷信号）。
A. 可燃混合气　基本点火提前角　B. 空气　初始点火提前角
C. 可燃混合气　初始点火提前角　D. 空气　基本点火提前角

12. 点燃式发动机电控系统主要由信号_____、电控单元（ECU 或 ECM）、_____等组成。
A. 输出装置、执行器　　　　　　B. 输出装置、实施装置
C. 输入装置、实施装置　　　　　D. 输入装置、执行器

13. 电控汽油喷射发动机供给系统是根据发动机每循环吸入_____的量及该工况的空燃比来确定每_____喷油量的。
A. 空气、冲程　　　　　　　　　B. 空气、循环
C. 可燃混合气、冲程　　　　　　D. 可燃混合气、循环

14. 电控系统的作用是根据发动机_____情况确定汽油的最佳_____，由传感器、计算机（ECU）和执行器（喷油器）组成。
A. 运转、喷油压力　　　　　　　B. 运转、喷油量
C. 转速、喷油压力　　　　　　　D. 转速、喷油量

15. 电控汽油喷射发动机具有可燃混合气的空燃比_____、较少受空气密度影响；燃油经济性好；充气效率高；汽车滑行时发动机_____方便；低排放和稳定工作转速范围广等优点。
A. 计量方便　断油　　　　　　　B. 计量精确　断油
C. 计量方便　减油　　　　　　　D. 计量精确　减油

16. 点燃式发动机中，点火系统的作用是利用火花塞电极间产生_____将缸内的可燃混合气_____点燃，使发动机有好的动力性、经济性和排放性。
A. 火花　适时　　　　　　　　　B. 电火花　适时
C. 火花　瞬时　　　　　　　　　D. 电火花　瞬时

17. 电控点火系统控制点火线圈初级的_____、初级电流，按发动机各种_____调整点火提前角，使发动机在最佳状态下工作。
A. 断电时间　不同工况　　　　　B. 通电时间　不同工况
C. 断电时间　运转工况　　　　　D. 通电时间　运转工况

18. 三元催化剂是在以理论空燃比为中心的一_____内才能同时使一氧化碳（CO）、碳氢化合物（HC）氧化反应和氮氧化物（NO_x）的_____进行得完全。

  A. 较宽范围、还原反应　　　　　　B. 狭小范围、还原反应
  C. 较宽范围、置换反应　　　　　　D. 狭小范围、置换反应

19. 三元催化转化装置是一个_____控制系统。当系统正常工作时，氧传感器检测发动机中_____的氧含量，以此判断可燃混合气浓度。
  A. 开环　尾气　　　　　　　　　　B. 闭环　尾气
  C. 开环　进气　　　　　　　　　　D. 闭环　进气

20. 废气再循环（RGR）是在发动机工作过程中，将_____废气引入进气管与新鲜空气（或可燃混合气）_____后返回气缸进行再循环。
  A. 大部分　分解　　　　　　　　　B. 一部分　混合
  C. 大部分　混合　　　　　　　　　D. 一部分　分解

21. 废气再循环（EGR）的目的是降低燃烧最高_____、减少氧含量，_____氮氧化物（NO_x）的生成条件，降低氮氧化物（NO_x）的排放量。
  A. 温度　防止或减少　　　　　　　B. 温度　阻断或破坏
  C. 压力　防止或减少　　　　　　　D. 压力　阻断或破坏

22. 汽油蒸气回收控制系统的作用是阻止燃油箱内蒸发的汽油_____排放、泄漏到大气中，避免污染环境；同时将燃油箱内的汽油蒸气收集后适时_____进气管与空气混合后进入燃烧室燃烧，使汽油得到充分利用。
  A. 液体　送入　　　　　　　　　　B. 蒸气　送入
  C. 液体　排出　　　　　　　　　　D. 蒸气　排出

23. 进气谐振增压控制系统是利用进气流的_____产生压力波提高发动机的_____。
  A. 惯性　充气效率　　　　　　　　B. 惯性　排气效率
  C. 惰性　排气效率　　　　　　　　D. 惰性　充气效率

24. 电控发动机，可以方便地改变_____或改变压力波_____以实现进气谐振增压。
  A. 进气管长度　波长　　　　　　　B. 充气管长度　波长
  C. 充气管长度　频率　　　　　　　D. 进气管长度　频率

25. 巡航控制也称恒速控制，巡航系统工作时，计算机根据汽车_____的变化，_____节气门开度，使汽车行驶速度保持恒定。
  A. 上坡阻力　自动调整　　　　　　B. 上坡阻力　随机调整
  C. 行驶阻力　自动调整　　　　　　D. 行驶阻力　随机调整

26. 冷却液温度_____℃，即使驾驶员打开空调开关，计算机_____空调工作。
  A. 低于90　也不命令　　　　　　　B. 低于80　也不命令
  C. 超过125　也不命令　　　　　　D. 超过125　立即命令

二、判断题（下列判断正确的打"√"，错误的打"×"）

1. 压缩比提高后，燃烧温度提高，在具备充足氧气的情况下，会导致氮氧化物（NO_x）排放量的减少。（　　）

2. 为减少发动机氮氧化物（NO_x）排放量，发动机的压缩比必须提高。（   ）
3. 进气歧管压力和空气流量一样也可作为反映发动机负荷的一个重要参数。
（   ）
4. 车速传感器一般安装在变速器上，用来测量汽车的行驶速度。（   ）
5. 节气门位置传感器将节气门开启的角度转换成电压信号。（   ）
6. 所谓闭环控制实质就是反馈控制。（   ）
7. 点燃式发动机使用天然气燃料后排放一定会改善。（   ）
8. 使用天然气发动机的汽车，为携带更多的燃料，采用压缩天然气，现在常用的压缩压力为 20 MPa。（   ）
9. L 型电控汽油喷射系统采用质量流量方式控制，为电控多点缸外间歇式喷射。
（   ）
10. 点火系的控制内容有点火能量和点火正时控制。（   ）
11. 最佳点火提前角的确定要兼顾扭矩、油耗、排放、发动机爆震等指标。
（   ）
12. EGR 率 = EGR 流量/（吸入空气量 + EGR 流量）×100%。（   ）
13. 在敏感陶瓷元件氧化锆（ZrO_2）的内外表面均覆盖了薄层铂（Pt），传感器内侧通大气，外侧直接与排气接触。（   ）
14. 三元催化转化器中的催化剂由稀有金属铂（Pt）和铑（Rh）的混合物组成。
（   ）
15. 三元催化转化闭环控制系统由控制部分、氧传感器、三元催化转化装置组成。
（   ）
16. 汽车发动机尾气污染的控制方式，常见的有三元催化转化装置、废气再循环装置、汽油蒸气回收装置。（   ）
17. 装用废气涡轮增压系统发动机，启动发动机和关闭发动机时必须急速运转 3~5 min。（   ）
18. 电控发动机，可以方便地改变进气管长度或改变压力波的波长以实现进气谐振增压。（   ）
19. 进气谐振增压控制系统有电控可变进气管长度惯性增压系统和电控可变波长惯性增压系统（ACIS）。（   ）
20. 电控废气涡轮增压系统的控制方案有多种，总的说来多采用放气的方法，即调节进入涡轮式的废气量。（   ）
21. 废气涡轮增压系统由空气滤清器、进排气歧管、增压器、中冷器、排气消声器等组成。（   ）
22. OBD - II 随车诊断系统的标准，提供统一的诊断模式和统一的诊断插座，只要通过一台仪器，即可对各种车辆进行故障诊断。（   ）
23. 把汽车蓄电池负极电缆线或通发动机电控系统导线的熔断丝取下 30 s 就可清除计算机（ECU）存储器中的故障代码。（   ）
24. 发动机急速运转时，如果发电机输出电压过低，计算机会提高发动机急速和控

制发电机激磁电流，通过保证发电机的转速维持发电机的充电率。　　（　　）

25．空调压缩机工作时，无论冷却液温度如何，计算机将指令冷却风扇工作。

（　　）

单元测试题答案

一、单项选择题

1．C　　2．C　　3．C　　4．C　　5．C　　6．D　　7．D　　8．D　　9．D
10．D　　11．D　　12．D　　13．B　　14．B　　15．B　　16．B　　17．B
18．B　　19．B　　20．B　　21．B　　22．B　　23．A　　24．A　　25．C
26．C

二、判断题

1．×　　2．×　　3．√　　4．√　　5．√　　6．√　　7．×　　8．√
9．√　　10．√　　11．√　　12．√　　13．√　　14．√　　15．√
16．√　　17．√　　18．√　　19．√　　20．√　　21．√　　22．√
23．√　　24．√　　25．√

电控自动变速器

- 第一节 概述 /160
- 第二节 其他形式的自动变速器 /169
- 第三节 自动变速器的正确使用与维护 /173
- 第四节 自动变速器的简易故障判断 /175

第一节 概述

装用自动变速器的汽车实现自动操纵汽车起步、换挡，自动调节和适应外界的阻力变化，提高了汽车的机动性能和越野性能；实现发动机在最佳工况工作；降低了传动系故障（与手动变速器比较）；极大地减轻驾驶员的劳动强度，提高了汽车行驶的安全性和舒适性。

电控变速器随变矩器与减速器结构的不同而采用不同的电控系统。电控系统一般由节气门位置传感器、车轮速度传感器、水温传感器、怠速传感器、空挡开关、液力调节器、电磁阀、执行机构及计算机（ECU）等组成。在汽车行驶时，按照驾驶员的操作指令和汽车、发动机的运行状况，由开关和传感器测出各种信息输入计算机，计算机根据存储器的程序发出指令对自动变速器实施控制，实现汽车变速行驶。

一、电控自动变速器分类

无论机械的、液力的以及电动的传动变速装置用电控来实现自动改变传动速比的系统都属于电控自动变速器。目前用于车辆传动的装置有液力传动、机械有级传动、机械无级传动和电传动。已实现电控并广泛应用的有电控液力机械式有级自动变速器（Electronic Automatic Transmission，EAT）、电控机械式有级自动变速器（Automatic Mechanical Transmission，AMT）和电控无级自动变速器（Continuously Variable Transmission，CVT）。

EAT是由计算机控制单元、液力变矩器和行星齿轮变速器等组成的电控自动变速系统。EAT的基本工作过程是：计算机电控单元不断根据监测到的车速、节气门位置等按换挡规律求出当前最佳挡位，控制换挡阀动作，实现换挡过程，保证车辆正常行驶。

AMT是由计算机控制单元、干式离合器和传统双轴齿轮箱式变速器组成的电控自动变速系统。AMT的基本工作过程是：计算机电控单元根据输入的当前车速、节气门位置、驾驶员指令等参数按换挡规律求出当前最佳挡位，控制一套代替变速杆和离合器操纵机构的执行机构实现自动变速，保证车辆正常行驶。

无论是EAT还是AMT，全是有级变速系统，只是由电控单元代替驾驶员操作而已。真正的无级变速器是钢带式无级自动变速系统CVT。

CVT无级变速系统采用传动钢带和可变直径的主、从动轮相配合传递动力。由于CVT真正实现了传动比连续改变，实现了发动机工况与传动系的最佳匹配，提高整车的燃油经济性、动力性和排放性，改善了汽车的操纵性和乘坐舒适性，是较理想的汽车传动装置。

二、三种不同形式自动变速的特点

电控液力机械式有级自动变速器（EAT）、电控机械式有级自动变速器（AMT）、电控无级自动变速器（CVT）三种变速器由于结构上的差异，因此，在控制方法和性能上都有各自的特点。

1. 电控液力机械式有级自动变速器（EAT）

电控液力机械式有级自动变速器（EAT）主要由液力变矩器、行星齿轮变速器、电控液压系统三部分组成。液力变矩器依靠具有一定动量的油液传递动力。发动机带动高压油泵将机械能转换成自动传动液的动能，具有动能的自动传动液通过液力变矩器泵轮的动能导向，冲击在变矩器的涡轮上，再将自动传动液的动能转换成机械能，驱动行星齿轮变速器的输入轴。液体在传递动力时具有一定的"柔性"，可以吸收冲击载荷，在较小范围内自动连续调节转速，液力变矩器也可称为无级变速器。由于行星齿轮变速器是有级变速器，所以这种变速器仍然是有级变速器。正由于电控液力机械式自动变速器（EAT）的这种结构使它具有以下特点：

（1）换挡平稳，乘坐舒适性好。
（2）转速变化相对平稳。
（3）换挡时不中断动力传递，较容易实现换挡控制。
（4）换挡时不中断动力传递，故障率低、可靠性好、使用寿命长、维修成本较低。
（5）可适用于各种车型。
（6）结构复杂，对制造工艺、制造精度要求高，制造成本较高。
（7）自动传动液的动能不能充分利用，传动效率较低，整车油耗相对较高。

2. 电控机械式有级自动变速器（AMT）

电控机械式有级自动变速器（AMT），是在原干式离合器和平行轴齿轮有级机械式变速器所组成的手动变速系统基础上，采用微型计算机和液压操纵装置取代手动换挡控制系统的变速系统。与电控液力机械式有级自动变速器（EAT）和电控无级自动变速器（CVT）相比较，电控机械式有级自动变速器（AMT）有如下特点：

（1）传动效率高，燃料经济性好。除干式离合器在起步过程中处于半接合状态时存在一定的摩擦损失，其他时间能量损失极小；变速器的传动效率可达95%。
（2）结构相对简单，制造工艺精度要求简单，制造成本较电控液力机械式有级自动变速器（EAT）和电控无级自动变速器（CVT）低。
（3）适用于各种车型，尤其是城市公共汽车，换挡频繁，要求车辆成本低，电控机械式有级自动变速器（AMT）应是首选对象。
（4）换挡不如电控液力机械式有级自动变速器（EAT）平稳（换挡过程中动力传递中断）。
（5）由于换挡过程中节气门位置与离合器控制和换挡控制必须协调才能保持换挡时间最短、换挡平稳，所以控制难度比电控液力机械式有级自动变速器（EAT）和电控无级自动变速器（CVT）困难。

3. 电控无级自动变速器（CVT）

电控无级自动变速器（CVT）是真正的连续改变速比的变速系统。其本质是带式传动装置，靠传动带与带轮之间的摩擦力传递动力，用改变主动轮和从动轮半径的方式实现速比改变。由于主动轮和从动轮的半径可实现连续改变，所以传动比也连续改变。与电控液力机械式有级自动变速器（EAT）和电控机械式有级自动变速器（AMT）相比

较,电控无级自动变速器(CVT)有如下特点:

(1) 电控无级自动变速器(CVT)是真正意义上的无级变速器。其传动比可在最大值和最小值之间连续改变,得到非常平滑的变速过程。装用电控无级自动变速器(CVT)的车辆乘坐舒适性好。

(2) 汽车加速性好,燃料经济性好。

(3) 由于是利用V形带与带轮之间的摩擦力传递动力,摩擦扭矩相对较小,因此传递的功率较小,目前仅适用于3L及3L以下排量的发动机,使用范围受到限制。

(4) 由于是带式传动,故起动性能较差,一般需另加起动装置,因此结构相对复杂,工艺要求高,制造成本和维修成本高。

三、自动变速器的基本结构与组成

以电控液力机械式有级自动变速器(EAT)为例进行说明。

电控液力机械式有级自动变速器(EAT)是目前应用最广泛的一种自动变速器。它主要由液力变矩器、行星齿轮变速器和电控液压换挡控制系统三大部分组成(见图5—1)。其中电控液压换挡控制系统由电控单元、传感器、液压控制回路和执行器组成。

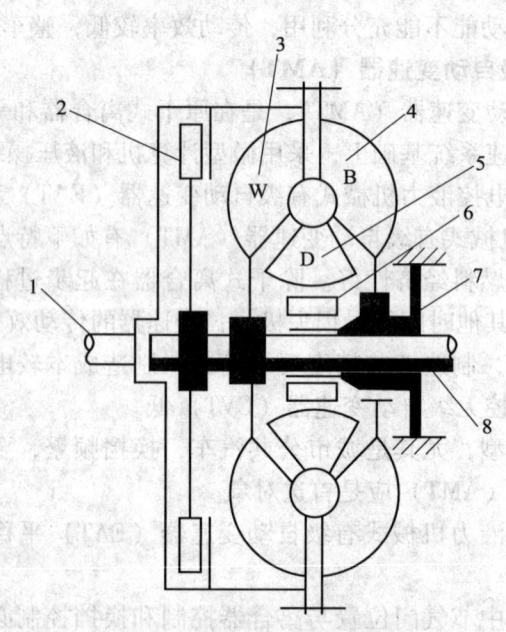

图5—1 液力变矩器的基本结构
1—输入轴 2—锁止离合器 3—涡轮 4—泵轮 5—导轮
6—单向离合器 7—导轮轴 8—输出轴

1. 液力变矩器

液力变矩器(Hydraulic Torque Converter,HTC),是通过工作轮叶片相互作用,将机械能转换成液体的动能后再转变成机械能,通过液体动量矩的变化来改变转矩的传动元件。它具有在一定范围内连续改变速度和转矩的能力,对外部负载有良好的自动调节及适应性，使车辆起步平稳，加速柔和。由于用液体来传递动力，降低了尖峰负荷和扭转振动，延长了传动系的使用寿命，提高了乘坐舒适性和车辆安全性和通过性。

(1) 变矩器的基本结构

液力变矩器由泵轮 B、涡轮 W 和在两者之间的单向离合器、闭锁离合器以及固定在壳体上的导轮 D 组成，如图 5—2 所示。

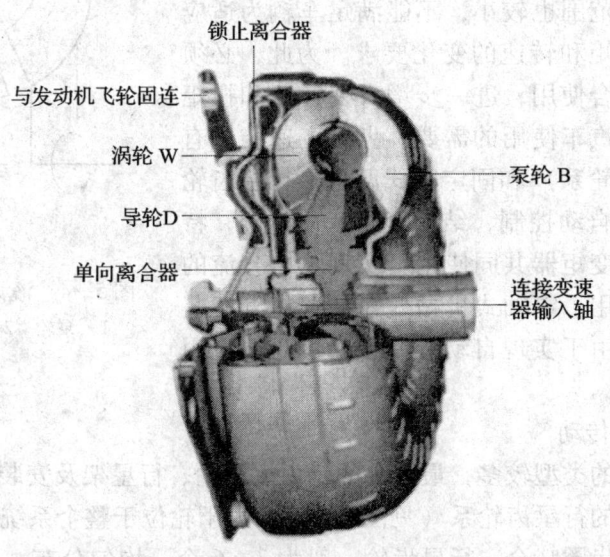

图 5—2　带锁止离合器的变矩器

(2) 变矩器的工作原理

自动传动液在由各工作轮（泵轮 B、涡轮 W、导轮 D）组成的闭合循环通道内流动并传递动力。发动机带动泵轮旋转，离心力使自动传动液向泵轮外沿流动，通过导轮导向，冲击涡轮，并推动涡轮旋转，驱动汽车行驶，如图 5—3 所示。

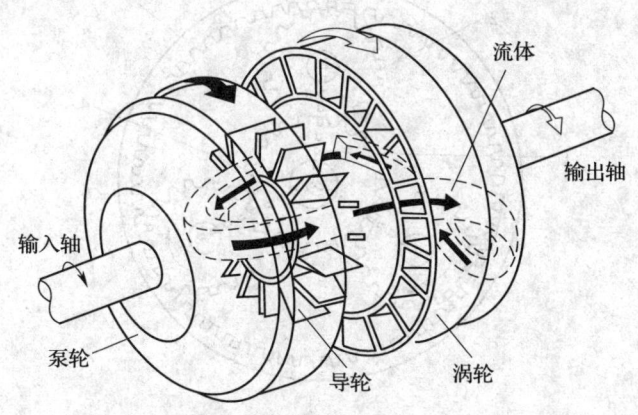

图 5—3　变矩器中自动传动液的流动方向

为了增大涡轮上的转矩，涡轮叶片设计成空间曲面，使自动传动液离开涡轮时，方向与进入涡轮时相反，以便产生尽可能大的动量矩，提供最有效的转矩传递。导轮的作用是将自动传动液再引导回泵轮,使自动传动液的流动方向再次反向。自动传动液回流至泵轮后,推动其叶片后表面,促使泵轮旋转,如图5—4所示。

2. 行星齿轮变速器

液力变矩器的无级变速性能虽然很好,但是扭矩变化比较小、变速范围也较小,不能满足车辆为适应外界阻力变化对扭矩和转速的变化要求。为此,必须与齿轮变速装置联合使用,进一步增大变速比和扭矩的变化范围,适应汽车使用的需要。齿轮变速装置有旋转轴式(行星齿轮系)和固定轴式两种。行星齿轮变速系统易于实现自动控制、结构紧凑、质量轻,特别是其具有与液力变矩器共同使用可实现功率分流的优点,得到广泛应用。定轴式机械变速装置尽管工艺性好、成本低廉,由于实现自动控制相对困难,应用受到限制。

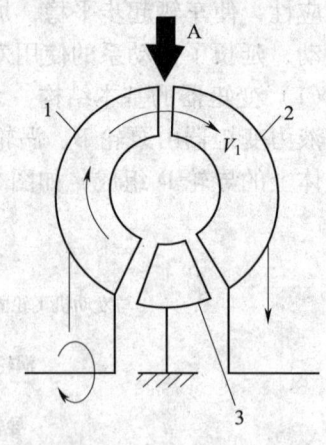

图5—4 液力变矩器工作原理
1—泵轮 2—涡轮 3—导轮

(1)行星齿轮传动

行星齿轮传动的类型较多,最简单的是由太阳轮、行星架及安装在行星架上的行星齿轮和内齿圈组成的行星齿轮系(见图5—5)。太阳轮位于整个系统的中心,行星齿轮分别与太阳轮和内齿圈啮合。行星齿轮一般为3~6个,均匀分布,借助于行星齿轮轴和滚针轴承安装在行星架上。工作时,行星齿轮在绕各自的轴自转的同时,还围绕太阳轮公转。由于行星齿轮机构的这种运行形式与太阳系行星的运行方式相似,被称为行星齿轮系统。在行星轮围绕太阳轮旋转时,行星齿轮轴和行星架也随行星齿轮一同围绕太阳轮旋转,因此一般称行星齿轮变速系统为旋转轴式变速系统。

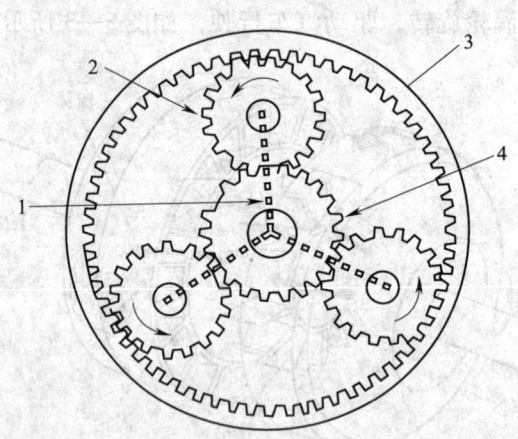

图5—5 行星齿轮机构的基本组成
1—行星架 2—行星齿轮 3—内齿圈 4—太阳轮

(2)行星齿轮系传动运动学

设 n_s 为太阳轮转速、z_s 为太阳轮齿数;n_R 为内齿圈转速、z_R 为内齿圈齿数;α 为行星排结构参数，$\alpha = n_R/z_s$，通常取 $4/3 \leq \alpha \leq 4$。

行星齿轮架转速 n_c 大小相等方向相反的牵连速度，对构件的相对速度不变，则可将行星排视为定轴式传动，有：

$$(n_s - n_c) / (n_R - n_c) = -z_R/z_s = -\alpha$$

由上式得出单排行星齿轮系三元件的转速特性方程式为：

$$n_s + \alpha n_R - (1+\alpha) n_c = 0$$

上式是三元一次方程，三个未知数反映出单排行星齿轮系是两自由度机构，这是与只有一个自由度的定轴齿轮系的最主要的区别。三个构件（行星架和行星齿轮视为一个构件），任意两者之间均无固定的转速联系，必须增加一个约束条件，才能得到确定的传动比 i_g（用制动器将其中某一构件固定或用离合器 C 使其中两者接合以同一速度旋转）。从上式还可以得出，单排行星齿轮系具有用离合器把其中任意两个构件闭锁，使行星齿轮排整体运转的特性。利用这种特性，单排行星齿轮系的输入、输出轴可实现减（超）速、等速或反转（倒挡），即两个前进挡、一个倒挡。在实际应用场合，三个挡位仍旧较少，如轿车多采用四前进挡一个倒挡或五前进挡一个倒挡；对于大客车、军车、载重汽车等所需要的挡位更多。实际应用的行星齿轮变速器常采用多排行星齿轮实现更多的挡位和速比。真实的传动比 i_g 可通过解各单排行星齿轮系的运动方程所组成的联立方程来得到。

四、几种典型的三自由度行星变速器

单排行星齿轮机构有两个自由度，实现一个挡位，仅需一个换挡执行机构，控制单排行星齿轮机构中的某一个元件的运动即可。但当需要多排行星齿轮组合实现多挡位变速时，仍用两自由度的单排行星齿轮系构成多挡变速器，将需要多组行星齿轮排，使变速器体积很大、质量重，为减轻质量、减小体积，常采用三自由度的行星齿轮机构，减少行星排个数。三自由度行星变速器要给定两个运动后才有确定的输出量，所以执行机构比两自由度行星齿轮变速器多。获得三自由度行星齿轮机构的途径有两种：其一为串联式三自由度行星齿轮变速机构（将两组两自由度的单排行星齿轮机构串联），因两个两自由度行星排机构连接时减少了一个自由度，串联后的自由度 W 为 3 个（$W = W_1 + W_2 - 1 = 2 + 2 - 1 = 3$）。其二为串联式三自由度行星变速器，即串联主动或被动件，串联前自由度为 W_f，串联后增加了一个自由度，则总自由度 W 为 3 个（$W = W_f + 1 = 2 + 1 = 3$）。现在车辆使用的三自由度行星齿轮变速器主要有四类：辛普森式（Simpson）、拉维娜式（Ravigneaux）、威尔森式（Willson）、CR-CR 式。

1. 辛普森式（Simpson）

辛普森式是以其发明者工程师 Simpson 命名的。辛普森式行星齿轮机构采用双行星排，由前后两个参数完全相同的行星排组成。两排行星排的太阳轮连为一个整体，称为太阳轮组件；前排的行星架和后排的内齿圈连接成一体，成为前行星架和后齿圈组件，输出轴一般与这一组件连接。这样的行星齿轮机构有 4 个独立元件：前排齿圈、前后太阳轮组件、前行星架和后齿圈组件、后排行星架。

辛普森式的优点：齿轮种类少、加工量少、工艺性好、成本低；以齿圈输入、输出,强度高、传递功率大;无功率循环、效率高;组成的元件转速低、换挡平稳;虽然是三自由度变速器,每次换挡需要操纵两个执行器,但是因为结构合理,实际仅需更换一个执行机构。

辛普森式行星齿轮变速器从20世纪70年代问世,就被通用、福特、克莱斯勒、丰田、日产等多家公司装用在汽车上,至今一直广泛为世界各国汽车业所采用。

2. 拉维娜式(Ravigneaux)

它是由一个单行星轮式行星排和一个双行星轮式行星排组合而成的复合式行星机构。单行星轮式行星排也称单行星排,由后太阳轮和长行星轮、行星架、齿圈组成。双行星轮式行星排也称双行星排,由前太阳轮、短行星齿轮、长行星齿轮、行星架和齿圈组成。

这种行星齿轮机构的特点是:两个行星排共用一个齿圈和一个行星架,只有4个独立元件——太阳轮、后太阳轮、行星架和齿圈。拉维娜式行星齿轮变速器机构结构紧凑、简单,构成元件少,轴向尺寸短、总体尺寸小,适合FF式布置;转速低、传动比变化范围大、灵活多变、可组成有三个前进挡或四个前进挡的行星齿轮变速器。从20世纪70年代起被许多生产厂商装备在轿车上,如福特、通用、奥迪、大众、马自达等汽车公司前置前驱动轿车的首选变速器。

拉维娜式三挡行星齿轮变速器有5个换挡执行元件:两个离合器、两个制动器和一个单向离合器,构成三个前进挡和一个倒挡的行星齿轮变速器。各执行元件的作用是:前进离合器用于连接输入轴和后太阳轮;倒挡、直接挡离合器用于连接输入轴和前太阳轮;两挡制动器则用于固定前太阳轮,倒挡及低挡制动器起固定行星架作用;单向离合器防止行星架逆时针方向转动。

若在其后加一个行星排就可以得到4个前进挡。这样可减少一个执行元件,至于用哪种方案,要从生产成本、生产继承性、结构合理与适应性等方面综合评价。捷达、帕萨特选装的AG4变速器用三个离合器、两个制动器和一个单向离合器就实现了四个前进变速,结构相对紧凑简单。

3. 威尔逊式(Willson)

为进一步提高汽车的动力性、经济性和减少汽车发动机尾气排放中的有害物,自动变速器应有更大的传动比变化范围和更多的挡位,以适应外界行驶阻力变化的需要。威尔逊式(Willson)结构的行星齿轮变速器由三个行星排组成,可以实现5个或6个前进挡位和1个倒挡。

这种结构的变速器挡位多,需要对发动机和变速器进行综合控制,如:发动机与变速器间的数据交换通过数据总线进行;换挡时,采用发动机点火延迟降低发动机输出扭矩,进一步减少换挡冲击;通过换挡电磁阀、电液比例调压阀控制换挡点和换挡品质;电液比例阀精确调节控制系统主压力、换挡离合器和制动器的接合压力,适应外界行驶阻力;高速开关电磁阀用于控制挡位的转换和闭锁离合器的闭锁与解锁;采用铝制零件和薄壁壳体并用有限元法进行优化,使结构更紧凑、轻便;而且对铝制阀体采用新的涂敷工艺,改善阀的控制性能;同时对换挡电磁阀的换挡定势和流量进行了优化,保证在冷态下也具有良好的相应性能。

六挡和七挡自动变速器将是中高档轿车的装备对象。梅赛德斯—奔驰率先装用新型7G – TRONIG（七挡自动变速器），提高了梅赛德斯的经济性、改善了加速性、显著提高了换挡舒适性。德国大众公司认为，这种变速器用在超经济型轿车上，也会有明显的收益。

4．CR – CR 式

CR – CR 式结构是将两组单行星排的 C 和内齿圈 R 分别组配的变速器，其特点是变速比大、效率高、元件轴转速低。福特公司的 CD4E 与通用公司的 THM440 – T4 均属此型。THM440 – T4 的特点是将辅助变速器与发动机平行安装，轴间尺寸短，有利于 FF 的布置；上海通用公司的 4T65E 与 THM440 – T4 基本上相同，只是增加了一个制动器。

五、自动变速器的电子液压换挡控制

因为行星齿轮变速系统所有齿轮处于常啮合状态，其挡位的改变与固定轴变速器用拨叉拨动齿轮变速不同，是通过对行星齿轮机构的基本元件约束实现的。通常有离合器、制动器和单向离合器三种执行机构。它们具有连接、固定、锁止的能力，使变速器获得不同的传动比，适应外界行驶阻力变化。为使换挡平稳、迅速、可靠，还要有好的换挡控制逻辑和控制方法。

1．行星齿轮变速器换挡执行机构

（1）离合器。离合器的作用是把两个元件连接成一体或分离。行星齿轮变速器一般采用多片湿式离合器。通常由离合器壳、液压缸、活塞、复位弹簧、钢片、摩擦片组和密封圈等组成。

（2）制动器。制动器的作用是使所控制的元件固定不转，常用结构有带式制动器与盘式制动器。

1）带式制动器。带式制动器结构简单、轴向尺寸短，但是制动平顺性差，摩擦片磨损不均匀，故逐渐为盘式制动器所代替。

2）盘式制动器。盘式制动器与离合器的结构相似，仅钢片为固定不转片。因其摩擦面积大，转矩容量大，且反作用元件不产生径向集中反力，并且容易通过增、减摩擦片数来实现传递功率的改变。

（3）单向离合器。单向离合器与制动器不同之处是通过单向锁止原理来实现两个元件的相对单向固定或连接作用和分离作用。传递转矩容量大，空转时摩擦小，且控制机构完全由与之相连的元件的方向控制，瞬间即可接合或分离，自动切断或接通变速时的转矩，保证平顺无冲击换挡，简化了液压控制系统。常用的是滚珠斜槽式和楔块式，如图5—6所示。

（4）电磁阀。EAT 液压控制部分包括两类电磁阀，常闭式和常开式。两种电磁阀都有一个节流孔、线圈、铁芯和一个钢质控制球。

常闭式电磁阀在计算机给它提供驱动信号时保持关闭。在关闭位置，阀芯在弹簧力作用下顶在密封钢球上，使其将进油口堵塞，自动传动液不能通过电磁阀油道。当计算机给线圈提供驱动电压后，电磁阀阀芯在电磁力作用下克服弹簧弹力退离密封钢球，自动传动液推开钢球打开油道，自动传动液从电磁阀出口流出。

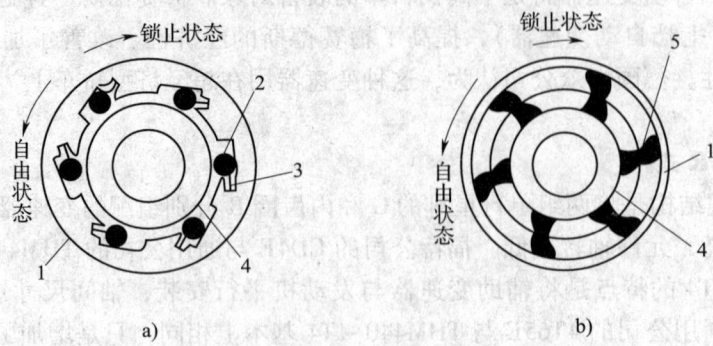

图5—6 单向离合器
a)滚柱斜槽式 b)楔块式
1—外环 2—滚柱 3—弹簧 4—内环 5—楔块

常开式电磁阀在计算机给它提供驱动电压时打开。电磁阀中的密封钢球保持自由状态，自动传动液从进口流入，再从出口流出。当计算机给电磁阀加上电压后，电磁阀阀芯在电磁力的作用下克服弹簧的作用力使密封钢球顶在进口，切断电磁阀油道，自动传动液也停止流动。

2. 行星齿轮变速器换挡控制用的传感器

（1）节气门位置传感器。在用电控发动机车辆上，节气门位置传感器的数据由发动机电控系统直接经过数据线通过计算机送至变速器电控部分，变速器直接受计算机控制。

在没有装备电控发动机车辆上，需要在发动机燃油控制联动装置上另加装一个滑动电阻式节气门位置传感器。该传感器向计算机提供节气门位置信号数据，计算机利用这一信号计算节气门开度。节气门位置传感器每次开始工作前自动进行校准。每次车辆启动和计算机初始化时，计算机都通过减少关闭节气门和全开节气门之间的计数来调整TPS计数。这个校准可以使计算机补偿TPS线圈的损失。

（2）速度传感器。EAT控制系统一般有三个速度传感器，分别为发动机转速传感器、涡轮转速传感器和输出轴转速传感器。速度传感器提供信号给计算机，计算机处理发动机转速传感器和TPS数据，给出适宜的换挡点，监测当前挡位，执行此检查，以及编辑诊断数据。

速度传感器是将机械位移变换成一个交流电压的磁阻设备，每一个传感器包含一组线圈和一个永久磁铁，线圈绕在永久磁铁上。所有这些元件都安装在一个旋转的铁壳内。在转动时，产生150 mV（发动机怠速运转）~5 V（发动机高速运转）的交流电信号。由计算机处理这些电信号。

发动机转速传感器安装在发动机的飞轮壳上，传感器头部对准飞轮齿圈。

涡轮转速传感器安装在变速器壳体外面，直接从变矩器加强筋伸出，对准与其涡轮相连的齿轮。

输出轴转速传感器安装在变速器后盖外面后减速器壳体内，输出轴转速传感器直接与输出轴上齿轮的轮齿对准。

3. 电控单元

电控单元由一个作为控制中心的微型计算机和各种信号处理电路及驱动放大电路组成。

驾驶员的操作指令经过换挡选择器和加速踏板传感器输入计算机，计算机根据车速和节气门位置来确定换挡顺序、换挡时间和离合器接合或分离时间。一旦确定，立刻发出指令，使液压控制系统的电磁阀动作，控制变速阀移动，使变速器实现变速。

输入计算机的典型车辆信号有挡位、节气门位置、发动机转速、涡轮转速、输出轴转速、变矩器自动传动液温度、减速器温度、发动机水温、压力开关状态、制动传动液液位和特殊功能操作。计算机中有一个可擦除式读写存储器（EEPROM），用来存储换挡参数与最佳换挡参数曲线。

4. 控制器局部网络接口

（1）车辆接口和通信线（VIM）。EAT 控制系统提供有 VIM 接口和通信线，通过这些接口把车辆中各种回路与计算机连接起来。VIM 接口提供"S"线束和"V"线束，包括 VIM 线中的某些回路是变通用途的输入和输出信号。如检查变速器灯亮，速度传感器信号，点火电路，防抱死制动系统输入，变速器温度灯亮，以及发动机水温传感器等。

（2）J1587/J1708 串行通信接口。这种接口用于变速器控制器与其他车辆计算机系统通信，如装备这种接口的连接头，则是从"S"线束上的 DDR 接头处引来，当采用电控发动机时，发动机—变速器和变速器—发动机的通信联络通过两线 SCI 连线发生作用，如决定发动机的节气门位置的数据可通过连线进行通信。

（3）J1939 接口。这是一高速"实时"接口，它允许变速器控制器计算机与车辆其他计算机系统通信，如装备这种接口，它位于计算机上"S"连线接头一侧。通过这一接口可以接受和传送节气门位置、发动机冷却液温度、负荷比、防抱死制动系统、路面车速限定范围、防滑逻辑等数据信号。可传送的数据有变速器自动传动液温度、选择的挡位、减速器温度、变速器输出轴转速、锁止离合器状态、发动机转速信号等。

第二节　其他形式的自动变速器

自动变速器除行星齿轮变速器外，还有电控机械自动变速器（AMT）和连续可变传动比自动变速器（CVT）。两种变速器的控制方式与行星齿轮自动变速器有一定的区别，以下分别介绍。

一、连续可变传动比自动变速器（CVT）

连续可变传动比自动变速器 CVT（Continuously Variable Transmission）技术即无级变速技术，采用传动带和工作直径可变的主、从动带轮相配合不间断地传递动力。由于连续可变传动比自动变速器 CVT 实现了传动比的连续改变，使传动系和发动机的工况得到最佳匹配，提高了整车的经济性、动力性；改善了驾驶员的操作方便性和乘员的乘坐舒适性，是理想的汽车传递动力的装置。

1. 连续可变传动比自动变速器（CVT）的特点

（1）经济性好。连续可变传动比自动变速器（CVT）可在相当宽的范围内实现无级变速，从而获得传动系与发动机的工况的最佳匹配，提高了整车的燃油经济性。德国大众公司在 GOLF VR6 轿车上分别安装了 EAT 和 CVT 变速器进行 ECE 市区循环和 ECE 郊区循环燃油消耗量测试，证明连续可变传动比自动变速器（CVT）明显节省燃油，见表 5—1。

表 5—1　安装 EAT 和 CVT 变速器 GOLF VR6 轿车汽车燃油消耗量统计表

试验条件	EAT 油耗（L/100 km）	CVT 油耗（L/100 km）
ECE 市区循环	14.4	13.2
ECE 郊区循环	10.8	9.8
90 km/h 匀速	8.3	7.0
120 km/h 匀速	10.3	9.2

（2）动力性好。由于 CVT 变速器与发动机的工况的良好匹配，使装备 CVT 变速器的汽车动力性能明显好于装备 EAT 和 AMT 的汽车。表 5—2 是分别装备 CVT 变速器和 EAT 变速器的克莱斯勒公司的 Voyager 轿车加速性对比，安装 CVT 变速器的试验车动力性明显优于安装 EAT 变速器的试验车。

表 5—2　装备 CVT 变速器和 EAT 变速器的克莱斯勒公司的 Voyager 轿车加速性对比表

试验项目	装备 EAT 加速时间（s）	装备 CVT 加速时间（s）
0～30 km/h	2.5	2.5
0～100 km/h	13.2	12.2

（3）排放低。由于 CVT 变速器的速比范围宽，可使发动机以最佳工况工作，发动机燃烧充分，降低了发动机尾气中有害物的排放。ZF 公司将自产的 CVT 变速器装车试验，其发动机有害物排放量较装备 EAT 变速器的汽车降低约 10%。

（4）成本较 EAT 低。CVT 变速器结构简单，零部件数量比 EAT 少。EAT 变速器约有 500 个，CVT 变速器约有 300 个。一旦形成加工规模，成本将大幅度降低，预期将低于 EAT 变速器。

2. CVT 变速系统的组成

CVT 变速器主要由主动轮组、从动轮组、金属带和液压泵等基本部件组成。金属带由两束金属环和数百个金属片组成。主动轮组和从动轮组均由可动盘和固定盘组成，与液压缸靠紧的一侧带轮可以在轴上滑动，另一侧固定。可动盘与固定盘都是直面结构，两盘形成 V 形槽与 V 形金属带嵌合。工作时通过主动轮与从动轮的可动盘做轴向移动改变主动轮和从动轮锥面与 V 形金属带接触的工作半径来改变传动比。由于主动轮和从动轮的工作半径的变化是连续的，决定有两个带轮半径比确定的传动比也是连续的，实现了无级变速。

在金属带变速器的液压系统中,从动油缸的作用是控制金属带的张紧力,保证可靠地传递来自发动机的动力。主动油缸控制主动锥轮的位置沿轴向移动,金属带沿 V 形槽移动;当主动锥轮沿轴向移动时,轮槽宽度改变,导致金属带与 V 形槽接触面半径的改变;由于主动轮和从动轮接触面半径的改变导致传动比的改变。因为主动轮和从动轮的接触面半径变化是连续的,传动比的变换也必然是连续的。

CVT 变速器的关键部件 CVT 变速器 V 形钢带采用薄韧性钢带和 V 形斜面的金属片组合而成的 V 形柔性钢带的斜面传递动力。生产能传递大转矩和高转速传递动力可靠性、使用寿命长的 V 形钢带是目前 CVT 变速器主要研究的问题之一。荷兰 VAN Doome 传动系统公司生产的 V 形钢带的性能、可靠性较好。

一般 CVT 变速器的传动比变化范围在 0.44 ~ 4.69,因此,为进一步加大减速比,需加主减速器,配电磁离合器、带闭锁离合器的液力变矩器或机械式变速机构,以及实现前进和倒车的"正、倒机构(换向机构)"等满足汽车使用的实际要求。

3. CVT 变速器的工作原理

CVT 变速器由于传递的功率较小,目前主要应用在轿车上。变速部分由主动带轮(也称初级轮)、V 形带和被动带轮组成。每个带轮由两个带斜面的半边带轮组成一体,其中一半轮是固定的,另一半轮通过液压缸控制在轴上移动。半轮间的轴向相对位置通过控制机构改变。两个带轮的中心距是固定的,传动带的长度也是固定的,V 形带 CVT 的结构如图 5—7 所示。传动比为 $i = r_2/r_1 = n_1/n_2$。由于 r_1、r_2 可连续地变化,所形成的传动比也是连续变化的。r_1、r_2 的大小通过改变作用在主动轮和被动轮上可滑动的半轮上的压力实现的,液压压力减小则相应的带轮与 V 形带的接触半径减小,反之则加大。当主动轮和从动轮之间的传动比为 1:1 时,传动效率最高,约为 92%;当在其他传动比时,传动效率下降(在传动比为 2.6:1 时,传动效率为 86%)。

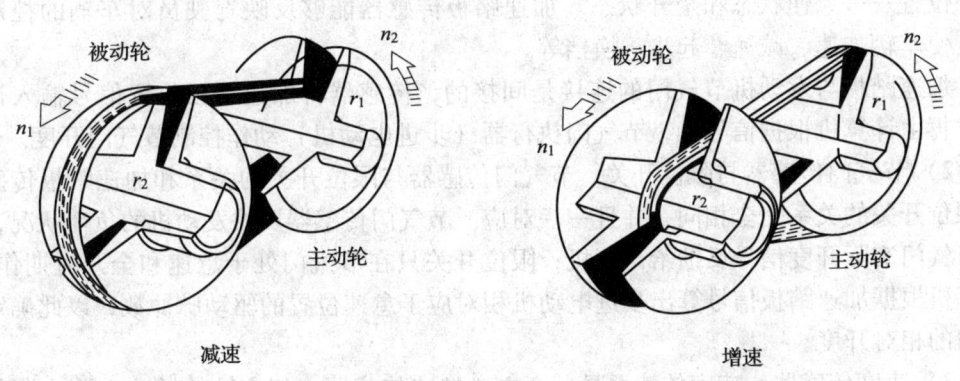

图 5—7 CVT 变速原理

二、电控机械自动变速器(AMT)

1. 电控机械变速器的类型

电控机械变速器系统按换挡和离合器操纵方式不同主要有液压驱动式、气压驱动式、电动机驱动式。液压驱动式电控机械自动变速器中,换挡和离合器的操纵依靠液压系统来实现，因此必须建立一个液压系统。因节气门的自动操作系统可以独立于自动变速系统，所以对节气门的操纵可以采用液压、电动机驱动或电磁阀驱动等多种形式。

气压驱动式电控机械自动变速器选挡和离合器操纵依靠气压来实现，为此需要建立一个气压系统。由于气压系统存在压力波动大，精确控制离合器难度较大，因此这种控制方式应用受到限制。

电动机驱动式电控机械自动变速器采用直流电动机驱动换挡机构和离合器。它的结构简单，成本更加低廉。

2. 电控机械式变速器的组成

这里主要介绍液压驱动式电控机械变速器的组成。液压驱动 ATM 系统主要由被控制系统、电子控制系统（ECU）、传感器、执行机构组成。

（1）被控制系统。包括变速器、离合器。换挡时，变速器的换挡机构、离合器的分离与接合、发动机节气门的开度调节都需要进行自动控制。

（2）液压操纵系统。包括高速电磁阀、液压制动器、油泵、继电器等。

（3）传感器。包括速度传感器、温度传感器、压力传感器、位移传感器、挡位传感器、加速踏板传感器等。

（4）电控系统。包括信号处理单元、微处理器、程序及数据存储器、驱动电路、显示单元、故障诊断单元、计算机等。

3. 电控机械式自动变速器控制单元的组成

（1）传感器

1）加速踏板传感器和限位开关。加速踏板传感器是一个与加速踏板轴相连的电阻式角位移传感器，反映移动的踏板位置；并有两个限位开关，分别反映加速踏板的两个极限位置——怠速状态和全开状态。加速踏板传感器能够反映驾驶员对车辆的控制意图，使车辆加速、减速、起步、换挡等。

加速踏板与发动机节气门的连接是间接的，传感器将加速踏板位置信号输入计算机，再由计算机根据信号操纵节气门执行器（步进电动机）动作控制节气门开度。

2）节气门传感器与限位开关。节气门传感器与限位开关的关系和加速踏板传感器与限位开关的关系完全相同，并且一一对应。节气门传感器反映发动机的负荷状况，并将节气门实际开度信号反馈给计算机；限位开关只在节气门处于怠速和全开时期作用。计算机根据加速踏板信号算出步进电动机相对应于怠速位置的驱动脉冲数，以此确定节气门的相对开度。

3）速度传感器。速度传感器是一个电磁转速传感器，相应轴的转速由测头测得脉冲频率，经整形电路得到等脉宽方波，输入计算机。本系统检测三个转速参数：发动机转速、变速器中间轴转速、变速器输出轴转速（车速）。

4）离合器行程传感器。离合器行程传感器安装在发动机飞轮壳上，反映离合器的行程。

5）挡位传感器。挡位传感器反映选挡和换挡过程中换挡拨叉动作的位置。它把换挡拨叉的位移转换成电信号输入计算机，计算机输出指令命令换挡拨叉动作，实现换挡。

6）自动传动液压力传感器。自动传动液压力传感器安装在自动传动液的主油道上，反映液压源的压力情况；当液压低于所要求值时，计算机给出信号，警示系统发出警报，提示驾驶员停车检查，排除故障，保证变速器正常工作。

7）换挡功能选择开关。换挡功能选择开关由自动换挡方式选择开关和换挡规律选择开关组成。驾驶员可根据汽车的载荷情况、交通情况和汽车行驶条件等因素，选择合适的换挡规律和自动换挡范围。

(2) 各子控制系统

1）节气门控制子系统。发动机节气门位置开度直接反映发动机的运转状态，控制发动机可通过控制节气门开度来实现。

2）离合器控制子系统。离合器控制子系统由离合器、离合器动作器、离合器行程传感器和控制器组成离合器的闭环控制系统。

3）选择换挡控制子系统。选择换挡子系统由变速器、选换挡动作器、挡位状态传感器和控制器组成。

(3) 计算机（ECU）控制单元组成原理

电控机械式自动变速器的计算机（ECU）控制单元的任务是数据采集、处理、判断实时控制和故障诊断，是整个系统的核心。计算机（ECU）控制单元除满足系统的基本要求外，还应具有抗干扰、可靠性高，能适应汽车振动大、环境温度高、温度梯度变化大等恶劣环境。

计算机控制单元的输入信号有模拟输入信号、开关输入信号、脉冲输入信号三类。

离合器的分离和接合以及变速器的选挡和换挡分别由各自的动作器通过计算机（ECU）处理控制来实现；离合器的位移受安装在发动机飞轮壳上与分离杠杆端相连的位移传感器监测；变速器的挡位信号由选挡和换挡动作器活塞杆上的行程开关发出并将其输入计算机（ECU），再由计算机（ECU）处理分析判断变速器所处的挡位状态。

第三节 自动变速器的正确使用与维护

装用自动变速器的汽车更方便、舒适、可靠。因此，正确使用和维护自动变速器是减少故障、延长自动变速器寿命的关键。

一、自动变速器油量的检查

自动变速器使用的自动传动液在使用中占有重要地位，必须给予充分重视。

1. 自动传动液及其使用

(1) 自动传动液的作用

1）传递动力，在液力变矩器中传递发动机的动力，是进行能量转换的介质。

2）在换挡执行元件中，是液压自动操纵油路系统实现液压控制的工质。

3）润滑作用。对自动变速器的各摩擦副如行星齿轮系、换挡执行元件实现润滑，减少磨损。

4)冷却作用。冷却各运转元件,自动变速器在运转过程中会产生大量的热量,这些热量要依靠自动传动液带出,经冷却系冷却后再返回自动变速器工作。

5)清洁作用。自动传动液在循环过程中带走因磨损产生的杂质,经滤清器或磁性螺塞清除。

6)密封作用。密封各执行元件的微小间隙。

(2) 自动传动液的使用

1)保持正常的自动传动液量,才能保证发动机功率的正常传递,离合器的正常接合与分离、变速器合理的冷却效果和润滑。

2)各自动变速器的生产厂商均有各自对自动传动液的特殊要求,因此要严格按各汽车生产厂商的规定使用自动传动液,才能保证自动变速器的正常使用。

(3) 自动传动液的检查

自动变速器的许多故障均与自动传动液的数量有关,对自动传动液的数量,要经常检查,及时补充,保持正常数量。检查步骤如下:

1)将车辆停放在水平工作面上(路面)。

2)汽车发动机怠速运转。

3)将选挡手柄从停车、空挡、前进、倒车挡各挡循环换挡一次,在各挡停留数秒,以便自动传动液充满变矩器和操纵油缸内腔。

4)从自动变速器中抽出油尺检视。如果油温为室温15~20℃(或21℃、70℉),油面高度应在油尺的下限处(油尺的ADD标志处);如果在变速器正常工作温度为82℃(180℉)时,自动传动液的液面应在油尺的上限处(油尺HOT标志处)。在检查自动传动液液面高度时,要注意:

①自动变速器的自动传动液温度不同,油面高度不同,正确的液面高度如图5—8所示。自动变速器的型号不同,油尺尺面上两液面高度标志线之间的距离也不同。

②当汽车长时间大负荷或高速行驶后检查液面高度时,应至少停车30 min后再检查液面高度,才能检测到正确液面高度。

③如果为低于规定的液面高度,必须及时补充自动传动液。补充自动传动液后,必须检查液面高度,如果补充自动传动液后液面高于规定的液面高度,必须放出,直至满足规定为止。因为自动传动液多于规定量,汽车行驶中被剧烈搅动,增加阻力,产生过多泡沫,会引起自动传动液温度过高,导致自动传动液变质。在陡坡行驶时,还有可能造成自动传动液自加液口外泄,引发事故。

④一般自动变速器都装有放油螺塞,可以方便地放出多出的自动传动液。但有些型号的

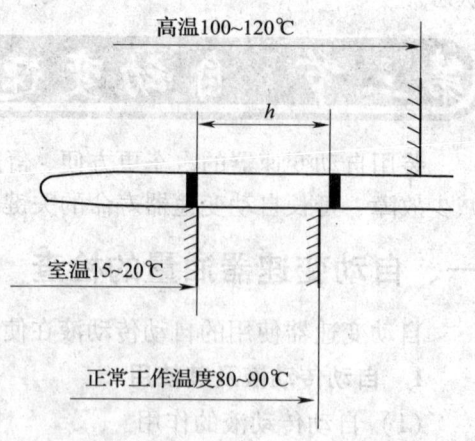

图5—8 自动变速器自动传动液液面标志

自动变速器没有设置放油螺塞，可用油泵从加油口将多余的自动传动液从油底壳中抽出。

(4) 定期检查、更换自动传动液

各个自动变速器生产厂商，都规定了自己生产的自动变速器更换自动传动液的周期。一般为两项指标：行驶里程和行驶时间。这是因为石油产品有自己的使用寿命，超出使用寿命使用油品，会带来不必要的损失。必须遵守生产厂商的相关规定，一般为 8 000～10 000 km 或一年。对工作条件恶劣的载重汽车、公共汽车换油周期间隔更短，如德国 ZF6HP-150 自动变速器使用的 A 型自动传动液，换油周期为 250 h 或 5 000 km。

二、正确牵引自动变速器的故障车

自动变速器极少出现故障，一旦出现故障，一般驾驶员无法处理，建议将车辆送到有维修资质的维修厂处理。这时要正确牵引故障车，以免造成更大损失。

自动变速器的行星齿轮系统是常啮合机构，即使将换挡手柄置于空挡（N挡），齿轮仍然处于啮合状态。当故障车被牵引时，驱动车轮带动变速器行星齿轮系高速旋转。此时由于发动机不工作，自动传动液不能循环，产生的热量将使变速器损坏。为避免产生这种现象，在牵引装用自动变速器的故障车时必须将驱动车轮托起或中断传动系动力传递（拆掉半轴、传动轴，使变速器行星齿轮系停止转动），保护自动变速器。如遇特殊情况，不能切断自动变速器的动力传递，必须严格执行牵引距离不超过 50 km、牵引车速不超过 50 km/h 的规定。

第四节 自动变速器的简易故障判断

液力自动变速器在长期使用工作中由于行驶里程的积累、零部件的磨损，技术性能下降，会出现故障。只要严格执行操作规程，正确地使用液力自动变速器，就能少出故障，出现故障也容易排除。故障诊断的一般原则为：

1. 分清故障引起的部位，故障是发动机还是液力自动变速器操纵系统、电控系统引起的，或者是液力自动变速器本身引起的。

2. 检测可按先易后难、逐步深化的原则。按故障的困难程度先从最简单的开始，如开关、油液状况等最容易接近的部位，易于忽视的部位和影响的因素开始检查，最后深入实质性故障。

3. 区别故障性质。首先判断故障是机械性质的，还是液压系统、电控系统的；是维护方面的，还是需要彻底拆卸修理的。

4. 进行各项试验查找故障原因和线索，进行必要的试验项目，如液压试验、失速试验、道路试验等。

5. 必须拆检之后才能确诊的项目，应是故障诊断的最后程序，绝不要轻易拆卸自动变速器。

诊断程序可按表5—3进行。

表 5—3　　　　　　　　　　故障诊断程序

诊断程序	内容提示
故障指示灯诊断	1. 故障指示灯闪光情况 2. 读取诊断终端故障指南，调取故障码
基本检查	1. 液面高度、自动传动液质量、颜色、气味、黏度、沉淀物、污染情况 2. 节气门位置检查 3. 换挡手柄拉杆情况 4. 空挡启动开关检查 5. 检查怠速（N、D挡位） 6. 检查轮胎气压 7. 启动检查
判断发动机故障或自动变速器故障	1. 发动机工作性能 2. 液力变矩器性能、泄漏检查
检查电控系统判断是电路还是机械问题	1. 线路检查 2. 开关的动作 3. 依据运转情况和声响判断故障部位
检查自动变速器（道路试验）	1. 换挡状况检查 2. 噪声检查 3. 失速试验、压力试验、道路试验等
主油路压力、油路、液压泵检查	1. 主油路压力、变矩器、润滑油路压力检查 2. 各控制阀的检查、有无卡滞等 3. 各换挡执行元件如离合器、制动器的检查
拆检诊断	1. 机械元件的磨损 2. 各元件的配合状态 3. 紧固件的预紧扭矩

单元测试题

一、单项选择题（下列每题的选项中，只有1项是正确的，请将正确答案的代号填在横线空白处）

1．液体在传递动力时具有一定的"柔性"，可以吸收冲击载荷，在_____内自动连续调节转速，液力变矩器也可称为_____变速器。

　　A．较小范围　无级　　　　　　　　B．较大范围　无级
　　C．较大范围　有级　　　　　　　　D．较小范围　有级

2．电控无级自动变速器（CVT）是真正意义上的无级变速器，_____可在最大值和最小值之间_____，得到非常平滑的变速过程。

A. 传动比　连续改变　　　　　　B. 传动比　不断改变
　　C. 转速比　连续改变　　　　　　D. 转速比　不断改变
3. 装用自动变速器的汽车实现自动操纵汽车起步、换挡和_____适应外界的阻力变化，提高了汽车的_____性能和越野性能。
　　A. 自动调节　机动　　　　　　　B. 手动调节　机动
　　C. 手动调节　动力　　　　　　　D. 自动调节　动力
4. 液力变矩器（Hydraulic Torque Converter，HTC），是通过工作轮叶片相互作用，将机械能转换成液体的_____后再转变成机械能，通过液体动量矩的变化来改变_____的传动元件。
　　A. 动能　转矩　　　　　　　　　B. 动能　力矩
　　C. 内能　转矩　　　　　　　　　D. 内能　力矩
5. 行星齿轮变速系统所有齿轮处于_____状态，其挡位的改变与固定轴变速器用拨叉拨动齿轮变速不同，是通过对行星齿轮机构的基本元件_____实现的。
　　A. 常啮合　约束　　　　　　　　B. 啮合　固定
　　C. 啮合　约束　　　　　　　　　D. 常啮合　固定
6. 由于CVT变速器的_____，可使发动机以最佳工况工作，发动机_____，降低了发动机尾气中有害物的排放。
　　A. 转速范围宽　运转平稳　　　　B. 速比范围宽　燃烧充分
　　C. 转速范围宽　燃烧充分　　　　D. 速比范围宽　运转平稳
7. 在金属带变速器的液压系统中，从动油缸的作用是控制金属带的_____力，保证可靠的_____来自发动机的动力。
　　A. 拉紧　传递　　　　　　　　　B. 张紧　传递
　　C. 拉紧　输出　　　　　　　　　D. 张紧　输出
8. CVT变速器的关键部件CVT变速器_____，采用薄韧性钢带和V形斜面的金属片组合而成的V形柔性钢带的_____传递动力。
　　A. V形钢条　底面　　　　　　　B. V形钢带　斜面
　　C. V形钢带　底面　　　　　　　D. V形钢条　斜面
9. 计算机（ECU）控制单元除满足系统的基本要求外还应具有_____、可靠性高，能适应汽车振动大、_____温度高、温度梯度变化大等恶劣环境。
　　A. 抗干扰　外部　　　　　　　　B. 抗干扰　环境
　　C. 抗冲击　环境　　　　　　　　D. 抗冲撞　外部
10. 汽车长时间大负荷或高速行驶后检查液面高度时，应至少停车_____min后再检查液面高度，才能检测到正确液面高度。
　　A. 5　　　　　B. 30　　　　　C. 10　　　　　D. 15
11. 牵引自动变速器的故障车，如遇特殊情况，不能切断自动变速器的动力传递，必须严格执行牵引距离不超过_____km、牵引车速不超过_____km/h的规定。
　　A. 80　50　　　　　　　　　　　B. 50　50
　　C. 50　70　　　　　　　　　　　D. 80　50

二、判断题（下列判断正确的打"√"，错误的打"×"）

1. 发动机带动泵轮旋转，离心力使自动传动液向泵轮外沿流动，通过导轮导向，冲击涡轮，并推动涡轮旋转，驱动汽车行驶。（   ）
2. 液力变矩器的优点明显，但是也存在传递能量的效率低、装用液力变矩器的汽车相对油耗较高的缺点。（   ）
3. 电控液力机械式有级自动变速器（EAT）主要由液力变矩器、行星齿轮变速器、电控液压系统三部分组成。（   ）
4. 行星齿轮变速器是有级变速器，所以AT仍然是有级变速器。（   ）
5. 电控机械式有级自动变速器（AMT），是在原干式离合器和平行轴齿轮有级机械式变速器所组成的手动变速系统基础上，采用微型计算机和液压操纵装置取代手动换挡控制系统的变速系统。（   ）
6. 电控无级自动变速器（CVT）是真正的连续改变速比的变速系统。（   ）
7. 电控液力机械自动变速器（EAT）主要由液力变矩器、行星齿轮变速器和电控液压换挡控制系统三大部分组成。（   ）
8. CR-CR结构是将两组单行星排的C和内齿圈R分别组配的变速器，其特点是变速比大、效率高、元件轴转速低。（   ）
9. 威尔森式（Willson）结构的行星齿轮变速器由三个行星排组成，可以实现5个或6个前进挡位和1个倒挡。（   ）
10. 拉维娜式三挡行星齿轮变速器有五个换挡执行元件：两个离合器、两个制动器和一个单向离合器，构成三个前进挡和一个倒挡的行星齿轮变速器。（   ）
11. 辛普森式是以发明者工程师Simpson命名的。辛普森式行星齿轮机构采用双行星排，由前后两个参数完全相同的行星排组成。（   ）
12. 现在车辆使用的三自由度行星齿轮变速器主要有四类：辛普森式（Simpson）、拉维娜式（Ravigneaux）、威尔森式（Willson）、CR-CR式。（   ）
13. 单排行星齿轮系三元件的转速特性方程式为 $n_s + \alpha n_R - (1+\alpha)n_c = 0$ （   ）
14. 行星齿轮传动的类型较多，最简单的是由太阳轮、行星架及安装在行星架上的行星齿轮和内齿圈组成的行星齿轮系。（   ）
15. 自动变速器除行星齿轮变速器外，还有电控机械自动变速器（AMT）和连续可变传动比自动变速器（CVT）。（   ）
16. CVT变速器结构简单，零部件数量比EAT少。（   ）
17. CVT变速器的主要结构由主动轮组、从动轮组、金属带和液压泵等基本部件组成。（   ）
18. 电控机械变速器系统按换挡和离合器操纵方式不同主要有液压驱动式、气压驱动式、电动机驱动式。（   ）
19. 液压驱动ATM系统主要由被控制系统、电子控制系统（ECU）、传感器、执行机构组成。（   ）
20. 速度传感器是一个电磁转速传感器，相应轴的转速由测头测得脉冲频率，经整形电路得到等脉宽方波，输入计算机。（   ）

21. 离合器行程传感器安装在发动机飞轮壳上，反映离合器的行程。（　）

22. 离合器控制子系统有离合器、离合器动作器、离合器行程传感器和控制器组成离合器的闭环控制系统。（　）

23. 电控机械式自动变速器的计算机（ECU）控制单元的任务是数据采集、处理、判断实时控制和故障诊断，是整个系统的核心。（　）

24. 自动传动液的作用是传递动力，在液力变矩器中传递发动机的动力，是进行能量转换的介质。（　）

25. 保持正常的自动传动液量，才能保证发动机功率的正常传递，离合器的正常接合与分离、变速器合理的冷却效果和润滑。（　）

26. 自动变速器的许多故障均与自动传动液的数量有关，对自动传动液的数量，要经常检查，及时补充，保持正常数量。（　）

单元测试题答案

一、单项选择题

1. A　2. A　3. A　4. A　5. A　6. B　7. B　8. B　9. B　10. B　11. B

二、判断题

1. √　2. √　3. √　4. √　5. √　6. √　7. √　8. √
9. √　10. √　11. √　12. √　13. √　14. √　15. √
16. √　17. √　18. √　19. √　20. √　21. √　22. √
23. √　24. √　25. √　26. √

第6单元

制动防抱死系统与驱动防滑系统

- 第一节　汽车制动防抱死系统和驱动防滑系统的理论基础／182
- 第二节　汽车制动防抱死系统和驱动防滑系统的分类与基本组成／187

第一节 汽车制动防抱死系统和驱动防滑系统的理论基础

随着汽车行驶速度的提高，道路行车密度的增加，对汽车行驶安全的要求也越来越高，汽车的防滑控制系统就是在这种要求下产生和发展的。目前，防滑系统已经成为汽车电控系统的标准配置。

汽车防滑控制系统最初只是在制动过程中防止车轮被制动抱死，避免车轮在路面上纯粹滑移，提高汽车在制动过程中的方向稳定性和转向操纵能力，缩短制动距离。因此，被称为制动防抱死系统（Anti-lock Brake System，ABS）。随着计算机在汽车上的应用和电控技术的不断发展和进步，人们对行车安全的要求也更高，防滑控制系统的功能进一步得到完善和发展，不仅可以在制动过程中防止车轮抱死，而且实现了在驱动过程中（特别是在起步、加速、转弯过程中）防止驱动车轮滑转，使汽车在驱动过程中的方向稳定性、转向操纵性和加速性得到提高。驱动过程中防止驱动车轮滑转的控制系统称为驱动防滑转系统（Acceleration Slip Regulation，ASR）。因为驱动防滑转系统是通过调节驱动车轮的牵引力实现驱动车轮防滑转控制的，也称为牵引力控制系统（Traction Control System，TCS）。汽车防滑控制系统是对制动防抱死系统和驱动防滑系统的统称。

在由驾驶员、汽车、环境三者组成的闭环系统中，汽车与环境之间最基本的联系是轮胎与路面之间的作用力。由于汽车行驶时主要是由轮胎与路面之间的纵向附着力和横向附着力决定的，因此，驾驶员对汽车控制的实质是按车轮与路面之间的附着力状况控制汽车。汽车加速、减速运动主要是纵向附着力的作用，而汽车转向运动和抵抗外界横向作用力则主要是横向附着力的作用。

在硬的路面上，轮胎与路面之间的附着力就是路面与轮胎之间的摩擦力。轮胎与路面之间的附着力取决于汽车的垂直载荷和路面附着系数，关系如下：

$$F_\mu = G\mu$$

式中 F_μ——轮胎与路面间的附着力，N；
　　　G——轮胎与路面间的垂直载荷，N；
　　　μ——轮胎与路面间的附着系数。

在汽车行驶时，轮胎与路面间的垂直载荷和附着系数会随气候、道路等因素变化，因此，在影响附着力的诸多因素中，车轮与路面的运动状态对附着力有非常重要影响。

一、车轮滑动率对附着力的影响

在汽车实际行驶过程中，车轮在地面上的纵向移动可分为两种形式——滚动和滑动；车轮相对路面的滑动又可进一步分为滑移和滑转，引入车轮滑动率的概念可以表征在车轮纵向运动中滑动成分所占的比例。汽车在制动过程中，车轮可能相对于路面发生滑移，滑移成分在车轮纵向运动中所占的比例用负滑动率（即滑移率）来表示，车轮的负滑动率公式如下：

$$S_B = [(v - r\omega)/v] \times 100\%$$

式中　S_B——车轮的负滑动率，%；
　　　r——车轮的自由滚动半径，m；
　　　ω——车轮的转动角速度，rad/s；
　　　v——车轮旋转中心的纵向速度，m/s。

当车轮在路面上做纯滚动时，车轮滚动中心的纵向速度完全由车轮滚动的转速确定，这时 $v = r\omega$，滑移率 $S_B = 0$；当车轮被制动完全抱死在路面上做纯粹滑移时，此时 $\omega = 0$，滑移率 $S_B = -100\%$。当车轮在路面上一边滚动一边滑移时，车轮滚动中心纵向速度的一部分是由于车轮滚动产生的，另一部分由车轮滑移产生，这时 $r\omega < v$，有 $-100\% < S_B < 0$；车轮转动中心纵向速度中，车轮滑移所占的成分越多，滑移率 S_B 的数值越大。

汽车在驱动过程中，驱动车轮可能相对于路面发生滑转，滑转成分在车轮旋转中心纵向运动中所占的比例用正滑动率（即滑转率）来表示，车轮的正滑动率公式如下：

$$S_A = [(r\omega - v)/r\omega] \times 100\%$$

式中　S_A——车轮的正滑动率，%；
　　　r——车轮的自由滚动半径，m；
　　　ω——车轮的转动角速度，rad/s；
　　　v——车轮旋转中心的纵向速度，m/s。

当车轮在路面上做纯滚动时，车轮滚动中心的纵向速度完全由车轮滚动的转速确定，这时 $v = r\omega$，滑动率 $S_A = 0$；当车轮在路面上纯粹滑转时，车轮旋转中心的纵向速度 $v = 0$，滑动率 $S_A = 100\%$；当车轮在路面上一边滚动一边滑转时，$r\omega > v$，$100\% > S_A > 0$。在车轮转动中，滑转所占的比例越大，滑动率 S_A 的数值也越大。

一般当车轮滑动率在15%～30%时，轮胎与路面间的纵向附着系数 μ_c 处在最大值，该最大值为峰值附着系数 μ_p，与其相对应的车轮滑动率称为峰值附着系数滑动率 S_p。当车轮在路面上做自由滚动时，由于轮胎与路面之间没有产生相对运动的趋势，其间的纵向附着系数（即摩擦系数）就是零，当车轮滑动率从零增加到峰值附着系数滑动率 S_p 时，尽管车轮滑动率不等于零，但车轮与路面之间并没有发生真正的滑动，滑动率不等于零完全是由弹性轮胎变形产生的。因此，当车轮滑动率处于这一范围时，轮胎与路面间的纵向附着系数实质上就是其间静摩擦系数的表现。随着轮胎与路面间纵向相对滑动趋势的增大，纵向附着系数就会迅速增大，当车轮滑动率达到峰值附着系数滑动率 S_p 时，弹性车轮与路面之间将发生相对滑动，此时其间的纵向附着系数就是最大静摩擦系数的表现。此后，直到车轮完全滑动（$|S| = 100\%$），轮胎与路面之间的纵向附着系数就是从最大静摩擦系数到滑动摩擦系数的过渡，轮胎与路面之间的纵向附着系数将是不稳定的。当轮胎完全在路面上滑动时，轮胎与路面间的纵向附着系数称为滑动附着系数 μ_s，由于物体间的滑动摩擦系数总数小于静摩擦系数，所以，轮胎与路面间的

滑动附着系数μ_s总数小于峰值附着系数μ_p。通常，在干燥硬实的路面上，μ_s比μ_p要小10%~20%；在湿硬实的路面上，μ_s比μ_p要小20%~30%。在各种路面条件下轮胎与路面间峰值附着系数μ_p和滑动附着系数μ_s值见表6—1。

表6—1　　轮胎与路面间峰值附着系数μ_p和滑动附着系数μ_s的平均值

路面种类及状况	峰值附着系数μ_p	滑动附着系数μ_s
干燥沥青路面或水泥路面	0.8~0.9	0.75
湿沥青路面	0.5~0.7	0.45~0.6
湿水泥路面	0.8	0.7
石子路	0.6	0.55
干燥土路	0.68	0.65
湿土路	0.53	0.45~0.5
压实雪路面	0.2	0.15
冰面	0.1	0.07

二、防滑控制系统的作用

为使汽车获得较大的纵向和横向附着力，现代汽车已经装备了防滑控制系统，其作用就是使汽车能够自动地将车轮控制在纵向和横向附着系数都很大的滑动率范围内。制动防抱死系统在制动过程中，一般将滑动率控制在10%~20%；驱动防滑转系统在驱动过程中，一般将驱动车轮的滑动率控制在5%~15%。防滑控制系统在汽车上的应用，极大地提高了汽车的使用性能。

1. 提高行驶方向稳定性

汽车行驶的方向稳定性是指汽车抵抗外界干扰保持原有行驶方向的能力。如果外界干扰消除后，汽车能够迅速恢复原来行驶方向稳定行驶，汽车的行驶方向稳定性就好；若外界干扰已经消除，汽车仍越来越大地偏离原行驶方向行驶，则汽车的方向稳定性就差。外界干扰力来自横向风、路面不平、制动力或驱动力不平衡、车轮偏转产生的横向作用力等。

如果汽车的后轮首先丧失横向附着能力，后轮在很小的外界横向力的作用下也会发生横向滑移（见图6—1）。由于汽车在转弯行驶时，后轮首先被制动抱死而丧失了横向附着力，汽车转弯行驶产生的离心力使汽车产生横向滑移，即使这一初始横向运动不大，但是汽车由此产生的惯性力却相对前轮横摆中心形成横摆力矩，横摆力矩促使汽车进一步横向摆动，随汽车横向摆动程度增大，惯性力的作用力臂迅速增大，如此恶性循环，导致汽车急转掉头。尽管图6—1是最典型的现象，却具有汽车丧失横向附着力而又受到外界横向干扰作用力的共同特征。所以汽车在驱动过程中，如果后轮发生滑转，使后轮的横向附着力大幅度减小，当外界横向力足够大时，汽车将丧失行驶方向稳定性，这是非常危险的。

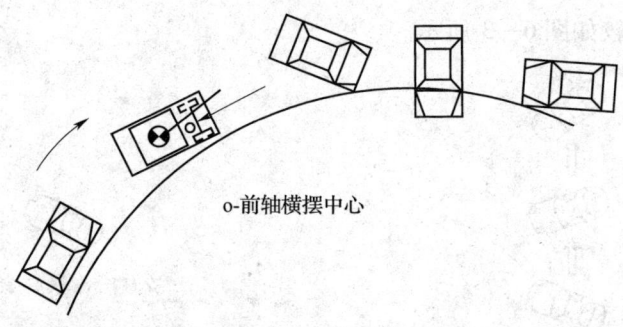

图6—1 后轮被首先制动抱死时汽车的行驶状态

如果汽车前轮首先丧失横向附着力,汽车行驶方向稳定性相对较好(见图6—2)。前轮首先丧失横向附着力时汽车的偏向角要比后轮首先丧失横向附着力时汽车的偏向角小得多。这是因为,前轮首先丧失横向附着力时,车辆产生的惯性力会对后轮横摆中心产生回正力矩,这一回正力矩有助于汽车保持原行驶方向。

汽车装备防滑控制系统后,避免了制动时车轮抱死这一情况,将滑移率控制在10%~20%,保持了制动时的方向稳定性,如图6—2所示。

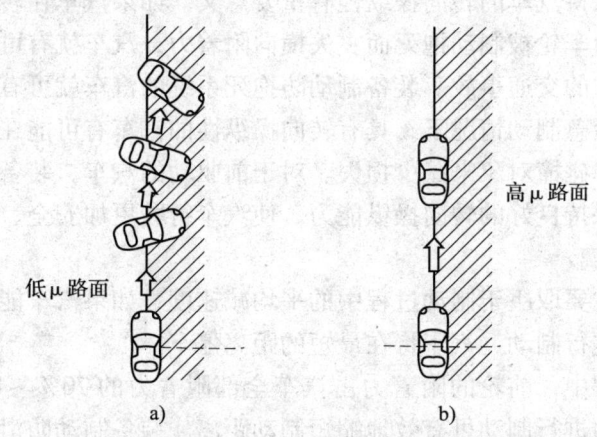

图6—2 汽车制动时行驶方向稳定性比较
a)不进行防抱死控制 b)进行防抱死控制

2. 保持转向操纵能力

汽车在转向行驶时,需要通过偏转的转向车轮从路面获得足够的横向作用力,如果转向车轮的横向附着力不足以提供汽车转向所需的横向作用力,此时即使转向车轮已经偏转,汽车也不会按预期的方向行驶,汽车失去转向操作能力。此外,汽车在转向过程中,如果非转向车轮的制动力或牵引力臂平衡也会影响汽车的转向操纵性能,导致转向不足或转向过度,转向车轮在旋转平面内所受的作用力(制动力或牵引力)不平衡也会产生同样的问题。汽车转向过度极易丧失行驶方向稳定性,因此,汽车转向过度也是一种非常危险的行驶状态。

如果在制动过程中前轮不被制动抱死,其将保持较大的横向附着力,汽车在制动过程中就能保持转向操纵能力。汽车在制动过程中不进行防抱死控制和进行防抱死控制下转向操纵能力的比较如图6—3所示。

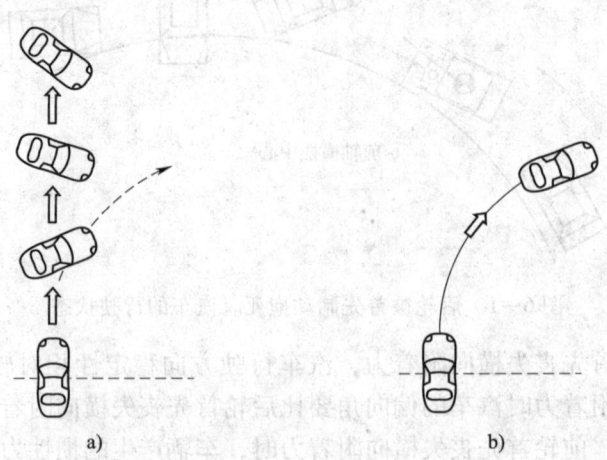

图6—3 制动过程中不防抱死和防抱死时的汽车转向操纵能力
a) 不进行防抱死控制 b) 进行防抱死控制

在制动过程中保持汽车的转向操纵性有重要意义。如果汽车在转向行驶过程中需要紧急制动，一旦转向车轮被制动抱死而丧失横向附着力，汽车就有可能冲入其他车道或冲出路面，造成严重的交通事故。装备制动防抱死系统的汽车就可有效地避免这类事故的发生。此外，在紧急制动情况下，具有转向操纵性的汽车有可能在碰撞发生前操纵汽车绕过障碍物或选择碰撞对象来减少损失。对于前驱动的汽车，装备防滑控制系统可使汽车在驱动过程中保持良好的转向操纵能力，使汽车行驶更加安全、可靠。

3. 缩短制动距离

汽车制动距离主要取决于制动过程中的平均减速度，如果汽车能够充分利用各车轮的最大纵向附着力进行制动，汽车将在最短的距离停车。

汽车在制动过程中，前轮的附着力占汽车全部附着力的70%~80%，因此充分利用前轮的最大附着力进行制动可有效地缩短制动距离。装备制动防滑系统的车辆可以很好地实现缩短制动距离。

4. 提高加速性能和爬坡能力

车辆装备防滑控制系统后，可以充分利用驱动车轮的最大附着力，使汽车获得更大的驱动力，提高了汽车的加速性和爬坡能力。

虽然采用四轮驱动形式或采用高摩擦差速器也可充分利用驱动车轮的附着力获得更大的驱动力，但是，采用四轮驱动会使汽车的结构更复杂，采用四轮驱动会损害汽车的转向性能。采用防滑控制系统可以利用发动机电控系统和制动防抱死系统，通过调节发动机的输出扭矩和驱动轮的制动力矩即可控制驱动车轮的滑动率，使汽车获得更大的驱动力。装备有驱动防滑系统的汽车在不同附着系数的路面上行驶时，可对处于低附着系数路面的驱动轮施加一定的制动力矩，使处于高附着系数路面的驱动车轮产生更大的驱动力。

装备驱动防滑系统的汽车在不同附着系数路面上的爬坡能力明显好于未装备驱动防滑系统的汽车。装备驱动防滑系统的汽车的加速能力也明显好于未装备驱动防滑系的汽车。

5. 提高汽车的通过性

由于装备了驱动防滑系统的汽车能更好地适应外界行驶条件的变化，当路面条件改变时，自动调节驱动轮的驱动力，防止因驱动力大于附着力造成驱动轮滑转，极大地改善了汽车的通过性。当汽车在附着系数较小的路面上起步时，未装备驱动防滑系统的汽车完全靠驾驶员的感觉操纵车辆起步，容易造成驱动轮滑转。装备驱动防滑系统的车辆在汽车起步时，自行调节驱动轮的驱动力，能按路面的附着情况给出适合的驱动力，使汽车顺利起步；在坏路面上行驶时，同样能依据路面的附着情况，适时调整驱动车轮的驱动力，使汽车顺利行驶，提高了汽车的通过性。

第二节 汽车制动防抱死系统和驱动防滑系统的分类与基本组成

一、汽车制动防抱死系统的基本组成与分类

1. 汽车制动防抱死系统的基本组成

无论是气压制动系还是液压制动系，汽车制动防抱死系统（ABS）均是在原主动系统的基础上增加了传感器、ABS执行机构和计算机三部分，如图6—4所示。

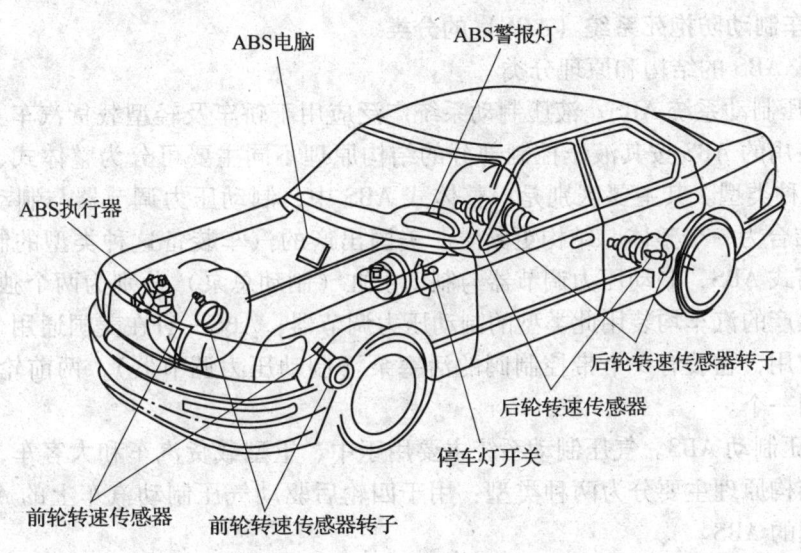

图6—4　L400轿车ABS系统的组成

（1）计算机。计算机接收传感器信号，比较各车轮转速和行驶速度，判断各车轮的滑移情况后，向ABS执行机构下达指令调节各车轮制动器的制动压力。当ABS出现故障时，计算机使ABS报警灯点亮，同时切断通往各执行机构的电源，ABS系统停止工作。

(2) 执行机构。ABS 执行机构主要由制动压力调节器和 ABS 报警灯组成。

制动压力调节器根据 ABS 计算机下达的指令调节各车轮制动器的制动压力。不同制动系统的 ABS 所采用的制动压力调节器也不同，可分为液压式、气压式和空气液压助力式。液压式制动系统中，制动压力调节器的主要元件是电动泵和液压控制阀。气压制动系统中，制动压力调节器的主要元件为气泵和气压控制阀（总泵）。

ABS 报警灯的作用是在 ABS 系统出现故障时，由计算机控制其点亮，提示驾驶员 ABS 系统出现故障，及时去维修车辆，在这时制动，ABS 系统已不起作用，应按普通制动系制动方式处理交通情况，以免发生事故。在一些车型，ABS 报警灯的另一个作用是在计算机的控制下闪烁显示故障码。

(3) 传感器。ABS 系统采用的传感器包括车轮轮速传感器、车速传感器和汽车减速度传感器。

在各种控制方式的 ABS 系统中均有轮速传感器，它利用电磁感应原理（或霍尔原理）检测车轮即时速度，并将轮速转换成电脉冲信号送至计算机。轮速传感器一般安装在车轮上（有些后轮驱动的车辆，检测后轮速度的传感器安装在差速器内，通过后轴转动来检测轮速，又称为轴速传感器）。

车速传感器，用在以车轮滑移率为控制参数的 ABS 系统中，用来检测车速并向计算机输送车速信号，这一信号还同时用于速度表、公里表及自动变速器的控制等。

汽车减速度传感器仅用于四轮驱动的控制系统中，用来检测汽车制动时的减速度，识别是否是冰雪、油污覆盖路面等易滑路面。

2. 汽车制动防抱死系统（ABS）的分类

（1）按 ABS 的结构和原理分类

1) 液压制动系统 ABS。液压制动系统广泛应用于轿车及轻型载货汽车上，液压制动系统中装用的 ABS 按其液压控制部分的结构原理不同主要可分为整体式、分离式和 ABS—Ⅵ三种类型。其主要区别是：整体式 ABS 中，制动压力调节器与制动主缸（制动总泵）结合为一个整体，结构更紧凑，美国出产的汽车装备这种类型的制动压力调节器；分离式 ABS，制动压力调节器与制动主缸（制动总泵）分别为两个独立的总成，日本丰田生产的汽车均装用此类型的制动压力调节器；ABS—Ⅵ在美国通用公司和韩国大宇车上常用，它装有 3 个带控制阀的活塞泵（制动压力调节器），两前轮各用一个，两后轮共用一个。

2) 气压制动 ABS。气压制动系统主要用于中、重型载货汽车和大客车，所装用的 ABS 按其结构原理主要分为两种类型：用于四轮后驱动气压制动汽车上的 ABS 和用于汽车列车上的 ABS。

3) 气顶液制动系统 ABS。气顶液制动系统兼有气压和液压两种制动系统的特点，应用于部分中、重型载货汽车和部分大客车上。气顶液制动系统 ABS 按其结构原理又可分为两种类型：一种是通过对气顶液动力缸输入压缩空气的压力来控制制动压力的 ABS 系统；另一种是直接由气顶液动力缸输出到各车轮制动器的制动液压力的 ABS 系统。

（2）按控制方式分类。目前 ABS 采用的控制方式有两种：预测控制方式和模拟控制方式。

1）模拟控制方式是在控制过程中，记录上一控制周期（即从制动增压、保压到减压过程）中的各种参数规定下一控制周期的控制条件。这种控制方式更接近理想的制动控制，它能对制动过程中的各种因素（如制动时的路面附着系数、车辆使用的挡位等）的影响及时修正，在各种路面或行驶条件下紧急制动时，使车轮滑移率的变化范围更窄。

2）预测控制方式是预先规定控制参数和设定控制等条件，然后再依据检测的实际参数与设定值进行比较，对制动过程实施控制。根据控制参数的不同，采用预测控制方式的 ABS 系统又可分为以车轮滑移率为控制参数的 ABS 系统、以车轮角减速度为控制参数的 ABS、以车轮滑移率和车轮角减速共同为控制参数的 ABS 三种方式。

(3) 按 ABS 系统布置形式分类。ABS 系统的布置形式是指轮速传感器的数量、制动压力调节器控制的通道数和对车轮制动器制动压力的控制方式。对双轴四轮汽车目前主要见到下述七种类型。

1）四传感器、四通道、四轮独立控制的 ABS 系统。这类 ABS 系统是用于双制动管路为前后独立布置形式的汽车，具有四个轮速传感器和四个控制通道，系统根据各轮速传感器的信号分别对各车轮单独控制。采用这类 ABS 系统的汽车，制动效能和制动时的操纵性最好，但在左、右车轮所处路面条件不同时汽车制动时的方向稳定性较差。主要原因是在这种路面上制动时，同一轴上左、右车轮的制动力不等，造成汽车制动跑偏。

2）四传感器、四通道、前轮独立—后轮低选择控制的 ABS 系统。这类 ABS 系统是用于双管路为交叉形式（X）布置的汽车。该系统具有四个轮速传感器和四个控制通道，系统根据轮速传感器的信号分别对两前轮进行单独控制，而对两后轮按选择为方式控制，且一般选用低选择控制，即以容易抱死的后轮为标准对两后轮进行控制。采用这种控制方式的 ABS 系统，制动时的操纵性和方向稳定性较好，但制动效能稍差。原因是在各种路面上，两后轮获得的制动力均相等，但制动力的大小以容易抱死的后轮为标准，则另一侧后轮不能获得最大的制动力。

3）四传感器、三通道、前轮独立—后轮低选择控制的 ABS 系统。这种类型的 ABS 系统是用于制动双管路为前、后轮独立布置形式的汽车。此种 ABS 系统采用四个轮速传感器，实现两前轮单独控制和两后轮低选择控制。与类型 2）相比，对各车轮制动器制动压力的控制方式相同，其性能也相同，制动时的操纵性和反向稳定性均较好，但制动效能稍差。但在制动管路为前、后独立布置形式的汽车上，两后轮是同一制动管路，所以用一个控制通道即可满足两后轮的低选择控制。

4）三传感器、三通道、前轮独立—后轮低选择控制的 ABS 系统。这类 ABS 系统仅适用于双管路制动系统为前、后轮独立布置形式后轮驱动的汽车，后轮的速度信号由装在差速器上的一个测速传感器检测，按低选择方式对两后轮进行制动控制，其他特点与类型 3）相似。

5）四传感器、两通道、前轮独立控制的 ABS 系统。此类 ABS 系统是一种简易的 ABS 系统。该系统两前轮独立控制，通过 PV 阀（压力比例阀）按一定比例将制动压力传至后轮。这种 ABS 系统一般用于双制动管路为交叉形式（X）布置的汽车上。采用此类 ABS 系统的汽车在同一轴上两车轮的路面条件不同的路面上制动时，处于附着系数较高的路面一侧的前轮制动压力较高，与其对角的后轮也将获得较高的制动压力，但该侧后轮处于附着系数较低的一侧，该后轮容易抱死；处于另一对角线上的前后两轮则与此相反。这样对制动时的方向稳定性有力，但与前述三通道和四通道的 ABS 系统相比，后轮制动力有所下降，汽车的制动效能也有所下降。

6）四传感器、两通道、前轮独立—后轮低选择控制的 ABS 系统。此类型的 ABS 系统的布置形式与类型 5）基本相同。这种 ABS 系统只适用 SLV（低选择阀）代替类型 5）中的 PV 阀，这样可以使汽车在附着系数不一致的路面上制动时，通过 SLV（低选择阀）传至低附着系数一侧路面的后轮的制动压力只升至与低附着系数路面一侧的前轮相同，从而防止处于低附着系数路面一侧的后轮先抱死，其效果更接近于三通道或四通道控制的 ABS 系统。

7）一传感器、一通道、后轮近似低选择控制的 ABS 系统。这类 ABS 系统是用于制动管路为前、后轮独立布置，后轮驱动的汽车，通过一个装在差速器上的轮速传感器和一个通道，只对两后轮进行近似低选择控制。此类 ABS 系统不对前轮进行制动控制，制动效能和制动时的操纵性均较差，应用较少。

二、驱动防滑系统的分类与基本组成

1. 驱动防滑系统的分类

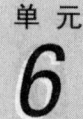

驱动防滑系统（ASR）按控制方式可分为差速制动控制、发动机输出功率控制、差速制动和发动机输出功率综合控制三种类型。

(1) 差速制动控制。当驱动车轮单边滑转时，计算机输出控制信号，使差速制动阀和制动压力调节器动作，对发生滑转的车轮施加制动力，使车轮的滑转率控制在目标范围之内。这时非滑转车轮仍有正常的驱动力，从而提高了汽车在滑溜路面上的起步、加速和通过能力及行驶方向的稳定性。这种控制方式的作用类似于差速锁，在一边驱动车轮陷于泥坑部分或完全失去驱动能力时对其制动，而另一边的驱动车轮仍能发挥其驱动力，使汽车脱离泥坑。在两侧驱动车轮均滑转，但滑转率不同的情况下，则对两侧驱动车轮施加不同的制动力，使汽车正常行驶。

(2) 发动机输出功率控制。在汽车起步、加速时如果加速过急，会因为驱动力过大而出现两侧驱动车轮全滑转的情况，这时计算机输出信号，控制发动机的输出功率，抑制驱动车轮的滑转。发动机功率的控制可以通过改变节气门开度、调节喷油器的喷油量和改变点火时间等方法实现。

(3) 差速制动和发动机输出功率综合控制。这类型的 ASR 采用差速控制和发动机输出功率综合控制系统，控制效果较为理想。汽车在行驶过程中，路面的附着情况千差万别，驱动力的状态也在不断变化，综合控制系统可根据发动机的状况和车轮滑转的实际情况采取相应的控制措施。例如，在发动机驱动力较小的情况下出现驱动轮滑转，其主要原因可能是路面附着系数小，这时采用对滑转车轮施加制动的方法就比较有效；而在发动机输出功率大（节气门开度大、发动机转速高）时出现滑转，其主要原因可能是驱动力过大,则通过减小发动机输出功率的方法来控制车轮的滑转比较有效。一般情况下,车轮滑转的情况非常复杂,需要对车轮制动和减小发动机功率的共同作用来控制车轮的滑转。

2. ASR系统的基本组成

驱动防滑系统由轮速传感器、计算机和制动压力调节装置组成(见图6—5)。在加速踏板控制的主节气门上增加一个由步进电动机控制的副节气门,在主、副节气门处各设置一个节气门位置传感器。轮速传感器、计算机与制动防抱死系统共用。

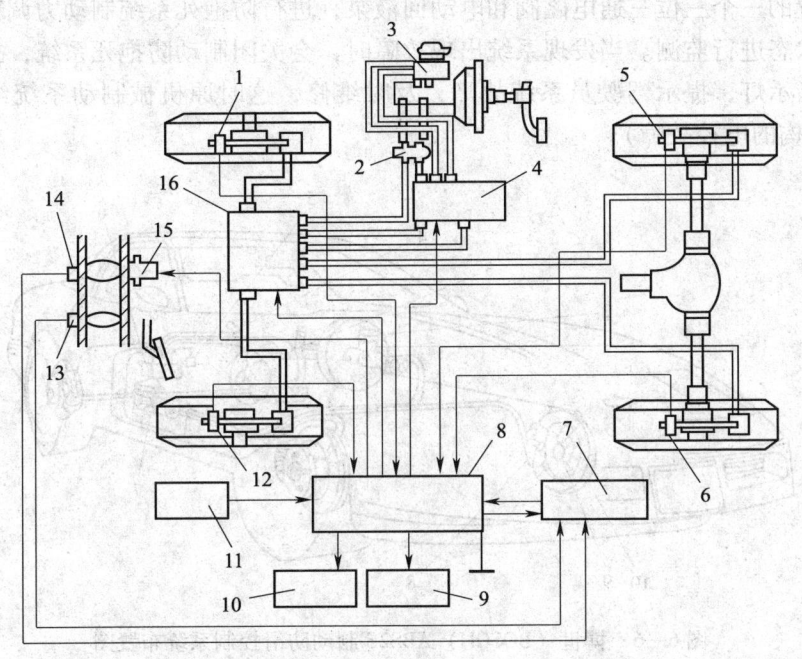

图6—5 汽车防滑控制系统组成

1—右前轮转速传感器 2—比例阀和差速器 3—制动主缸 4—制动防滑制动压力调节装置
5—右后轮转速传感器 6—左后轮转速传感器 7—发动机与变速器计算机
8—防滑控制系统计算机 9—驱动防滑系统关闭指示灯 10—驱动防滑系统报警灯
11—驱动防滑系统选择开关 12—左前轮转速传感器 13—主节气门开度传感器
14—副节气门开度传感器 15—节气门驱动步进电动机 16—制动防抱死系统制动压力调节装置

计算机根据轮速传感器的输入信号,确定驱动轮的滑转率和汽车参考速度。当计算机判定驱动轮的滑动率超过设定值时,就驱动副节气门的步进电动机动作,减小副节气门开度。此时发动机的进气量随着副节气门开度减小而减少,使发动机的输出扭矩降低,驱动轮上的驱动力矩随之减小。如果滑转率仍未达到规定的范围,计算机便向制动器发出指令,对仍然滑转的驱动车轮施加制动力,使驱动轮的滑转率达到规定的范围。

驱动防滑系统中制动压力调节装置主要由制动供能装置和电磁控制阀总成组成。制动供能装置主要由电动泵和储能器组成。电磁阀总成主要由两个两位两通电磁阀组成。

三、典型的汽车防滑控制系统

1. 博世（BOSCH）ABS2S 制动防滑控制系统

博世（BOSCH）ABS2S 制动防滑控制系统是四传感器、三通道、前轮独立—后轮低选择控制四轮制动防抱死系统（见图 6—6）。每一个车轮上都装有一个轮速传感器，将车轮转速信号输入计算机。计算机对这些信号和接收的制动灯开关、点火开关、控制装置继电器、电动泵继电器等输入的信号进行综合分析、判断形成相应指令控制制动压力调节装置的三个三位三通电磁阀和电动回液泵，进行防抱死系统制动力调节，并对系统的运行状态进行监测。当发现系统出现故障时，会关闭制动防抱死系统，接通防抱死系统故障指示灯，提示驾驶员系统故障，及时维修，这时原机械制动系统继续起作用（非机械结构的电控故障）。

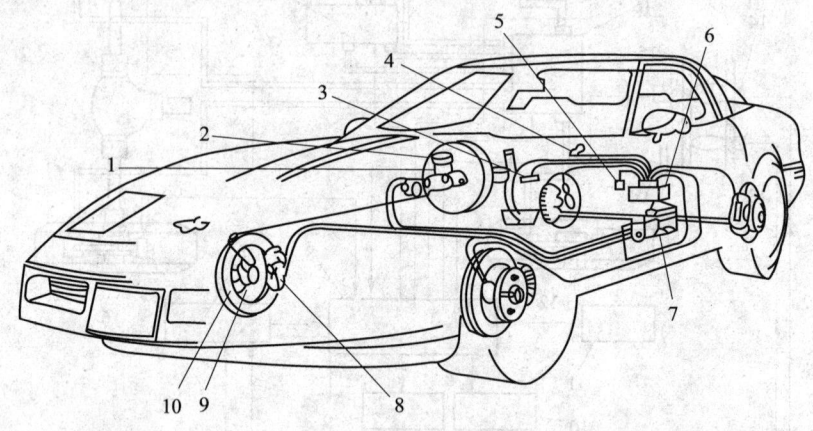

图6—6 博世（BOSCH）ABS2S 制动防滑控制系统布置图
1—制动主缸 2—真空制动助力器 3—横向加速度开关 4—制动防抱死系统报警灯
5—控制主装置及电器 6—计算机 7—制动压力调节装置 8—制动卡钳
9—齿圈 10—车轮转速传感器

制动压力调节装置由三个三位三通电磁阀、一个电动回液泵组成。其中两个三位三通电磁阀分别控制前轮制动分管路，另一个三位三通电磁阀控制后轮制动轮缸（制动分泵）的制动总管路。通过控制电磁阀不同的工作位置，可以对三个控制通道的制动压力分别进行"升压、保压、降压"三种调节。两个储液器分别用于接收在防抱死制动过程中压力降低阶段来自两个前轮缸（分泵）和两个后轮缸（分泵）中排出的制动液，它可使进入其中的制动液保持较低的压力，以缓和制动液从制动缸（分泵）中流出时产生的脉动。电动回液泵由直流电动机和柱塞泵构成。电动机受计算机控制主要作用是将两个储液器中的制动液泵回制动主缸（制动总泵）。制动压力调节装置的两个进液口与双腔制动主缸（双腔制动总泵）两个出口连接，三个出液口分别与两个前制动轮缸（分泵）和后制动轮缸（分泵）相连。

制动防抱死系统未工作时，各电磁阀和电动泵均处于断开状态，各电磁阀将制动主缸（制动总泵）至各制动轮缸（制动分泵）的管路接通，并将各制动轮缸（制动分泵)至储液器之间的制动液通路截断。这时，各电磁阀处于图6—7a所示位置。制动时制动液从制动主缸（制动总泵）经电磁阀进入制动轮缸（制动分泵），各制动轮缸（制动分泵）的制动压力随制动总缸（制动总泵）的输出压力而变化，这一阶段如图6—7b所示，和传统制动过程相同。

当计算机判定需要保持某一制动轮缸（制动分泵）的制动压力时，给控制该制动轮缸的电磁阀通2 A电流，使电磁阀处于图6—7c的位置，制动轮缸出液口被关闭，保持该制动缸（制动分泵）压力。

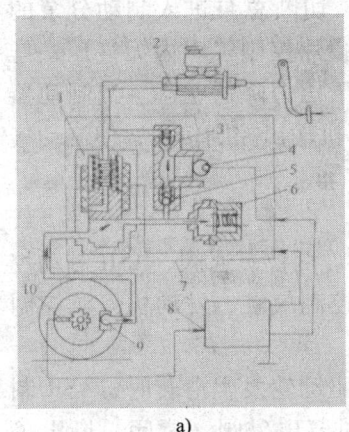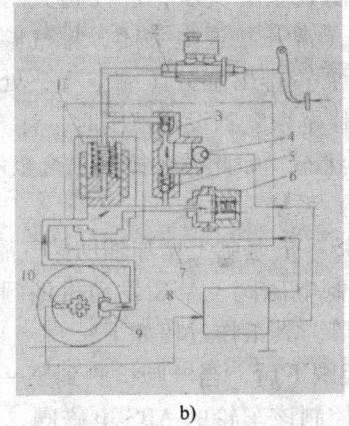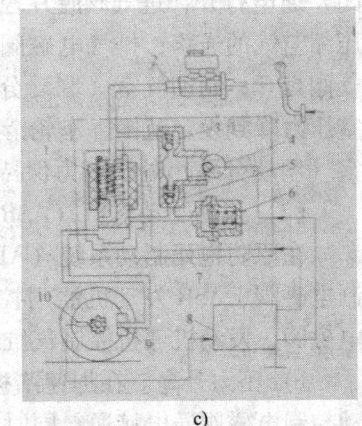

a)　　　　　　　　　　b)　　　　　　　　　　c)

图6—7　制动压力的调节原理

a)制动压力减小阶段　b)制动压力增大阶段　c)制动压力保持阶段

1—电磁阀　2—制动主缸（制动总泵）　3—出液单向阀　4—电动回液泵　5—进液单向阀
6—储液器　7—制动压力调节装置　8—计算机　9—制动轮缸（制动分泵）10—车轮转速传感器

而当计算机判断出某一车轮的滑移率超过规定目标值即将抱死时，计算机给控制该制动通道的电磁阀接通5 A电流，将该制动通道和制动主缸（制动总泵）断开，通道和储液器接通，部分制动液进入储液器，经回油泵制动液再送入制动主缸（制动总泵），该通道的制动轮缸（制动分泵）中的压力降低，该轮恢复滚动。制动防抱死系统就是通过"增压、保压、减压"的控制过程，将汽车制动时的滑移率控制在目标值范围内，实现制动防抱死的控制过程。

2. 气压制动防抱死制动（ABS）系统和驱动防滑（ASR）系统

（1）气压制动防抱死制动（ABS）系统

1）气压防抱死制动系统的组成。气压制动防抱死系统（ABS）由车轮速度传感器、控制计算机和串联在车轮制动管路中的制动压力调节器组成。

2）制动压力调节器的结构与工作原理。气压制动压力调节器内置两个电磁阀和两个带膜片气阀。以极快速度工作的电磁阀通过气压控制打开或关闭两个带膜片的气阀，控制各车轮制动器室（制动分泵）的制动气压，通过控制车轮制动器室（制动分泵）的气压，使各车轮的滑移率保持在20%左右。工作过程如下：

①压力增加。进气电磁阀（常闭）断电关闭，进气阀膜片控制室没有气压，进气阀畅通，由制动总泵来的压缩空气进入制动器室；排气电磁阀（常开）断电打开，排

气阀膜片控制气室有气压，排气阀关闭；制动系统处于常规制动状态。

②压力保持。进气电磁阀（常闭）通电打开，进气阀膜片控制气室有气压，进气阀关闭，断开制动总泵与制动分泵的气路，压缩空气停止进入制动分泵；排气电磁阀（常开）断电打开，排气阀膜片控制室有气压，排气阀关闭；制动器室（制动分泵）处于压力保持状态。

③压力降低。当轮速传感器检测到车轮出现滑移，将信号输入计算机，经计算机进行分析处理后，发现车轮滑移，并且超出设定范围时，输出信号，使进气电磁阀（常闭）通电打开，进气阀膜片控制气室有气压，进气阀关闭，切断总泵进入制动分泵的压缩空气的通路；排气电磁阀（常开）通电关闭，排气阀膜片控制气室内无气压，排气阀打开；制动气室（制动分泵）排出部分压缩空气，处于压力降低状态。当制动器室压力降到设定范围，车轮滑移率恢复到设定范围时，计算机输出控制信号，使制动气室（制动分泵）处于压力保持状态。如此循环控制，直至停车。

(2) 气动驱动防滑（ASR）系统

在原防抱死制动系统（ABS）的基础上增加辅助储气罐、两位三通阀、ASR制动控制电磁阀、ASR发动机油门控制电磁阀、ASR发动机油门控制气缸、发动机停机控制电磁阀、发动机停机控制气缸等。其工作过程如下：

1）压力升高。在加速踏板踩下后，当电脑检测到某一驱动轮发生滑转时，ASR制动控制电磁阀通电接通；同时控制该车轮的ABS电磁阀，进气电磁阀（常闭）断电关闭，进气阀膜片控制气室无气压，进气阀畅通；辅助储气罐来的压缩空气经过ASR制动控制电磁阀、两位三通阀、ABS电磁阀进入制动分泵；发生滑转的驱动车轮开始制动、减速。

2）压力保持。电脑控制该驱动车轮的ABS电磁阀，进气电磁阀（常闭）通电打开，进气阀膜片控制气室有气压，进气阀关闭，切断来自辅助储气罐的经过ASR制动控制电磁阀、两位三通阀、进入制动分泵的压缩空气；排气电磁阀（常开）断电打开，排气阀膜片控制气室有气压，排气阀关闭；制动分泵处于压力保持制动状态。

3）压力降低。当需要解除该驱动轮制动时，电脑控制该驱动车轮的ABS电磁阀，进气电磁阀（常闭）通电打开，进气阀膜片控制气室有气压，进气阀关闭，切断来自辅助储气罐的经过ASR制动控制电磁阀、两位三通阀、进入制动分泵的压缩空气；排气电磁阀（常开）通电关闭，排气阀膜片控制气室无气压，排气阀打开；制动分泵排出压缩空气，处于压力降低制动状态。同时驱动防滑系统的ASR制动控制电磁阀断电关闭。制动系统恢复正常工作状态。

单元测试题

一、单项选择题（下列每题的选项中，只有1项是正确的，请将正确答案的代号填在横线空白处）

1. 制动防抱死系统在制动过程中一般将滑动率控制在_____。
   A. 5%~9%　　　B. 35%~40%　　　C. 10%~20%　　　D. 30%~40%

2. 驱动防滑转系统在驱动过程中，一般将驱动车轮的滑动率控制在_____。
   A. 35%~45%　　B. 20%~25%　　C. 5%~15%　　D. 25%~30%
3. 制动防抱死系统就是通过的"_____"控制过程，将汽车制动时的_____控制在目标值范围内，实现制动防抱死的控制过程。
   A. 加压、保压、减压　滑转率　　　B. 增压、保压、减压　滑转率
   C. 加压、升压、减压　滑移率　　　D. 增压、保压、减压　滑移率
4. ABS 系统的布置形式是指轮速传感器的数量、制动压力调节器控制的通道数和对车轮制动器制动压力的控制方式。对双轴四轮汽车目前主要有_____种类型。
   A. 四　　　　B. 八　　　　C. 六　　　　D. 七

二、判断题（下列判断正确的打"√"，错误的打"×"）
1. 汽车防滑控制系统是对制动防抱死系统和驱动防滑系统的统称。（　）
2. 在驾驶员、汽车、环境三者组成的闭环系统中，汽车与环境之间最基本的联系是轮胎与路面之间的作用力。（　）
3. 汽车在制动过程中，车轮可能相对于路面发生滑移，滑移成分在车轮纵向运动中所占的比例用负滑动率来表示。（　）
4. 无论是气压制动系还是液压制动系，ABS 均是在原主动系统的基础上增加了传感器、ABS 执行机构和计算机（ECU）三部分。（　）
5. ABS 执行机构主要由制动压力调节器和 ABS 报警灯组成。（　）
6. ABS 系统采用的传感器包括车轮轮速传感器、车速传感器和汽车减速度传感器。（　）
7. ASR 按控制方式可分为差速制动控制、发动机输出功率控制、差速制动和发动机输出功率综合控制三种类型。（　）
8. 驱动防滑系统由轮速传感器、计算机和制动压力调节装置组成。（　）
9. 博世（BOSCH）ABS2S 制动防滑控制系统是四传感器、三通道、前轮独立—后轮低选择控制四轮制动防抱死系统。（　）

单元测试题答案

一、单项选择题
1. C　2. C　3. D　4. D
二、判断题
1. √　2. √　3. √　4. √　5. √　6. √　7. √　8. √
9. √

第7单元

汽车检测

- 第一节　发动机检测 /198
- 第二节　汽车转向轮定位检测 /209
- 第三节　车辆制动力检测 /221
- 第四节　汽车灯光检测 /226
- 第五节　汽车车身外观检测 /232
- 第六节　汽车轮胎检测 /234
- 第七节　汽车安全检测线 /237
- 第八节　汽车常见故障判断与排除 /242

根据交通部的要求，汽车维修要实施"强制维护、定期检测、视情修理"的修理制度。在检测仪器能实现的范围，对汽车技术状况，特别是安全系统、排放系统的检测，强制进行，对保证交通安全起到了重要作用。随着检测仪器的发展，对汽车性能的检测也日益完善。从单项检测到检测线，极大地提高了检测效率、检测精度，扩展了检测项目，为评定汽车性能，提供了可靠的技术保证。

第一节 发动机检测

一、点燃式发动机尾气检测

1. 常用发动机尾气检测仪

汽车维修企业常使用的尾气分析仪为便携式，以广州市福立分析仪器有限公司生产的尾气分析仪为例，介绍仪器的一般操作方法。GZFULI 分析仪如图 7—1 所示，前面板如图 7—2 所示，后面板如图 7—3 所示。

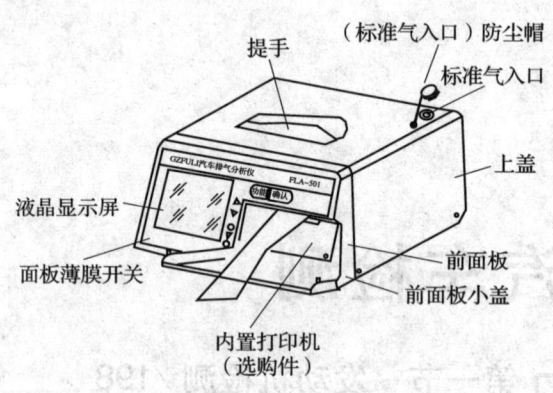

图 7—1 GZFULI 分析仪

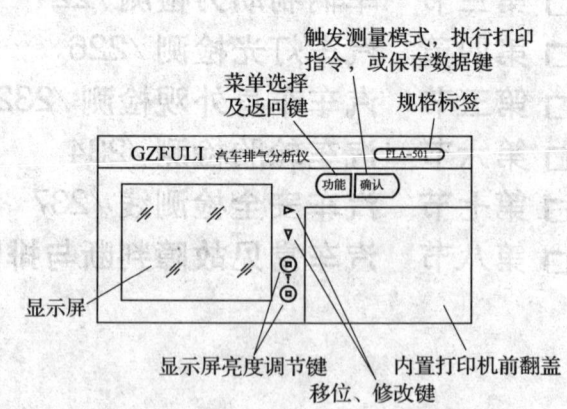

图 7—2 GZFULI 分析仪前面板

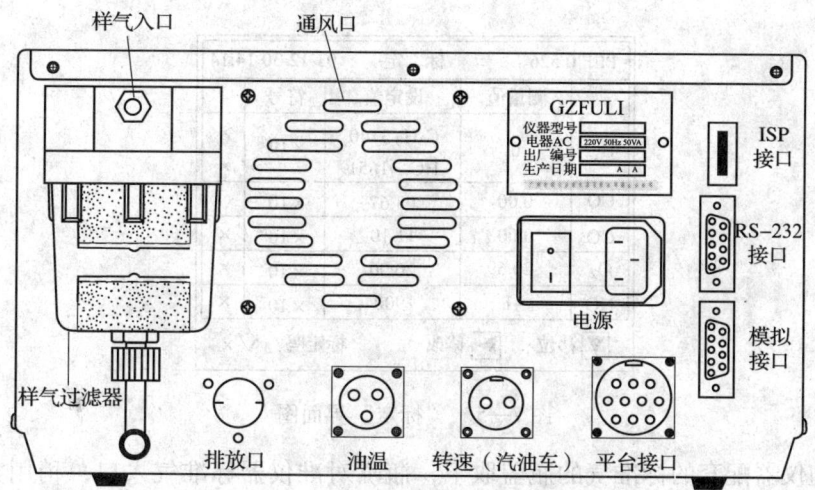

图 7—3　GZFULI 分析仪后面板

分析仪需要进行定期标定。使用 GZFULI 分析仪每天测量前，仪器预热 30 min 后，对仪器进行标定（每 7 天必须标定仪器），保证检测精度。进行仪器标定可按下述步骤进行。

（1）备有高纯度氮气（99.99%）的企业。仪器充分预热后，进入“菜单”画面（见图 7—4）。通过“▼”或“▶”键，把光标移至“通零气调零”；开启氮气瓶阀（氮气压力控制在 0.05 MPa 或流量控制在 0.6 ~ 1 L/min）；再按“确认”键，仪器开始调零（通氮气 30 s），仪器调零完毕后，关闭氮气阀。

菜　单	03-12-30 14:14
通零气调零	泄漏测试
HC吸附测试	时钟/符号设置
通信设置	怠速测量
状态检查	标定
燃料H/C设置	数据查阅
转速信息设置	双怠速测量

确认 选定　功能 返回　▼ 下移位　▶ 右移位

图 7—4　GZFULI 分析仪“菜单”画面

（2）没有氮气的用户。可打开气泵抽气，用空气调零。操作方法如下：

1）在“准备”界面直接按“确认”键示意其进入测量，在清新的环境空气中维持 1 ~ 3 min 后，按“功能”键退出测量状态返回“准备”界面。

2）进入“标定”界面（见图 7—5），按“▼”键移动光标，按“▶”键选择标定通道并设定标定数值。

3）按“▶”确定依据标准其浓度设定实际标定值（依据标准气的实际浓度值设定）。导入标准气应注意以下几点：

①最好用高纯度氮气（99.99%）作为主机调零用气。当主机使用了一段时间或主机显示值偏差大时，须用高纯度氮气（99.99%）在标定前将主机调零，可使主机标定准确。

PEF 0.526	标 定		03-12-30 14:14	
	测量值	设定值	符号	
HC	0	C_3H_8 3140	$\times 10^{-6}$	×
		HC 1651		×
CO	0.00	03.67	$\times 10^{-2}$	√
CO_2	0.00	11.10	$\times 10^{-2}$	×
O_2	20.69	20.90	$\times 10^{-2}$	×
NO	−1	1900	$\times 10^{-6}$	×
▼移位		▶修改	标定吗?	√ ×

图7—5 "标定"界面图

②将随仪器配套的标准气的瓶盖取下,瓶嘴对准仪器标准气入口,稍用力向下压,使标准气进入仪器7~10 s(如标准气瓶内气压较低,需要增加标准气输入时间)。随着标准气进入仪器的气室,测量值在屏幕上显示数值。当所显示的数值稳定时,停止输入标准气。仪器显示值与标准气一致,标定完毕如图7—6所示。显示值与标准气不一致,将屏幕显示数值调整到与标准气浓度值相同(按"▶"键修改数值),仪器一个通道标定完毕。按此方式标定所有通道,仪器标定完毕。

PEF 0.526	标 定		03-12-30 14:14	
	测量值	设定值	符号	
HC	0	C_3H_8 3140	$\times 10^{-6}$	×
		HC 1651		×
CO	0.00	03.67	$\times 10^{-2}$	√
CO_2	0.00	11.10	$\times 10^{-2}$	×
O_2	20.69	20.90	$\times 10^{-2}$	×
NO	−1	1900	$\times 10^{-6}$	×
请通标准气,稳定后 确认		标定 功能	返回	√ ×

图7—6 标定仪器、修改数值

③如果标准气压力高,需经减压阀将压力降到0.05 MPa,才可导入仪器。

④导入标准气时,必须保证标准气已进入仪器气室。

⑤检查或校准FLA(便携式)系列汽车排气分析仪,建议使用如下浓度的标准气体:

- C_3H_8(丙烷):$2\,100 \times 10^{-6}$(体积分数,适用于5组分、4组分、3组分)。
- CO_2:1.4%(体积分数,适用于5组分、4组分、3组分)。
- CO:3.50%(体积分数,适用于5组分、4组分、3组分)。
- NO:$1\,300 \times 10^{-6}$(体积分数,适用于5组分)。

注1. 使用上述标准气标定仪器时,须用99.99%的氮气平衡。

2. 用户依据仪器的需要选择标准气。

3. 氧气通道利用空气自校准，氧含量的设定值为 20.9%。
4. HC 通道设定值输入 C_3H_8（丙烷）值。

4）按"▼"键至屏幕显示如图 7—5 所示画面。从仪器标准气入口导入标准气，待测量数值稳定后，再按"确认"键；10 s 后，仪器标定完成。

5）按"功能"键退出"标定界面"，如图 7—7 所示。

PEF 0.526	标定	03-12-30 14:14	
	测量值	设定值	符号
HC	0	C_3H_8 3140 HC 1651	$\times 10^{-6}$ × ×
CO	0.00	03.67	$\times 10^{-2}$ √
CO_2	0.00	11.10	$\times 10^{-2}$ ×
O_2	20.69	20.90	$\times 10^{-2}$ ×
NO	−1	19.00	$\times 10^{-6}$ ×
▼ 移位	▶ 修改	标定吗？	√ ×

图 7—7 仪器标定完毕画面

6）仪器标定流程图如图 7—8 所示。

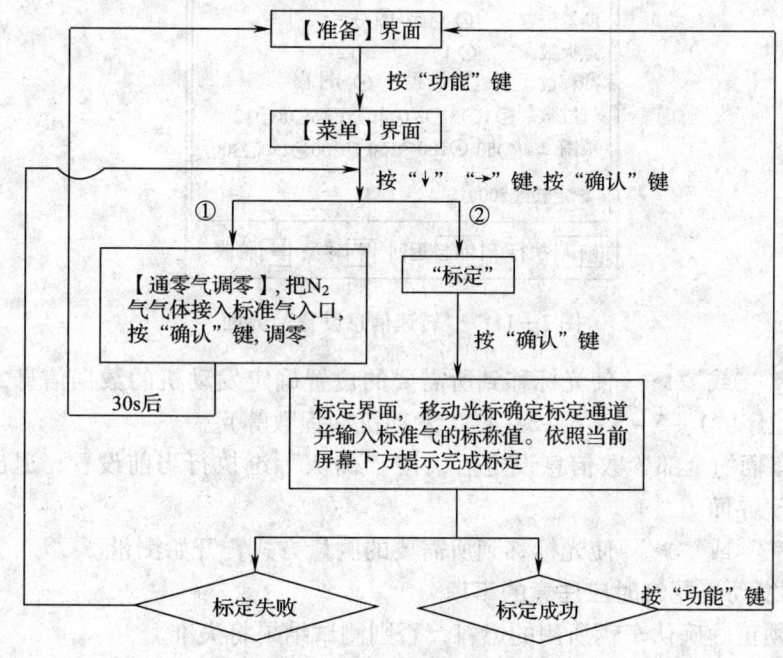

图 7—8 仪器标定流程图

7）汽车发动机尾气检测程序。分析仪标定完成后，可按以下步骤检测：

①仪器设定。首先设定所测车辆燃料的种类。由于发动机使用的燃料不同，其碳氢比不同，需使用不同的系数，才能保证测量准确。

②仪器进入"菜单"界面（见图7—9）。按"▼"或"►"使光标移到"燃料H/C设置"；按"确认"键进入燃料选择界面，如图7—10所示。

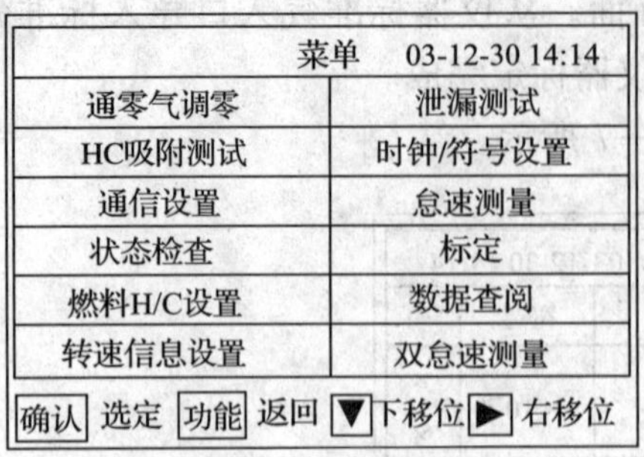

图7—9 仪器"菜单"界面

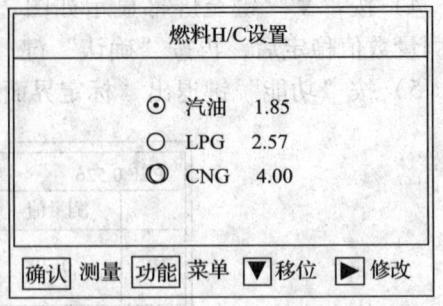

图7—10 燃料选择界面

③按"▼"移动光标到要选择的燃料。
④按"确认"执行并退出，返回"菜单"界面，如图7—9所示。
⑤仪器进入"菜单"界面后，按"▼"或"►"使光标移到"转速信息设置"，按"确认"键进入"转速信息设置"界面，如图7—11所示。

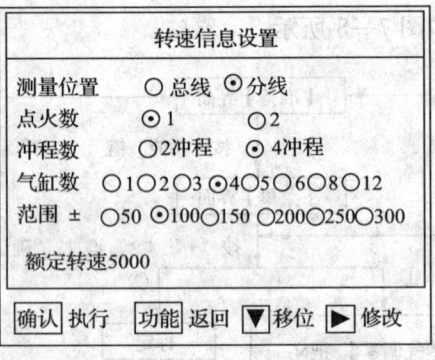

图7—11 "转速信息设置"界面

⑥按"▼"或"►"使光标移到所需要的位置确定发动机的数据信息（确认气缸数量、点火顺序"1-5-3-6-2-4"、发动机冲程数等）。
⑦被测车辆的全部参数信息设定后，按"确认"键执行当前设置，退出当前状态返回"菜单"界面。
⑧按"▼"或"►"使光标移到所需要的测量方式，开始测量。

2. 检测发动机尾气时应注意的事项

（1）必须正确确认车辆所用的燃料，否则测试结果将失准。
（2）取样管插入发动机排气管的长度必须达到（400±10）mm，过长、过短均影响检测结果的准确性。
（3）分析仪是计量仪器，必须在法定检测准许使用的时间内才能使用。
（4）仪器每次使用前要按规定进行密封测试。

二、柴油发动机尾气检测

柴油发动机由于良好的经济性、动力性和排放性能，越来越得到广泛的应用。由于人们对生存环境的重视，柴油发动机尾气的控制也越来越受到社会的重视。由于中国较少对柴油机尾气中的一氧化碳、二氧化碳、氧含量、氮氧化物、碳氢含量进行检测，下面以 OUPS－40 为例对检测柴油机尾气的仪器做一介绍。

1. 常用五气发动机尾气检测仪

（1）仪器的定期标定

OUPS－40B 为五气分析仪，仪器正面和背面如图 7—12 和图 7—13 所示。

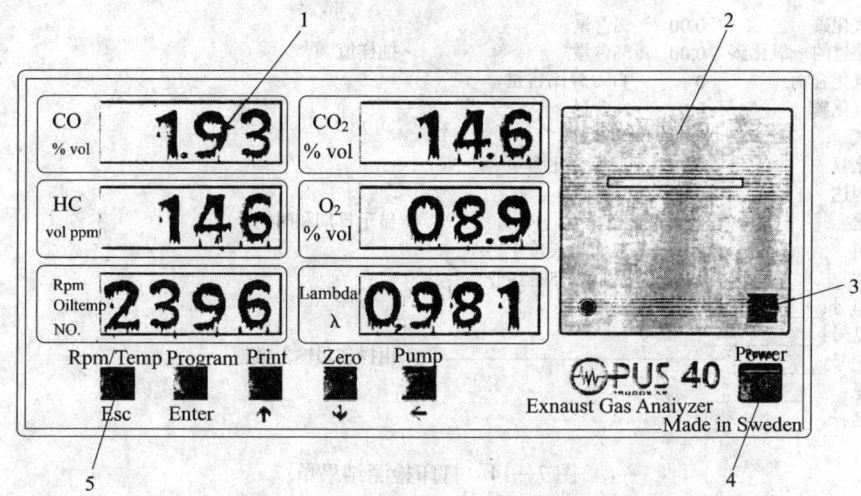

图 7—12　OUPS－40B 仪器正面图
1—发光二极管显示屏　2—内置打印机　3—进纸键　4—电源开关　5—功能键

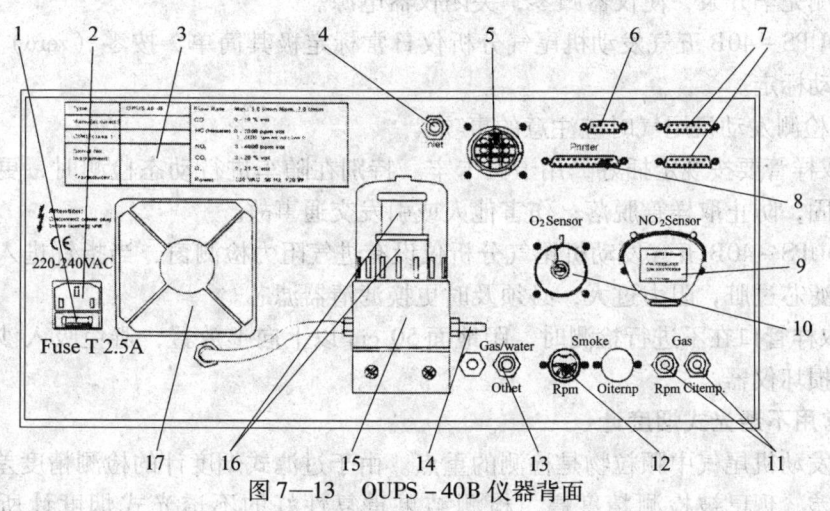

图 7—13　OUPS－40B 仪器背面
1—熔断丝（保险）　2—电源插座　3—仪器生产序号　4—标准气输入口　5—烟度计接口
6—型号为 232 的插座　7—附件接口　8—打印机接口　9—氮氧化物（NO_x）传感器
10—氧（O_2）传感器　11—发动机转速/机油温度接口　12—柴油发动机转速　13—样品（被检测）气体/水排出口
14—样品（被检测）气体入口　15—水分离器　16—精细过滤器　17—风扇过滤器

(2) 检测仪器的日常标定与使用

1) OUPS-40B 五气发动机尾气分析仪使用方法。

①开机、预热 1.5~7 min。

②仪器密封检测。

③燃料 H/C 系数选择、点火顺序选择、发动机冲程选择。

④开始检测、打印检测结果，如图 7—14 所示。

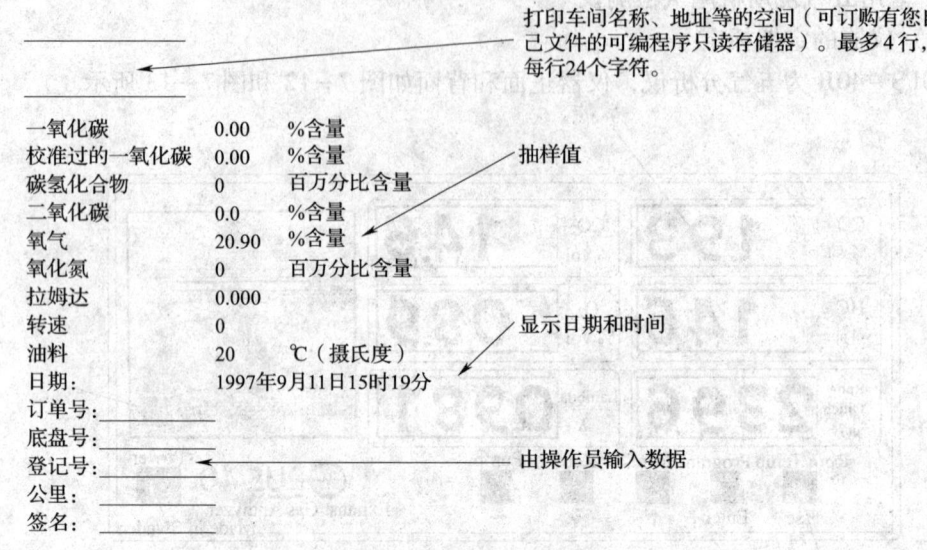

图 7—14 打印检测结果单

⑤按归零键，仪器归零，准备下次检测。

⑥检测完毕开泵，使仪器归零，关闭仪器电源。

2) OUPS-40B 五气发动机尾气分析仪日常标定极其简单，按零（zero）键，仪器就能够自动标定。

(3) 检测发动机尾气时应注意的事项

1) 取样管要按规定插好，用卡具卡牢。特别在随车进行动态检测时，更要将取样管固定牢固，防止取样管脱落，伤害他人或引发交通事故。

2) OUPS-40B 五气发动机尾气分析仪设有进气阻力检测窗，当指针进入红色区域时，说明滤芯过脏，阻力过大，必须及时更换滤清器滤芯。

3) 取样管口在不进行检测时，距地面 50 cm 以上向上放置，避免吸入沙尘或其他有害物，损坏仪器。

2. 常用不透光式烟度计

柴油发动机尾气中颗粒物是检测的重点。由于过滤式烟度计的检测精度差、检测结果重复性差，现已被检测精度高、检测结果重复性好的不透光式烟度计所取代，图 7—15 为 ZJT-1 型不透光烟度计，仪器由控制单元、测量单元、取样部件、连接电缆等部分组成。

ZJT-1 型不透光烟度计的测量后的打印结果单如图 7—16 所示。

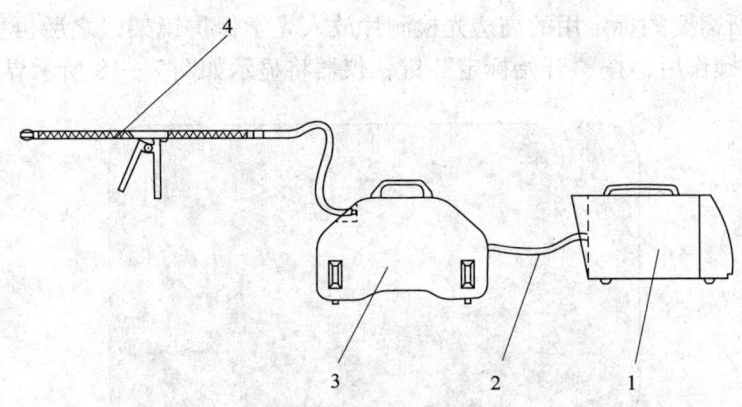

图 7—15　ZJT-1 型不透光烟度计的测量单元示意图
1—控制单元　2—连接电缆　3—测量单元　4—取样探头

图 7—16　打印出的检测结果单

使用不透光烟度计要注意以下几点：

（1）仪器的定期标定。ZJT-1 型不透光烟度计是计量仪器，必须按北京市技术质量监督局的规定，定期进行标定，才能在检测中使用。

（2）检测仪器的日常标定。仪器每天使用应进行简单的标定。将仪器接通电源预热完成后，按下述步骤进行标定。

1）在主菜单"烟度测量"界面下，选择"系统维护"界面，在该界面中，按下"系统标定"键，此时显示屏进入"系统标定"界面。这时检测单元的排风扇开始工作，并且界面显示提示："请选择高透光检测片安装在检测器中"，如图 7—17 所示。

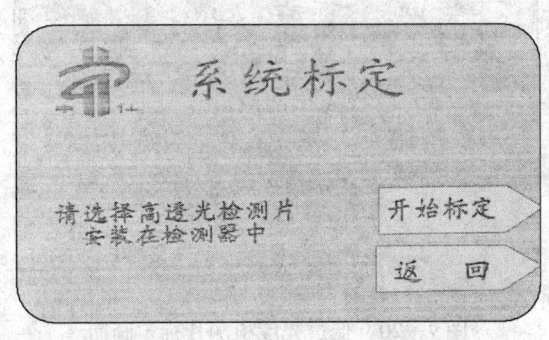

图 7—17　"系统标定"界面图

2）取出所需要的标定用的高透光检测片放入光学保护镜架，之后再重新插入检测室。完成上述操作后，按"开始标定"键，仪器将显示如图7—18所示界面。

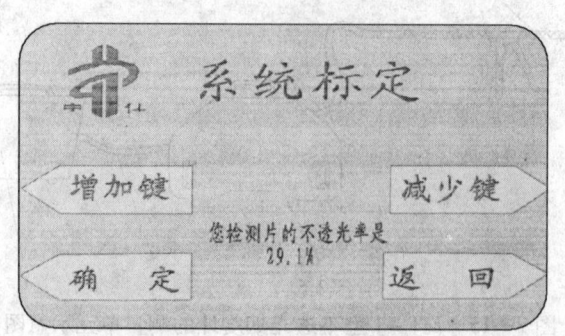

图7—18　插入"高透光度检测片"后仪器显示画面

3）使用"增加"或"减少"，调整仪器界面显示的数值，直至与"高透光度检测片"所标明的数值相同，检查无误后按"确定"键，"高透光度检测片"标定完成。这时仪器将提示："请选择低透光检测片安装在检测器中"的界面，如图7—19所示。

4）取出光学保护镜架，换上低透光度检测片，放入检测器室，按"开始标定"再次出现如图7—20所示的类似界面。

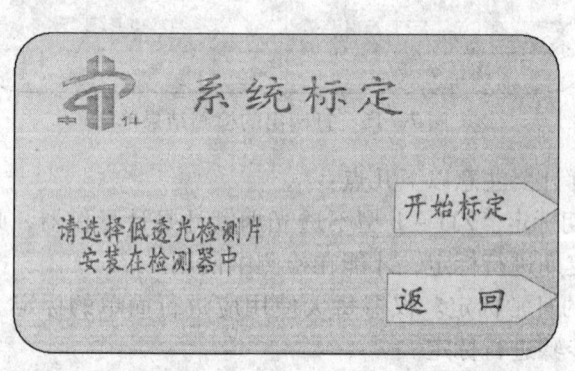

图7—19　请选择低透光检测片安装在检测器中

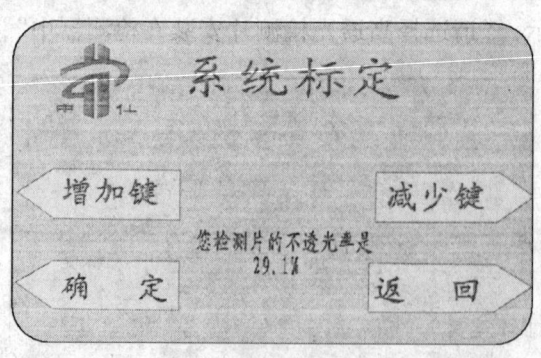

图7—20　低透光度检测片标定画面

5）使用"增加"或"减少",调整仪器界面显示的数值,直至与"低透光度检测片"所标明的数值相同,检查无误后按"确定"键(见图7—20)。如果标定成功,仪器自动返回"系统维护"界面。从仪器检测室取出光学保护镜架后,再取出"低透光度检测片",再将保护镜架重新插回仪器检测器室内,至此,系统标定全面完成。

(3) 仪器的系统检定。在主菜单"烟度测定"界面下,选择进入"系统检定"界面(见图7—21)。按下"系统检定"键进入系统检定界面。这时仪器提示:"请选择合适的检测片安装在检测器中"。此时,取出检测单元左侧的光学保护镜架,将选定的检测片装在光学保护镜架的中央位置,插入检测室。按"开始检定"键,仪器将显示"在检定中,请等待"。随后仪器界面将显示出检测的不透光值及吸光率值。以此类推,将不同示值的检测片按上述步骤依此进行检定。将所得到的检定结果经计算后,与检测片示值比较,判断是否超出标准值±2%范围。检测结果与标准值的差在±2%范围内,仪器检定完成,可以进行正常测量。如果超出±2%范围,仪器要重新标定。

图7—21 仪器系统检定界面

在日常使用仪器时,可采用两点检定的方式。第一检定点为不插进检测片,这时按"开始检定"键,检测结果应显示0%;第二检定点可任选一个标定合格的检测片,按"开始检定"键,将检测结果与标准数据比较,结果在±2%范围内,仪器检定完成。

(4) 检测发动机尾气时应注意的事项。

1）烟度计是计量仪器,必须按技术质量监督局规定的检测日期进行标定,才能使用。检测片更要定期送到规定的检测机构进行标定,才能用来标定仪器。

2）进行柴油机自由加速烟度测定时,非电控柴油机首先要检测发动机加速踏板性能。加速踏板要反应灵敏、无卡滞、回位准确迅速,才能开始检测。

3）在等待检测时,取样管口要朝上放置,距地面50 cm以上,防止吸入沙粒、尘土损坏仪器。

4）检测结束,开泵排气,使仪器归零。

三、发动机一般检测

1. 发动机冷却液检测

(1) 冷却液量检测。发动机冷却液量应保证在规定的液面高度,不足时应及时补充，使发动机得到充分的冷却。

（2）冷却液冰点检测。冷却液冰点直接影响发动机冬季时的使用安全，在进入冬季前必须进行检查，以免冰点过高，结冰后损坏气缸体、缸盖、散热器（水箱）等。使用专用冰点检测仪检测冷却液冰点极其方便，如图7—22所示。

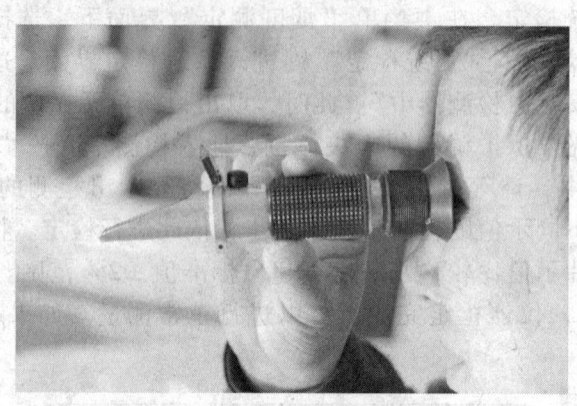

图7—22 检测冷却液冰点

2. 发动机运转状态检测

发动机运转状态检测可分为仪器检测和一般人工检测。人工检测由有资质和实践经验的工人进行。主要检测发动机的怠速运转状态、过渡状态，有无噪声、异响等。要求发动机在额定转速稳定运转，加速时过渡良好，运转时无噪声、异响等。

3. 发动机润滑系统检测

（1）机油量检测。发动机机油具有散热、冷却、润滑、清洗、防锈的功能。保证正常的机油量，是实现这些功能的先决条件。机油量是按发动机的热负荷设定的，保证机油能将发动机摩擦副产生的热量带出，并散发到空气中去；同时恢复机油自身的物理、化学性能，保证发动机正常运转。机油量必须保持在3/4～4/4（最好保持在机油尺上限附近）。虽然在1/2处发动机能正常运转，但是这时机油自身冷却时间变短；机油恢复自身物理、化学性能的时间变短，长时间在这种条件下运行，会加速机油变质、结胶、堵塞油道，严重时造成发动机故障。

检测发动机机油量时需将汽车停放在平坦路面上，启动发动机使发动机温度正常，从发动机中抽出机油尺，清除尺上的机油后，再将机油尺正确插入发动机，抽出机油尺，检查尺上机油痕迹的位置。这时机油痕迹最好在机油尺上限。

（2）机油压力检测。机油压力可通过仪表盘上的机油压力表方便地观测到。如果机油压力过低，应检查机油量、限压阀、机油压力传感器、机油压力表，确定机油压力低的原因。也可在油路中接入另一只机油压力表，确定是否是机油压力表损坏。

4. 发动机外观检测

发动机外观检测主要项目是跑、冒、滴、漏。指发动机漏油（燃油、润滑油、液压传动液等）、漏水（冷却液、玻璃清洗液等）、漏电（电线裸露连电、跳火等）、冒气（压缩空气管路冒气、进排气管路漏气等）。

外观检测主要检测发动机外部缺陷。可借助简单的手动工具，如手电筒、检验锤、扭矩扳手等。利用这些手动工具，检测发动机有无泄漏、螺栓紧固状态等。例如，用钳工检验锤敲击螺栓，可发现螺栓松动，这时要用扭矩扳手按螺栓预紧力矩要求，重新紧固。

第二节 汽车转向轮定位检测

汽车转向机构的技术性能直接关系到行车安全，必须定期检测，才能保证汽车良好的转向性能。汽车转向轮定位包括前轮外倾角、主销后倾角、主销内倾角、前轮前束四个参数。转向轮定位使汽车具有良好的操纵稳定性和驾驶舒适性。前轮定位一旦出现问题，将会导致前轮异常磨损、行车转向沉重、打摆、跑偏、动力性下降、油耗上升，甚至引发行车事故。因此，转向轮定位是安全检测的重点项目。汽车转向机构的检测可分为转向轮定位参数的静态检测和动态检测。

一、汽车操纵稳定性

汽车操纵稳定性包括操纵性和稳定性两个方面：操纵性是指汽车能够精确地按驾驶员的指令行驶；稳定性是指汽车受到外界干扰后自动恢复原来行驶状态的能力。两者相互依存、互相联系，很难区分，统称操纵稳定性。汽车操纵稳定性主要包括下述内容：

1. 直线行驶方向稳定性

汽车行驶过程中，受到外界的干扰而使汽车偏离正常行驶路线（如侧向风、坑洼等）。稳定性好的汽车会自动恢复原来的行驶状态；而稳定性差的汽车，必须施加外力（将方向盘转一定角度）才能正常行驶；严重时需要随时转动方向盘才能维持正常的行驶方向；即使如此，汽车仍很难保持正常行驶。

2. 改变行车路线特性

改变行车路线特性是指汽车在高速行驶时超越汽车和躲避障碍物时的特性。要求转动方向盘使汽车能及时、迅速响应，改变行车路线后收敛性好。为此需要减轻车身质量，减小惯性力矩；使用高性能轮胎；改进稳定杆、悬架弹簧与减震器的调谐等方法改善振动衰减特性。

3. 操纵轻便性

操纵轻便性的程度随行驶速度、方向盘旋转快慢、转向角大小和运行方式的不同而改变。按运行方式操纵轻便性可分为：

（1）原地转向操纵轻便性。停车时，原地转向轻便性用静态操纵力表示。将汽车停放在平整光洁的水磨石地面上，车身保持水平，由转向轮直线位置开始向右缓慢转动方向盘至最大转角后，再向左转动方向盘至最大转角后转回至直线行驶位置为止，测定方向盘上的圆周力，做出关系曲线，以曲线上方向盘转角为零时的圆周力为原地转向力。静态操纵力表示汽车在停车、入库等行驶时的操纵轻便性。转向轮气压低、汽车载荷大、转向轮定位失准都会引起转向沉重。

（2）行驶时转向轻便性。行驶时的方向盘操纵轻便性可以用较低车速、大转角、沿"8"字形路线等速行驶，测定方向盘上的转向力、转角和时间信号的变化关系，用整理出的转向力、转向角随时间变化的关系曲线来评价。沿"8"字形路线行驶情况,代表市区行驶时的方向操纵轻便性。行驶时转向轻便性也可以在高速下沿蛇形路线行驶时的试验进行评价,蛇形路线高速行驶表示方向盘"手感"。

4. 极限性能

当汽车全部轮胎或个别轮胎失去地面附着力时,驾驶员将失去对汽车的操纵能力,处于非常危险的状态,将会出现侧滑或倾翻。

(1)侧滑。侧滑是指汽车在转弯过程中离心力超过地面附着力,致使汽车失去控制的现象。

(2)倾翻。倾翻是指汽车转向时急打方向导致离心力过大,造成汽车内侧轮胎失去地面附着力而离开地面,当超过某一定值时就会发生倾翻。

二、转向轮定位参数

转向车轮的稳定效应是通过转向轮的定位参数实现的,转向车轮(一般为前轮)包括转向节主销内倾角、主销后倾角、前轮外倾角、车轮摆动角(前束和后束)、转弯半径、(前轮转向角、最大转向角)、包容角、轮胎摩擦半径、推进角以及车轴偏角等。

1. 转向节主销内倾角 β

在装置转向节主销时,使上端略向内倾,使主销的延长线和路面相交时,交点与轮胎中线和路面的接触点很近(实际结构就是通过减振器上支承轴承和下悬臂球节中心之间的假想直线);从车辆正面观察,转向节主销中心线与地面铅垂线之间的夹角 β 就是转向节主销内倾角,如图7—23所示。对于整体是悬架结构的车辆,转向节主销轴线就是转向轴线;对于双叉式悬挂架构的车辆,上、下球节之间的连线,就是转向轴线,如图7—24所示。

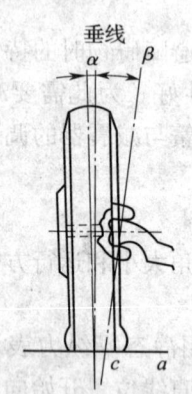

图7—23 转向节主销内倾角图

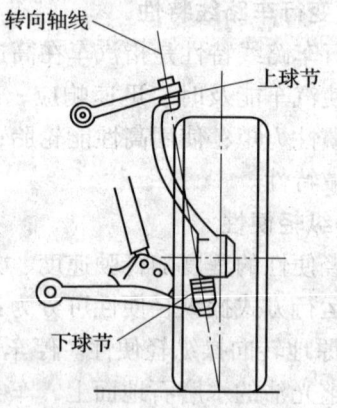

图7—24 转向轴线

转向节主销内倾角的作用是减少车辆转向时的转动力臂,以减轻因路面不平对车轮的冲击及制动时车轮上承受的地面制动力,不致造成转向系承受过大的应力,减少传到驾驶员手上的力。转向节主销内倾角使转向轮有稳定效应。汽车转向或受到外力干扰偏离直线行驶方向时,使汽车前端有向上升起的趋势;由于汽车的重力作用使车轮具有能自动恢复到直线行驶的能力，起到抵抗车轮偏离直线行驶的作用。

2. 主销后倾角 γ

从车轮侧面观察，转向节主销中心线与垂线之间的夹角称为转向节主销后倾角 γ。转向节主销后倾角 γ 的作用也是形成转向车轮的稳定力矩，使转向轮有稳定效应。主销向前倾斜称为负主销后倾角。

当转向车轮具有后倾角 γ 时，转向节主销轴线与路面的交点和轮胎与地面的交点之间有一距离，称为主销"后倾移距"。这使向心力 Y_1、Y_2 产生绕转向节主销的力矩（Y_1+Y_2）L，使车轮自动转回直线行驶；在转向车轮转动一定角度后松开方向盘，力矩（Y_1+Y_2）L 将使车轮自动转回直线行驶位置；力矩（Y_1+Y_2）L 起使转向车轮稳定行驶的作用，所以称为稳定力矩（包括转向节主销内倾角形成的力矩）。稳定力矩的值随汽车行驶速度的增加而急剧增大，如图 7—25 和图 7—26 所示。

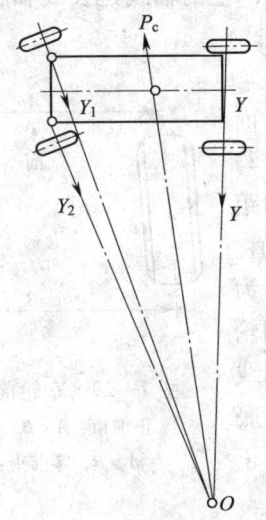
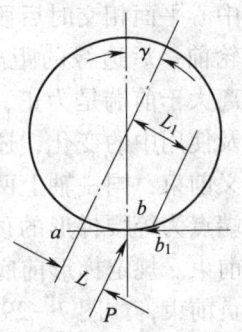

图 7—25 汽车转向时道路对转向节主销的反向作用力示意图　　图 7—26 汽车转向时受力示意图

现代汽车主销后倾角一般不超过 3°。高速行驶时，由于路面的侧向反作用力较大，并且由于汽车使用超低压子午线偏平轮胎，轮胎弹性大，行驶时轮胎与路面接地点后移，稳定力矩的力臂增加，因此后倾角趋于减小甚至为负值（主销前倾）。

3. 前轮外倾角 α

在装置转向车轮时轮胎平面略向外倾，与垂直平面间的倾角称为前轮外倾角 α。轮胎向外倾斜为正，向内倾斜为负。转向轮外倾角的作用是提高汽车行驶时车轮工作的安全性，转向轮外倾角如图 7—27 所示。转向轮有了正外倾角，沿转向节主销轴线的负荷反作用力迫使车轮压向内轴承的倾向，减少转向节外端螺母松脱的可能性。转向车轮外倾角还能抵消转向桥因负荷引起的变形，以及汽车因长期使用而造成的转向节轴承、主销轴承的松旷。如果没有车轮外倾角，车轮将在各种因素作用下产生"负外倾"。车轮有了负外倾，负荷反作用力减压向外轴承，不但增加转向节断裂的可能，还会造成转向困难，如图 7—28 所示。

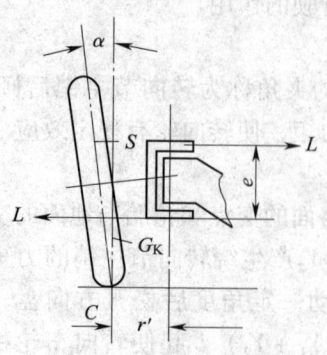
图 7—27 转向轮外倾角图

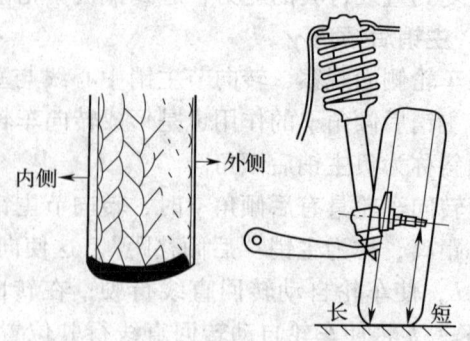
图 7—28 正外倾角对车轮磨损的影响

从理论上讲，转向车轮外倾角和主销内倾角越大，主销轴线延长线和路面的交点到轮胎中线和路面接触点的距离越小，可带来诸多好处。

4. 前轮前束

装置转向车轮时，两前轮（转向）车轮的中心平面相互向内偏转一个角度 δ，使通过两前轮中心的平面与两前胎胎面中心平面相交时后段的距离大于前端的距离。一般转向轮前、后边缘的距离之差即是前束的值。规定后段的距离大于前端是为正，小于前端时为负。为克服轮胎变形及使用中的变化，还可以车轮轮辋内侧轮廓线为基准定义前束：同一轴上两端车轮轮辋内轮廓线的水平直径的端点为等腰梯形的顶点，梯形的前、后底边长度差值为前束。规定梯形前底边小于后底边是为正前束，反之为负前束，如图 7—29 所示。

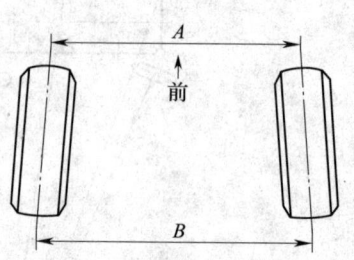

图 7—29 车轮前束示意图
正前束：$A < B$，负前束：$A > B$，零前束：$A = B$

用不同定义测量所得到的同一车型前束的值不同，因此给出某一车型前束的值时必须明确指出是按哪种定义测量的结果。前轮前束的值可通过调整横拉杆的长度进行校正。转向车轮的前束的值一般在 $0 \sim 12$ mm。

前束的作用主要是消除由于轮胎外倾角所产生的轮胎侧滑。采用正外倾角的前轮顶部向外倾斜，当车辆向前行驶时，车轮要朝外滚动，从而产生侧滑，造成轮胎磨损。前束的作用是消除由于车轮外倾角所产生的轮胎侧滑，如图 7—30 所示。

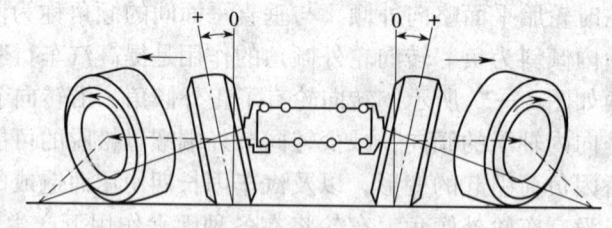

图 7—30 轮胎侧滑示意图

车辆悬架的刚性和轮胎的类型均会影响前束的值。当车轮外倾角相同时斜交轮胎的胎面和胎肩用以产生较大的变形,从而产生较大的外倾推进力。因此,斜交胎采用的前束值,大于子午线轮胎采用的前束值。车辆在行驶过程中,来自不同方向的作用力均施加在悬架上,使车轮趋向于负前束,为防止这一现象,某些车型当外倾角为零时,也需要较小的正前束。

5. 转向角

车辆在转弯时,转向轮的相对位置称为转向角。当车辆直线行驶时,各轮胎应保持相互平行,否则会产生轮胎磨损、行驶阻力过大等问题。当车辆进入弯道时,如果左、右轮的转动量相同(即左、右车轮的转向角相同,其转弯半径相同),但两车轮的转动中心不在同一个交点上,这时会造成轮胎磨损和车辆转弯时的不平衡,如图7—31所示。

为解决上述问题,保证车辆直线行驶时各车轮相互保持平行,进入弯道时各车轮绕同一转动中心转动,使左右前车轮具有不同的转向角,获得所需的转弯半径,实现平稳转向,如图7—32所示。

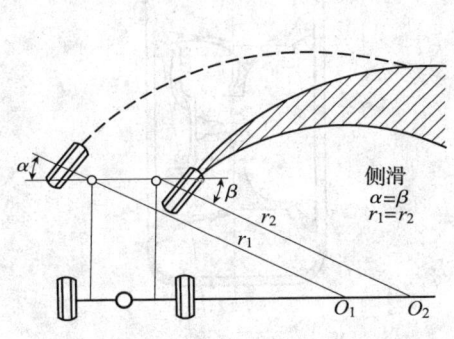
图7—31 车辆转向时转向轮的角度图

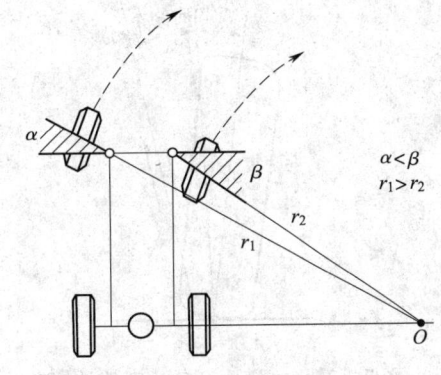
图7—32 理想的转向角度

当左、右转向节臂安装在与车辆中心线平行的位置时,设转向横拉杆移动量为 L,会产生相同的转向角(见图7—33);但是,如果转向节臂安装在与车辆中心线倾斜的位置时,再转向横拉杆向左移动 L 时,左侧车轮的转向角为 α,而右侧车轮的转向角为 β,尽管移动量为 L,但转向角 $\beta > \alpha$,如图7—34所示。

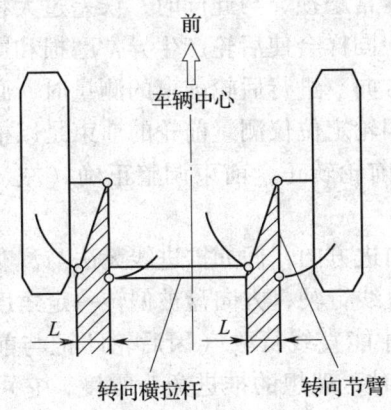
图7—33 左、右转向节臂平行安装时的转向角

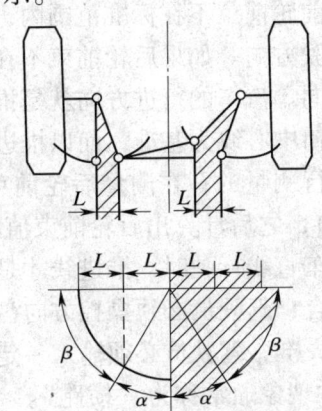
图7—34 左、右转向节臂安装时的转向角

6. 包容角

主销内倾角和车轮外倾角的和称为包容角（见图7—35）。在悬架系统没有损坏的情况下，内倾角和外倾角会有变化，但包容角不变。主销内倾角、车轮外倾角虽然一般不能调整，但是根据主销内倾角、车轮外倾角、包容角的变化，能帮助判断悬架系统主要构件是否完好。

7. 摩擦半径

摩擦半径是指主线内倾角线和轮胎中心线在路面上交点之间的距离如图7—36所示。摩擦半径影响与行驶稳定性和方向回正有关的转向性能。摩擦半径不是前轮定位参数，它不能用常规的定位仪检测。正摩擦半径是指内倾线与路面的交点在轮胎中心线与路面交点的内侧；负摩擦半径是指内倾线与路面的交点在轮胎中心线与路面的交点的外侧。当前轮驱动车辆的摩擦半径为负时，制动时不会跑偏，方向稳定性也得到保证。车辆向前行驶时，正的摩擦半径趋向于使前轮向外转，负的摩擦半径趋向于使前轮向内转。

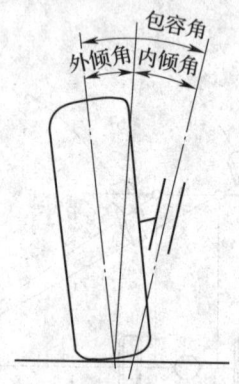

图7—35 主销内倾角、车轮外倾角、包容角示意图

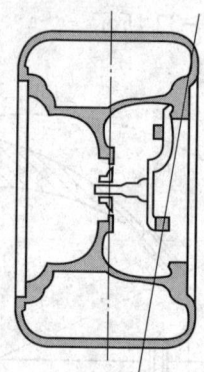

图7—36 摩擦半径

8. 推进角

后轮总前束的平分线称为推进线。推进线的方向是汽车的实际行驶方向。车身几何中心线与推进线之间形成的夹角，称为推进角，如图7—37所示。

如果前轮前束不在标准范围内，会导致前轮异常磨损，与此同时，误差过大将影响汽车的行驶方向。如果后轮前束不在标准范围内，同样会使后轮产生异常磨损和影响汽车行驶方向。汽车的行进方向就是推进线指向的方向。进行后轮前束的测量时，必须以汽车的几何中心线为基准，而以推进线为基准的四轮定位仪测量前轮的前束是以推进线为基准进行测量的；在测量后轮前束前，要先将前轮转正，前束调整正确（左、右前束值相等），之后计算出后轮前束值的平均值。

当汽车直线行驶时，推进线才是汽车真正的前进方向，假如推进线无法与汽车几何中心线重合，驾驶员必须操控方向盘才能使汽车直线行驶，方向盘被偏转一定角度。因后轮定位失准，驾驶员必须输入一定角度，车辆才能直线行驶（因后轮印记与前轮不同），这种现象通常称为"横跑"。汽车直线行驶时，理想的推进角为零度，它可以通过调整后轮的前束来保证。

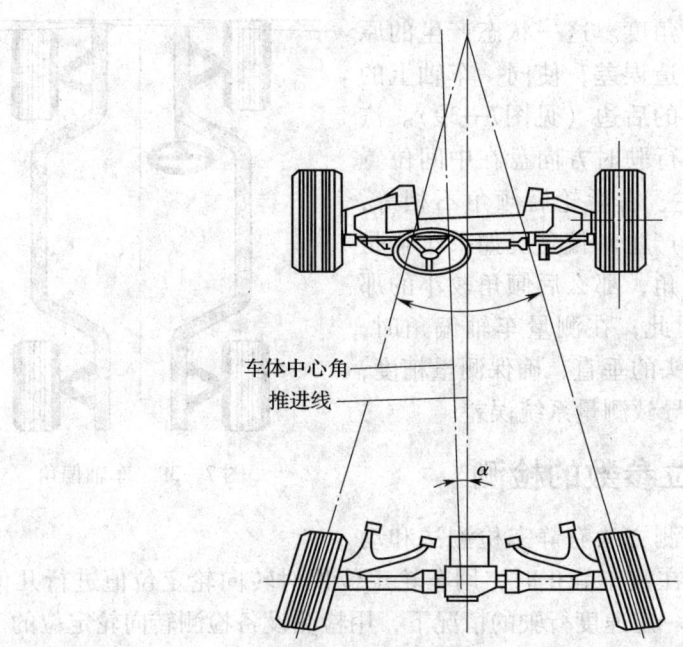

图7—37 汽车推进线及推进角图

部分高档轿车后轮是可以调整的，绝大部分车辆使用的是不可调整的悬挂系统。发现汽车行驶跑偏时，就要检查有无磨损或损坏的零件，假如没有发现零件损坏，但后轮前束失准（见图7—38），产生角度α时，使汽车行驶跑偏，可调整有偏差后轮的前束进行补偿，称为补偿四轮定位，使汽车保持方向盘在中间位置时汽车直线行驶。

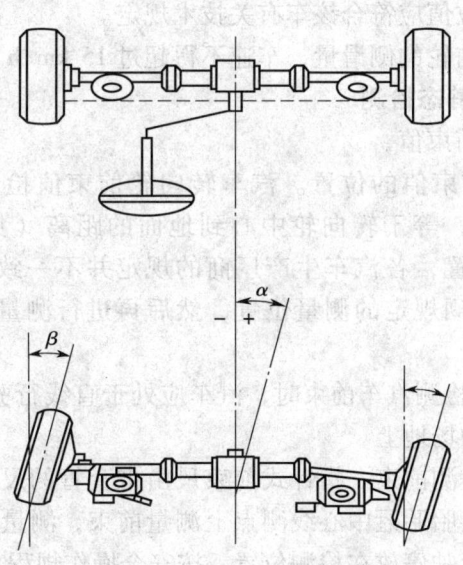

图7—38 汽车推进角示意图

9. 车轴偏角

车轴偏角是一个诊断角度。这一状态产生的原因是后倾角调整误差和制造误差，使同一车轴上的这一侧车轮位于另一侧车的后边（见图7—39）。汽车有车轴偏角，汽车直线行驶时方向盘在中间位置时，汽车将跑偏。假设左、右后轮后倾角不相等，后倾角较大的那一边就会产生轴偏角。如果车辆是由移动控制臂来调整后倾角，那么后倾角较小的那一边就会产生轴偏角。因此，在测量车轴偏角时，要特别注意四轮定位仪机头的垂直，确保测量精度；避免不正确的机头安装，导致测量系统误差。

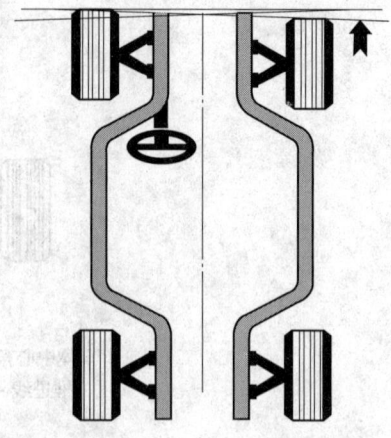

图7—39 车轴偏角

三、汽车转向轮定位参数的检测

汽车转向轮定位的监测方法有静态检测法和动态检测法。静态检测法是在汽车静止时，用车轮定位仪对转向轮定位值进行几何法检测；动态检测是在汽车以一定速度行驶的情况下，用检测设备检测转向轮定位的工作性能和前轮定位时产生的力和侧滑量，用以判定前轮定位的技术情况。

1. 转向轮定位值检测规定

GB 7258—2004《机动车运行安全技术条件》对机动车转向轮定位值规定如下：

（1）机动车转向轮转向后应有自动回正能力，保持机动车稳定地直线行驶。

（2）机动车方向盘的最大自由转动量从中间位置向左、右均不得超过15°。

（3）机动车在平坦、硬实、干燥和清洁的道路上行驶，方向盘不得有摆振、路感不灵、跑偏或其他异常现象。

（4）机动车前轮定位值应符合该车有关技术规定。

（5）用侧滑仪检测前轮的侧滑量，车速不得超过15 km/h。

2. 转向轮定位值的静态检测

（1）人工测量汽车前束值

1）测量转向车轮前束值的位置。汽车转向轮前束值检测点的高度规定在着地转向轮的水平中心线上，等于转向轮中心到地面的距离（见图7—40）。前束值的检测点在转向轮上的位置，各汽车生产厂商的规定并不一致。因此，检测汽车前束时，首先确定被检测车辆规定的测量位置，然后再进行测量，否则将可能出现较大的测量误差。

2）汽车前束检测。检测汽车前束时，汽车应处于直线行驶状态，转向轮置于中间位置，停放在水平坚硬的场地上。

①用指针式前束尺检测前束。指针式前束尺由带套管的尺身、指针及支架等组成。指针式前束尺适用于在轮胎胎冠中心线测点上测量前束，测量值不受轮胎变形的影响。测量方法：汽车呈直线行驶停放在检测位置，按安全操作规程放好掩木。用举升器举起

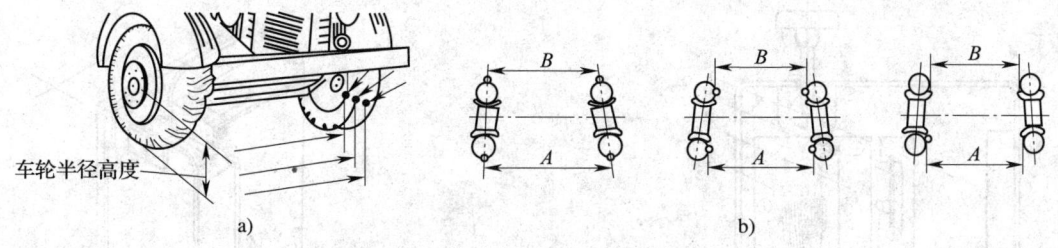

图7—40 汽车前束的测量位置
a) 车轮半径高度 b) 汽车前束的不同测量点

前桥，旋转轮胎，在胎冠表面画出胎冠中心线，放下前桥；在被测车辆轮胎半径的高度部位用前束尺测量前轮前、后的值；轮胎前部测量值和轮胎后部后测量值的差即是前束值。

②顶尖式前束尺检测前束。顶尖式前束尺适用于检测点在轮胎内侧面的前束检测。顶尖式前束尺由可伸缩的尺身、顶针及链条等组成。检测时将顶针分别抵在左、右转向轮胎内侧的检测点上，使链条刚刚接触地面，长度等于转向轮中心到地面的距离；分别测出转向轮前、后检测点之间的值，两值之差即是前束值。

（2）常见转向轮定位参数检测仪（四轮定位仪）

一般将进行车轮定位检测的仪器称为"四轮定位仪"。四轮定位仪由一台计算机和四个光学机头组成。计算机把光学机头检测的信息进行处理，用数字显示出来，并把存储的原厂技术标准同测量值比较，判断故障原因。计算机还可以用动画显示调整办法、存储检测调整后的数据、打印输出检测结果、进行故障分析。四轮定位仪的生产厂家较多，现以美国公司生产的JBC"战车"四轮定位仪为例说明四轮定位仪的检测原理和使用方法。"战车"四轮定位仪具有红外线光电前束测量系统、前轮外倾角测量系统电子倾斜仪。计算机自动校正检测台面的水平，在前束角零度时测量前轮外倾角和主销后倾角。它能快速进行钢圈圆度、平面度偏差的补偿，并具有计算机辅助调整的功能，同时测量主销后倾角和主销内倾角。

四轮定位仪的主要检测部件为四个光学机头，每个机头内装有一套红外线发射和接收的电子光学系统。每个机头内装有一个轮胎外倾角传感器和一个主销内倾角传感器。传感器把测量到的前束和倾斜度信号通过电缆传给计算机进行处理（见图7—41）。机头内的两个上倾斜度传感器成90°垂直放置，分别测量机头在相互垂直的两个上平面内的倾斜度，如图7—42所示。

电子倾斜角度传感器的主要元件是两个观测器和一个扭矩计。扭矩计像一钟摆，在垂直的状态下，它的臂处在两个光测器中间，没有电信号输出；当机头倾斜时，光测器随机头倾斜产生高度差，这时扭矩计臂仍保持垂直，顶靠在较低一侧的光测器上。机头的倾斜角度越大，扭矩计臂摆转的角度也越大，它每偏转1°，就输出0.5 V电压。如此，两个倾斜度传感器就能分别测出车轮外倾角和主销内倾角角度。

每个机头内都有一发光二极管印制电路板，红外线二极管能发出一组圆柱形的红外光束。它们前面装有瞄准镜头，它可以将圆柱形光束聚焦后射出。在检测时，由对应的机头接收，进行前束测量。

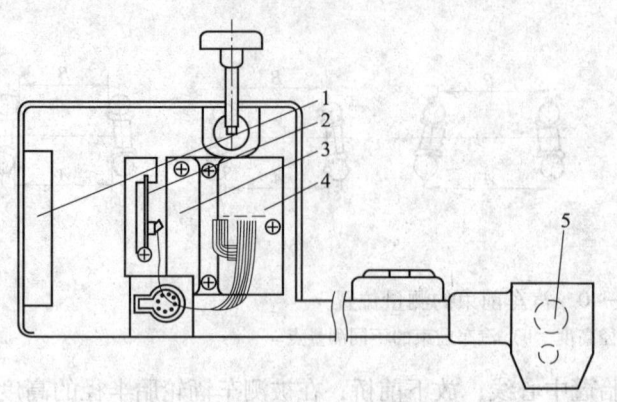 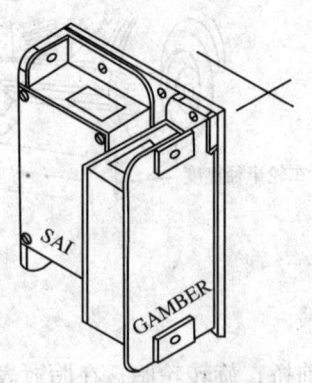

图7—41 定位机头结构示意图　　图7—42 主销内倾角和车轮
1—前束光学系统　2—LED（红外线）发光体　3—车轮外倾角传感器　　　　外倾角传感器
4—主销内倾角传感器　5—横角光学系统

每个机头均装有接收红外线的光电管。光电管接收器捕捉到对面机头发出的红外信号并将其放大。

每个机头接收器的集成电路板把信号送到前束集成电路之前能增大信噪比，最大限度地降低其噪声振幅。这个信号再传给计算机中央处理器，计算出前束值。机头的安装极其重要，必须保证机头与夹板垂直。机头要轻拿轻放，以免损坏仪器。

1）美国"战车"四轮定位仪。美国"战车"电脑CD光碟四轮定位系统是全功能定位系统，具有诊断、测量、调整修改顾客资料，管理及中文化界面等功能。过去诊断汽车悬架系统故障依靠有资质的检测人员的经验检测，观察轮胎磨损状况及驾驶状况来判断汽车悬架出现问题的原因。采用美国"战车"四轮定位系统，可以较顺利地诊断出偏向行驶、方向盘不正、方向盘抖动、轮胎异常磨损、车轮定位测量等。

2）其他常用四轮定位仪。与美国"战车"四轮定位仪性能类似的产品有VISUAL-INER四轮定位仪、德国"百事霸"四轮定位仪、V3D型四轮定位仪等产品，使用方便，具体使用方法，以仪器说明书为准。

（3）检测车轮定位时应注意的问题

使用四轮定位仪检测车辆要注意以下几点。

1）正确安装仪器。仪器的正确安装是正确检测的基础，仪器安装有误差，将直接形成系统误差，给检测、诊断汽车技术状况带来不必要的麻烦。

2）正确停放车辆，检测时要放好掩木，固定好车辆，防止车辆移动造成人员损伤。

3．汽车转向轮参数的动态检测

转向轮的各项参数中，前轮前束和前轮外倾角对侧滑的影响较大。侧滑试验台是为检测汽车前轮外倾角和前轮前束共同作用的效果、研究这两项参数的配合是否恰当而设计、制造的专用设备。

（1）转向轮前束引起的侧滑

转向轮有前束后，在行驶过程中具有向内收敛的趋势，这与汽车行驶时轮胎外张的倾向相抵，从而保持轮胎的正常滚动。

假设两个只有前束，但没有转向轮外倾角的转向轮前行驶过图7—43所示的滑动板，可判断出在转向轮内向力的反作用力的推动下将出现向外滑移的现象。其单边转向轮的外滑量 S_t 为：

$$S_t = (L' - L)/2$$

（2）转向轮外倾角引起的侧滑

转向轮外倾角的存在，使转向轮在行驶时具有向外张开的趋势，这种外张力势必成为加剧轮胎磨损的因素。如果是两个只有外倾角而没有前束的转向轮向前驶过相对于地面可以左右滑动的滑动板，将看到滑动板在两个转向轮外张力的作用下分别向内滑移（见图7—44）。侧滑试验台就是利用上述原理来检测转向轮侧滑量的。侧滑量用 m/km 表示。

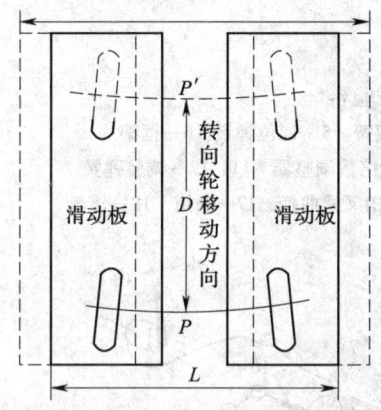
图7—43 车轮前束引起的滑动板侧滑

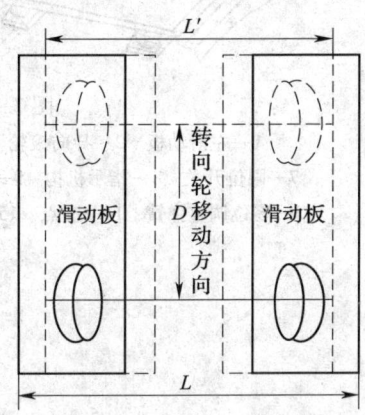
图7—44 车轮外倾角引起的滑动板侧滑

（3）使用滑动板式侧滑试验台检测前轮侧滑量

依据滑动板滑移量的检测方式和传递给显示装置的方式，侧滑量检测装置分为机械式和电控式。

1）机械式侧滑试验台。机械式侧滑试验台如图7—45所示，监测部分用机械的方式连接在一起，通过连杆9和L形杠杆等零件，将滑板1与15的滑移量传给指示机构8。

2）电控式侧滑试验台（见图7—46）。电控式侧滑试验台采用自整角电动式检测装置。该装置是把滑动板的滑移量通过齿条10和小齿轮11组成的机构，将直线运动转换成回转运动，由小齿轮11带动自整角电动机7转动一定角度产生电信号，并把这一电信号传给指示机构8中的自整角电动机9，指示机构8中的自整角电动机接到这一信号后，立即转动同一角度，显示出滑动板的移动量。

3）侧滑量的定量指示装置。侧滑量的定量指示装置也分为机械式和电控式两种。该装置把从检测装置输入的滑动板滑移量，按汽车行驶1 km侧滑1 m定位一格刻度。一般把转向轮正前束（in - 内）和负前束（out - 外）分成10格表示。因此，滑板长度为1 000 mm，单边滑动板侧滑1 mm时，显示1格刻度；滑动板长度为800 mm时，单边滑动板侧滑0.8 mm时显示1格刻度；滑动板长度为500 mm，单边滑动板侧滑0.5 mm时显示1格刻度。显示装置的刻度板上除数字及符号表明侧滑量的大小和方向外，还用不同颜色把侧滑量分为三个区间：侧滑量在 -3~3 m/km 范围呈绿色，表示良好；

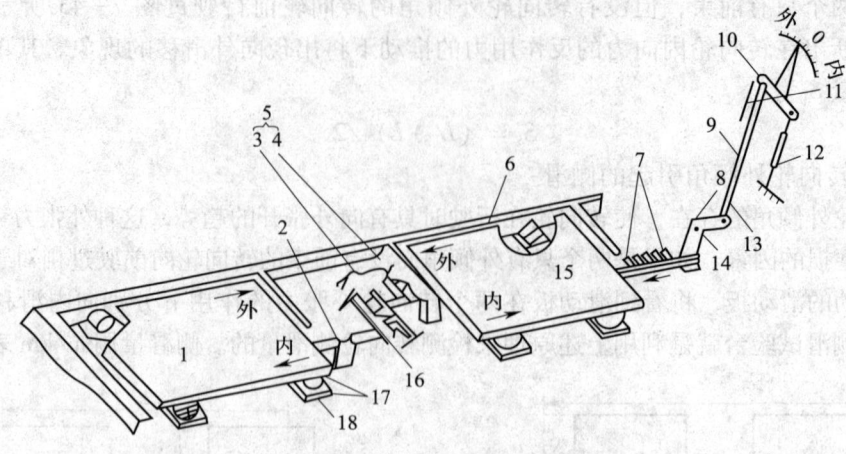

图7—45 机械式侧滑试验台

1—左滑动板 2—导向滚轮 3—回位弹簧 4—摆臂 5—回位弹簧 6—框架
7—限位开关 8—指示机构 9—连杆 10—刻度放大倍数调整器 11、12—调整弹簧
13—零位调整弹簧 14—支点 15—右滑动板 16—双销叉式曲柄 17—轨道 18—滚轮

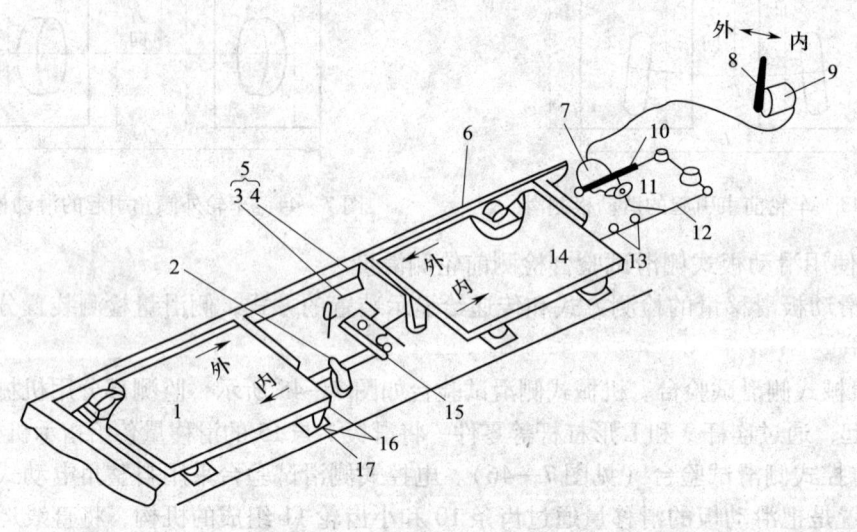

图7—46 电控式侧滑试验台

1—左滑动板 2—导向滚轮 3—回位弹簧 4—摆臂 5—回位装置 6—框架
7—产生信号的自整角电动机 8—指示机构 9—接收信号的自整角电动机 10—齿条 11—小齿轮
12—连杆 13—限位开关 14—右滑动板 15—双销式曲柄 16—轨道 17—滚轮

侧滑量在 $-5 \sim -3$ m/km，$3 \sim 5$ m/km 范围呈黄色，表示准用区；侧滑量在 $-5 \sim -10$ m，$5 \sim 10$ m/km 范围为红色，表示不良区，应进行调整。侧滑试验台的定量显示装置除指针式外，还有数字显示方式，该方式具有记忆功能和数据输出功能。检测结束后，自动记录并输出、打印检验结果。

4）实用侧滑检测仪。如图7—47所示为正在使用的侧滑检测仪，显示部分为计算机，将汽车停在实验台上，可方便地检测汽车前轮定位的动态效能。

图 7—47 电控侧滑检测仪

使用侧滑试验台时,要注意以下几点:
①停放好车辆,防止车辆滑出检测仪造成人员伤害。
②清除车轮上的异物。
③车速小于等于 5 km/h。

第三节 车辆制动力检测

汽车制动系性能检验可采用道路试验和台架试验两种方法。制动距离、制动减速度常采用道路试验方法测定。道路试验使用第五轮仪、减速仪进行路试。道路试验方法简单、直观、设备投资少。不足之处是道路试验测定的结果受驾驶员操作方法、路面状况、运行条件、气候等因素的影响,不能判定每个车轮制动器的工作状态及其作用时间。进行道路试验必须具备试验场地,试验时车辆要消耗燃料,还会引起车辆机件的磨损和轮胎磨损。

制动距离也可在惯性试验台上测定。台架试验与道路试验相比较,虽然设备投资大,但它具有测试条件稳定、测试结果精度高、重复性好等优点。由于台架试验具有道路试验无可比拟的优点,车辆监理部门、车辆安全检测站、汽车运输企业已经广泛用台架试验设备组成的检测线定期检测车辆。

各车轮的制动力以及同一轴上两车轮间制动力的差可在测力式制动试验台上检测。在制动试验台上还可以确定车轮自由转动所需的力、制动协调时间、制动踏板力、制动鼓磨损情况等。测力式制动试验台可描绘出制动全过程曲线,因此可以分析制动过程各参数对制动性能的影响。

一、用制动距离检验行车制动性能

GB 7258—2004 规定,机动车行车制动性能在规定的初速度下的制动距离和制动稳定性应符合表 3—4 的要求。对空载检验的制动距离有质疑时,可按表 3—4 规定的检验制动距离要求进行检验。

制动距离是指机动车在规定的初速度下急踩制动时，从脚接触制动踏板（或手接触驻车制动器）使机动车停止时机动车驶过的距离。

制动稳定性要求是指制动过程中机动车的任何部位（不计入车宽的部位除外）不允许超出规定宽度的试验通道的边缘线。

汽车（三轮车除外）应急制动在空载和满载状态下，按表7—1所列初速度进行应急制动性能检验，应满足表7—1的要求。

表7—1　　　　　　　　　　应急制动性能要求表

机动车类型	制动初速度（km/h）	制动距离（m）	充分发出的平均减速度（m/s）	允许操纵力不应大于（N）	
				手操纵	脚操纵
乘用车	50	≤38.0	≥2.9	400	500
客车	30	≤18.0	≥2.5	600	700
其他汽车（三轮车除外）	30	≤20.0	≥2.2	600	700

1. 直接观测法检测制动距离

直接观测法检测制动距离的方法简单易行。检验员驾驶车辆按规定速度使汽车紧急制动，观看汽车轮胎的制动痕迹。这种方法受诸多因素的干扰，精确性、重复性均较差；最大的优点是直观，也不用什么设备，很多企业都在使用。

2. 喷射"印痕法"检验制动距离

喷射"印痕法"检验制动距离采用直接路试法，观看制动痕迹得到的制动距离只是制动持续时间内的制动距离，很难包括制动系协调时间内行驶的距离。为精确地测定制动距离，可采用喷射"印痕"和第五轮仪配合进行检测的方法。

3. 用第五轮仪检测制动距离

第五轮仪由第五轮、分析仪、踏板开关等组成。第五轮通过专用夹具固定在汽车车身上，依靠第五轮上的压紧装置紧贴地面，跟随汽车做纯滚动。第五轮上装有传感器（光电式传感器、电磁式传感器、霍尔式传感器等）和倒转开关。传感器将第五轮滚动的距离转换成电信号；踏板开关给出开始踩制动踏板的信号，倒转开关给出停车信号，通过连接装置输入分析仪处理，用来完成各种测试。

分析仪由测时、测距、车速、音响提示、稳压系统等部分组成。分析仪接受传感器输入的第五轮的信号，经过运算处理输出在显示屏上显示车速、制动距离及制动协调时间或制动总时间。国产PT5-3型通用五轮仪面板如图7—48所示。

试验时，首先设定车速（制动时的车速）。汽车起步加速行驶，当车速达到设定检验车速时，发出声音提示，此时继续加速使车速高于设定车速，分析仪在车速高于设定车速时提示音自动停止；此时空挡滑行，做好制动准备（注意：不要触动踏板开关）。当车速降至设定值，分析仪再次发出提示音时，迅速踏下制动踏板至车辆停止。这时分析仪显示接触踏板时间的车速值和制动距离的实测值。从分析仪上还可查出制动协调时间和制动的全程时间。

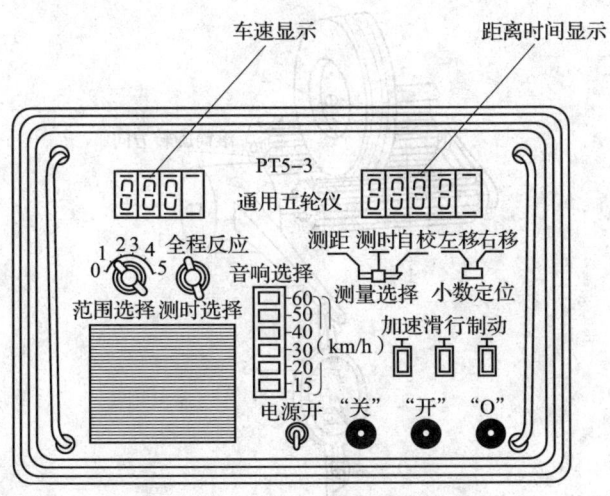

图 7—48　PT5-3 型通用五轮仪面板

二、道路试验法检验汽车制动减速度

检验汽车制动减速度使用减速仪。检验方法是在规定的车速下紧急制动，用加速仪测量汽车最大减速度 J_{max}。汽车在进行制动加速度检测时，必须满足表 7—1 的要求。

三、汽车制动力检测

GB 7258—2004 规定，汽车、汽车列车在制动检验台上检测时，制动力应符合表 3—6 的要求。

对制动力平衡要求：在制动力增长全过程中同时测得的左右轮制动力差的最大值，与全过程中测得的该轴左右轮最大制动力中大者之比，对前轴不应大于 20%，对后轴（及其他轴）在制动力不小于该轴轴荷的 60% 时不应大于 24%；当后轴（及其他轴）制动力小于该轴轴荷的 60%，在制动力增长的全过程中同时测得的左右轮制动力的差值不应大于该轴轴荷的 8%。汽车制动力和驻车制动力检测在制动试验台上进行。制动试验台按结构和原理可分为反力式制动试验台和惯性试验台。

1. 反力式制动试验台

反力式制动试验台可以测出汽车车轮的制动力，试验简便、可靠。测定制动力时使用电动机通过减速器驱动滚筒旋转。当车轮制动时，车轮 2 给滚筒 1 一个与其旋转方向相反的力，该力通过电动机 3、杠杆 4 传给测力秤 5，由测力秤显示出来，以此测出各车轮的制动力。试验台主要由制动力承受装置、驱动装置、制动力检测装置、制动力显示装置等组成，如图 7—49 所示。

BT-1500EFL 汽车制动检验台的工作原理如下：

(1) 制动力测量原理。电动机经扭力箱驱动滚筒带动汽车车轮旋转，扭力箱浮动支承在与驱动滚筒同轴的两个轴承上，安装在扭力箱壳体上的测力臂压在测力传感器。汽车制动时，车轮制动力经滚筒、扭力箱及测力臂传递给测力传感器，传感器输出电信号经系统计算机处理，从而测出制动力。

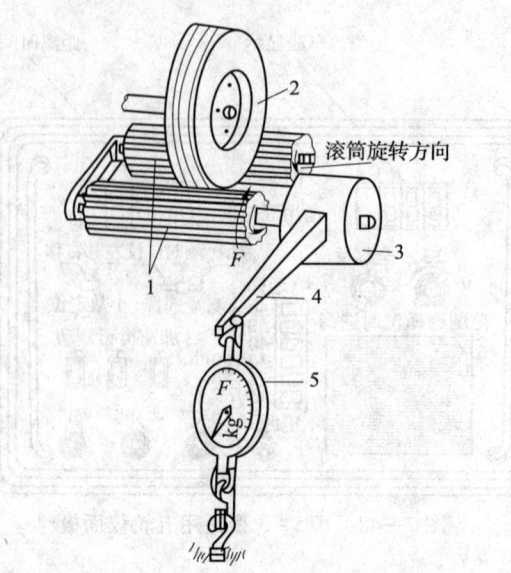

图7—49 反力式制动试验台制动力检测方法示意图
1—滚筒 2—车轮 3—电动机 4—杠杆 5—测力秤

（2）第三滚筒作用原理。通过第三滚筒的速度传感器测量出车轮速度，并由此计算出制动时车轮与滚筒之间的滑移率。制动时，当滑移率达到规定数值时，由计算机发出停机指令以免磨损轮胎。

（3）气动升降系统（BT-1500EFL）。气动升降系统由过滤减压阀1、二位三通电磁阀3、快速排气阀4、举升气囊5、消声器2和管道等组成，如图7—50所示。

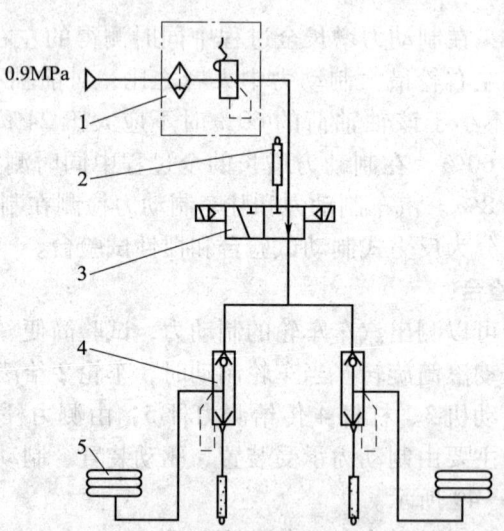

图7—50 BT-1500EFL气动举升系统原理图
1—过滤减压阀 2—消声器 3—二位三通电磁阀 4—快速排气阀 5—举升气囊

（4）电气测控系统工作原理。各路测量信号经传感器变换，放大电路放大，再经多路开关到模数转换器（A/D）转变为数字信号，输入计算机。计算机对所有测量数据进行处理，并控制显示器予以显示。光电开关传感器检测车辆是否停放准确，并把信号输送到计算机，计算机根据工作流程，发出测试信号并控制设备运转。

根据输入信号（按键输入）或测试流程，计算机通过强电控制装置控制电动机运转。

当测试完毕，操作人员可操作打印键，将所有检测数据输出、打印。

（5）反力式制动试验台的一般使用方法。

1）在进行制动力检测前，被检测车辆要做如下准备。

①汽车轮胎充气压力应符合汽车制造厂商的充气规定。

②清除干净轮胎上嵌有的异物，轮胎清洁无油污及水。

2）车辆准备就绪后按下列程序检验。

①接通试验台电源。

②升起举升器托板。

③指挥驾驶员将汽车驶入试验台，停放在举升器上。

④降下举升板，使轮胎与举升器完全脱离；汽车变速器置于空挡位置。

⑤用挡块（三角掩木）抵住试验台之外的另一对车轮，防止检测时车轮滑出试验台。

⑥启动电动机，使滚筒带动车轮滚动。

⑦将制动踏板缓踩到底，读取制动力最大值。

⑧前、后轮制动力检测完成后，拉好驻车制动器，读取制动力最大值。

⑨全部项目检测完毕，切断电动机电源；将举升器升起，驾驶员将汽车驶离试验台。

⑩切断试验台电源（检测线将进行下一辆汽车检验）。

3）检验操作中的注意事项。

①汽车轴重、轮重超过试验台检测能力时，一律不准进行测试。

②检测时发动机应熄火，变速器置于空挡位置。气压制动的汽车，制动气压 $\geqslant 590$ kPa。

③不进行检测时，试验台上不准停放车辆。

2. 惯性制动试验台

惯性制动试验台的基本原理是利用旋转飞轮的动能模拟汽车在道路上行驶时的平移动能。在一个较大的光面圆筒上串联一个惯性飞轮，电动机驱动飞轮旋转并带动车轮转动；如果车轮以相当于 30 km/h 的速度转动，则与滚筒相连的所有旋转件的总旋转惯量也相当于汽车在 30 km/h 时的动能，这就模拟了与路试相似的条件。惯性制动试验台的结构简图如图 7—51 所示。

被测汽车置于滚筒组上，前滚筒组可根据被测汽车轴距由推拉油缸 4 调节，调整正确后由夹紧油缸 5 夹紧定位。左、右主动滚筒用半周与差速器 6 相连，再经过差速器与变速器 7、花键轴 8 相连。后滚筒组上加有第三滚筒 12，防止制动时汽车跳出。检测时，由被测汽车驱动轮带动后滚筒转动，经电磁离合器 11、花键轴 8、变速器 7、差速器 6 带动前滚筒一起旋转。当汽车被制动时，滚筒及飞轮将因惯性继续旋转，其继续转动的圈数（相当于汽车的制动距离）取决于制动系的技术状况。汽车制动后滚筒转过的圈数，由装在滚筒轴端的传感器转换成电信号，然后由处理器处理。

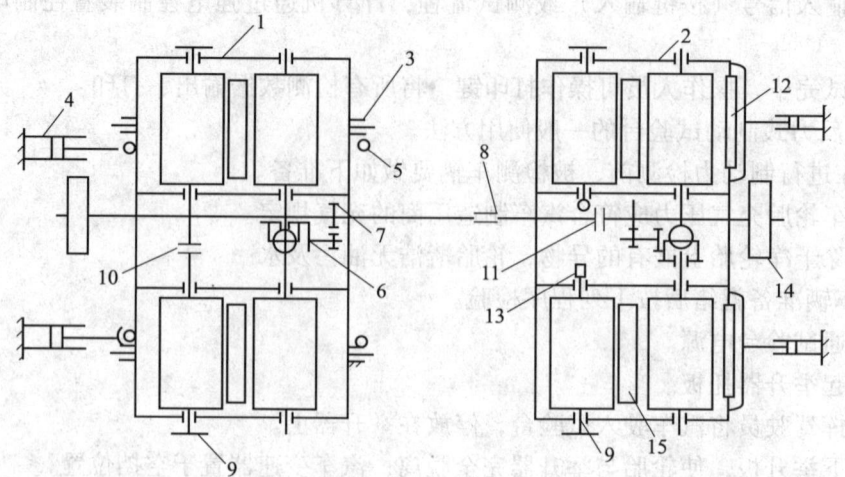

图 7—51　惯性制动试验台结构示意图
1—前滚筒组　2—后滚筒组　3—导轨　4—推拉油缸　5—夹紧油缸　6—差速器
7—变速器　8—花键轴　9—制动距离测试元件　10，11—电磁离合器
12—第三滚筒　13—测速发电机　14—飞轮　15—举升器

为保证左右车轮在制动前的转速相等，左右滚筒用电磁离合器连接。电磁离合器在制动信号发出时分离，以保证左右车轮在制动前转速相等。在前后滚筒间装有举升器，以便于汽车检测时进出检测台。

第四节　汽车灯光检测

一、常见汽车前照灯检测仪（前大灯检测仪）

汽车前照灯检测仪有两种类型：采用 SEC 标准（联合国经济委员会标准）的前照灯检测仪和采用 SAE 标准（美国标准）的前照灯检测仪。前照灯检测仪基本结构由受光器（接收前照灯的照射光束）、照准器（使受光器与被检车的前照灯对正）、发光强度指示计、光轴偏斜方向和偏斜量指示计、车辆摆正找准器等组成。前照灯检测仪按照测量距离和检测方式可分为聚光式、屏幕式、投影式、自动追光光轴式等几种。

自动追踪光轴式前照灯检测仪和计算机控制 FD3 全自动远近光前照灯检测仪的组成如图 7—52 和图 7—53 所示。

FD3 全自动远近光前照灯检测仪主要由两大部分组成：主控计算机和采样机构（主机）。

1. 主控计算机

仪器的动作控制、数据采集、数据处理、数据输出都由主控计算机完成。仪器的图像采集卡插在主控计算机的 PCI 插槽中，主控计算机的后部有四个九针的串行通信控制

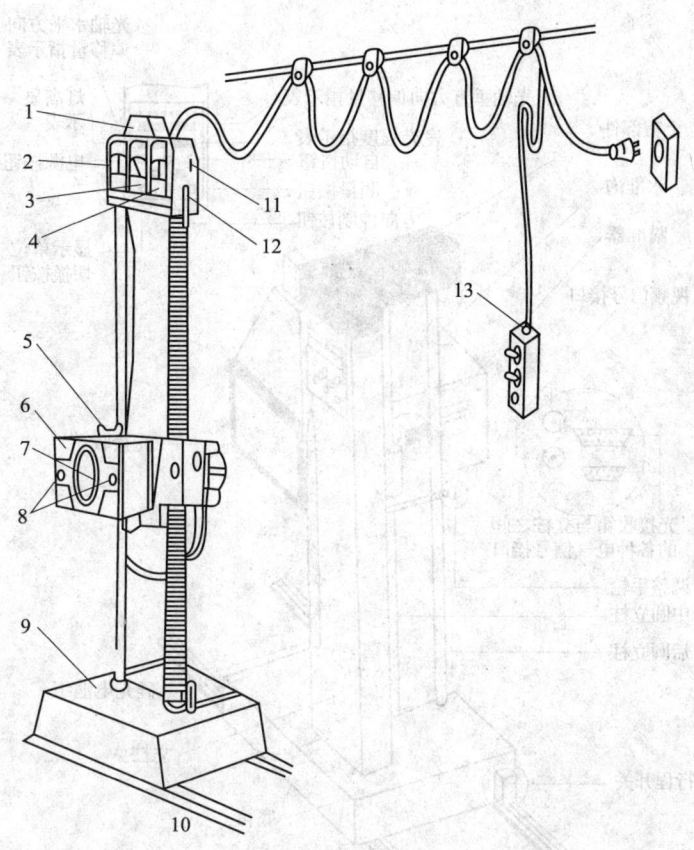

图 7—52 自动追踪光轴式前照灯检测仪
1—在用显示器 2—左右偏斜指示针 3—光度计 4—上下偏斜指示针
5—车辆摆正找准器 6—受光器 7—聚光透镜 8—光电元件 9—控制箱
10—导轨 11—电源开关 12—熔断丝 13—控制盒

口（COM1、COM2、COM3、COM4）和一个九针图像输入口；其中 COM1 为主控计算机和采样执行机构（主机）的主控板连接，COM2 和采样执行机构（主机）的 D/A 转换板连接，COM3 为仪器对外通信口，图像输入口为图像视频信号输入接口。

显示器主要是用来显示主控制测试界面、参数设置界面、调灯、光强、灯高、偏角标定界面，以便进行各种动作控制、设定各种参数、对测量模式进行设定、对仪器进行标定；主控界面主要用做显示测量结果，显示各种控制按键，方便控制仪器进行各种操作；参数界面主要用做设置各种测量模式、仪器进入方式（从左进或从右进）；调灯界面主要是当被检测车灯测量不合格时进行车灯调节：光强、灯高；偏角标定界面的作用是标定光强、灯高、偏角的各种界面提示界面，方便维修人员进行前照灯调试。

鼠标和键盘用于进行各种参数设定、仪器标定、动作控制等。

2. 采样执行机构（主机）

各部分的功能简介如下：

（1）底箱。仪器的移动和支撑装置。

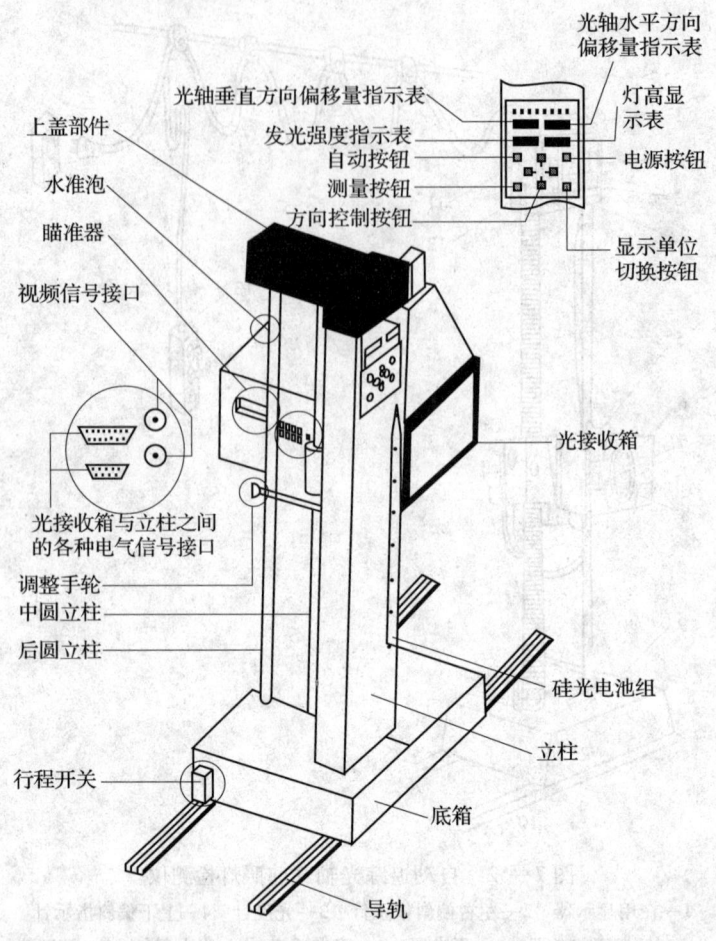

图 7—53　FD3 全自动远近光前照灯检测仪

（2）立柱。主板、面板控制开关、开关电源、光束扫描光电池控制接口等都安装在前方立柱上。

（3）光接收箱。用来接收被检测前照灯投射的光束。其内装有 CCD 摄像头、聚光透镜、透镜驱动电动机及控制电路板等。

（4）控制面板及开关。控制面板上共有 8 个控制开关，可对仪器进行全功能控制。8 个开关分别为：

1）电源开关。控制主机整机电源的通断。

2）测量开关。按下此开关后，仪器立即进入检测状态。

3）上移开关。按此开关可使主机接收箱向上移动。

4）下移开关。按此开关可使主机接收箱向下移动。

5）左移开关。按此开关可使主机接收箱向左移动。

6）右移开关。按此开关可使主机接收箱向右移动。

7）自动开关。按下后仪器立即进入全自动检测状态。

8）显示开关。按下用以切换仪器的显示单位。

9）发光强度指示表。指示被检测前照灯的发光强度，单位 cd（坎德拉）。

10）灯高显示表。显示值为检测箱的高度，近似等于被检测灯高度。

11）光轴垂直（上、下）方向偏移量指示表（简称上下表）。指示被检测前照灯光轴在垂直方向的偏移量，用偏移角度或 cm/dam 表示。

12）光轴水平（左、右）方向偏移量指示表（简称左右表）。指示被检测前照灯光轴在水平方向的偏移量，用偏移角度或 cm/dam 表示。

(5) 上盖部件。内有上下传动机构齿轮。

(6) 中圆立柱。中圆立柱是主机在垂直方向的主要支撑，也是光接收箱做垂直方向运动的导向柱。

(7) 后圆立柱。后圆立柱是主机在垂直方向的支柱之一。

(8) 水准气泡。水准气泡用于指示光接收箱是否处于水平位置，当水准气泡偏离出水泡的中心圆时，光接收箱的位置必须进行调整，使仪器恢复水平。

(9) 瞄准器。用来瞄准被检测车辆的纵向中心线（或该中心线的平行线），转动调整手轮，使瞄准器的前后准星与被测车辆的中心线平行，主机的光接收箱正面就垂直于被检测车辆的纵向中心线。

(10) 调整手轮。用于调整光接收箱的位置，使光接收箱的正面与被检测车辆的纵向中心线垂直。连接光接收箱与方立柱之间的各种电器信号及电源供电接口，包括数据、控制信号线接口及电源接口。

(11) 导轨。供主机运动（兼作导向用）。

(12) 视频接口。CCD 摄像头与工控机图像卡之间的视频连线。

使用前照灯检验仪检测汽车前照灯时，按规定距离将车辆停放在前照灯检测仪前，与仪器对正（使车辆摆正装置），从前照灯检测仪屏幕上分别测量左右远、近光束的水平和垂直照射方向的偏斜值。

灯光检测仪的具体使用情况，因生产商、年代不同略有区别，可仔细阅读说明书后使用。

二、汽车前照灯检测

为保证行车安全，机动车采用发光信号和标志进行联络、警示。GB 7258—2004 要求，机动车的灯具应安装牢靠、完好有效，不允许因机动车振动而松脱、失去作用或改变光照方向；所有灯光的开关应安装牢固、开关自如，不允许因机动车振动而自行开关；开关的位置应便于驾驶员操控；除转向信号灯、危险警报信号灯及消防车、救护车、工程救险车和警车安装使用的标志灯具外，其他外部灯具不允许闪烁。

机动车（手扶拖拉机运输机组除外）的前位灯、后位灯、示廓灯（若安装）、侧标志灯（若安装）、挂车标志灯（若安装）、牌照灯和仪表灯应能同时启闭，当前照灯关闭和发动机熄火时仍能点亮。汽车和拖车的电路连接应保证前位灯、后位灯、示廓灯（若安装）、侧标志灯（若安装）和牌照灯（若安装）只能同时打开或关闭；但当前位灯、后位灯、示廓灯、侧标志灯作为驻车灯使用（复合或混合）时，则上述情况不适用。

机动车的前、后转向信号灯、危险警告信号及制动灯白天在距其 100 m 处应能观察到其工作状况，侧转向信号灯白天在距其 30 m 处应能观察到其工作状况；前、后位置灯、示廓灯、拖车标志灯夜间好天气时在距其 300 m 处应能观察到其工作状况；后牌照灯夜间好天气时在距其 20 m 处应能看清楚牌照号码。制动灯的发光强度应明显大于后位灯。

前照灯要求在正常使用条件下，光束照射的位置应保持稳定。装有前照灯的机动车应有远、近光变换装置；并且当远光变为近光时，所有远光能同时熄灭。同一辆机动车上的前照灯不允许左、右远近光交叉开亮。

前照灯的远、近光灯上下并列设置时，近光灯影位于上侧，其他情况下近光灯影位于外侧。所有前照灯的近光灯都不允许眩目。

对前照灯的发光强度，要达到表 7—2 的要求。检测时，其电源系统应处于充电状态。

表 7—2　　　　　　　　　　前照灯远光束发光强度最小要求

机动车类型		检查项目					
		新注册车			在用车		
		一灯制	两灯制	四灯制*	一灯制	两灯制	四灯制*
三轮车		8 000	6 000	—	6 000	5 000	—
最高设计时速≤70 km/h		—	10 000	8 000	—	8 000	6 000
其他汽车		—	18 000	15 000	—	15 000	12 000
摩托车		10 000	8 000	—	8 000	6 000	—
轻便摩托车		4 000	—	—	3 000	—	—
拖拉机运输机组	标定功率>18 kW	—	8 000	—	—	6 000	—
	标定功率≤18 kW	6 000**	6 000	—	5 000**	5 000	—

注：* 四灯制是指前照灯具有四个远光光束；采用四灯制的机动车，四只灯中其中两只对称的灯达到两灯制的发光强度时视为合格。

** 允许手扶拖拉机运输机组只装一只前照灯。

对光束照射位置要求：在检测前照灯近光束照射位置时，前照灯照射在距离 20 m 的屏幕上时，乘用车前照灯近光光束明暗截止线转角或中点的高度应为 (0.7~0.9) H (H 为前照灯基准中心高度，以下同)，其他机动车（拖拉机运输机组除外）应为 (0.6~0.8) H。机动车（装用一只前照灯的机动车除外）前照灯近光光束水平方向位置向左偏不允许超过 170 mm，向右偏不允许超过 350 mm。

轮式拖拉机运输机组装用的前照灯近光光束的照射位置，按照上述方法检验时，要求在屏幕上光束中点的离地高度不允许大于 $0.7H$；水平位置要求，向右偏移不允许超过 350 mm，不允许向左偏斜。

在检验前照灯远光光束及远光单光束灯照射位置时，前照灯照射在距离 10 m 的屏幕上时，要求在屏幕光束中心离地高度，对乘用车为 (0.9~1.0) H；机动车（装用一只前照灯的机动车除外）前照灯远光光束水平方向位置要求，左灯向左偏不允许超过 170 mm，向右偏不允许超过 350 mm，右灯向左或向右偏均不允许超过 350 mm。

1. 前照灯发光强度检测

汽车前照灯检测仪一般采用光敏电池把光能转换成电信号，再依据电信号的强弱来测量前照灯的发光强度与光轴偏斜量。

如图 7—54 所示为发光强度的测量方法。按图示连接光敏电池与光度计，在合适的距离用前照灯照射光敏电池，光敏电池对应于前照灯发光强度的强弱产生电流，驱动光度计即可测出前照灯的发光强度。

2. 前照灯光轴偏斜量检测

光轴偏斜量的测量原理如图 7—55 所示。光敏电池 2 被分成 4 部分：$S_上$、$S_下$ 两端接有上下偏斜指示计 3；$S_左$、$S_右$ 两端接有左右偏斜指示计 1。前照灯照射后，各光敏电池产生电流，其电流的差可使上下偏斜指示针或左右偏斜指示针偏移，从而显示出光轴的偏斜程度。

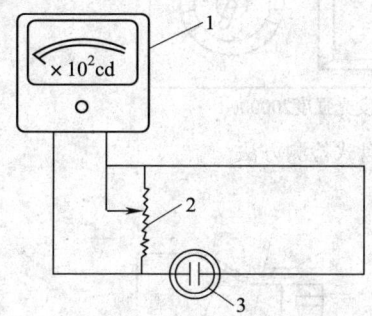
图 7—54 发光强度的测量方法图
1—光度计 2—电位器 3—光敏电池

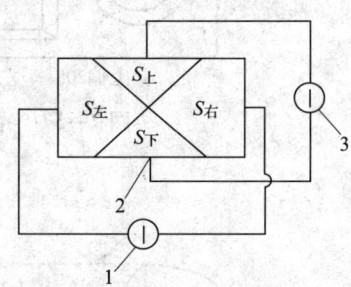
图 7—55 光轴偏斜量测量方法
1—左右偏斜指示计 2—光敏电池
3—上下偏斜指示计

光轴偏斜量的测量方法有两种方式：

（1）投影屏刻度式测量方法。投影屏刻度式测量方法如图 7—56 所示。投影屏上刻有表示光轴偏斜量的刻度线，依据前照灯影像中心在投影屏上的位置，可直接测出光轴偏斜量。

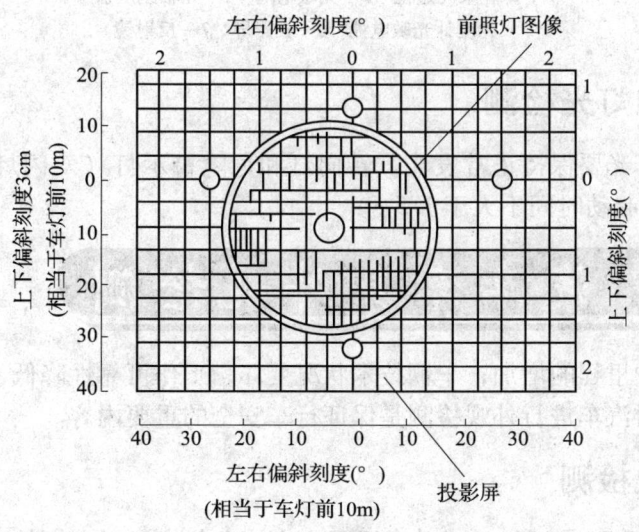
图 7—56 投影屏刻度式检测方法

(2) 光轴刻度盘式检测方法。光轴刻度盘式检测方法如图 7—57 和图 7—58 所示,转动光轴刻度盘 4,使前照灯影像中心与投影屏坐标原点重合,此时光轴刻度盘 4 上即显示主光轴偏斜量的值。

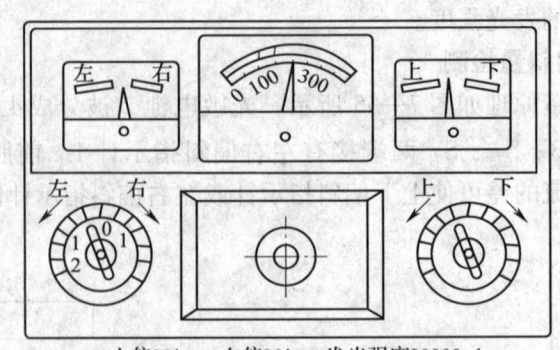

上偏20′ 、左偏20′ 、发光强度20000cd

图 7—57 光轴刻度盘式检测方法

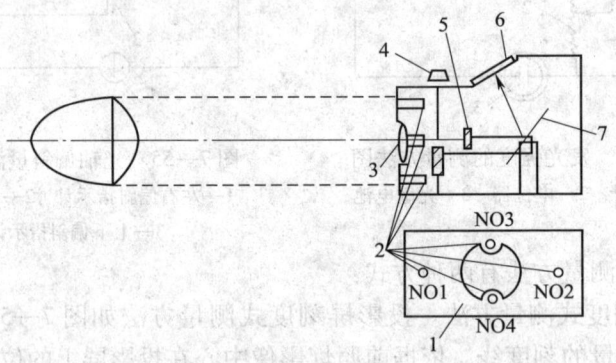

图 7—58 受光器

1,3—聚光透镜 2—光敏电池 4—光轴刻度盘
5—光度计光敏电池 6—投影屏 7—反射镜

三、汽车其他灯光检测

汽车的其他灯光要保持正常发光。转向灯和危险警示灯（双闪灯）的闪动频率为 (1.5 ± 0.5) Hz,起动时间不大于 1.5 s。

第五节 汽车车身外观检测

随着汽车行驶里程的增加,车辆技术状况变坏,工作可靠性降低,车身也相对出现各种不良变化,对汽车进行外观检测是保证行车安全的重要内容。

一、整车参数检测

国家标准 GB 7258—2004《机动车运行安全技术条件》对车辆外观检测做出了明确规定,主要项目如下:

1. 汽车的外廓尺寸

车辆的外廓尺寸检查主要是检查车辆的长、宽和不准超过规定的外廓尺寸界限。

(1) 车长 L。垂直于车辆纵向对称平面并分别抵靠在汽车前后最外端凸出部位两平面间的距离，如图7—59所示。

(2) 车宽 B。平行于车辆对称平面并分别抵靠在车辆两侧固定凸出部位（除去后视镜、侧面标志灯、示宽灯、转向灯、绕行挡泥板、折叠式踏板、防滑链、轮胎与体面接触部位的变形）两平面间的距离，如图7—60所示。

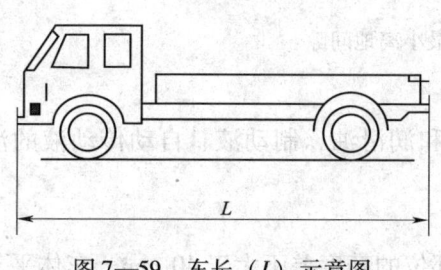

图7—59 车长（L）示意图

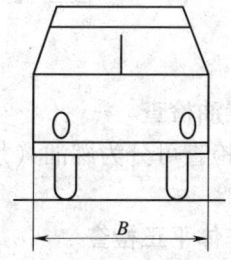

图7—60 车宽（B）示意图

(3) 车高 h。车辆无装载时，车辆支撑平面与车辆最高突出部位相抵靠的与支撑平面平行的平面之间的最短距离，如图7—61所示。

2. 汽车的后悬 d

汽车的后悬是通过车辆最后轴轴线的与支撑水平面垂直的平面和抵靠在车辆最后端（包括牵引装置、车辆号牌以及固定在车辆后部的任何刚性部件）并垂直车辆纵向对称平面和支撑水平面的平面与通过最后轴轴线平面间的最短距离，如图7—62所示。

图7—61 车高（h）示意图

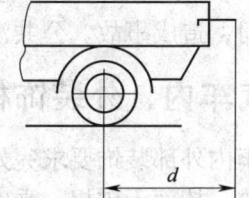

图7—62 汽车后悬（d）示意图

3. 汽车最小离地间隙

汽车最小离地间隙是车辆支撑平面与车辆底部中间区域最低点之间的垂直距离。车辆底部中间区域为平行于车辆纵向对称平面与其等距离的两平面之间包含的部分，此两平面之间的距离应为车辆同轴上两车轮内缘最小距离的80%（同轴上两轮内缘最小距离以车辆同轴最小距离计），如图7—63所示。

二、车辆外观检测

1. 车身漆色检测

整车漆色要求色泽均匀一致，后补漆色与原漆色泽相容性好，漆面光泽，无明显流痕。

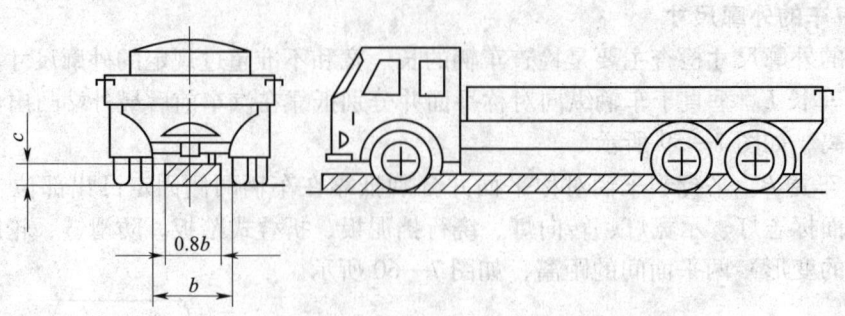

图 7—63 汽车最小离地间隙

2. 漏油检查

漏油检查可分为燃油（燃气）部分检查和润滑油、制动液、自动传动液的泄漏检查。

3. 车体平正检查

外观检查中，要求车体平正，左右对称部位的高度差不大于 40 mm。车体平正检查时将被检车辆停放在外观检测工位进行目测，发现横向或纵向斜歪时，用高度尺检测是否超出规定值。与此同时，检查车架和车身是否变形，悬架是否断裂或刚度下降，轮胎气压是否正常等。

三、车门检测

（1）乘用车车门要求开关顺畅，密封良好，装有防止低龄儿童打开车门的装置。

（2）大型客运车乘客门要求开关顺畅，乘客不能在行驶中将车门打开，防止乘客误开车门，造成事故。公共汽车车门在关门时要求设有缓冲时间，以防夹伤乘客。

四、汽车内、外装饰检测

汽车内外部装饰要求完好，座椅牢靠。公共汽车的乘客座椅要安全可靠，整车座椅色泽一致，椅面无破损。乘客用扶手杠固定牢固，安全可靠。座椅前方无防护时，必须安装安全带，防止制动时乘客摔伤。

第六节　汽车轮胎检测

轮胎处于车身和路面之间，是车辆唯一与路面直接接触的部件，与车轮一起使用。轮胎在承受车重和路面冲击的苛刻条件下工作，将发动机输出的动力和制动系的制动力传给路面，从而实现汽车起步、加速、转向、减速及制动停车。轮胎还起到减轻车身振动的作用。如果轮胎与路面间的附着力不足，汽车就不能正常行驶，因此，保持轮胎的完好是高效、安全行驶的充分必要条件。对轮胎的检测，是车辆检测非常重要的内容。

一、轮胎外观检测

轮胎的外观检测包括胎面、胎肩、轮胎花纹、轮胎气压、磨损情况、轮胎装置螺栓紧固情况、轮胎动平衡等。

轮胎外观检测主要检查轮胎有无异常磨损，轮胎花纹内是否夹有石子、异物，胎面是否扎有异物等，如有要及时清除，以免损坏轮胎。

发现轮胎异常磨损，要及时找出原因并排除，以免因轮胎异常磨损爆胎而引发重大交通事故。

二、轮胎气压检测

轮胎充气压力检测用轮胎气压表进行。按车型的要求，定期检测轮胎气压是保证轮胎正常使用寿命、行车安全的重要条件之一。轮胎充气压力检测如图7—64所示。轮胎充气压力过高会使轮胎胎面中部磨损加大；过低会使汽车行驶时阻力增加，油耗上升，使其轮胎胎面两侧磨损加大，如图7—65和图7—66所示。

图7—64 用轮胎气压表检测轮胎充气压力

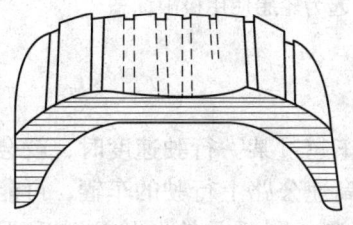

图7—65 轮胎充气过高造成的
胎面中部异常磨损

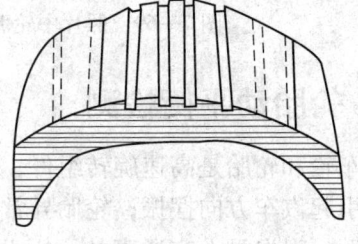

图7—66 轮胎气压过低造成的
胎面两侧磨损

三、轮胎磨损检测

轮胎磨损检测用专用量具或游标卡尺进行。定期检测轮胎花纹深度是行驶安全的必要保证，特别是轮胎发生异常磨损后，确定该轮胎能否使用时，要进行准确的测量，保证行车安全。用卡尺检测轮胎花纹深度如图7—67所示。用轮胎专用量具检测轮胎花纹深度如图7—68所示。在检测轮胎花纹深度时，无论使用何种量具，一定要保持量具与轮胎胎面垂直，才能保证测量准确。

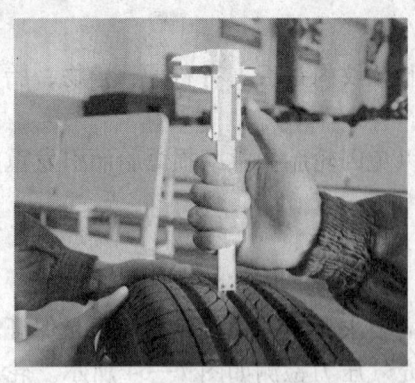 

图7—67 用卡尺检测轮胎花纹深度　　　图7—68 用专用量具检测轮胎花纹深度

在轮胎上，设有轮胎使用极限标志。当轮胎磨损到该标志时，该轮胎必须停止使用报废，轮胎使用极限标志如图7—69所示。轿车轮胎花纹的使用极限为1.6 mm，载重车轮胎和大轿车轮胎的轮胎花纹使用极限为3.2 mm。

图7—69 照片中轮胎花纹沟槽中的小凸起为轮胎使用极限标志

四、轮胎动平衡检测

车轮和轮胎是高速旋转组件，如果不平衡，汽车超过某一行驶速度时，就会产生共振，引起汽车方向摆振；轮胎异常磨损，特别是在高速公路上行驶的车辆，可能造成高速爆胎，引发重大交通事故。因此，轮胎平衡的检测，同样是轮胎检测的重要内容之一。轮胎的检测包括静平衡检测和动平衡检测。

1. 轮胎静不平衡检测

静平衡是车轮质量围绕车轮等量分配。静不平衡的车轮旋转时造成跳动，也称之为角振动，会引起轮胎的不均匀磨损。静平衡的车轮不管车轮在其轴上处于任何位置都能保持不转动；不管是将车轮垂直安装在轴上或平衡机上，还是将轮胎水平安装在气泡式平衡机上，都应该静止。

静不平衡的车轮总有转动的趋势，直到重的部分转到下方才能静止。为了对重的部分进行平衡，将一块配重直接加到车轮重的部分的对面。这就是通过增加平衡配重块来实现平衡。可以将平衡配重块放在车轮内侧或外侧，还可以在轮胎重的部分的对面车轮内、外侧各放一块相等的平衡块使轮胎平衡。

为了使车轮静平衡，需要使用静平衡机。最简单的是气泡式平衡机。其结构特点是有一个可运动的凸缘。圆形观察窗内的液体中含有一个气泡。气泡用来显示凸缘是否水平。当轮胎、车轮组件被放到凸缘上时，静不平衡的轮胎会使凸缘倾斜，气泡偏离圆形观察窗的中心。这时选取合适的配重块，固定到圆形观察窗中心与气泡连线的延长线和轮辋的交点上，使车轮静平衡，使气泡回到圆形观察窗中心位置。进行轮胎静平衡时，将矫正配重块分成相等的两部分，分别装在轮辋的内侧和外侧，保持车轮的动平衡或静不平衡不变。配重通常铆在轮胎沿口和轮辋之间。铝镁合金轮辋需要用带式平块进行平衡。

2. 动不平衡

动平衡的轮胎是在中心线每一侧使质量等量分配，轮胎旋转时，没有从一侧移到另一侧的趋势。动不平衡的车轮会产生车轮摆动，导致轮胎磨损，这是因为存在不平衡所产生的力和力偶的作用；动平衡的车轮就是在运动中平衡的车轮。一旦车轮开始旋转，由于离心力的作用，其静质量将力图达到车轮旋转的真实平面。当存在不平衡时，静质量力图达到旋转的真实平面，迫使主轴倒向一侧，即静不平衡。在车轮旋转时，净质量使主轴跳到相反方向。合成推力引起车轮摆动，这就是动不平衡。

为了纠正不平衡，在不平衡点处，互成180°处放置质量相等的平衡配重块，一块放在车轮内侧，一块放在外侧；纠正因不平衡质量引起的车轮摆动的力偶作用（注意：既要达到动平衡又要不影响车轮的静平衡）。

大多数车轮动平衡需要从车上卸下车轮装到动平衡机上进行车轮动平衡（见图7—70）。该机可标出平衡配重块加装的位置和平衡配重块质量，安装时的位置和质量，按显示位置和质量安装平衡配重块，车轮就可实现动平衡（注意：进行车轮动平衡时，必须将旧动平衡块拆掉）。

3. 进行轮胎动平衡时应注意的问题

（1）操作工人员必须按规定着装，防止意外伤害。

（2）车轮在动平衡机轴上必须安装牢固，装卡可靠。

（3）轮胎进行动平衡前要清除花纹中夹带的石子和其他异物。

（4）轮胎进行动平衡前必须拆掉原有平衡配重块。

（5）车轮动平衡完毕后，须等车轮停稳后，才能拆下车轮。

图7—70　VPI-Ⅲ车轮动平衡机

第七节　汽车安全检测线

汽车检测线由多个工位组合而成，完成对汽车性能的各种检测和技术鉴定。我国的检测线多为安全环保检测线。检测线包括外观检测、排放检测、安全检测等工位，汽车进厂检测工作流程如图7—71所示。汽车进入检测站后，按规定进行各项检测。最先进行的是外观检测，合格后进行发动机尾气排放检测，车辆定期排放检验流程如图7—72所示。

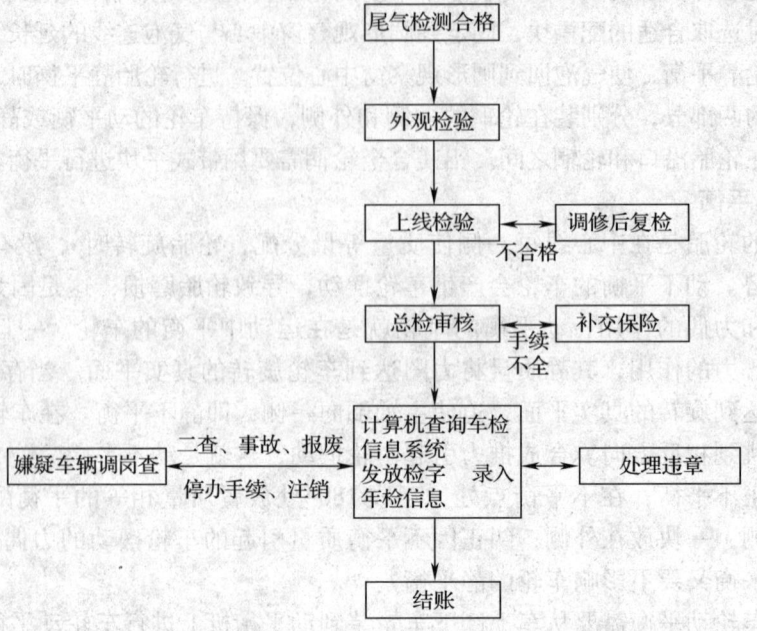

图7—71 外观检验流程

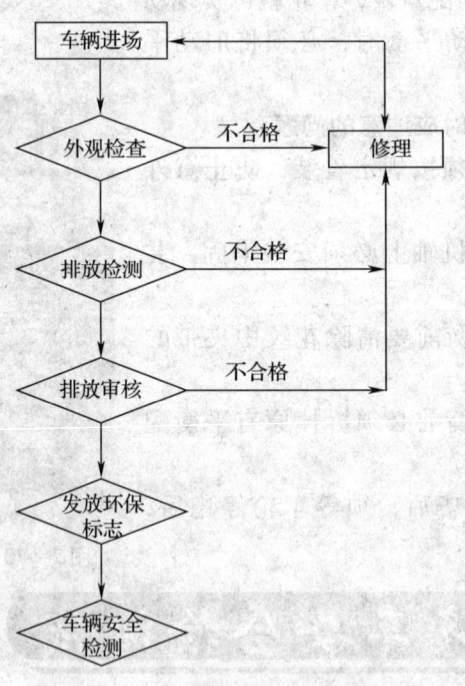

图7—72 汽车定期排放检验流程

机动车排放外观检查登记表见表7—3，外观、排放检测合格后，进行制动力检测，检测记录表见表7—4，全部检验项目合格后，签发机动车安全技术检验合格证明，见表7—5。机动车辆必须按规定标准进行检验合格后，方能上路行驶。

表7—3　　　　　　　　　　机动车排放外观检查登记表

车主填写	车主名称			联系电话			
	车主地址			区县			
	牌照号码			车架号 VIN			
	厂牌型号			变速箱	手动		自动
	初登日期			里程表读数			
	车主属性	行政机关	事业单位	车辆用途	公交　出租　环卫　旅游　运输		
		企业	私车		特种　邮政　渣土　其他		
最大总质量				额定功率		额定转速	
燃料种类	汽油、柴油、LPG、天然气			供油方式	化油器、化油器改造、开环、闭环		
序号	检查项目		结果	序号	检查项目		结果
1	牌照号/车架号			2	烧机油/严重冒黑烟		
3	水温表/油温表			4	双排气系统/泄漏		
5	机外净化器/电控系统			6	轮胎压力/潮湿存水/磨损/夹带硬物		
7	冷却系/润滑系/传动系/漏水/漏油			8	前驱/后驱/全时四驱/双桥后驱动		
9	关闭空调暖风/ABS/ASR（TRAC）/ESP			10	OBD检测情况		
执行标准	简易工况		自由加速		双急速		急速
复检外观签字	第一次			月　日	第二次		月　日
	第三次			月　日	第四次		月　日
环保标志号	原有			新领			
环保外观检查结果	合格	不合格	环保外观员签字		审核员签字		

表 7—4　　检测记录表

北京市机动车检测场

检测记录单

TEST SHEET

（2005量认（京）字（010120P）号

CMA

检验类别 CLASSIFICATION	年检车	1.新车 2.年检车 3.事故车 4.修理车 5.其它			第一线
牌照号码 LICENCE PLATE No.	京AB1944 大型汽车	车型 TYPE	客车	编号 NUMBER	54
发动机号码 ENGINE No.	00223333	厂牌型号 MODEL	京华 BK6141D2	检测日期、时间 INSPECTION DATE, TIME	2008-10-08 10: 52: 00
底盘号码 CHASSIN No.	LFNOTKX4854031582	登检次数 NUMBER OF TIMES	1	检验员编号 INSPECTER No.	017

检测数据 TEST DATA

评价 EVALUATION	项目			高怠速工况 HIGHIDLE CO%	高怠速工况 HIGHIDLE HC(ppm)	低怠速工况 IDLE CO%	低怠速工况 IDLE HC(ppm)
	尾气 EXHAUST GAS	汽油发动机 GASOLINE ENGINE	最高值 Max.				
			最低值 Min.				
			平均值 Ave.				
		柴油发动机 DIESEL ENGINE					
O	侧滑 SIDE SLIP	-1.3					

评价	制动 BRAKE	轴重(kg) WEIGHT	左(kN) LEFT	右(kN) RIGHT	和(%) SUM	左阻滞(%) LEFT DRAG	右阻滞(%) RIGHT DRAG	左(kN) LEFT	右(kN) RIGHT	差(%) DIFF
X	前制动 FRONT	4094	15.59	16.19	79.2	0.5	1.2	6.50	5.12	8.5
	中制动 MIDDLE	4224	13.19	13.18	63.7	4.7	2.4	2.34	3.78	10.9
	后制动 REAR	4139	11.09	13.65	61.0	0.3	0.6	11.09	13.65	18.8
	整车制动	12457	39.87	43.02	67.9					
	驻车制动 PARKING	12457	9.40	9.80	*15.7					
X	速度表 SPEEDOMETER	*25.6								

评价	前大灯 HEAD LIGHT		光度(cd) LUMINOUS	上下	左右 LEFT RIGHT		上下	左右	灯高(mm)
X	左灯 LEFT	远光	*0	*1.00H	0.00	近光	*99.90H	*99.90	600
	右灯 RIGHT		45900	*-0.01H	-18.40		*0.33H	-13.60	684
X	喇叭 HORN	*78.9							
X	车上部项目 VISUAL INSPECTION	8							
O	车架下项目 UNDER CARRIAGE INSPECTION								

序号	车上部检测项目	序号	车上部检测项目	序号	车架下安全检查项目	序号	车架下安全检查项目
1–13	[illegible]	14–25	[illegible]	1–11	[illegible]	12–22	[illegible]

平板式检验台登检后整车制动力评价		总检签章		检测单位	公交第一机动车检测场
路试	前: 16.19 中: 13.19 后: 13.65				

注："O" 合格；×或※为不合格项目　　北京市公安局公安交通管理局车辆管理所监制

单元 7

表 7—5   **机动车安全技术检验合格证明**

类型：						
□注册登记　□更换车身或车架　□更换发动机　□转移登记　□转入						
□因质量问题更换整车　□核发检验合格标志　□其他						
机动车所有人				号牌号码		
车辆识别代号 （车架号）				发动机号		
车辆品牌				号牌种类		

检测记录

检测项目＼检测次数		初检	复检1	复检2	复检3	不合格项目			
登录员签章									
上线司机签章									
制动	前刹								
	中刹					备注：			
	后刹								
	手刹					调修项目	调修人	工时	金额
车速表									
灯光									
车架下项目									
喇叭									
侧滑									

路试审批 总检签章		路试合格 检验员签章		检测金额	收款人 签章
外观员 签章		复检合格		现金收讫章	
		复检员签章			
	年　月　日		年　月　日		

检验机构 检验合格章	总检签章
	年　月　日

第八节 汽车常见故障判断与排除

一、发动机台架试验台故障判断、排除

以 8A-FE EFI 电控发动机台架试验台为例,介绍发动机故障判断、排除的工作过程。

1. 检查工具、仪表

(1) 检查工具,工具应齐全、完好。

(2) 检查三用表,必须在标定期限内方可使用。

2. 故障处理准备

(1) 检查发动机机油、冷却液,需达到规定标准,缺少时应补充到规定值。

(2) 检查油箱,保证确有燃料,无燃料加满。

(3) 蓄电池电压达到规定值,低于规定值更换蓄电池。

3. 故障判断

(1) 按规定接入故障码指示灯(此试验台为指示灯显示故障码)。

(2) 接通点火开关,启动发动机,发动机不能启动。

(3) 显示故障码为12。

(4) 查故障码表(见表7—6)。

表7—6 　　　　丰田 8A-FE EFI 电控发动机故障码定义

序号	故障码	故障码定义	故障发生条件
1	12	无发动机转速信号	启动2 s无曲轴转速信号
2	13	无发动机转速信号	1 500 r/min时0.3 s无曲轴转速信号
3	14	无点火信号	连续4~5次无点火确认信号
4	21	无氧传感器信号	车速低于100 km/h正常行驶,并且发动机转速高于1 500 r/min时氧传感器信号电压低于0.3 V,时间超过60 s
5	22	无冷却液温度信号	冷却液温度传感器电路接触不良持续时间超过5 s或水温传感器损坏
6	24	无进气温度信号	进气温度传感器电路接触不良超过5 s或进气温度传感器损坏
7	25	空燃比过稀	发动机以2 000 r/min运转,氧传感器信号电压低于0.5 V,持续时间超过90 s
8	31	无进气压力信号	进气歧管压力传感器电路接触不良持续时间超过5 s或进气歧管压力传感器损坏
9	33	无怠速信号	目标怠速控制达不到规定要求
10	41	无节气门位置信号	节气门位置传感器电路接触不良持续时间超过5 s
11	42	无车速信号	发动机以2 500~5 000 r/min,冷却液温度高于80℃,进气歧管压力为600 kPa,超过8 s未收到车速信号
12	52	无爆震传感器信号	爆震传感器电路断路或爆震传感器损坏

由故障码表查得故障码12的含义为：启动2 s无曲轴转速信号。引起无曲轴转速信号的原因有曲轴位置传感器损坏、曲轴位置传感器线路断路、短路等。检查试验台相关电路，发现曲轴位置传感器接口未接（因是演示故障），接好插口后发动机正常启动（提示：为什么不显示故障码13？）。

（5）消除故障码。

（6）再次启动发动机，不再显示故障码，故障排除。

（7）检查发动机运转状态，正常后报故障排除完成（注意：如在车上设置故障，与试验台电路略有差别。应按规定停好车辆，检查机油、冷却液、制动液及电池电压等，再进行故障检查、判断、排除）。

二、ABS制动系常见故障判断与排除

1. 故障现象

一2006年款伙伴捷达轿车，行驶中ABS故障指示灯常亮。

2. 车停入维修车位

（1）车停入维修车位（车辆要停放正确、前后放好掩木）。

（2）接入故障诊断仪5051，监测到故障码为00283，故障码含义是左前轮速传感器信号中断（查大众汽车故障码表）。

故障分析：引起轮速传感器信号中断可能的原因有信号传输线路、插接件、传感器损坏、传感器与靶轮之间的磁隙改变（无磁隙或磁隙过大）等。

（3）支车。将车举升到适当高度（举升车辆时要将车放正、举升过程要匀速。车辆达到所需高度后，把举升臂锁止，防止车辆自行落下）。

3. 检查车辆、判断故障点

（1）检查左前轮制动机械部分。

（2）检查线路，接头插接牢固，线束无磨损、裸露。

（3）检查传感器时发现，传感器与车轮之间被铁屑堆满，造成传感器磁场导通，没有电磁场变化，无电压输出，使信号消失。

（4）清理铁屑。

（5）检查其他车轮，不同程度存在与左前轮相同现象，清除全部铁屑。

（6）清除故障码。

（7）着车，ABS故障指示灯熄灭，无故障码显示，故障排除。

4. 解除举升架锁止，放下车辆

5. 清洁车辆、工作场地

6. 报故障排除，交车

单元测试题

一、**单项选择题**（下列每题的选项中，只有1项是正确的，请将正确答案的代号填在横线空白处）

1. 取样管插入发动机排气管的长度必须达到_____，过长、过短均影响检测结

果的准确性。

  A. （200±5）mm   B. （400±5）mm
  C. （400±10）mm   D. （200±10）mm

2. 取样管口在不进行检测时，距地面_____以上向上放置，避免吸入沙尘或其他有害物，损坏仪器。

  A. 50 mm   B. 50 m   C. 50 cm   D. 20 cm

3. 汽车在转弯时方向盘突然掉下，汽车将沿_____。

  A. 随机行驶   B. 保持转向行驶
  C. 与原转弯半径垂直方向行驶   D. 曲线行驶

4. 汽车转向轮定位主要包括前轮外倾角、_____、主销内倾角、前轮前束四个参数。

  A. 主销前倾角   B. 主销外倾角   C. 主销后倾角   D. 主销倾角

5. 在制动力增长的全过程中同时测得的左右轮制动力的差值不应大于该轴轴荷的_____。

  A. 3%   B. 5%   C. 8%   D. 15%

6. 检测时发动机应熄火，变速器置于空挡位置。气压制动的汽车，制动气压≥_____。

  A. 590 Pa   B. 59 kPa   C. 590 MPa   D. 590 kPa

7. 转向灯和危险警示灯（双闪灯）的闪动频率为_____，起动时间不大于_____。

  A. （1.5±0.5）Hz   1.5 s   B. （5±0.5）Hz   1.5 s
  C. （15±0.5）Hz   1.5 s   D. （1.5±0.5）Hz   15 s

8. 机动车的前、后转向信号灯、危险警告信号及制动灯白天在距其_____处应能观察到其工作状况。

  A. 100 m   B. 100 cm   C. 100 mm   D. 100 km

9. 外观检查中，要求车体平正，左右对称部位的高度差不大于_____mm。

  A. 50   B. 40   C. 55   D. 45

10. 轿车轮胎的使用极限为_____mm。

  A. 1.6   B. 3.2   C. 2.4   D. 3

11. 轮胎动不平衡会引起轮胎_____。

  A. 异常磨损   B. 寿命延长   C. 脱层   D. 异常高温

二、判断题（下列判断正确的打"√"，错误的打"×"）

1. 分析仪是计量仪器，必须在法定检测准许使用的时间内才能使用。（ ）

2. 进行柴油机自由加速烟度测定时，非电控柴油机首先要检测发动机加速踏板性能。加速踏板要反应灵敏，无卡滞，回位准确迅速，才能开始检测。（ ）

3. 冷却液冰点直接影响发动机冬季时的使用安全，在进入冬季前必须进行检查，以免冰点过高，结冰后损坏气缸体、缸盖、散热器（水箱）等。（ ）

4. 汽油发动机尾气中有害物有一氧化碳（CO）、碳氢化合物（HC）、氮氧化物

（NO_x）和颗粒物。 （　　）

5. 柴油发动机尾气中有害物有一氧化碳（CO）、碳氢化合物（HC）、氮氧化物（NO_x）和氧气（O_2）。 （　　）

6. 汽车操纵稳定性包括操纵性和稳定性两个方面：操纵性是指汽车能够精确地按驾驶员的指令行驶；稳定性是指汽车受到外界干扰后自动恢复原来行驶状态的能力。 （　　）

7. 侧滑是指汽车在转弯过程中离心力超过地面附着力，致使汽车失去控制的现象。 （　　）

8. 主销内倾角和车轮外倾角的和称为包容角。 （　　）

9. 汽车转向轮定位的监测方法有静态检测法和动态检测法。 （　　）

10. 汽车制动系性能检验可采用道路试验和台架试验两种方法。 （　　）

11. 惯性制动试验台的基本原理是利用旋转飞轮的动能模拟汽车在道路上行驶时的平移动能。 （　　）

12. 前照灯检测仪按照测量距离和检测方式可分为聚光式、屏幕式、投影式、自动追光光轴式等几种。 （　　）

13. 为保证行车安全，机动车采用发光信号和标志进行联络、警示。 （　　）

14. 外观检查中，要求车体平正，左右对称部位的高度差不大于 40 mm。 （　　）

15. 公共汽车的座椅前方无防护时，必须安装安全带，防止制动时乘客摔伤。 （　　）

16. 载重汽车和大轿车轮胎的磨损极限为 1.6 mm。 （　　）

17. 轮胎动不平衡对汽车行驶和轮胎使用寿命没有影响。 （　　）

18. 汽车轮胎气压必须按生产厂商的规定充压。 （　　）

19. 轮胎动不平衡会引起车辆行驶时方向摆振。 （　　）

20. 轮胎气压高低对轮胎使用寿命无影响。 （　　）

21. 轮胎动不平衡对汽车油耗无影响。 （　　）

22. 我国的检测线多为安全环保检测线。 （　　）

23. 检测线包括外观检测、排放检测、安全检测等工位。 （　　）

24. 机动车辆必须按规定标准进行检验合格后，方能上路行驶。 （　　）

单元测试题答案

一、单项选择题

1. C　2. C　3. C　4. C　5. C　6. C　7. A　8. A　9. A
10. A　11. A

二、判断题

1. √　2. √　3. √　4. ×　5. ×　6. √　7. √　8. √
9. √　10. √　11. √　12. √　13. √　14. ×　15. √　16. ×
17. ×　18. √　19. √　20. ×　21. ×　22. √　23. √　24. √

理论知识考核试卷

一、**单项选择题**（下列每题的选项中，只有1项是正确的，请将正确答案的代号填在横线空白处；每题1分，共80分）

1. 驾驶员的操纵特性，不但决定于驾驶_____，而且与环境条件相互作用。
    A. 人员本身   B. 机动车辆   C. 操纵车辆   D. 操作技术
2. 制动反应时间是指驾驶员接受到某种条件反射后，脚从加速踏板移向制动踏板的过程所_____。
    A. 反应的时间   B. 选择的时间   C. 需要的时间   D. 制动的时间
3. 驾驶员在行驶中的视力称为_____。
    A. 视力   B. 静视力   C. 动视力   D. 行驶视力
4. 行人在交通中的最大特点是可以在极短的时间和极短的距离内变更自己的_____。
    A. 意志和动向   B. 意志   C. 行动   D. 方向
5. 土沙道路、沙石道路及碎石道路等属于_____。
    A. 乡村道路   B. 城市道路   C. 非铺设道路   D. 铺装道路
6. 分离带分为_____，快慢车分离带，人车分离带。
    A. 绿化分离带   B. 栅栏分离带   C. 缘石分离带   D. 中心分离带
7. 构成交通事故须具备五个缺一不可的要素：①_____；②在特定道路上；③通行过程中；④具有违法性质；⑤损害后果。
    A. 各种车辆   B. 车辆、人员
    C. 自然人   D. 使用车辆与驾驶员
8. 道路上全部交通事故的一半以上发生在_____。
    A. 立体交叉路口   B. 平面交叉路口   C. 车道宽度小   D. 混合交通处
9. 交通法规在我国指道路_____条例。
    A. 实行法治   B. 道路规范   C. 交通安全   D. 交通管理
10. 交通公害是指汽车发动机排出的污染物；车辆运行时_____；交通噪声。
    A. 二氧化碳   B. 扬起的灰尘   C. 光学反射   D. 城市噪声
11. 汽油发动机的有效功率、有效转矩和_____随发动机曲轴转速变化的规律称为发动机的速度特性。
    A. 燃油消耗量   B. 燃油消耗率   C. 指示耗油量   D. 指示耗油率
12. 汽油发动机化油器调整适当，点火提前角保持最佳位置，转速一定的情况下测得每小时耗油量和燃油消耗率随节气门开度（负荷）变化的规律称为_____。
    A. 速度特性   B. 负荷特性   C. 油耗特性   D. 经济特性
13. 柴油发动机的速度特性是指发动机的有效功率、有效转矩和_____随曲轴转速变化的规律。
    A. 燃油消耗率   B. 燃油消耗量   C. 指示耗油量   D. 指示燃油量

14. 柴油发动机负荷特性是在_____一定时测得每小时燃油消耗量和燃油消耗率随喷油泵调节拉杆（负荷）变化的规律。

  A．负荷　　　　B．转速　　　　C．载荷　　　　D．转矩

15. 汽车的牵引力大于、等于行驶阻力之和；小于、等于地面附着力称为汽车运动的_____。

  A．驱动条件　　B．运动条件　　C．附着条件　　D．行驶条件

16. 衡量汽车制动性能的好坏，一般用制动减速度、制动时间、制动距离、制动力、制动效能的_____制动时的方向稳定性作为评价指标。

  A．制动效率　　B．制动能力　　C．制动改变　　D．恒定性

17. 汽车在一定载重量下，能以足够高的平均速度通过各种道路，无路地带和障碍物的能力称为汽车的_____。

  A．越野性　　　B．行驶性　　　C．通过性　　　D．操纵性

18. 汽车动力性的影响因素有动力因素、比功率、_____、加速性能和最大爬坡度。

  A．最高车速　　B．经济车速　　C．技术车速　　D．行驶车速

19. 影响汽车燃料经济性的使用因素有行驶的道路、交通情况、_____、维修调整质量和周围的环境等。

  A．汽车行驶里程　　　　　　　B．驾驶操纵系统
  C．驾驶操纵方法　　　　　　　D．汽车排放

20. 汽车的地面制动力首先取决于制动器制动力，但同时又受到_____的限制。

  A．地面附着力　B．地面制动力　C．轮胎摩擦力　D．行驶惯性力

21. 影响制动性能的主要因素在使用方面有：道路与气候条件、驾驶员因素、_____、汽车的装载、汽车拖挂、制动系技术状况和汽车车轮的技术状况等。

  A．温度　　　　B．车速　　　　C．转速　　　　D．速度

22. 汽车制动跑偏的主要原因是汽车_____，特别是转向轴左右车轮制动器制动力不相等。

  A．前后车轮　　B．左右车轮　　C．前后车桥　　D．左右悬架

23. 汽车制动时前轮发生抱死拖滑或后轮发生抱死拖滑，受到了外界侧向力的作用是引起_____的因素。

  A．制动侧滑　　B．抱死拖滑　　C．制动跑偏　　D．制动拖带

24. 影响汽车行驶平顺性的因素有_____等。

  A．路面的不平度　　　　　　　B．抱死拖滑
  C．制动跑偏　　　　　　　　　D．制动拖带

25. 液压动力元件是油泵将_____的能量转换元件。

  A．机械能转换为压力能　　　　B．压力能转换为机械能
  C．驱动能转换为油液能　　　　D．油液能转换为驱动能

26. 液压千斤顶工作原理说明液压传动实际上是种_____装置，它是靠油液，通过密闭容积变化的压力能来传递能量的。

　　　　　A．能量传递　　　B．液压传动　　　C．能量转换　　　D．能量放大
27．离合器液压式操纵机构基本结构有：离合器踏板、离合器_____、储液室、油管、离合器工作缸、分离叉、分离轴承等。
　　　　　A．辅缸　　　　　B．主缸　　　　　C．分缸　　　　　D．油缸
28．常见的液力变矩器主要由可旋转的泵轮和_____及固定不动的导轮三个元件组成。
　　　　　A．飞轮　　　　　B．叶轮　　　　　C．涡轮　　　　　D．滚轮
29．晶体二极管的特性：电流只能从正极流向负极，而不能从_____。
　　　　　A．正极流向负极　B．正极流向正极　C．负极流向负极　D．负极流向正极
30．晶体管调节器利用晶体三极管的开关作用，控制发电机磁场电路的通、断，调节_____，在发电机转速变化时维持电压稳定。
　　　　　A．输入电流　　　B．输出电流　　　C．磁场电流　　　D．磁场电压
31．无触点电子点火装置用传感器代替断电器的触点，产生_____。
　　　　　A．点火火花　　　B．点火电压　　　C．点火信号　　　D．点火能量
32．霍尔式晶体管点火系，其点火信号发生器是采用_____的原理制成的。
　　　　　A．霍尔电器　　　B．霍尔元件　　　C．霍尔电压　　　D．霍尔效应
33．汽油喷射发动机电动汽油泵的基本结构：多数是由永久磁场_____和滚子泵以及限压阀、出油单向阀等组成。
　　　　　A．发电机　　　　B．电动机　　　　C．起动机　　　　D．磁电机
34．气缸磨损的主要原因有腐蚀磨损、机械磨损、_____、黏着磨损等。
　　　　　A．摩擦磨损　　　B．润滑磨损　　　C．磨料磨损　　　D．灰尘磨损
35．气缸磨损有一定的规律：沿轴线方向磨成_____的不规则的圆锥形；沿圆周方向磨成不规律的椭圆形。
　　　　　A．上小下大　　　B．上大下小　　　C．上下一样　　　D．上下不同
36．发动机在运转过程中，伴随有间断的金属敲击声、连续的金属敲击声、连续的金属摩擦声等不正常声响，通常称为_____。
　　　　　A．异响　　　　　B．响声　　　　　C．声响　　　　　D．发响
37．发动机常见的异响较多，其中非正常燃烧的敲击声原因之一是_____。
　　　　　A．活塞销窜动　　B．气门发响　　　C．燃烧室积炭　　D．气缸垫冲坏
38．发动机突然过热，其原因主要有：_____、水泵轴与叶轮脱转、冷却系严重泄漏、节温器主阀门脱落。
　　　　　A．风扇皮带打滑　　　　　　　　　　B．风扇皮带断裂
　　　　　C．风扇角度不当　　　　　　　　　　D．节温器效果不良
39．轿车轮胎的使用极限为_____mm。
　　　　　A．1.6　　　　　B．3.2　　　　　C．2.4　　　　　D．3
40．轮胎动不平衡会引起轮胎_____。
　　　　　A．异常磨损　　　B．寿命延长　　　C．脱层　　　　　D．异常高温
41．柴油机调速器的主要试验和调整项目是_____和急速起作用的转速。

A．中速 B．加速 C．高速 D．低速

42．喷油器的试验与调整内容有：喷油器密封性的检查、喷油压力的试验与调整、喷雾质量的检查、_____的检查。
   A．喷油角度 B．滴油现象 C．喷油时刻 D．供油压力

43．汽油发动机的竣工验收：在任何转速下应能稳定地工作，没有断火和过热现象、_____应达到 GB 规定值。
   A．排气温度 B．排放 C．烟度 D．颗粒物

44．发动机竣工验收不允许各部分存在_____现象。
   A．漏水 B．漏水、漏油
   C．漏水、漏油、漏气 D．漏水、漏油、漏气、漏电

45．方向盘操纵不稳的原因之一是_____间隙过大。
   A．配合转动副 B．啮合转动副 C．操纵传动副 D．转向传动副

46．造成轮胎早期磨损的原因之一是轮胎气压不当，轮胎_____。
   A．花纹不当 B．温度不当 C．平衡不当 D．运转不良

47．离合器分离不彻底的原因之一是离合器踏板_____。
   A．自由行程过大 B．自由行程过小 C．没有自由行程 D．改变自由行程

48．变速器壳体的翘曲变形，壳体上轴承孔的磨损，将造成上下两轴承孔轴线偏移歪斜不平行，影响到_____，产生不正常的声响、跳挡等故障。
   A．齿轮的选配 B．齿轮的配合 C．齿轮的啮合 D．齿轮的磨合

49．制动器跑偏故障的原因之一是两前轮制动鼓与摩擦片的_____。
   A．弹性不同 B．系数不一 C．间隙不一 D．材料

50．汽车大修竣工验收分：试车前的检验、汽车的路试、路试后的检验和_____的验收四个阶段。
   A．路试竣工 B．修理竣工 C．消除故障中 D．消除故障后

51．汽车走合期内使用时应_____，不准拆除限速片，并严格遵守各挡规定的最高车速。
   A．减速 B．限速 C．低速 D．高速

52．汽车检测站用于测试动力性能的设备是_____。
   A．前轮定位检测 B．底盘测功仪
   C．车速表试验台 D．制动性能检测仪

53．点火系统技术状况检测用的示波器可显示发动机点火过程的三类波形：_____、重叠波和高压波。
   A．平列波 B．直列波 C．并列波 D．振荡波

54．汽车安全环保监测的项目有：汽车_____、汽车侧滑量、前大灯光度和角度测量误差、柴油车排放黑烟烟度、汽油车排放污染物、汽车噪声等。
   A．制动力 B．制动距离 C．制动时间 D．制动稳定性

55．柴油车自由加速烟度排放限制：1995 年 7 月 1 日起生产的在用汽车为 Rb _____ BOSCH。

A. 3.5　　　　B. 4.0　　　　C. 4.7　　　　D. 5.0

56. 在制动试验台上测出的制动力总和与整车质量的百分比（%）：空载时应≥_____。
　　A. 80　　　　B. 70　　　　C. 60　　　　D. 50

57. 陶瓷材料耐热、耐腐蚀、耐磨性能好，分别用于_____。
　　A. 活塞、连杆
　　B. 气缸盖、气缸体
　　C. 曲轴、飞轮
　　D. 活塞顶、涡轮增压器、柴油机预热室

58. 配气机构新结构有_____。
　　A. 圆柱齿轮传动　　　　B. 链轮链条传动
　　C. 齿形皮带传动　　　　D. 胶带传动

59. 多点喷射是在每一个气缸的进气门前安装一只喷油器、采用_____方式，其优点是各缸混合气均匀。
　　A. 连续喷射　　B. 间断喷射　　C. 单点喷射　　D. 多点喷射

60. 常压式动力转向适用于_____。
　　A. 轻型汽车　　B. 中型汽车　　C. 重型汽车　　D. 各种汽车

61. 双管路液压制动传动装置的布置形式之一是_____每一管路都和一侧前轮与另侧后轮相连接。
　　A. 一轴对一轴（II）型　　　　B. 对角交叉（X）型
　　C. 半轴一轮对半轴一轮（LL）型　　D. 双半轴对双半轴

62. 液压制动系中检查制动主缸储油罐液面的报警装置是_____。
　　A. 制动警报装置　　　　B. 异常警报装置
　　C. 液体警报装置　　　　D. 制动警报装置

63. ABS 轮速传感器的功用是检测_____，并将速度信号输入 ECU。
　　A. 行驶的转速　　B. 制动的转速　　C. 车辆的转速　　D. 车轮的转速

64. ABS 一般检查：检查_____是否在规定范围之内。
　　A. 蓄电池能量　　B. 蓄电池电阻　　C. 蓄电池电流　　D. 蓄电池电压

65. 读取故障码：要将_____转至"ON"位置。
　　A. 显示开关　　B. 功能开关　　C. 点火开关　　D. 转换开关

66. 发动机机油具有_____、冷却、润滑、清洗、防锈的功能。
　　A. 减磨　　　　B. 密封　　　　C. 散热　　　　D. 清洁

67. 电控燃油喷射的燃油供给系统由油箱、_____、燃油滤清器、脉动阻尼器、压力调节器、喷油器、冷启动喷油器等组成。
　　A. 喷油泵　　　B. 燃油泵　　　C. 输油泵　　　D. 控制泵

68. 对于已经定型的喷油器，喷油量取决于针阀的_____，即电磁线圈的通电时间。
　　A. 开启通道　　B. 开启面积　　C. 开启时间　　D. 开启压力

69. 喷油持续时间的控制大致可分为两大类：一是发动机启动后_____的控制，二是发动机启动时的控制。

　　A. 运动时　　　B. 运行时　　　C. 营运时　　　D. 行驶时

70. 发动机由急速向起步过渡时，由于燃油惯性等原因，会出现短时_____现象。

　　A. 混合气过浓　B. 混合气过稀　C. 混合气过多　D. 混合气过少

71. L型发动机燃油消耗过高，属于传感器故障的原因有：节气门位置传感器电路、进气温度传感器电路、水温传感器电路和_____电路故障等。

　　A. 氧传感器　　B. 氢传感器　　C. 霍尔传感器　D. 爆震传感器

72. 桑塔纳轿车空调系统的组成部件主要有压缩机、冷凝器、蒸发器、_____、膨胀阀等。

　　A. 输液干燥器　B. 储液干燥器　C. 脱水干燥器　D. 蒸发干燥器

73. 车辆技术管理的总则规定：对运输车辆实行择优选配，正确使用定期检测、_____、视情修理。

　　A. 加强维护　　B. 强制维护　　C. 定期维护　　D. 分级维护

74. 在高温条件下调整发电机调节器，减小_____，检查调整蓄电池电解液密度，保持液面高度和通气孔畅通。

　　A. 充电时间　　B. 充电电压　　C. 充电电流　　D. 充电电阻

75. 汽车安全管理的基本内容：健全、完善汽车安全管理组织，建立汽车安全管理责任制，安全宣传教育，安全资料档案管理、_____管理。

　　A. 技术化　　　B. 科学化　　　C. 现代化　　　D. 专业化

76. 驾驶员_____教育的核心内容是文明驾驶、安全正点、尊客爱货、爱车节能、遵章守纪、团结协作。

　　A. 道德品质　　B. 思想道德　　C. 职业道德　　D. 政治思想

77. 检测汽油发动机尾气排放时，取样管插入深度_____。

　　A. ≥500 mm　　B. ≤200 mm　　C. ≥350 mm　　D. ≤55 cm

78. 我国国家标准集装箱质量系列，采用5 t、10 t、20 t、30 t四种，相应的型号为5D、10D、1CC及_____。

　　A. 1AA　　　　B. AA　　　　　C. 1BB　　　　D. CC

79. 规定实际能力在300吨及以上的超重型车组主管技术的车队长须有从事大型物件运输_____以上的实际经验。

　　A. 二年　　　　B. 四年　　　　C. 六年　　　　D. 一年

80. 在道路条件较好的情况下，车内通道未安装活动座椅的普快班车允许按车辆核定定员数增载_____。

　　A. 10%　　　　B. 15%　　　　C. 20%　　　　D. 50%

二、**判断题**（下列判断正确的打"√"，错误的打"×"；每题1分，共20分）

1. 高速公路的交叉路口全部采用平面交叉公路。　　　　　　　　　　（　　）
2. 交通流就是车辆的流动。　　　　　　　　　　　　　　　　　　　（　　）

3. 汽车在行驶中制动时不能按直线方向减速停车称为制动跑偏。（　）
4. 提高汽车燃料经济性在使用方面的措施之一是采用尼龙帘线轮胎。（　）
5. 制动时，汽车自动向左或向右偏驶是制动侧滑。（　）
6. 液力转向加力装置有常压式和常流式两种。（　）
7. 交流发电机的定子是用来产生磁场的。（　）
8. 在发动机运转过程中，突然产生较大的异常声响，应立即停机拆检。（　）
9. 转向沉重的原因之一是后桥或车架弯曲变形。（　）
10. 传动轴是在其角度和长度不断变化的情况下传递转矩的。（　）
11. 液压制动系的制动踏板自由行程过小会引起制动力不足故障。（　）
12. 膨胀水箱功用之一是把冷却系统变成一个暂时性的封闭系统。（　）
13. 传感器用来监测发动机的最佳工况，感知各种信号并传输给ECU。（　）
14. 汽车在行车制动系中多采用单管路制动系统。（　）
15. 汽车在紧急制动时，轮速传感器检测汽车的速度并将速度信号输入ECU。（　）
16. 电控自动变速器的ECU，根据输入参数信号，按照设定的换挡规律，向换挡电磁阀、油压电磁阀等发出动作控制指令。（　）
17. 干荷电蓄电池，如需使用，只要灌入符合规定密度的电解液，立即可投入使用。（　）
18. MF蓄电池极柱腐蚀较轻或没有腐蚀，自放电小，在车上或储存时不需进行补充充电。（　）
19. 汽车运输过程中每一运次的运量与其运输距离的乘积称为运输量。（　）
20. 单位时间内完成的货运量或货物周转量称为汽车运输生产率。（　）

操作技能考核试卷

试题1　S 路匀速行驶
（1）本题分值：100 分。
（2）考核时间：2 min。
（3）考核形式：实操。
（4）具体考核要求：用正确的方法进行匀速行驶。
（5）否定项说明：碰杆 2 次以上不得分。

试题2　汽油发动机点火系故障诊断与排除
（1）本题分值：100 分。
（2）考核时间：20 min。
（3）考核形式：实操。
（4）具体考核要求：
1）按程序进行发动机故障的诊断与排除。
2）能正确地判断分析结果。
3）说出至少 3 种主要故障原因。
（5）否定项说明：出现重大事故不得分。

试题3　检查调整方向盘的自由行程
（1）本题分值：100 分。
（2）考核时间：30 min。
（3）考核形式：实操。
（4）具体考核要求：
1）正确检查方向盘的自由行程。
2）能正确检查调整方向盘的自由行程。
（5）否定项说明：出现重大事故不得分。

理论知识考核试卷答案

一、单项选择题
1. D　2. C　3. C　4. A　5. C　6. D　7. B　8. B　9. D
10. B　11. B　12. B　13. B　14. B　15. C　16. D　17. B
18. A　19. B　20. A　21. B　22. B　23. C　24. A　25. B
26. C　27. B　28. C　29. D　30. C　31. C　32. C　33. B
34. C　35. B　36. A　37. C　38. B　39. A　40. A　41. C
42. B　43. B　44. D　45. B　46. C　47. A　48. C　49. C

50. A	51. B	52. B	53. C	54. A	55. C	56. C	57. D
58. C	59. C	60. C	61. B	62. D	63. D	64. D	65. C
66. B	67. B	68. C	69. B	70. B	71. C	72. B	73. B
75. D	76. C	77. C	78. A	79. C	80. C		

二、判断题

1. ×	2. ×	3. ×	4. ×	5. ×	6. √	7. √	8. ×
9. √	10. √	11. ×	12. √	13. √	14. ×	15. √	
16. √	17. ×	18. √	19. √	20. √			